ウェスレー思想と近代

神学・科学・哲学に問う

清水光雄

教文館

はじめに

『ウェスレー思想と近代――神学・科学・哲学に問う』という本書のタイトルから、皆さんは何を想像するでしょうか。第一章で西方と東方の両思想に影響されたウェスレー神学を展開しましたが、東方の影響を受けたウェスレー神学には西方の神学者に理解するのが困難でした。東方思想の先行の恵みという概念は、神の恵みの提供と人間は恵みへの主体的応答者であることを求めました。この概念は一八世紀の西方の神学者たち、たとえば、ルター派系の神学者からは行為義認、功績主義の考えだとの批判を受けました。そしてモラヴィア派（たとえばベーラーなど）やカルヴィニスト（たとえばホイットフィールドやエドワーズなど）の神学をウェスレーはこの概念で批判しました。

第二章はウェスレーが当時の自然科学者の議論に多く言及したことを記述します。近代科学は一七・一八世紀に生まれ、自然科学者の多くは機械論的自然理解から魂の働きを排除しましたが、人間の主体的応答を神学の原点とするウェスレーは魂の固有な働きを弁護しました。

第三章でウェスレーは固有の宗教理解を認識論の視点から展開します。この認識論を展開したのは英国のロックでした。ウェスレーはロックの認識論を肯定・否定する一七・一八世紀の多くの哲学者の議論を取りあげ、ウェスレー自身の認識論を展開しました。特にロックが心の働きを示す反省の観念を一八世紀の国教会の神学者たちが否定しましたが、心の意識の直接的な対象を観念と捉える反省の観念をウェスレーは受け入れ、自分の認識論の固有な働きと捉えました。この意味で『ウェスレー思想と近代――神学・科学・哲学に問う』の本書が誕生したのです。本書に関し、三点を述べておきましょう。

第一は教会の説教内容です。教会の指導者に必要なのは聖書と聖書研究の書物であり、説教する場合、説教題は聖書から引き出せば充分と、一般の人々は考えます。皆さんが通う教会ではどうでしょうか。説教を聞く時、どのような説教内容を好むでしょうか。日常会話などに触れながら聖書中心の説教でしょうか、あるいは、文学・心理学・自然科学・哲学・音楽等の話を含めた説教でしょうか。あるいはこのような好みを考えてはいけないのでしょうか。

ウェスレーは学問（魂の健康）と実践（肉体の健康）の両者を大事にし、説教、年会で内的健康問題だけでなく、外的健康問題をもメソジストの中心的活動としました。特にメソジスト会員に知的教養の不充分な人々がおり、彼らを教育するために、ウェスレーは学問を彼らに教えました。毎年持たれる年会（日本基督教団では総会）ではメソジストと他教派の間の論争点を彼は明確に示し、その論理的解決方法を説教者に考えてもらいました。またウェスレーには出版された一五一の説教と、一七二五年の補祭任命時から一七九一年の死去までの、出版されていない日常説教の、二種類の説教形態があります。第一の「説教集」は現場で実際になされた日常説教とは全く異なり、メソジスト内の説教者や指導者、会員の霊的成長と神学教育のためにウェスレーが特別に書き、メソジスト内の神学的訓練の座標軸になりました。しかし第二の六六年間にわたる「日常説教」の説教回数は四万回以上で（一日に二回以上の説教）、キリスト教をまだ真剣に求めていない聴衆への「目覚めさせる説教」でした。一言付け加えると、一五一回の説教に新約聖書から七六三五回、旧約聖書から二四五五回引用され、日常説教では新約が一万九六一回、旧約が二七六〇回引用、一回の説教での引用回数で述べれば、前者・後者での新約聖書平均回数は五〇回、一四回、旧約のそれは一六回、三回になります（日常説教・聖書引用回数は学者によるウェスレー文献、日誌やその論文で検討)。

本論で詳しく述べますが、ウェスレーが出版した多くの説教で、なんと多数の一七・一八世紀の哲学者・自然科学者・医者等の言葉が記述されていることでしょうか。ロックの認識論やニュートンの自然科学理解の視点、あるいは心理学者や生理学者、電気の専門領域が論じられ、ウェスレーはそれらを説教者や会員と共に読み、教育したのです。筆者がウェスレーの説教集を読んでも、取りあげられている人物名はともかく、その思想内容は不明という場合があります。何とメソジストの説教者や会員は知的教養に励まされていたことでしょうか。

このウェスレーの考え方はキングスウッドの教育施設建築へと導きました。四〇〇冊余りの編著を彼らのために出版したウェスレーの学問的姿勢に私たちはどのような驚きを示すでしょうか。

ウェスレーは学問だけでなく、実践・肉体の健康にも力を尽くしました。当時の英国には貧困者が多く、メソジスト会員の三分の二は月収三万一〇〇〇円(一日一〇〇〇円)以下の貧しい中産階級に属し、家や食物問題を含めて、困窮者が実に多かったのです。ウェスレーは指導者に語ります。「すべての困窮者の内に自分自身を置き、神があなたを扱うようにその人々を扱いなさい」(*BE*, 20, 176f.)。彼の記憶に誤りがなければ、ウェスレーが人々から支援を頼まれた時、それを断ったことがなく、貧困者への食事・衣服・石炭などに充てるために、ウェスレーの献金額は富裕者の献金を含め(当時政治的に募金は禁止)三億八〇〇〇万円から五億七〇〇〇万円であったと言われます(*BE*, 3:238, fn. 59)(彼への教会謝礼は年収二五―三五ポンド、なお、一七二六年から一七五一年までの大学特別研究員時代の年収は三〇ポンド、三〇ポンドは当時の平均年収で、約四八万でした)。ウェスレーは晩年、出版物の印税が年収の三〇倍ほど与えられましたが、彼の最期の全財産は六ポンド(約一一万円)でした。教会建築や諸施設・活動の経費、印刷物等の出版に膨大な負債を負い彼は苦しみました。

経済問題に関心をもつウェスレーは金銭に関する説教を四回行いました。「金銭の使用法(The Use of Money)」(一七六〇年)、「金銭の危機(The Danger of Riches)」(一七八一年)、「富について(On Riches)」(一七八八年）、「富みの増加の危険（The Danger of Increasing Riches）」（一七九〇年）です。第一回目の説教で（*BE*, 2:266-79）、「できる限り利得せよ」「できるだけ貯蓄せよ」「できる限り与えよ」の三つの原則をウェスレーは全ての人々に語ります。第一の原則で彼は近世の資本主義概念を承認しますが、第二の原則で単なる贅沢品制御だけでなく、自分だけが幸福であればよいとの考えを拒否する自己否定的な生き方、人間の成長に影響を与える自己否定の生き方を強調します。第三の原則で、日常生活に不必要である資金の貯蓄を否定し、余剰分は貧困者のために捧げなさいと彼は促します。ウェスレーはしばしば貧困者の家庭を訪問したので、貧困者が怠惰ではなく、「勤勉な貧困者」であると捉え、デフォーの『施しは慈善にあらず』（一七〇四年）の出版に対し、貧困者援助を中止することを彼は拒否しました（*BE*, 20:445）。ウェスレーは経済的上昇を語りつつ、富の危険をも必ず指摘しました。

勿論、ウェスレーは献金を積極的に推進しますが、しかしそれ以上に強調したのが貧困者・病人へのボランティア活動です。ウェスレー自身は無料診療所を三カ所作り、その責任者になり、病人のための電気治療器具を設計、無料で使用させ、自然治癒書『根源的治療法』を著わし、生前・死後三〇版を重ね、学校を建築し、無利子ローン計画をすることで、貧困者の自立支援を促しました。ウェスレーは会員に対し、どれほど募金活動をしても（医者の派遣、食事の提供など）、それ以上に、貧困者や病人を訪問することで、主体的に体を直接被支援者に持ち運び、その人の苦しみをできるだけ自分の苦しみとし、共感できる心の成長を求めたのです。お金・食料・医者を送るだけでなく、それ以上に、「イエスは方々をめぐり歩いて人々を助け」（使徒一〇・三八）、「方々を巡り歩いた」（*BE*, 1:164）主イエスと同様に、自分自身を現場に運び、苦しむ人々と共に生きることをウェスレーはメソジスト会員に求めました。

ウェスレーは病気の予防と治療にも深く関わり、健康医学では一七・一八世紀の医者チェイン（一六七一―一七四三年）に最も影響を受けました。ウェスレーが精神異常などの精神的・霊的問題に関係する時、これは自然原因に根源があるので、患者を自然的治癒の方向に導くべきだと彼を指導したのがチェインです。ウェスレーはチェインの著書の抜粋集を出版し、次のように引用します。「健康を維持する全ての者は家や衣服でも、また家具でも出来るだけ清潔で、小ぎれいでなくてはならない」（*Works*, 14:314）。ウェスレーも同様の仕方で清潔をいかに重視していたか明白です。「清潔さは善の次なるものです」（*Works*, 8:320; *BE*, 3:249, 392）。ウェスレーが貧困程度を他の者よりも少し軽く見ていたとすれば、チェインの影響で住宅、衣服、家具に関する清潔度を重視したからでしょう。「服装について（On Dress）」（一七八六年）の説教で会員が装飾品など、身に付ける物を買うことがないように謙虚でありなさいと彼は語ります。

ウェスレーはチェインの書物から健康維持のための一連のダイエット・運動療法を学び、会員たちを実際に指導し、『根源的治療法』の序言にチェインの抜粋集の一部を引用しました（*Works*, 10:314-316）。当時、人々は神経問題に悩んでいましたが、チェインによると、神経病を癒すために薬だけでなく、正しいダイエットや充分なる運動、節制、気質が必要だと語ります。チェインの健康助言は軽度の病気の治療に限定せず、食事や運動に関する療法も重視し、さらには、乗馬や室外の散歩を、もしこれが不可能ならダンベルや木製馬を行い、それで病気を防ぎ、健康を増進させることを求めました。

ウェスレーはこれらの健康予防と治療に関し多くの説教で会員に伝えます。説教「荒野的状況（Heaviness through Manifold Temptations）」（一七六〇年）で罪の原因を注意深く理解することが癒しにとって決定的であると述べ、説教「乱れた状態（The Wilderness State）」（一七六〇年）では病気の症状を語り、病気の原因の治療を語ります。またウェスレーがチェインから学んだことは睡眠と精神状態の関係を明確に理解したことです。チェインは標準睡眠時間を七、八時間求め、夜は九時ごろに寝、朝は四時、五時に起きなさいと言います。しかしウェスレーは健康な人の睡眠時間は六、七時間とし、健康でない者は一時間増しの、七、八時間寝るとします（*Works*, 11:518）。通常、メソジストとは「几帳面」という、彼らの生活態度につけられたあだ名で、彼らは朝早く起き、時間を決めて聖書を読み、祈りと瞑想に専念し、一日の時間を特定の活動のために行動する習慣を身につけました。ウェスレーは八五歳の誕生日を迎えた時、自分の人生を振り返り、五〇年間毎朝四時に起き、毎朝五時に説教し、夜は九時に就寝（*BE*, 24:96）、メソジスト会員も朝五時の野外礼拝に出席したのです。

ウェスレーは説教「時間の贖罪（On Redeeming the Time）」（一七八二年）で、多くの睡眠は神経病の主たる原因だけではなく、英国での神経混乱の増加の主たる原因だと語ります（*BE*, 3:326f.）。例えば、説教「神経病の考察（On Schism）」（一七八六年）でウェスレーは神経問題を宗教と関係させることよりも、多量の酒、クリームや砂糖を欠いた紅茶の使用等、自然的混乱と関係するとします（*Works*, 11:516f.）。説教「神経混乱の思い（On Dissipation）」（一七八四年）でチェインから学んだ散歩や乗馬を毎日二、三時間、夕食・就寝前に絶えず行うことが健康と長生きの不可欠の要素だと言います（*Works*, 14:268）。このような説教スタイルがウェスレーの説教内容でした。学者たちによる論述だけでなく、医者たちの健康療法に多く言及しながら、人間の学問（魂の健康）と人間の実践活動（体の健康）の促進にウェスレーは励みました（『民衆』一三七―一七九頁）。これから述べるように、ウェスレーは説教集や諸論文で、いかに多くの一七・一八世紀の哲学者や自然科学者に言及しているかを私たちは学ぶでしょう。

第二の点、ウェスレーが西方と東方の学びをどのように理解したのか、その話に移りましょう。一九八〇年代までのウェスレー研究者によると、ウェスレーは模範的な「福音伝道者」だと明言されます。それゆえ、ウェスレーの学びは聖書、神学に関する主題をテーマにする研究書が多くありました。しかし一九八〇年代以降になりますと、一七・一八世紀の科学・哲学・医学などに関するウェスレー研究書に私たちは出合っています。どうしてこのような変化が起こったのでしょうか。

神学を大きく分けると、西方の神学と東方の霊性があります。私たちがプロテスタントの信者であれば、牧師たちの行く神学校は大体決められていて、その神学校の教理に従ったプロテスタント神学教育を神学生に行います。ウェスレーが属する聖公会の神学はどうだったのでしょうか。

聖公会がカトリックからプロテスタントになる時、カトリックとの教義・信仰的相違よりも、国王の教会政治に原因があったため、ルターやカルヴァン等に適する聖公会の神学者は存在せず、聖公会はプロテスタントとカトリックとの「中庸の道（via media）」に自らの立場を置きました。「中庸の道」とは単なるプロテスタントとカトリックとの中庸だけでなく、この両者が分離する以前の、四世紀までの初代教会の思想と実践の復興を意味しました。そして一九八〇年代までのウェスレー研究は主としてウェスレーを西方のキリスト教の伝統に置き、そこから解釈をしました。しかし一九八〇年以降になると、ウェスレーの神学思想の系譜は義認概念を中心に展開する西方の神学圏で確定することは困難、いや不可能ということがウェスレー研究者の間で了解事項になり、西方だけでなく、東方の学びにも研究を向けたのです。

プロテスタントはカトリックと同様に、義認、罪責とその罪の赦しという、神と人間との法的（forensic）概念を中心に神学を展開しますが、東方の霊性は人間の罪を癒す治癒的（therapeutic）概念を展開し、人間の様々な腐敗を癒す聖化・キリスト者の完全を神学の中心にします。従って、西方と東方の両神学を形成する一九八〇年以降のウェスレー研究は信仰義認を土台にし、同時に、人間が成熟し、人間本性（完全）の実現に向かうべく、治癒的な聖化概念の探求に向かいました。

ウェスレー研究者、野呂芳男によると、ウェスレー解釈は基本的に西方プロテスタントの伝統で行われ、東方の基本的概念の多くを否定します。例えば、神の像理解（野呂はこの像を東方的でなく聖書的に解釈）、先行の恵み（野呂はその起源を東方ではなくアルミニウスに）、聖化概念（義認を徹底的な神の恵みへの繰り返しの行為に置く聖化理解で、東方の治癒的な聖化理解は決断の神学に不適切な概念と説く野呂）を、東方の基本的神学概念である神化は人間が神になる不適切な神秘体験と野呂は理解し、神化概念を否定します。その意味で、野呂のウェスレー神学は一九八〇年以前の、義認に救いの根拠を置くプロテスタント理解と重なり、一九八〇年以降のウェスレー解釈を拒絶する傾向にあります。

聖公会が西方のプロテスタント教会の概念と同時に東方の霊性を学んだのは、国教会がアルミニウスよりはるか以前に遡る、神と人間との、救いでの協調の役割を確信する、生粋の英国の伝統にあり、ウェスレーが若い時にしばしば読んだ初期ギリシア神学者の読書を通して、神の像や先行の恵み、聖化理解、神化などを学び、それを彼の神学理解の確信と強調しました。ウェスレーが聖化を強調する時、その理解はペラギウス主義的だとする批判を西方の人々から受けますが、先行の恵みを信じるウェスレーは西方とは異なる東方的解釈に好意的でした（人間が思考・行動する以前に先行の恵みが全人類に与えられているので、人間の行動はペラギウス主義的ではない）。拙著の著書が理解しにくいとの批判を受けることがありますが、多分それはプロテスタントの神学圏で熟慮するため、東方的な解釈に戸惑い、疑問を提示したのだと思われます。

ウェスレーは信仰義認というプロテスタントの原理と聖化という治癒的な人間形成、つまり、西方と東方の基本的原理の二極を軸に、神学を形成した点に、西方の私たちにも東方の人々にもウェスレー神学の豊かさが隠されています。彼がプロテスタントだけではなくて、東方の精神も神学に組み入れることでウェスレーが理解されます。

第三の点に移りましょう。今述べた西方と東方の二項の神学を形成したこと、つまり、二項の共存性・二重性をウェスレーは神学の構造とします。本書のテーマは、ウェスレーの宗教思想の実体はその共存にあったことを語ります。西方と東方、義認と聖化、法的と治癒的救済論、信仰と理性、普遍（論理学）と特殊（経験論）、アリストテレスとプラトン、超越（神）と内在（人間）、啓示神学と自然神学、全体と個、恵みと自由、人間と宇宙など、矛盾し対立する二つの項の共存・二重性（哲学的に表現すれば、存在論的神学）の主張です。極端にいえば、プロテスタントが二項の右側を強調するとすれば、東方は左側を主張します。その意味で、ウェスレーは相異なる二つの知識形態を説き、この両者は深いところで一致すると語り、総合的知識形態をウェスレーが重んじたことで、プロテスタントの人々も東方の人々もウェスレーの神学思想を受け入れることのできない個所が多くあります。原罪思想を取りあげるならば、ウェスレーは人類始原のアダムの徹底的な原罪理解とそれによる人類の全的堕落を主張する西方理解も、また、原罪は人間の現実の姿を決定しなかったと語る東方理解も受け入れず、両者を批判します。

私たちはこのような問題にしばしば立ち帰り、繰り返し論じていきますが、ウェスレー神学の原点は国教会の伝統にあったと思われます。

しかしウェスレーの、そして現代の私たちの問題は、共存するという場合の二つの項の関係、つまり共存構造がいかに成立するかです。一般に、この共存構造には三つのタイプがあります。第一は、二つの項が優劣に基づき、相互に補完し合うことで究極的に統一される階層的タイプです。第二は、二つの項がそれぞれ媒介されることなく、無媒介に併存し、相互に主張する、いわば二重真理の如き共存タイプです。第三は、二つの項が相互に媒介し、二つの項を二極的に分裂させ、優劣、主従の関係に置くのではなく、かえって両者を同時・共存的に捉える「共存性」のタイプです（たとえば、体と諸臓器は共存関係にあり、諸臓器は体全体の大きな生命で支えられていますが、同時に、諸臓器は体を対象化できません。自分の顔は鏡での表現で、顔そのものの表現ではないので、人間は自分の顔を対象化できません。同様に、神も対象化できません。もし体を対象化する時、諸臓器は死を意味します。対象化も客観化もできない存在論［≠実存論］的神理解がウェスレー固有の宗教理解の根源的考え方であると筆者は捉えます）。ウェスレーの宗教思想の特徴が相異なる二つの項の共存にあると言われる時、最後に問われなければならないのは、この共存性の構造問題で、第三章の最後の節で取りあげたいと思います。この第三の点をもう少し考えてみましょう。

本書で述べる一つの主題は主観（人間）と客観（神）の関係です。筆者が学生であった時、教室の話題の一つはこの問題で、これを提供したのが恩師、野呂芳男でした。学生たちは野呂が積極的に訴える「私の実存的問い」の主題に心が打たれました。キルケゴール、サルトルが活躍した二〇世紀の時代は、問いなしに答えはないという時代でした。私たちがその時代の諸問題に立ち向かい、そこから問いを提出し、その問いに神が答えるのです。もし実存的問いが欠如する場合、神（聖書）から答えは返ってきません。実存的に問う探求に全エネルギーを集中し、それだけに関わる仕方で神を理解しようとする野呂神学の実存論的神学に学生たちは心を歓喜させました。筆者が米国の留学から帰国した後も、この問題は頭から離れませんでした。野呂は自分の実存論的神学はウェスレーから学んだと言います。しかし、ウェスレー神学と実存論的神学とは関係しない、これは筆者の解釈です。

筆者はこの実存的問いや野呂のウェスレー神学を前著の『ウェスレーをめぐって』（教文館、二〇一四年）で批判的に論じました。野呂は一七三八年五月二四日に起こったアルダスゲイト体験でこの実存的問い、「語りかけと応答」（人間が語りかけ、それに神が応答する、実存論的神学）がウェスレーに与えられたと言います。つまり、ウェスレーのアルダスゲイト体験は「語りかけと応答」という二元論が与えられ（まず人間の実存があり、人間の語りかけに神が答える、つまり、人間の眼前に神が存在するとの考えが主観・客観の二極構造）、人間の決断の神学という人格的視点から神・神学を論じるようになったと野呂はウェスレー神学を解釈します。しかし筆者は、ウェスレーのアルダスゲイト体験は聖霊体験（啓示体験）と人間の確証体験（心理的概念で、実存的概念ではない）が同時に与えられる二重性の出来事（存在論的神学）で、この二重性の理解がウェスレー自身の解釈した聖霊の証の教理内容だと本書で述べます。あなたが救われ、神の子とされることを伝える聖霊の証と共に、この証を愛し・喜び・平和の内的知覚・感性的自覚による確証体験で人間は神を知るのです（主観・客観構造を超えたところで成立する知、存在論的神学）。他方、野呂はウェスレーの聖霊の証を強調しますが、確証体験（心理的概念）を本質的要素とせず、決断的自己理解（実存論的神学）で確証を展開します。

野呂はウェスレーと同様に、神秘主義をキリスト教の敵と捉えます。野呂によると、神秘主義は神と人間との関係を本質的に、実体的に一致させ、実体的、本質的に人間が神と融合し、いつの間にか人間が神的になる危険性にみちていると言います。この神秘主義の出現を恐れ、野呂は神と人間との質的相違を主張し、決断の神学を説き、無なる神・存在論的神学を否定したのです（主観・客観の二極構造での神理解）。

筆者には青山学院時代の野呂と小田垣雅也の二人の恩師がいます。お二人に米国での卒論を読んで頂き、それを聞く会をもった時、小田垣は「これからは親鸞を勉強するように（存在論的神学）」と言われ、多くの時間をかけて親鸞を学びましたが、ウェスレーと親鸞との相互解釈は未完のままです。ところで、この二人の恩師の神学的立場の相違が激しく、野呂は神の一人格者性、神の一存在者性を語り（眼前の私に神が存在する、主観・客観の二極構造での神理解、実存論的神学）、小田垣は眼前の私に神が「ある」、「ない」を超えた「ない」存在を語ります（主観・客観構造を超えたところで成立する神理解、存在論的神学）。野呂は小田垣の神理解を批判し、「神は人格的な一存在であって、一向に差し支えない。神は存在そのものではない」と言います（『ウェスレー』三九―四三頁等参照）。野呂は神を「有限な存在」と捉えますが、小田垣は「ある」「ない」を超えた、「絶対矛盾的自己同一」の存在を主張したのです。そしてウェスレー神学は小田垣が述べる存在論的（主観・客観構造を超えたところで成立する神理解）であるよりも、実存論的なものと野呂は言います。神の自由な意志と人間の自由な意志とが人格的に交わる、それを語るのがウェスレーなのだと野呂は語ります。

筆者が本書で繰り返し述べる、アルダスゲイトでの聖霊の証理解とは聖霊体験（神的啓示）と共に人間の確証体験（知覚的認識）が与えられる出来事です。人間が義とされ神の子とされる神の証（聖霊体験）と、この証を愛し、喜び、平和に感じる人間の霊の確証体験、つまり、聖霊体験と確証体験の二重性の出来事を意味します。筆者の語る聖霊による感性的認識論は神の言葉と人間の心・感性による、両者の同時的な出会いの出来事であることを本書で語ります。しかし、この筆者（そして小田垣）の解釈は人間の決断という実存論的神学と無関係な、ウェスレーの嫌う存在論的な神学の出現だと野呂は考えることでしょう。でも、神の働き（あなたは救われ、神の子である）と感性的に心で知る平和な体験の両者の同時性がアルダスゲイト体験の意味であると筆者は考えます。そして基本的に、野呂の立場は西方的解釈に限定され、東方の要素を排除しますが、ウェスレーは西方・東方の両伝統に基づくことで適切な解釈が為されます。

神を一存在者性、有限な存在と捉えるのか、あるいは、神を無的存在、絶対矛盾的自己同一と捉えるのか、それは筆者の学生時代の問題であり、今でも継続する問題です。この視点から本書でもこの問題に関わっていきます。

ウェスレーは自分の固有な宗教理解の特徴を一七三八年五月二四日のアルダスゲイト体験で解釈し、この体験を認識論によって展開します。この認識論は主観・客観構図を超えたところで成立します。つまり、先ず主観と客観とがあり、この二項の優劣、対応という関係で認識の成立を説く二極構造ではないのです。むしろ体験という出来事が与えられ、その中で主観と客観とが同時に理解されるという、主観・客観二極構図を超えたところで成立する知の枠組みで、ウェスレーはこの知的構造をプラトンの伝統から学びます。そしてこの理解こそ本来的知のありようだと、ウェスレーは繰り返し強調し、国教会の人々との論争に巻き込まれたのです。ウェスレーがロックやマルブランシュの認識論を用いたのに対し、国教会は彼らの認識論を拒否したからです。

他方、ウェスレーはこの認識論に基礎づけられた本来的な宗教理解と共に、アリストテレスの伝統に立ち、主観・客観構図で捉えられる理性的、倫理的宗教理解をも尊重します。ウェスレーは自然界に因果律等の理性原理を適用し、自然理解を通して三位一体等の形而上学的神を語ります。ウェスレーは客観的、普遍的な倫理的真理を人間の外に規定し（たとえば神の律法を人間の眼前に置く）、理性はこの真理を客観的に認識できるといいます。神は聖、正義、愛として一意的に解釈され、神は私の外にいて、この外なる神は人間に倫理的事柄を要求する人格者として理解されます。ウェスレーはこのような主観・客観構図で理解される宗教理解を一つの知識形態であるとし、この点で、国教会の考え方と一致します。つまり、神の形而上学的理解に関し、主観・客観構造に基づくアリストテレスの伝統に立つウェスレーと国教会神学者は同じ考え方をしましたが、認識論に関し、ロック・マルブランシュの哲学を使用するウェスレーは彼らの認識論を認めない国教会の人々と論争に導かれたのです。

しかしここでの問題は二極構図に基づく形而上学的理解と二極構図を超えたところで人間の心の感性的知覚理解で成立する認識論的な神理解との関係、つまり、ウェスレーの知の構造です。彼はアリストテレス形而上学の支持者、特に古典論理学の熱烈な信望者です。この視点から言えば、客観的世界はそれ自体で、主観的世界と無関係に存在します。しかも客観は存在者を生かす存在ではなく、人間に対向する存在者として被造物の生命と無関係に理解されます。そうであるならば、主観・客観構図で理解されるこの形而上学的世界と二極構図を超えたところで成立する認識論の世界がウェスレーの思想体系でいかに共存するのかの問題が生まれます。

ウェスレーの宗教思想の実体は相矛盾し、対立する二つの項の共存性・二重性にあります。ここにこそ現代に生きる私たちを深く捉えるウェスレーの魅力が隠されています。と同時に、ウェスレーの宗教思想の実体について、今日においてこそ真剣に問い直される必要があります。先ほど述べた、二つの項の優劣に基づく階層的タイプ、二つの項の無媒介な二重真理の如き共存タイプ、二つの項が同時に存在する共存性タイプという三つのタイプがあるとすれば、ウェスレーは第一のタイプ（論理の優越性）を主張したが、しかし無意識的であったとしても、第三のタイプを求めたのではないかという点です。

一八世紀後半以降になると、哲学・神学を内に含み、人間の知的活動の全てを含む「知」としての「科学」理解は解体します。それぞれの学問は個別の領域の学問として細分化され、哲学、神学から分離し、自立の過程を歩み、個別科学として自然科学が成立したのは一九世紀半ばでした。この世紀以降、全体的知の構造が崩れ始め、個別化・細分化の構造が進みます。存在の意味が問われ始めた現代は、日本の孤立死などに見られるように、個人と家族・地域等との協力関係による全体的知の再構造が求められ、そこに生活保護・高齢者・認知症・虐待等の解決の示唆が隠されています。それゆえ、一八世紀から二〇世紀まで求めた知識、自立化の過程に伴い、個別的に研究され、細分化された知識は総合的・全体的知を破壊する兆しになります。個人主義時代の到来による、共同体理解の疎遠です。生命倫理でも貧困問題でも同様の危機が体感されます。私たちの教会は家族や地域での全体的秩序が崩れ、個別問題になった高齢化・子供対応問題などにどのように全体的知の統合を取り入れていくのでしょうか。そこから現代の宇宙破壊の危機をもたらす自然環境問題への解決の道筋も国際的会議で生まれてくるかもしれません。ウェスレーの動物愛に関して述べれば、全被造物の回復というテーマはデカルト以降、西方キリスト教界の文脈ではわりと例外的でしたが、動物愛のウェスレーへの影響は西方以上にギリシア神学者たちの東方にあったと言われ、現代の動物研究者が述べるように、ウェスレーの説教「全被造物の解放（The General Deliverance）」（一七八一年）は西方キリスト教界で展開された動物の救いに関する最も良い概論書であったと言われます。一八世紀西欧世界で虐待された動物破壊の現象と戦う例外的神学者、それがウェスレーであり、現代、ウェスレーが注目されています。

ウェスレーの知的教養の幅に私たちは驚いております。神学、科学、哲学だけでなく、医学、経済、政治、倫理、語学、文学、詩、音楽など様々な領域で優れた才能を示しております。しかし本書ではウェスレーが神学、科学、哲学の領域で一七・一八世紀の時代の研究者とどのような対話を行い、自分の立場を確立したのかを学んでみたいのです。ウェスレーを一緒に読んでみましょう。

本書ではウェスレーと野呂芳男、そして筆者の作品を本文で略記として注に挿入します。

なお、本文中では全て敬称を省略させていただきました。

＊　清水光雄『ジョン・ウェスレーの宗教思想』（日本基督教団出版局、一九九二年）を『宗教思想』と略記。

＊　――『ウェスレーの救済論』（教文館、二〇〇二年）を『救済論』と略記。

＊　――『メソジストって何ですか』（教文館、二〇〇七年）を『メソジスト』と略記。

＊　――――『民衆と歩んだウェスレー』（教文館、二〇一三年）を『民衆』と略記。

＊　――――『ウェスレーをめぐって』（教文館、二〇一四年）を『ウェスレー』と略記。

＊　野呂義男『ウェスレーの生涯と神学』（日本基督教団出版局、一九七五年）を『生涯と神学』と略記。

＊　*The Bicentennial Edition of the Works of John Wesley*, editor-in-chief Frank Baker（Nashville: Abingdon Press, 1984-）は *BE* と略記。

＊　*The Works of the Rev. John Wesley, M. A*, ed. Thomas Jackson（London: Epworth Press, 1829-31）は *Works* と略記。

＊　*Letters of the Rev. John Wesley, A. M.* ed., John Telford（London: Epworth Press, 1931）は *Letters* と略記。

＊　John Wesley, *Explanatory Notes Upon New Testament*,（2 vols. London: Bowyer, 755; reprinted London: Epworth, 1966）は *Notes* と略記。

＊　John Wesley, ed., *A Survey of the Wisdom of God in the Creation, or A Compendium of Natural Philosophy*（5 vols., 5th edition［corrected 4th ed.］. London: Maxwell & Wilson, 1809）は *Survey* と略記。

＊　John Wesley, ed., *The Arminian Magazine*: *Consisting of Extracts and Original Treatises on Universal Redemption*（London, Fry et al., 1778-91）を *AM* と略記。

＊　John Wesley, ed., *A Christian Library: Consisting of Extracts from and Abridgements of the Choicest Pieces of Practical Divinity Which have been Published in the English Tongue*. 50 vols.（Bristol: Farley, 1749-55）は *CL* と略記。

＊　Albert C. Outler, *John Wesley*（New York: Oxford University Press, 1964）は *JW* と略記。

＊　John Locke, *An Essay Concerniny Human Understanding*, ed., Peter H. Nidditch（Oxford: Clarendon Press, 1975）を *Essay* と略記。

* Peter Browne, *The Procedure, Extent and Limits of Human Understanding* (London: Printed for W. Innys, 1728) を *Procedure* と略記。

* Nicolas Malebranche, *Treatise Concering the Search after Truth*, translated by Richard Shipton (London: 1965) を *Treatise* と略記。

目次

はじめに　3

第一章　西方の神学と東方の霊性　27

第一節　一九八〇年代前後のウェスレー研究　27

1　エキュメニカルなウェスレー　28

⑴一九八〇年代以前の研究者／⑵一九八〇年代以降の研究者

2　一七三八年五月二四日の出来事　74

⑴ジェニングスの問いかけ／⑵ウェスレーの三つの思想体系

3　ウェスレーの各時期の思想　105

⑴神の像理解／⑵腐敗現象の生理学的説明／⑶動物の救い

第二節　神の像と先行の恵み　127

1　神の像　127

(1)西方・東方の神の像理解／(2)神の像と原罪論／
(3)ウェスレーと神の像
2　先行の恵み　138
(1)先行の恵み／(2)先行の恵みと人間理解／
(3)全人類に与えられる良心の働き
第三節　神の恵みと人間の応答　150
1　応答する恵み　150
2　一八世紀の応答性批判　156
(1)モラヴィア派との論争／(2)カルヴィニストとの論争
第二章　ウェスレーの自然科学思想　165
第一節　ウェスレーと理性　167
1　国教会の理性的信仰　167
(1)理性的同意としての信仰／(2)理性的・道徳的信仰生活
2　ウェスレーの理性的信仰　184

(1)理性的同意としての信仰／(2)理性的・道徳的信仰生活／
(3)熱狂主義批判／(4)スミスとの論争
第二節　ウェスレーと自然科学　210
1　一七・一八世紀の自然科学　210
2　ウェスレー　214
(1)スコラ哲学／(2)記述・経験的方法／
(3)神の存在証明／(4)粒子仮説／
(5)ニュートン／(6)博物学／
(7)神と自然理解
3　自由と機械的世界観　269
(1)精神と身体／(2)人間の自由
第三章　ウェスレーと哲学的認識論　293
第一節　ロックの認識論　294
1　認識論　294

2　論理学と理性の宗教　301
3　生得知識と観念　308
第二節　ブラウンの認識論　326
1　感覚観念　327
2　三位一体の教理　330
3　反省観念と理性探求　341
第三節　マルブランシュ　347
1　マルブランシュの認識論　350
2　ウェスレー　357
(1)神と世界／(2)魂の認識／
(3)心身二元論
3　信仰の本質的定義　377
(1)エレグコスの信仰／(2)聖霊の証／
(3)悟性の照明
第四節　ウェスレー思想の特徴　394

1 諸科学の総体的知識 395
2 普遍（論理）性と個別性（認識）の統合 404
注 425
あとがき 451

装丁 熊谷博人

ウェスレー思想と近代

――神学・科学・哲学に問う

第一章　西方の神学と東方の霊性

第一節　一九八〇年代前後のウェスレー研究

一九八〇年代を境にウェスレー研究に隔世の感があります。その理由として三点を挙げましょう。第一は、一九八〇年代以前のウェスレー研究は西方教会、特に、プロテスタントの神学圏で解釈されてきましたが、一九八〇年代以降は、東方の霊性を離れてウェスレーを充分に理解できないことが承認されたこと、第二は、一九八〇年代以前の研究者たちはウェスレーを個人の救済に情熱を傾けた福音伝道者と理解しましたが、一九八〇年以降の学者たちは国教会の伝統に従い、当時の一八世紀の啓蒙思想や科学思想、新プラトンとイギリス経験論と対話させながら、ウェスレーの基本的宗教理解を広く了解したことです。第三は、一九八〇年代以前のウェスレー研究はウェスレーの基本的神学概念を一七三八年五月二四日のアルダスゲイト体験に置き、個人主義的、内面的解釈を展開しますが、一九八〇年代以降、東方の霊性に従い、ウェスレーの神学思想は若き時代より晩年に至るまでアルダスゲイト体験の信仰理解と共に、貧困者や病人に社会的・共同体的奉仕活動を行い、貧困者や病人などへの偏見を取り除く実践神学者としてのウェスレー像がメソジスト研究者によって展開されます。そして西方・東方両神学思想で統合するウェスレー解釈は、ウェスレーを西方、あるいは、東方の神学理解のみで研究する者と異なる解釈を提供したのです。

これらの三点の内、第一と第三は主に一章で、第二は二章・三章で論じ、いろいろと考えてみましょう。

1　エキュメニカルなウェスレー

(1) 一九八〇年代以前の研究者

一九八〇年以前のウェスレー研究は西方のキリスト教の伝統内に置かれ、その枠内で解釈されました。その際、一七三八年五月二四日の出来事が重視され、ウェスレーはこの出来事を通して信仰のみ、恵みのみのプロテスタントの立場に開眼し、この出来事を契機に、彼は国教会を通して西方プロテスタントの様々な教派に出会い、モラヴィア派を通してルターに、ピューリタンを介しカルヴァン、ブッツァーを経由してツヴィングリに出会い、宗教改革者たちの教えに触れました。ウェスレーはアダムによる人間堕落を語り、キリストの死による贖罪を展開し、罪の赦しに基づく救いを語るプロテスタントの立場を一七三八年五月二四日のアルダスゲイトで確信しました。このアルダスゲイト体験はウェスレーをプロテスタントの信仰義認に導く出来事でした。そして一七三八年という年はこれから述べるウェスレー思想の中期の時期で、この中期がウェスレーのプロテスタントの信仰義認を最も強調する時期となりました。

中期を簡単に説明しましょう。ウェスレーの神学思想を時代的に三段階に分けると、前期が一七三三―三八年、後期が一七六五―九一年に対し、中期とは一七三八―六五年の期間です。ウェスレー思想をこの三段階に分ける研究者は一九八〇年以降の学者たちの発言です。しかし一九八〇年以前の研究者はウェスレー思想を二段階に、つまり、前期と中期とに分け、後期は中期以降の思想的継続と理解します。日本の代表的ウェスレー研究者、野呂芳男は(1)ウェスレーの前期思想と中期思想との間に決定的な相違・断絶を認識し、前期を信仰と愛の両者による救いと捉え、中期のアルダスゲイト体験で信仰のみによる救い理解が与えられ、中期以降から人生の終りに至り、信仰のみによる救い、という中期の考えをウェスレーは変更しなかったと野呂は述べます（後述）。筆者は一九八〇年以降の研究者の考えに同意します。

一九八〇年以前の研究者はウェスレーの人生を二段階に分けますが、一九八〇年代以降の学者はウェスレーの生涯を三つの思想的時期に分けたことを述べました。前期が一七三三―三八年（一七三八年は信仰義認が与えられた時期）、中期は一七三八―六五年（一七六五年はウェスレーの成熟する思想を示す説教「救いの聖書的方法」と説教「義なる主」の出版時期）、後期は一七六五―九三年（一七九三年はウェスレーの死去時期）で、一七三八年五月二四日を回心体験と呼ぶよりは、信仰義認が与えられた出来事と呼びます。

話を最初に戻しましょう。一九八〇年代以前の研究者によると、アルダスゲイト体験と共に、ウェスレーは一七二五年以降から晩年に至るまで、神秘主義的著作に傾倒し、その結果、研究者は西方の伝統との関係でウェスレーを解釈します。初期エリザベス朝時代から国教会で広い支持を得た大陸のカトリシズムの神秘主義者たち、及びその影響下にある者たち、たとえばトマス・ア・ケンピス、ロー、ロペス、ド・ランティなどの思想に若きウェスレーは深く捉えられ、キリスト者の理想的生活として聖化・完全を追い求めます。従って、一七三八年の出来事と一七二五年以降の霊的探究を基に、ウェスレーは「プロテスタント」的、あるいは、「カトリック」的である、いやその折衷である、とする解釈が施されてきました。特にプロテスタント陣営内はウェスレー神学を主にルター、カルヴァンの宗教改革の立場、あるいはアルミニアン、ピューリタン、大陸敬虔主義の立場、また、これらの折衷形態のアルミニアン的、ピューリタン的改革派の立場、ルター派的敬虔主義の立場等から解釈が施されてきました。

しかし、ウェスレー神学の思想的系譜を確定することは困難、いや不可能とする考えが一九八〇年代以降のウェスレー研究者の間で了解事項になりました。それは西方教会の伝統からウェスレーを解釈するだけでなく、国教会の思想的基盤の初代教父、特に初期のギリシア神学者やそれに続く東方の伝統を視野に入れて、解釈することの大切さに気づいたのです。それはベーカーが『ジョン・ウェスレーと英国教会』（一九七〇年）の出版以降、一七世紀以降の国教会研究の急速なる発展とともに、国教会は西方の伝統だけでなく、「忘れ去られたこより」[2]（A Forgotten Strand）として東方の霊性による影響を発見したからです。つまり、国教会の教職ウェスレーを国教会の「中庸の道」に定着させ、プロテスタントとカトリックの総合下で解釈するだけでなく、さらには、西方と東方の究極的統合を目指すエキュメニカルな神学者としてウェスレーを解釈する意義に研究者たちは注目しました。東方の霊性という表現はウェスレーが熟知した初期ギリシア神学者やシリアの修道士に共通する思想、及び、その後展開される思想全般を指して用います。

一六世紀の英国宗教改革は周知のとおり、カトリック教会との教義的・信仰理解の相違よりも教会政治にその起源がありました。国教会ではルターの伝統、また、改革派の伝統に従い、国教会を改革する試みを行いましたが、その試みは結局成功せず、国教会は自らの神学的立場をカトリックとプロテスタントとの中庸の立場に定着させ、さらには、西方・東方の両者に分裂する以前の初代教会、特に、ギリシア教父と東方の霊性から豊かな養分を汲み上げました。この国教会で霊的、神学的訓練を受け、培われ、養われたウェスレーの神学的確信が西方・東方両者の伝統で形成されたのです。彼は信仰のみのプロテスタントでも、愛の実現、聖化中心を説くカトリックでもない、信仰のみと愛の実現の両者を語る国教会の聖職者、初代教会の神学者でした。筆者は『ウェスレーの救済論』（二〇〇二年）を書きましたが、その副題を「西方と東方キリスト教思想の統合」と書いた通りです。

従来のカトリック研究者は前期のウェスレーに焦点を当て、前期のウェスレーは敬虔主義者や神秘主義者たちの影響で、キリスト者の理想的生活として聖化・完全を追い求め、心の宗教、内面の宗教、意図の純粋さ等、聖なる生活、そして完全なる生活の到達を宗教の究極的目標にしていたと語ります。カトリック研究者はこの前期をウェスレーの生涯を決定した時期と理解し、一七三八年以降もウェスレーは聖なる成長、キリスト者の完全、愛によって働く信仰を生涯強調したと言います。その意味で、ウェスレーは「前期」から「後期」に至り聖なる行為を主張したと従来のカトリック研究者は述べ、その結果、彼らはウェスレーのいずれの時期をも特別視せず、ウェスレーは同じ思想を抱き、全期間を過ごしたと言います。その意味で、アルダスゲイトの出来事はウェスレーの一時的なプロテスタントへの逸脱で、後に彼はカトリックに戻ってきたと彼らは言います。(3)

最近のカトリック研究者は東方やカトリックの人間論の共通テーマの先行の恵み（prevenient grace［pre-vent = come before］）、つまり、人間が思索し、行動する以前に（prevent）人間に語りかける神の恵みの教理（後述）を取り上げます。この教えはカトリックや東方が強調しますが、プロテスタントの概念にありません。しかし、東方の教えに影響されたウェスレーはこの教理を神学の基本的立場と捉え、先行の恵みに人間が応答し、良き働きの効用を強調すると、プロテスタントは業による義・功績概念だと彼を批判しますが、良き働きは神の恵みに押し出される行為で、行為義認ではないとウェスレーは批判に答えます。

さらに、カトリックは先行の恵みを語ることで、神の恵みに対する罪人なる人間の応答、人間の普遍的救いの可能性、あるいは、キリスト教徒以外の他宗教者による良き働きの意義を語ります。ある研究者はカトリックの主張とウェスレーの先行の恵みの内容が一致すると言い、(4)他の研究者によると、ウェスレーの先行の恵みの教理は人間存在そのものを成立させる原理で、カール・ラーナーの超自然的実存規定と同じであると述べ、(5)さらに別の研究者は第二バチカン会議の「ローマ教会とキリスト教以外の宗教の関係についての宣言」の趣旨とウェスレーの先行の恵みの内容は通低すると言います。(6)このように先行の恵みを語る最近のカトリック研究者は他宗教者との対話や万人の救いの可能性を積極的に取りあげ、ウェスレーも同じ思想的傾向を主張したと述べます。

カトリック側からの解釈に対し、信仰のみ、恵みのみによる救いを語る従来のプロテスタント研究者は前期と中期を対峙させます。前期のウェスレーに欠如した教理は原罪による人間の全的堕落と、神の恵みによる罪の赦しの和解という、恵みのみによる義認を前期のウェスレーは主張しませんでした。この立場から見ると、ウェスレーの一七三八年の出来事以前の神学的立場は知的・神秘・道徳主義、業による義、律法主義であるとルター派のドイツ神学者は否定します。[7] それゆえ、カトリックではない、宗教改革の視点から解釈される時、ウェスレーのアルダスゲイト体験はプロテスタントの最も偉大な時期であったと解釈されます。

その際、ウェスレーをよりルターに近づけて解釈する研究者に当然のことながらルター派の伝統に立つドイツ神学者が多いです。例えば、『ルターからウェスレー』（一九五一年）を著わしたヒルデブラントは予定論で神の尊厳性を強調するカルヴァンより、恵みによる救いを重視するルターに近づけることで、ウェスレー解釈を行います。[8] これに対し、ウェスレーをルター、カルヴァンと並ぶ宗教改革者としつつも、カルヴァン・改革派の伝統に従う研究者として、セルは当時のメソジストのペラギアン的、自由主義的な神学傾向を否定し、改革派的に解釈される『ウェスレーの再発見』（一九三五年）を著わしました。[9] また、ディシュナーはバルトの指導下で博士論文を書き、『ウェスレーのキリスト論の解釈』（一九六〇年）を著わしました。しかしこのようなウェスレーとルター・カルヴァン・改革派との類似性から為される解釈は広すぎるとの批判が起こり、プロテスタントの伝統に立つ様々な教派的立場とウェスレーとの関係が探求されます。トゥルソンの『モラヴィアンとメソジスト』（一九五七年）、ルター派敬虔主義との関係を扱うシュミットの『ジョン・ウェスレー伝』（一九六二―七三年）、モンクの『ジョン・ウェスレー、そのピューリタン的遺産』（一九六六年）などの研究です。

確かに、ウェスレーはこれら種々のプロテスタントの教えに影響されているのは事実ですが、同時に、東方やカトリック研究者が述べるように、神の恵みへの人間の主体的応答性を強調する点で、ウェスレーはルターやカルヴァンと異なり、信仰のみを強調し、信仰後の愛の働きを軽視する宗教改革者を厳しく批判したことも確かです。彼は次のように述べます。

改革された教会の本質は何であるのか。それは意見と礼拝形式の変更であることは確かです。これが改革された教会の本質でしょうか。人々の気質や生活方法を改革しなかったのでしょうか。全然しませんでした。勿論、多くの改革者たちは改革が充分になされなかったことに不満を持ちます。……宗教の本質的要素は充分になされなかった、という点にあなたの不満は向けられるべきです。人間の気質や生活方法の完全なる変化を主張することにあなたは熱心であるべきです。即ち、「キリストが抱かれた思いを持ち、キリストが歩かれたように歩く」という、考えを示すべきです。この考えなしで、意見や儀式や諸行事の改革を行ったとしても、何と取るに足りない試みでしょうか。

(*BE*, 2:465. 傍点原著)

宗教改革者たちは当時の意見と礼拝改革という周辺的な事柄を改革しただけで、キリスト教の本質である宗教的要素の改革、つまり、キリストが考え、歩いたような、気質や生活方法を改革しなかったのです。この改革なしに礼拝改革などをしても無意味なことだとウェスレーは述べたのです。一七八四年に甥がカトリックに改宗しましたが、甥が宗教を変えたのではなく、意見と礼拝形式を変えたに過ぎないとウェスレーが述べる点で、同様の考えを示したのです。宗教の本質は「信仰が愛によって働き、聖霊で義と平和、喜びが与えられること」(*Letters*, 7:216)だと述べます。

その意味でプロテスタント研究者はウェスレー神学を幅広くプロテスタントの伝統内で解釈します。キャノンは『ウェスレーの神学』(一九四六年)で述べるように、カトリックの注入される義と対比された、恵みによる義の強調こそがウェスレーの決定的教えと論じ、ルター、カルヴァンの宗教改革の線でウェスレーを信仰義認で単純に解釈することに反対します。キャノンはバルト主義とカトリシズムのいずれかの視点で為される解釈を批判し、神の恵み深い働きとこの働きへの人間の応答性を強調します。[10] しかし人間の応答性を神学的にどのように位置づけるかに問題があります。行為義認を極端に警戒し、義認以前も義認以降も人間の行為の意義を認め難いプロテスタントの伝統内で、恵みに対する人間の応答、救いへの人間の働きを認めることは神と人間との協力の働きを意味する神人協力説（synergism）、あるいは、セミ・ペラギアンという名前で否定されます。

但し、東方由来の系譜で学んだウェスレーの先行の恵みの思想内容は東方版の神人協力説と同一内容ですが、神人協力説という言葉の起源が大陸のプロテスタントとカトリックとの論争に由来するので（この説の表現は神と人間が協調する恵みを示すメランヒトンの定義）、ウェスレー議論の神学的土壌と異なり、神人協力説という の表現をウェスレーに用いない方が良いであろうと言われます。[11]

同様に、完全の教理を強調するウェスレー神学は「プロテスタントの恵みの倫理とカトリックの聖の倫理との統合」と主張されますが、このメソジスト内で広く許容されたテーゼはプロテスタント内では成立しないと批判されます。[12] その理由は、プロテスタントの聖化・完全理解はあくまでも義認との関係で語られる必要があり、この聖化・完全の主題は聖なる完全に向かう、人間の努力に基づく功績という考えが通常、前提されるからです（勿論、先行の恵みを語るウェスレーはこの考えを批判）。また、ディシュナーはウェスレーの中期の著作『標準説教集』と『新約聖書注解』（一七五五年）を基に『ウェスレーのキリスト論の解釈』を著わしましたが、聖の概念とキリストの人格・啓示とは一体どのような関係にあるのか、ウェスレーは前者を後者から切り離し、前者を人間固有の視点から理解していないだろうか、そこにシュライエルマッハを批判するバルトの指導下にあったディシュナーは中心問題を感じつつも、ウェスレーの立場を前著の書物で「今日に到るまでのプロテスタント神学における新しい強調」[13] と解釈しました。つまり、ウェスレーを解釈するプロテスタント研究者の問題点はウェスレーが信仰義認と共に、先行の恵みに基づく聖化をも同様に強調した点にあります。勿論、宗教改革者たちは聖化を重視しますが、信仰義認に彼らの神学の中心を強調したからです。

ウェスレーの基本的な人間理解、罪の理解、それに基づく人間解釈が種々のキリスト教の伝統との関係でなされてきました。ウェスレーはよりルター的、カルヴァン的、アルミニアン的、あるいはカトリック的であったのかどうかの問題です。しかしこのいずれかに決めようとする論争は行き詰まっています。その最も大きな理由は、ウェスレーの人間論の核心的要素が充分に検討されていないからです。それは東方キリスト教の影響があったからです。

一九八〇年以前のプロテスタント研究者はプロテスタントに一番近く立つ中期のウェスレーでさえも、厳格な意味でプロテスタントの伝統で解釈することの困難さを考え、この伝統を厳格にではなく幅広く解釈しました(14)。しかしディシュナーは二五年後に再版した前著の序文で、自分の過去を振り返り、自分の解釈的立場はヒルデブラント、セル、リンドシュトレームの解釈と同様に、ルター、カルヴァン、及び、新正統主義の視点から解釈を施し、そこに自分の解釈の限界があったことを端的に表明し、中期のウェスレーを解釈する際にも、プロテスタントやカトリック以外の伝統、特に聖化の究極目標である神化（theosis）（後述）の東方の考えを考慮する必要性を認めました(15)。こうして、一九八〇年以降のプロテスタント研究者はディシュナーの再認識にあるように、ウェスレーの神学的立場の更なる理解を求め、東方のギリシア的キリスト教思想との関係に注目を向け、筆者もウェスレー神学は前期から後期に至る全期間でプロテスタントと同時に東方思想の思想圏内で神学を展開したことを『ウェスレーの救済論』などで述べてきました。西方神学・東方の霊性の個性として法的・治癒的救済論に一言触れ（後述）、この項目を終えたいと思います。

西方のキリスト教世界は原罪による罪責を中心に神学を展開しましたので、神が人間をいかに受け入れるのかが救済論の中心問題となり、その答えとして義認という法的救済論を展開します(16)。カトリックは礼典的に神が罪人に義を注入することで、信仰者を義と宣言しますが、プロテスタントはキリストの贖罪による義認を主張します。その際、プロテスタントとカトリックは義認前後の人間の働きと義認の関係を問題にします。義認前の人間の働きに対し、義認は信仰のみによるのか、それとも、礼典的に人間的働きを可能にするかが両者で論争されます。しかし東方はこのような西方の法的救済論を批判します。その理由は、恵み深い愛なる神は罪人の受容を問題にしないからです。むしろ東方は救済論の中心を堕罪によって腐敗した人間の本性を癒し、神の類似性に回復する人間の神化に置いたからです。東方は義認前後の人間の働きと義認との関係を問題にせず、義認前の状態から義認、そして義認後の聖化から栄光、類似性に人間を導く神の恵みを強調し、瞬間的ではなく徐々に人間の本性を癒す治癒的救済論を強調したのです[17]。

(2) 一九八〇年代以降の研究者

A　東方思想への開眼

東方の霊性とウェスレーを結びつけた最大の功績者はウェスレー研究の第一人者で、教父学者であったアウトラーです。「若き時代に、彼はビザンチンの伝統的霊性から深い影響を受けた[18]」とアウトラーの語る言葉は多くのウェスレー研究者の心を捉えました。アウトラーはウェスレーをラテン教父よりはギリシア教父、そして、東方の霊性との関わりで理解する意義をウェスレー研究者に訴えました。ウェスレーの救済論、聖霊論、「神性・人性の参与（divine-human participation）」、「救済の秩序（order of salvation）」などの中心的テーマはその源泉を西方ではなく東方にもつと彼は言います[19]。

ウェスレー思想に先行の恵み理解があります。神はキリストにおいてご自身を顕わす固有な啓示とは別に、この啓示に先だって、全人類に普遍的啓示が備えられています（これはキリストの贖いの業に基礎づけられていますが）。この先行の恵みは東方の神人協力説の考えですが、ウェスレーがこの恵み理解を学んだのは東方か、それとも国教会に流れるアルミニウスに由来するのかどうかです。種々の議論があり、アウトラーは東方起源にあると言い、現代のメソジストの指導的リーダー、マッドクスによると、ウェスレーはしばしば自分自身をアルミニアンと同一視しますが、実際にはアルミニウスの書物をそれほど読んでおらず、むしろ生粋の英国の伝統（アルミニウスよりはるか以前に遡る、神に協調する人間の役割を確信する伝統）に従い、自分自身を「アルミニウスよりも初期ギリシア神学［特にマカリオス］からである」[20]と述べます。

ウェスレーはまた、エイレナイオスの「再統合」理論から採用し、神の像を回復するプロセスとして救済の秩序を建て、神性・人性の参与（私たちの日常表現で言えば応答）を通して神の生命との統合を求め、この東方のコンテクストの枠中で聖化・完全を理解しなければならないとアウトラーは言います[21]。つまり、ウェスレーの完全理解はラテン的な静的な状態（各個人一人一人が他者や動物等の救いの状態と無関係に完全の状態に到達する）としての「完成された完全（perfected perfection）」である（野呂の完全理解）よりは、東方的な動的プロセスとしての「完全に向かう完全（perfecting perfection）」、即ち、他者や自然、動物と共に、限りない成長・発展を内に含む人間の完全と理解されます（野呂の決断による完全理解と異なる）。このような救済論・聖霊論こそがウェスレー神学の特徴だとアウトラーは言います。

補祭の試験準備をした一七二五年以降のしばらくの間、ウェスレーは教父研究にそれほど関心を示しませんでしたが[22]、一七二九年に神聖クラブの指導者になったウェスレーは初代キリスト教に興味を持ち始め、その実践と習慣に則して神聖クラブを形成しました。特にこの会に教父研究の専門家ジョン・クレイトンが一七三二年に、また、クレイトンの指導者であり、初代教父の作品に大変な関心を寄せた臣従拒誓者の指導的人物トーマス・ディコンが一七三三年にメソジストに加入することで、ウェスレーは教父研究への関心をさらに深め、その著作に読み耽り、この関心は生涯一貫して変わることはありませんでした[23]。

ウェスレーが特に尊敬したのはニケア会議以前の教会教父、しかもその多くはギリシア教父でした。二世紀ではローマのクレメンス、イグナティウス、ポリュカルポス、殉教者ユスティノス（最初の三人の著作の抜粋は『キリスト教文庫』に収録）、三世紀ではテルトゥリアヌス、キプリアヌス、オリゲネス、アレクサンドリアのクレメンス、エイレナイオス等です。ウェスレーは初代教会の歴史を基本的に四世紀初頭で括り、コンスタンティアヌス大帝以降を堕落の歴史と捉えますが、[24] 四世紀のある一部の教父たちを通して真正のキリスト教が継承されたと述べます。特にローマ帝国の東西分裂後、教会も実質的に東西に分かれ、それぞれの伝統を形成しましたが、ウェスレーによると、二・三世紀のギリシア教父たちの精神は四世紀シリアの修道士エフライム、あるいは、同じくシリアの修道士マカリオスなどの東方の指導者たちに継承されたと考えます。[25] 勿論、ウェスレーは四世紀ラテン教父を否定しませんが（*Works*, 10:484）、四世紀を代表する教会の指導者としてウェスレーが尊敬したのは、ラテン教父のヒエロニムスやアウグスティヌス、アンブロシウスではなかったのです。ウェスレーが一七四九年にマカリオスの著作『マカリオスの説教（The Homilies of Macarius）』（この表題は『キリスト教文庫』に抜粋された題名で、原著は『霊的談話』）を『キリスト教文庫』の第一巻に、上記二世紀の三人の教父の抜粋後に納めました。このように、ウェスレーは真のキリスト教精神を東方の神学的潮流で捉え、まさに、初期ギリシアの神学者から東方に流れるキリスト教思想が若きウェスレーの魂を捉え、特に、神の像の回復テーマは彼の後期の神学思想に抜き難い影響を残すことになったのです[27]（後述）。

初期のラテン語とギリシア語で書くそれぞれの神学者たちは人間本性とその問題点をそれぞれに展開させ、救いの本質も異なって理解しました。現代の研究者たちによると、初期東方のキリスト教伝統に関し、生まれながらのギリシア語を話す神学者と初期シリアのキリスト者とは同じ意見を述べている、いや異なっている、との意見の相違がありますが、[28] シリア初期の作品に精通したマカリオスはギリシア語で書きますが、同時に、シリアのキリスト教の霊的強調を体現していると語られます。[29] また、ウェスレーとエフレイムとの関係で両者の相違点よりも同意点を強調すべきだと言われます。エフレイムは悔い改めの主題を述べますが、キリスト者の生活で悔い改めを強調するウェスレーがこの考えをエフレイムからの影響だ、とする考えが適切だと言われます。[30] 特にマカリオスに代表されるシリアのキリスト教は原罪の問題を深く捉えたので、ウェスレーに受け入れられやすかったと言われます。「ギリシア神学者」という表現を東方のキリスト教の中心的主題を共有する学者として、マカリオスも含め、広い意味で用います。

ギリシア教父から東方のキリスト教思想の流れでウェスレーを理解する個別研究は一九八〇年代から始まりました。アレクサンドリアのクレメンスとの関係を述べれば、クレメンスが描いた『ストロマティス(Stromateis)』第七章の完全なるキリスト者像の考えに基づいて、ウェスレーは論文『メソジスト教徒の性格(The Character of a Methodist)』(一七四二年)を出版し、この比較研究で、倫理・聖化・神化などのキリスト者の本来あるべき生活を描きました。ウェスレーは神への類似、キリストの模倣を救いのゴールとし、個人的だけでなく社会的意味で「聖なる生活」を探求し、そのために、クレメンスの教えにも学び、この論文でウェスレーはメソジスト信仰の教理的説明にほとんど言及せずに、病人訪問や服・食物の供給などの貧困者支援による救いを語り、魂の救い(法的救済)だけでなく、それ以上に、肉体の救いの働き(治癒的救済)も強調しました(『ウェスレー』六五―六九頁)。また、クリュソストモスとの関係を述べると、ウェスレーは義認と聖化を統合しますが、その理由は神対人間、恵み対自由、人間対宇宙という対立契機を含む二元論の西方的思考形態ではなく(人間は神の恵みを受け取るのみ、義認前の人間の自由は神の恵みで力づけられない、人間は自分の救済を中心に考え、宇宙と共に救済されることとは別次元)、東方のクリュソストモスの影響で、対立契機を含まない両者の統合をウェスレーが求めるようになったとされます[31]。それゆえ、プロテスタントの人間はこの両者の対立を強調しますが、反対に東方はその統合を求め、そこにウェスレーとプロテスタントの神学理解が異なってきます。

最も注目される研究はウェスレーとマカリオス、ニュッサのグレゴリオス、そしてエフライムとの関係です[32]。ウェスレーがマカリオスに深く影響されたことは『マカリオスの説教』の抜粋や彼の説教集でのマカリオスの引用で窺われます。ウェスレーが述べる信仰者の罪の残存、恵みから罪への逆戻り、信仰者の絶えざる成長、永遠に成長する完全理解などはマカリオスからの影響だと研究者フォードは述べます[33]。また、グレゴリオスとの関係で言えば、ウェスレーとグレゴリオスの両者は罪の克服を継続的な成長で追い求め、堕落で失われた神の像の回復を人類のゴールとして求めることで、同様の聖・完全理解を主張したとブライトマンは指摘します。[34]

エフライムは神の像の基本的概念を人間の自由意志に置き、この自由によって人間は「創造された神」(Created God)、つまり、神の類似性に近づくことができる存在と考えましたが、[35] 他の研究者によると、[36] ウェスレーの聖化の考えはグレゴリオス以上にマカリオス、エフライムに影響され、さらには、人間に止まらず、全被造物の回復、万物の完成を説くウェスレーの神の像の理解はマカリウスよりもエフライムに多く負っていると語られます。

この項目を終える前に、一九八〇年以前と以降の贖罪理解の相違に触れましょう。一九八〇年以前のウェスレー研究者によると、中期の説教でウェスレーはアンセルムスの満足説、宗教改革者たちの刑罰代償説、あるいは、祭司・十字架としてのキリストという、義認体験に基づく贖罪理解を解釈したと述べます。義認を中心とする神学なので、この贖罪理解は西方的解釈です。しかし一九八〇年以降の研究者は後期の説教でウェスレーはこのプロテスタント的主題と共に、アウレンの語る古典的な王・勝利者なるキリスト、復活・栄光なる主キリストという、東方の贖罪理解をも述べていると言います。つまり、後期のウェスレーは西方・東方の両者の贖罪理解を提示したのです。ギャラウェーは一七八〇年にウェスレーが出版した五部から成立する讃美歌集“A Collection of Hymns for the Use of the People called Methodist”で、最初の三部は東方的要素もありますが、主として西方的贖罪理解が中心です。他方、後半の四部・五部は西方的要素もありながら、それ以上に東方の贖罪理解が展開され、結果として西方・東方両者の理解が展開されていると言います[37](『救済論』一三四―一三七頁)。このように、一九八〇年以降のプロテスタント研究家はウェスレーの神学的立場を彼の全体思想の中で理解することで、西方的視点と共に、東方の霊的視点からの学びが不可避であることが指摘されます。全生涯の説教・思想を通して東方的視点を回復することが後期ウェスレーを理解する際不可欠となります。

さて、東方思想として、神の像と先行の恵みをここで述べておきましょう。

B　東方の霊性

東方の霊性に着目する研究者によると、マカリオス、グレゴリオス、エフライムの聖化・完全理解の中心概念はダイナミックな神性と人性の応答による神の像の回復であると言います。また、東方特有の教えによると、神の像（エイコーン）として創造された人間は神との同一本質（ホモウーシオス）ではなく、神に類似（ホモイオーシス）することが求められます。この東方固有な神の像と神の類似の一対概念はウェスレーの「自然的神の像」（natural image of God, 神を知り・愛し・従う知的被造物としての人間）と「道徳的神の像（moral image of God, 実際に神を知り、微動だにせず神を愛し、絶えず神に従う人間）に対応し、[38]堕落で人間は自然的神の像を損ない（人間の基本的諸機能の悟性・意志・自由の腐敗）、神の道徳的像・神の類似性を失ってしまったのです（『救済論』四一―四三、七一―七二頁）。

人間が神の像として創造されたとする確信は神の像と神の類似性の区別に見られます。前者は人間が普遍的に神の生命に応答できる潜在性を意味しますが、後者は人間の成長でこの潜在性を実現することです。この実現は（しばしば神化と呼ばれますが）礼拝、礼典、またそのような儀式を通して神の恵みに応答することで可能にされます。また神の類似性の実現は自動的でもなければ、不可避でもありません。神の像は必然的に人間の自由を含んでいるからです。

ウェスレーは人間の理想目標としてアダムの原初的状態を実現すること、つまり、人間が神の像に創造され、神の類似性に生きる原初的状態を実現することです。勿論、堕罪後の人間はこの理想を日常生活で体験しておらず、普遍的に病んでいる人間の罪性をウェスレーは確信します。彼は人間が堕落していることを承認し、人間がこの罪性からいかに克服できるかを問題にし、人間の本性の罪深い病の克服に関心を寄せました。ウェスレーによると、原罪による腐敗とは神の恵みに人間が応答しないための罪深さで、この考えは東方の基本的主題、つまり、人間の本性を癒す治癒的救済論で、神は人間を変革し、神の変革する恵みに人間が積極的に関わり、人間の霊的全体性を発展させることです。原初のアダムとエバによる罪の本質は神との関係を破壊し、神の現臨から離れた結果、彼らは霊的に死に、神の道徳的像が壊れ、神の類似性を喪失し、自然的像の人間の諸機能を腐敗させてしまいました。あらゆる子孫は神から離れる世界に現実に生まれ、霊的に死んでいるのです。(39)

神化はウェスレーの「完全」理解と同意義だと言われます。ウェスレーは神化という言葉が誤解されないため、また、哲学的表現であるため、それを「完全」という聖書的表現に言い換えて『マカリオスの説教』を抜粋したとテッドが言います。(40)ウェスレーは神化の内容を「完全」の表現で盛り込ませているのでしょう。聖化・完全、そして神との類似に向け、そのプロセスを可能にさせる神性・人性の応答はウェスレーの中心的テーマで、彼はこれを「主としてマカリオス、ニュッサのグレゴリオス、シリアのエフライムから学んだ」とアウトラーは言い、(41)スインダーも上記の三人に共通する特徴は恵みに応答することで完全に向かうダイナミックな人間の成長・発展を積極的に肯定するところにあると言います。(42)第三章でも神化を説明しますが、ここでも少し述べておきましょう。

神化とはギリシア教父以来流れる東方の特徴的なテーマで、神によって創造された人間の究極的目標です。堕落後も恵みとして遍満する神の生命に応答しながら、人間は聖化、完全に成長・発展するプロセスを通して神に相似し、神の生命との統合を重視します。神は人間に施しを与える最初の存在であるゆえに、キリストに倣い、隣人と共に生き、隣人に施しをする人間が神になります。神化とは隣人を愛する人間が本当の意味で人間らしく生きることです。人間を真に人間とするものはこの神の現臨・働きへの応答です。

勿論、日曜日の礼拝主題に「人が神にならないために」という説教題があるように、人間は神になることはできません。では、なぜ東方の人々は神化を語ったのでしょうか。日本の東方研究者によると、「神化こそ、ギリシア教父の救済論の根底」(43)だと言います。この前提はキリストが神性であることです(『救済論』一四二―一五五頁)。神性のキリストが人間になり、人間を愛し、それによって神になることのできない人間が神になり、救われるのです。キリストの神性の主張が人間の救済論を生み出すのです。人間の救済とは「神化」を意味し、神化とは野呂が語る、何か理想的な最高存在に自らが高まることではなく(『ウェスレー』四五―四八頁)、隣人愛に生きる神の存在のようになることです。人間による施しは神の模倣なのです。

ウェスレーが一七三八年五月二四日のアルダスゲイト体験の朝、彼の読んだ聖書がペトロの手紙二、一章四節の「神の本性にあずからせていただく」で、この個所が東方の神化のテキストで、この東方理解がその後のウェスレーの心に深く刻み込まれたと考えられます。彼は神化を熟知し、神性・人性の応答による神的本性の回復とそれに伴う神の永遠性・栄光の享受という主題はアルダスゲイト体験以降、一貫して彼の神学の固有なる性格を規定しました(*BE*, 1:150. fn. 105)。

ウェスレーは法的救済論だけでなく、治癒的活動にも励みました。法的活動は恵みが神から与えられ、それによって魂の働きを体験しますが、反対に、治癒的活動は時間の経過と共に人間の応答を通してキリストの心に人間が近づくことで、瞬間的に人間に与えられる神からの賜物ではありません。キリストに似る心とはキリストとの類似性に積極的に生きる、成長のプロセスとして開墾されます。ウェスレーは明確にメソジスト運動の中心的活動として貧困者訪問・病人活動を推挙し、この開墾を積極的に担う使命をメソジストに与えたのです。

ここに神化というギリシア教父以来流れる特徴的な東方のテーマが出現します。神化は神によって創造された人間の究極的目標です。堕落後も恵みとして遍満する神的生命に応答しつつ、人間は聖化、完全の成長・発展を通して神に類似し、神の生命との一致に向かうプロセスを大事にします。勿論、神との同一本質と神との類似性の区別に見られますが、神と人間との絶対質的相違に深く目覚める東方の教父たちにとって、神化は人間が神になる汎神論を意味せず、「神の本性にあずからせていただく」(二ペトロ一・四)者になること、つまり、神との生命的な交流に応答できることを意味しました。

さて、私たちは最近の研究動向として、ウェスレーと東方との関係に焦点を当てて述べてきました。従来の一九八〇年以前のウェスレー研究者は西方の法的性格のキリスト論、個人主義的な救済論を展開し、恵みと自由などの二元論的理解を前提にしました。今後の研究方法はこの西方解釈の更なる研究と共に、端緒についた東方のキリスト教思想を実証的にも論証することで、中庸の国教会の豊かな伝統に培われ、成長したウェスレーが西方・東方の両思想をどのように統合したかにあります。そこから「プロテスタント」と「カトリック」との統合に止まらず、「東方的」か「西方的」という議論を越え、真にエキュメニカルなウェスレー像を浮かび上がらせることです[44]。

最近の研究者はウェスレーの西方・東方理解に関する注目すべき文献を示しています。たとえば多くの神学者たちの文献に見られるように、ウェスレーが西方・東方の両伝統の影響下で神学をどのように形成したのかを論じ、ウェスレーは両伝統の中で生き、両者を統合する神学を思索したと述べますが、東方的影響がより偉大であったというのが多くの研究者の結論です。ウェスレーは創造から万物の完成という、東方のより広い救済論的コンテクストの中に（西方は人間と宇宙との対立構造を描き、人間のみの救済を説く。他方、東方はこの対立契機を嫌い、人間と宇宙との統合を求める救済論）西方のキリスト教思想を組み入れて、ウェスレー独自の神学を形成したと述べます。このように最近の研究者はウェスレーの西方的立場を充分に考慮し、同時に、ウェスレーの東方思想の復権を試みていると言えます。そして後で述べますが、ウェスレーはプロテスタントの法的な救済理解（罪の赦し）を東方の治癒的性格の恵み理解（聖化）の中に組み込んだのです。法的・治癒的関心を統合することで現在堕落する人間が赦され、癒しのための応答性を求めることがウェスレー神学の核心的関心事になりました。

確かに、ウェスレーはどの教父よりも西方教会の代表的神学者アウグスティヌスに最も多く言及しますが（『ウェスレー』一八三―一八四頁）、しかし同時に、アウグスティヌスへの批判的言及も多くあります。たとえば、アウグスティヌスはある時は予定論に反対し、他の時には予定論を賛成すると語るウェスレーはアウグスティヌスの相異なる考えを指摘し、ギリシア教父の延長上にある彼の思想を評価します（*Works,* 10:265）。

ペラギウス論争で言えば、ウェスレーは神の恵みと人間の自由との協調的関係を主張するギリシア教父の立場を根拠に、予定論の立場からペラギウスを告発するアウグスティヌスを批判します。勿論、ペラギウスが生れながらの自由意志を強調したと、教会で解釈され、異端視されたペラギアニズム（ペラギアン）をウェスレーは否定しますが、アウグスティヌスの誤りは歴史的にペラギウスの良き働きの主張を先行の恵みへの人間の応答と理解しないで、良き働きで救いが獲得できる、つまり、良き働きを救いの条件と誤解した点にあるとウェスレーは言います。ウェスレーの語る人間の主体的応答性は業による義、ペラギアンだと批判されましたが、彼はペラギアンと同様に、この人間の応答は先行の恵みに答えることで可能になる人間の働きであり、神の恵みと無関係な人間自身のいかなる働きでもないと述べ、人間の主体性は救われるための人間の条件ではないと述べます。神の働きなしで人間は救われませんが、人間の応答なしでも人間は救われない、これが東方の基本的立場です（神と人間、恵みと自由との対立ではなく、統合）。ここでも人間と宇宙との関係と同様に、西方特有の対立的構造、神（恵み）と人間（自由）との関係を東方は対立契機を含まない、恵みと自由との統合を求め、ウェスレーもペラギアンもこの立場に立ちました。この立場をもう少し説明しましょう。

後述するように、神の恵みに対する人間の応答が先行の恵み理解なので、この応答は神の恵みと無関係にそれ自体で成立する人間の所有物ではありません。人間生活に働く神の恵みは神と人間との協調的本性の標です。ウェスレーによると、歴史上のペラギウスは決して異端ではなく「賢明に、かつ、聖なる人物」（*Letters,* 4:158）で、「高慢、激情、辛辣さ、激しさに満ちた素晴らしき聖人」アウグスティヌスは「ペラギウスに怒った。そして何の恐れも羞らいもなく（彼の方法で）ペラギウスの名誉を汚し、裏切った」（*BE,* 2:556）と糾弾します。ウェスレーはペラギアンではなかったのかと批判を受けましたが[45]、ウェスレーがペラギウスに好意的態度を取ったのは東方的な解釈を受け入れていたので、驚く必要はありません。[46] もしウェスレーに東方と同様な思想傾向があるならば、彼のペラギウスへの好意的態度はごく自然です。当然、ペラギアニズムはカルヴィニズムと同様危険ですが、アウグスティヌスを予定論の代弁者と理解することで、ウェスレーはアウグスティヌスをも批判します（*Letters*, 2:23）。つまり、ウェスレーはアウグスティヌスと同様、人間の全的堕落を神学の根幹に据えますが、同時に、アウグスティヌスがアダムの人間堕罪の根源性・罪責のみを強調する結果（神の恵みへのいかなる人間の応答も、人間が罪人の根源的姿を消し去ることは出来ない）、予定論を展開するアウグスティヌスにウェスレーは同意できなかったのです。それはウェスレーの思想的源泉が西方だけでなく、東方にもあったからです。

ペラギウス論争以来、西方のプロテスタントは神と人間、恵みと自由、人間と宇宙との関係を二極化し、恵みのみの立場を西方教会の中心にしました。その結果、彼らは自由意志を含め、人間の全的堕落を強調し、神に対する人間の罪責を究極的問題とし、アダムによる堕罪の出来事に人間論を基礎づけ、罪責と神の恵みから離れた人間が救いに無力であることを強調しました。その結果、彼らはこの人間の救いの根拠を、キリストによる罪の赦しとそれに基づく神との和解の成就に置き、恵みのみの立場がアウグスティヌスを媒介にして西方教会の伝統になりました。

宗教改革者たちは原罪の罪責とその罪の赦しという、法的な救済論を強調し、十字架のキリストに集中する義認を中心的メッセージにしました。勿論、彼らは聖化も重んじます。ルターやカルヴァンは義認に由来する聖化を語ります。しかし、カトリックの行為義認を極端に警戒し、あくまでも義認の枠内で語られる聖化論は、人間自身の固有なる義、分与される（imparted）義、つまり、先行の恵みへの応答として人間が愛の働きを行う、聖化を伴う義を否定します。特にルターの場合、神の聖である「他なる聖」（an alien holiness）を強調します。[47] その結果、その後のプロテスタント・スコラティシズムが述べるように、義認と聖化とのダイナミックな関係を希薄にし、静寂主義者が語る人間への「聖化の転嫁」と呼ばれる教理の主張、あるいは、聖の欠如は選ばれた者の義認を危うくしないと語る予定論の教理を主張します。先行の恵みを強く訴える後期のウェスレーはモラヴィア派、カルヴィニストから行為主義者の批判を受けます。このようにプロテスタント陣営内で、人間の救いのために神の恵みに人間が協力する働きを「ペラギアン」という名でそれらの人々の生き方を否定し、聖化・完全よりは義認を重視し、万物・宇宙の完成よりも個人の救いに多くの関心を払いました。つまりプロテスタントは神と人間、恵みと自由、人間と宇宙との関係を二極化したのです(48)。

これに対して、東方のギリシア的キリスト教思想には神対人間、恵み対自由、人間対宇宙というような対立はなく、常に二元論を越えたところで思索が行われます。その場合、恵みと自由との対立契機は東方の伝統では疎遠で、この点で東方の立場はペラギアニズムでもアウグスティヌスの立場ではありません。ペラギウスと同時にアウグスティヌスの誤りは本来一つの現実である両者を全く無関係な二つの概念に合理的に分けてしまった点にあります。人間の意志からだけの働きかけで恵みが与えられないのは当然ですが、神からの一面的な働きかけだけでも人間の救いは成就されません。この両者の相互浸透・相互交流に基づいて救いの働きは完成され、それが東方の基本的立場で、国教会は東方の思想を継承し、ウェスレーもこの応答思想を生涯主張したのです(49)。

C　啓示神学と自然神学

ウェスレーが認識論で最も影響を受けた哲学者はロックとマルブランシュであったことを第三章で述べますが、それと同時に、哲学者の中でコークの司教、ブラウンからもその影響を受けました。若きウェスレーはブラウンの主著『人間悟性の方法、範囲、限界』(一七二八年、以下『人間悟性の方法』と略記)を座右の書と捉え、一七三〇年には一〇三頁に亘る抜粋集を作り、一七七七年にこの抜粋集を『神の創造的知恵』(五版)で出版しました。この抜粋集の内容は理性的宗教知識と人間の主体的な応答を語る倫理的な宗教理解です。ウェスレーもブラウンも中庸の道に立つ国教会の教職で、ギリシア神学者や東方の影響下にありました。両者はその影響下で神学を形成しましたが、ウェスレーがブラウンの抜粋集で引用した個所を少し説明しましょう。

ブラウンによると、啓示宗教であれ自然宗教であれ、全ての宗教知識に伴う確かさは人間の自由なる同意に基づく主体的信仰と応答による倫理的確かさだと言います。ウェスレーはブラウンと共に、自然宗教を一つの宗教知識形態と認める国教会の神学者です。自然の光で神の事柄をある程度知れると語るブラウンの個所をウェスレーは抜粋し、しかも自然の光（natural light）、つまり、人間が持つことのできる知識というブラウンの表現を、ウェスレーは注で「一般に『自然の光』と呼ばれる全てのものは先行の恵みに由来する」（*Survey*, 5:185）と記します。先行の恵みの内容は以下で述べますが、神の恵みが常に人間が思索し、行動する以前に人間に与えられ、神の恵みへの人間の同意・応答・拒否を可能にします。イエス・キリストを聞いたことのない異教徒であっても、彼らの心に、たとえば、彼らの良心に先行の恵みが与えられ、その恵みで形成される聖なる生活を送れば、異教徒は救われると言います。全ての人間に与えられる啓示の知識だけでなく、理性的な自然的認識を含む全ての知識はキリストに由来する「恵み深い」知識（"gracious" knowledge）で、単なる「自然的」知識（"natural" knowledge）ではないのです。

西方のウェスレー研究者の論争の一つは、ウェスレーが「自然啓示」、「自然神学」を確信していたかどうかにあります。このような議論の背景に、世界の観察や人間生活を考慮することで可能になる普遍的な神の知識は恵み深い知識であるよりも自然的知識であるとする考えが西方キリスト教の世界にあります。この考えに立ち、西方の神学者は恵みと自由の対立を説くのがウェスレー神学であると誤解し、信仰義認による救いを主張したと述べます。その結果、ウェスレーがプロテスタントの枠内で読まれ、人間が啓示を離れて神の知識を持つことができるのか、それとも、キリストの明確な啓示の外側で重要な知識の存在を否定しているのかと、二者択一の方法を西方の神学者は主張します。(50) 勿論、ギリシア神学者も東方の霊性もこのような対立を否定します。彼らは一般的啓示とキリスト教の啓示を分離することは決してなく、この両者の啓示を神の恵みに基礎づけ、キリストにおける神の啓示が創造における明確な啓示を確立し、完成すると語ります（*BE*, 2:188, 439, 474f.）。

西方の神学者たちは自然の光で与えられる人間の持つ知識と神から伝達される特別な知識を区別し、前者を「自然的知識」、後者を「啓示神学」と呼びますが、ブラウンもウェスレーもこの両者の知識をキリストに由来する「恵み深い知識」と捉えることで、西方的な神学形態とは異なる考え方をしました。その理由は前述したように、ウェスレーがブラウンの抜粋個所の注で、神に由来する知識は「自然の光」、つまり、「先行の恵み」で与えられると述べ、一般と特殊啓示の両方を神の恵みの内に基礎づけ、キリストによる啓示は創造の啓示を確立し、完成すると言います。西方が語る、神と人間、恵みと自由、人間と宇宙の二元論的対立契機に対し、東方は対立契機を含まない、両者の統合を語り、ウェスレーも東方の考えを自らの理解とします。宗教関係以外の哲学書、自然科学書、医学書など、四〇〇冊以上の著作を書いたウェスレーはこれらの知識を自然的というよりは恵み深い知識、宗教知識の著作と捉えたのです。

ルター・カルヴァンの伝統に立つプロテスタントは啓示神学・救済の恵みと自然神学・一般の恵みを峻別し、両者の二元論を訴えますが、国教会伝統のウェスレー、ブラウンは両者ともこの二元論を否定し、エラスムスを積極的に評価する国教会の伝統に育ち、前者の啓示・救済に基づく知識は自然・一般の知識を確立し、完成すると考え、理性・人間の主体性・説明責任を重んずるヒューマニズム精神に神学的意義を与えます。つまり、恵みと自由をどのように理解したらよいのかの点で、西方神学の独特な考えは二元論的思考方法でした。ウェスレーの啓示の確信は後期の西方神学よりも初期ギリシア神学者の考えに近く、キリストを聞いたことのない人々にも普遍的な神の知識を聞くことができ、この知識がキリストの啓示で典型的に示される神の恵み深い活動の一表現であると繰り返し語り、それを確信するのです。

たとえば、イエス・キリストが語る神の特別啓示を離れて人間が神を知りうるとウェスレーが考えていたかどうかです。この西方世界の問題設定の根底に、この世の事柄から得られる普遍的な神の知識は「恵み深い」知識よりも「自然的な」知識とする前提があります。この問題設定は西方神学独特の、恵みと自由の二元論に基づく議論です。この視点からウェスレーが解釈されると、彼が恵みから離れた神の知識を認めていた、あるいは、特別啓示の外側の神の知識を否定していたかが議論になります。しかし初期ギリシア神学者やそれに続く東方の霊性の伝統はこのような二元論を否定します。彼らは一般と特別啓示の両方を神の恵みに基礎づけ、キリストにおける啓示は創造での啓示を確立し、完成し、人間の自由を受け入れない神学議論は東方にはありません。

従来の西方プロテスタント研究者も恵みと自由の二元論に立ち、ウェスレーは自然啓示・自然神学を確信していたかどうか、つまり、「自然的」神認識を承認していたかどうかを議論してきました。ウェスレーは恵みから離れる神認識を人間がある程度持つことを認めていた、いや、彼は啓示以外のいかなる神認識を認めなかったとの論争です。私たちはどのように考えるでしょうか。信仰のみ・恵みのみの視点から神学的諸問題を検討することは信仰・恵みと直接無関係な、他宗教者の救いやこの世の知識にそれほど関心を示さないことでしょう。

『キリスト者の自由』はルターの著作の中でよく知られていますが、その中で「良い木が悪い実を結ぶことはなく、悪い木が良い実を結ぶこともない」（マタイ七・一八）の主イエスの言葉を引用し、良き働きが良き人を作るのではなく、良き人が良き働きを作る、というルターの言葉は私たちの記憶に残っています。[51] ここでルターは信仰（恵み、キリスト）のみによる救い、という自分の立場を一歩も譲ろうとはせず、良い行いは信仰に由来することを繰り返し説きます。エラスムスの『自由意志論』に対し、『奴隷意志論』を説くルターによると、信仰で義とされた人格こそが良き働きを作り、行いの本質を決定するのは人格です。この人格が決定的に善いか悪いかでその行いの質が決められます。神の恵みと信仰への徹底化、それによって新しくされた人格、そこから自然・自発的に生まれる働きを強調して止まないルターは義認の恵みで救われるキリスト者の行いのみを肯定します。ここにはキリスト教倫理に関するルターの深い宗教的洞察が見られますが、同時に、非キリスト者のいかなる働きも否定してしまう問題が見られます。

ウェスレーは生涯国教会の教職として、西方神学では理解されない、豊かな養分を東方から吸収しました。異教徒の知恵を限りなく愛する初期ギリシア神学者、そしてこの神学者たちを尊敬する国教会の伝統で、神の恵みが人間のあらゆる働きに先立ち、普遍的に人間に働いています。この考えが先行の恵み理解です。ウェスレーは西方の伝統と同時に、あるいはそれ以上に、初期ギリシア的思考方法を愛し、キリストを聞いたことのない他宗教の人々であっても、良心・理性で与えられる神の普遍的知識を確信し、それに従って、愛の働きを倫理的生活で生きるならば、救われると述べます。この救済理解はキリストの救いのみを考える宗教改革者に受け入れられませんが、神によって与えられる理性的知識はキリストの啓示で示される神の恵み深い行為であるとウェスレーは確信します。他宗教者の「救い」を見ておきましょう（『メソジスト』二一四―二一七頁）。

前期ウェスレーはキリストの啓示を知らない人々をキリスト教徒ほど悪しき人間ではなく、無垢な人々と理解し、米国のジョージアで宣教すれば、彼らはその福音を直ちに受け入れるだろうと考えました（*BE*, 25:439; 22:358）。そしてウェスレーがジョージア体験で実際に米国先住民と出会った結果、彼らの宗教を悪魔的と呼びました（*BE*, 25:404–406; 18:185, 202–204）。しかしキリストのみによる救いという、プロテスタント信仰に目覚めたアルダスゲイト体験直後、ウェスレーは神の普遍的啓示の概念に最も否定的でありましたが（勿論、否定はしません）、キリスト教が十字軍以来ユダヤ教よりイスラム教に対する敵対心が強かったためか、中期に彼はイスラム教をそれほど評価せず（*BE*, 2:486）、コーランを運命論的な考えだと批判しました（*Works*, 9:215f.）。しかし後期になると、ウェスレーはイスラム教徒や多くの異教徒が先行の恵みによって、神の望む救いの働きを行い、救われると言います（*BE*, 26:198; 2:386; 3:494）。一七七八年の説教「信仰について」で、異教徒はイスラム教と同様に、「神の内なる声を聞き、真の宗教の本質を神によって教えられて（being taught of God, by his inward voice, all the essentials of true religion）」（*BE*, 3:494, cf. 4:174）いるとウェスレーは言います。イスラム教徒が神の内なる声を聞き、それに従った倫理的な生き方をするならば、イスラム教徒の運命を呪う権利はこの世の誰にもないとウェスレーは言います。もう少しイスラム教徒、異教徒の話をしましょう。

良心に先行の恵みが与えられ、神の恵みは全人類に倫理の観念を与え、同時に、信仰の程度の低い者にも被造物を通し神の一般的知識を推論する可能性をウェスレーは述べます。勿論、彼はこの世の知識の確かさを論証的なものと同一視しませんが（*BE*, 3:482; 4:57）、特に文明化された異教徒は先行の恵みで与えられる光に従って生き、内的声の良心で神について教えられ、真の宗教の本質の全てを学んでいると彼は告げます。一七九〇年の説教「神なしに生きる」（*BE*, 4:169–176）でも、イスラム教徒を例に挙げ、正義、憐み、真理から成立する倫理性が彼らに存在するならば、彼らがキリストを知らないゆえに、その倫理性に何の価値もないと発言することをウェスレーは許さず、ヨーロッパ世界のキリスト者たちの徳と気質の水準が異邦人よりも必ずしも高くはないと語ります。一七八四年の説教「忍耐」でもウェスレーは異教徒の徳を、聖霊の働きで与えられるキリスト教徒の徳と同質に扱い（*BE*, 3:171）、晩年の「信仰について」でも同じことを繰り返し語ります。特に、山上の説教で食べ物や衣服等の質素さ・謙虚さに関して異教徒の方が余剰のものを蓄積し、貪欲に生きるキリスト者よりはるかに優れていると一七四八年の説教で語ります（*BE*, 1:617）。さらに、英国の貧しい者が社会から放置されている状況を見、このような無慈悲な状況は米国先住民には見られないことを考える時、彼らの倫理を無視するキリスト者は誠実な異教徒に改宗すべきだと言います（*BE*, 1:616f.; 20:445）。異教徒にもキリスト教徒にも真の宗教の本質的光が先行の恵みで同様に与えられている限り、この普遍的な聖霊の働き・先行の恵みに誠実に応答する異教徒にキリスト教徒は回心すべきだと高齢となったウェスレーは断言します。

　ある研究者は先行の恵みで霊的感覚が人類に与えられ、イスラム教徒も聖なる生活を探求しようとウェスレーは考えていると言います。「先行の恵みは霊的感覚をも備える可能性を与えているので、人々は聖なる生活を確かに追及し、ある者は霊的感覚に招かれているかもしれない[52]」のです。勿論、後期ウェスレーはキリスト者の場合と比較すると、彼らの聖なる生活は不順で、それほど一般的ではなく、また、彼らはキリスト者に与えられる聖霊の確証を持たないであろうと研究者は言います（*BE,* 2:596; 4:51f.; *Works,* 13:412）。そのような意味でも、キリスト教徒と非キリスト教徒とは無関係と語ることは出来ず、全ての宗教者が先行の恵みで神の前に立ち、世界で共に生きる同労者になる事を彼は望んでいるのでしょうか。各宗教間の相違を相違であることを両者が認めつつ、その相違を超えて愛の実現を求めることでしょうか。ウェスレーの語る宗教は心の癒しを求め、世界での愛の実現にあったのでしょうか。ウェスレーは諸宗教間の区別を大事にしましたが、同時に、その統合を尊重し、統合として諸宗教の相互の愛の実現を求めたのです。「意見における相違、あるいは礼拝形式の相違は人々との完全なる外的一致を妨げるかもしれないが、気質における一致を妨げるであろうか。私たちが同じように考えられなくても、同じように愛し合うことはできないのか。同じ意見を持たなくても、一つ心であることはできないのか」（*BE,* 2:82）。さらにウェスレーは語ります。「たとえ今なお、われわれが全ての事柄で同じように考えられなくても、少なくとも同じように愛し合おうではないか」（*Works,* 10:85）。

現代、「イスラム国」（IS）の原理主義者の考え方が世界で問題になっています。テロリストに対する様々な批判が彼らに向けられるのは当然ですが、もし彼らの思想的根底が世界での格差問題・貧困問題などの解決を目指すならば、私たちキリスト教徒もウェスレーと共に、彼らと共にこの問題の解決に進むべきでしょうか。神はキリスト教の神であると同時に、異教徒の神でもあるので、イスラム教徒を含む、異教徒の宿命は神に任せるべきで、人間が彼らを断罪すべきではないとウェスレーは断言します（*BE,* 4:174, 147; 3:295f.; *JW,* 137）。もしウェスレーがキリスト教徒と異教徒の二重性の神、つまり、両教徒を含む神は存在すると言うならば、当時の英国では非常に稀であったカトリックとの一致を求めたウェスレーのように（『メソジスト』二〇七―二〇八頁）、私たちも様々な困難を超えて、イスラム教徒などの異教徒と共に世界の平和のために歩むべきでしょうか。余計なことですが、日本・世界のＮＰＯ団体の人々はもしかすると、私たちよりも天国で神に近い場所に座っているのでしょうか。

ウェスレーは一七八八年の説教「視覚と信仰による歩き方」で神の創造された世界から力と知恵に満ち、正義で憐れみ深い創造者の存在が推論され、そこから必然的に永遠の世界や未来での報酬と裁きの存在が語られ（*BE*, 4:51f.）、一七九〇年の説教「地上の器での天国の宝物」で、ある程度の善悪の区別はキリスト教世界だけでなく、全てのイスラム教徒・異教徒、さらには教養の乏しい種族にも見られるとウェスレーは語り（*BE*, 4:163; 2:535f., 552f., 569–577, 593f.; 3:400, 494, *Works*, 9:322）、非キリスト者の救いが前提されます。これらの説教で理解されるように、後で述べる第二・第三の信仰の本質定義と同様に、晩年の理性的宗教知識への積極的評価をウェスレーは断言します。そしてこの理性証言に基づく信仰形態が当時のキリスト教界全体の宗教理解であったと高齢のウェスレーは言います。「信仰は主に知的真理を確認し、確信することであると長い間受け取られていました。そしてこの信仰理解は今日、キリスト教会の至る所で受け入れられている理解です」（*BE*, 3:496）。ウェスレーは神学的思索の基盤の一つをこの理性的同意に置き、先行の恵みに基づくこの理性的信仰を一八世紀の啓蒙主義時代の信仰と同一視し、国教会も同様の考えを主張したのです。ウェスレーが生涯主張した信仰理解の一つは啓蒙主義信仰に由来したことを私たちは覚えておきましょう。

ルターの時代はまだ幼児洗礼が一般的で、いわゆる「キリスト教社会（corpus christianum）」であったので、ルターの意見は当時理解しえたでしょうが、良心の自由と世俗化が確立される一七・一八世紀の時代でルターの立場はそのままでは受け入れられないでしょう。もしキリスト者の行いを絶対化し、信仰を持たず、キリスト者でない者の行いを否定するのであれば、キリスト者の傲慢と非難されても仕方がありません。理性と相対化の時代に生きたウェスレーはプロテスタントの原理を基本的な考えと受け入れながら、理性の時代にも深く関わります。啓示神学と区別される自然神学の立場、また、倫理にその完成をみる合理的な宗教理解、さらには自由と責任を内に含む倫理的、主体的な人間理解にウェスレーはルターと異なり一つの固有な知的領域を与えます。この領域で探求される理性的真理理解に伴う確かさは啓示、信仰に基づく実存的真理理解よりも劣りますが、それでもなお、天に通じる固有な領域が与えられています。ウェスレーはルターと共に信仰のみ、恵みのみの立場を堅持し、神学と哲学、信仰と行い、恵みと自由との断絶的、非連続的関係を主張しますが、同時に、今見てきたように理性、行いに固有な意義を与える啓蒙主義的精神をも積極的に評価したのです。ウェスレーは啓示神学だけでなく自然神学をも宗教知識の一形態とし、この点で、彼の啓示理解は西方的であるよりも東方的だったのです。

この項目を終える前に、キリスト者と他宗教者の救いに関するウェスレーの伝道方針をさらに考えてみましょう。キリストの話を聞いたことのない他宗教者にもキリスト教徒と同様の救いが与えられるとウェスレーは言います。後述するように、ウェスレー思想の第一の体系は隣人愛・聖化の愛、第二の体系が「信仰義認」、第三が「信仰義認に基づく確証理解」とすれば、隣人愛に生きるキリスト者と異邦人の両者の救いは類似するとウェスレーは言います。キリスト者の側から言えば、信仰義認を体験していないけれど、愛の働きを行う国教会の信徒（アルダスゲイト体験以前のウェスレーや父サムエル、多くの国教会の人々がこの状態）や神秘主義者などは愛の働きを行う異教徒と同様に、救いの世界に導かれます。しかし同時に、愛に生きていながら、信仰義認を体験していないキリスト教徒とキリストに出会っていない異邦人の愛の遂行者の信仰形態は類似するとウェスレーは言います。この考えを私たちはどのように理解すればよいのでしょうか。プロテスタント教会は信仰義認を洗礼の基準にし、愛の働きをできる限り頑張りましょうと言いますが（愛の働きがなくても天国に行ける）、ウェスレーのこの考えは聖公会（啓蒙主義精神）・東方・カトリックの考え、また後述するように、創造時のアダム理解に由来するのです。

また、第二・第三の信仰の思想体系から、信仰義認を体験し、確証体験を与えられたキリスト者とキリストを知らず、愛の遂行者である非キリスト者の両者の救いも類似するのでしょうか。キリスト者、非キリスト者は共に先行の恵みで隣人愛による救いの可能性が与えられますが、理性的な愛の遂行を行う非キリスト者と実存・体験的理解を知るキリスト者の救いの状態は同じなのでしょうか、それとも、異なるのでしょうか。これから繰り返し述べるように、ウェスレーが信仰義認に基づく確証理解に言及し、第三章では、この理解を認識論の中心的主題として展開し、国教会からの激しい批判を浴びましたが、この確証理解は非キリスト者の愛の働き理解と類似する救いの状態なのでしょうか。

ウェスレーはそうだと述べます。彼は義認と聖化、信仰と聖なる生活の二重性を語ります。後述するように、彼の場合、義認は主観・客観構造を超えるところで成立する知、それに対し、聖化は主観・客観構図を堅持し、ウェスレーはこの両構造の理解を主張します。そして、後者の聖化を通して救いに招かれると彼が述べるのは、聖公会、東方・カトリック、創造時のアダム理解を通し、先行の恵みで啓蒙主義精神の、全人類の救いへの招きを強調しているからでしょうか。この招きをプロテスタント教会はどのように考えるのでしょうか。

ウェスレーによると、信仰の程度（信仰義認が与えられている、あるいは、それが与えられていないが愛の生活を生きる）が異なっても、救いの形態は類似するとウェスレーは語るのでしょうか。「聖なる生活」も「信仰義認」も、さらには「信仰義認に基づく確証理解」も、どの形態であっても、救いは人間の心の持ち方に依存せず与えられ、信仰の形態は本質的問題ではないとウェスレーは語るのでしょうか。私たちが今生きている世界で、イスラム教徒がキリスト教徒よりも多くの信徒を得つつある現代、他宗教者の人々と共に生きる世界をキリスト者は真剣に求めなければなりませんが、ウェスレーが求めた宗教者の生活は世界における愛と平等、平和の実現にあった、それがウェスレーの伝道方針であったのでしょうか。現代の世界は戦争の危機に近づく、それとも、離れつつあるのでしょうか。

私たちはいろいろな問いを提出しました。読者はどのように考えるでしょうか。もしプロテスタントの牧師がいれば、ウェスレーの考えは受け入れられないでしょう。以下で述べますが、義認信仰（神の前に義とされる子の信仰）を体験していないが、愛の生活を送る人（神の救いに招かれる僕の信仰）と、義認信仰を知る者とが類似する仕方で救われる（勿論、僕の信仰から子の信仰に勧むように語るウェスレー）との発言に、義認信仰を中心に牧会生活をなす牧師は反対するでしょう。プロテスタントの牧師であれば、愛の生活は義認信仰の後、もし与えられれば良いことで、愛の生活が欠如しても救いには直接関わらないと考えます。しかし、国教会（啓蒙主義精神）や東方・カトリック、そして創造時のアダム（信仰は不必要）も救いの根源を愛の生活に置いたので、義認信仰の欠如者が愛の生活を送るならば、救いに招かれることをウェスレーは述べるのです。さらに、彼は一六・一七世紀の英国の宗教戦争を背景に、宗教間の意見の相違を認めつつ、相互の愛の生活を語り、それが寛容な社会を求める啓蒙主義の精神だと理解したのです。格差社会とテロが勃発する社会の世界のありようを考える時、現代社会もウェスレーの歴史的背景と類似します。宗教用語を神学だけに限定しないで、世界のあり方にも言及し、時代の人々との共通理解を求め、世界平和のためにキリスト教徒、イスラム教徒や異教徒、奉仕団体と共に生きる社会形成に尽くしたいのです。そのためにも神と人間、恵みと自由、人間と宇宙との対立構造ではなく、両者の統合を求めるウェスレーを目指したいです。

先行の恵み理解で国教会の伝統は恵みと自由、他宗教とキリスト教とを対峙させることなく、すべての知識を先行の恵みに基づく「恵み深い」知識と捉え、理性知識も啓示知識も共に先行の恵みを土台にする恵み深い知識なのです。それゆえ、ウェスレーは四〇〇冊の出版によって恵み深い知識をメソジスト会員に与えます。ウェスレーはブラウンと共に自然宗教を一つの宗教知識形態と認め、また、聖書の啓示を認識すると同時に、聖書以外の書物に無関心な者は説教者として危険な存在で、熱狂主義だとの烙印をウェスレーが押したことをこれから述べましょう。聖書「一書の人」は一般知識の尊重者であることをウェスレーは強調します。「一書の人」は時代の学問を愛するウェスレーだったのです。

D　比較的「一書の人」

四三歳のウェスレーは自分自身を「一書の人にして下さい」と告白しました。「神は天への道を一冊の書物に書いて下さいました。ああ、その書物を与えて下さい。……私は今それを持っています。ここに私の欲しい知識が充分にあります。私を一書の人（*homo unius libri*）にして下さい」（*BE*, 1:104f.）。自分自身を「一書の人にして下さい」と呼ぶことで、私たちの多くはウェスレーを「一書の人」と記憶しました。また、八四歳のウェスレーは聖書に向かう若き四人の青年の姿勢を「一書の人」（*BE*, 3:504）と呼びます。この有名な自己告白が意味するのは人間の霊的成長や発展、あるいは、神学的諸問題を検討する時、ウェスレーは聖書だけに頼った人間だったのでしょうか。聖書研究に全精力を捧げる精神がウェスレーの遺産を継承する最も良い方法だったのでしょうか。

聖書はキリスト者の知識と実践の判断基準だとウェスレーは明確に語ります。彼は一七四八年に「聖書こそが標準です。この標準によって、キリスト者はあらゆる啓示を、真理・偽りであっても、判断します」（*Letters*, 2:117）と語り、聖書をキリスト教信仰と実践を決定する最も基本的判断と理解し、キリスト者は人々との対話で聖書の言葉をできる限り用いるようにメソジストに伝えます。キリスト者の信仰と実践を語る聖書は確実な真理を人間に提供します（*BE*, 1:302f., 388; 2:37）。一七六六年に「私の拠って立つ根拠は聖書です。しかり、私はバイブル党です。大きなこと、小さなこと全てに私は聖書に従います」（*BE*, 22:42）と彼は述べ、説教者に一日五時間（*Works*, 8:315）、メソジスト会員に一日二時間（*Letters*, 4:247）の聖書の読書を求めました。

ウェスレーはキリスト教信仰の規則として聖書を重視し、神学的判断を聖書で導きます（*Letters*, 3:157f., 167）。それでは、「一書の人」とは全ての事柄を聖書だけで判断する聖書主義者なのでしょうか。もしそのように理解し、「一書の人」の呼び方でウェスレーが聖書以外の作品に関心をあまり持たなかったと理解するならば、これほど大きな誤解はありません。

ウェスレーはメソジストの教理や訓練内容を決定するために年会を一七四四年にロンドンで初めて開き、説教者職務の明確な規定と教義の明確化を示し、教派間で論争される神学問題の捉え方も指導します。その際、これらの諸問題をメソジストがどのように対応するのかを示す権威書として会議議事録を記載し（*Letters*, 5:145）、一七六三年の「標準証書」設置まで、この会議議事録はメソジスト会で権威の標準書となりました。たとえば、「聖書だけを読みます」と述べるある説教者に、あなたは「極端な熱狂主義」者で、説教をしてはならないと、ウェスレーは一七四七年の会議議事録で明確に伝えます。啓示認識と自然認識との対立を超えるウェスレーにとって、通常の読書は説教者にとって不可避な作業です。彼は次のように語ります。

「しかし私は聖書だけを読みます」ということであれば、あなたは他者に聖書だけを読みなさい、従って理性的に言えば、聖書だけを聞かなければならないと、と言わなければならない。もしそうであれば、あなたはこれ以上説教をしてはいけない。……その人はもはや聖書以外の何ものも読まなくなる。これは極端な熱狂主義です。あなたが聖書以外の如何なる本も必要としないならば、あなたはパウロ以上の存在になる。パウロは他のものをも必要としたからだ。（*Works*, 8:315. cf. *BE*, 10:340, 887）

ウェスレーは全ての事柄を聖書に求める聖書主義者、「一書の人」ではないことを一七六五年の手紙で述べます。彼が聖書を真剣に学び始めたのは二七歳、一七三〇年の時です。「一七三〇年、私は *homo unius libri*（一書の人）になり、比較的に（comparatively）聖書以外の書物を研究しないことになりました」（*Letters*, 4:299）。聖書と一般読書を比較する場合、前者を後者以上によく読むとの意味で、彼は「比較的」一書の人という表現を用います。『キリスト者の完全の単純な説明』（一七七七年）でもウェスレーは「比較的」一書の人を説明します。「一七三〇年に、比較的に聖書以外の書物を読まない *homo unius libri*（一書の人）になりました」（*Works*, 11:373）。事実、彼は一般の読書をする以上に聖書の重要性を明確に語りますが、「一書の人」であった一七三〇年の時でも、「比較的」という彼自身の言葉が示すように、彼は聖書理解に必要な、哲学や自然科学などの人間知識の重要さを軽視できない牧会者で、「知を過小評価するより過大評価する危険」（*Letters*, 5:184）を恐れた大学の特別研究員でした。「一書の人」とは一般読書の熟読を前提にします。つまり、聖書を宗教知識に不可欠な証言と受け取り始めた一七三〇年の時も、「比較的に」という言葉で、彼は人間の知の重要さを軽視できず、説教者に説教禁止を命じたのです。従って、「一書の人」ウェスレーは彼が四〇〇冊を出版した一般書（「恵み深い」知識）を排除せず、しかも聖書が権威の第一資料であることを確認し、「聖書は排他的権威であるより、主要な権威(53)」であると理解しました。聖書は一般書を排除せず、しかも聖書の視点を明確化するために、一般書を読むのです。聖書を重視することと一般書を広く読むこと、啓示認識と自然認識の両者がキリスト者の信仰にとっていかに重要であるかを「比較的一書の人」の表現でウェスレーは確信しました。

ウェスレーは一七四五年の会議議事録でメソジスト会の指導者や説教者のために読書リストを挙げ、パスカル（一六二三―六二年）の実践神学、パーソンの教父学、医者チェイン（一六七一―一七四三年）の医学、自然哲学、天文学、歴史、ミルトンの詩、アウグスティヌスの『告白録』、ギリシア散文のエフライム、マカリオス等を書き記し、説教者・指導者・メソジスト会員を含めたメソジスト会全体の規範書としました（*BE*, 10:161–168）。また、ウェスレーは女性会員に毎朝、できれば毎夜聖書だけでなく数学、地理学、論理学、倫理学、自然科学、歴史、ロック、ブラウン、マルブランシュの哲学、シェイクスピア、パーソンの教父学等を一日五、六時間（例えば朝三時間、夕方二時間）勉強しなさいと強く勧めたのです（*Letters*, 4:247–249）。

E　聖書と体験

第二章でも触れますが、ウェスレーが神の存在を積極的に語っていないと解釈するウィリアムズの意見を野呂は批判します。その際、ロックの経験主義をウェスレーが学んだとする野呂の考えに筆者は違和感を覚えます。野呂によると、ロックが人間の問題に関心を抱いたのは彼の経験主義で、この経験主義がウェスレーの人間的思索をもたらしたと言います。ウェスレーの神学的認識論は体験的で、現代の自分の生き方を問う一つの決定的傾向をもつ実存論的な体験理解です。ウェスレーの体験論は一つの決定的傾向を持った体験論で、これは今日の用語で言えば、実存論的な傾向と言う以外に、表現のしようがないものです。但し、ウェスレーは実存論的傾向をもちますが、客観的要素が残存するため、実存論的神学者であると語れないと野呂は言い、その例として、ウェスレーの奇跡理解を述べます。

ウェスレーは奇跡を二種類に分け、その各々がキリスト教の真理であることを示します。第一の種類は伝統の証拠です。これは聖書の中に語られている奇跡で、それに、相当な意義が与えられなければならない。但し、長い年月が経過しているために証拠として我々を納得させる点で、力が弱い。これに比べ、キリスト教の真理性の第二の証拠の、内的証拠はいつも新しい。それは、今、神が信者の魂の中に、直接作って下さる清潔、平和、幸福です。これこそ、既に我々がこの地上で体験することのできる永遠の命です。そして、もし伝統的証拠が動揺したとしても、魂の中に神が為して下さる内的な奇跡に依拠する者は、その信仰が揺るがない。ウェスレーは外的な奇跡を排するような形で、内的な奇跡にわれわれの注意を向けるように勧めていますが、もしこれを徹底して、内的な奇跡だけに集中して神学し、外的な奇跡への考慮を排除するならば、それこそ、実存論的神学が出現してくるわけだと野呂は言います。彼の体験論はそこまで到達していないが、それへの方向を明らかに辿っている。この神学は外的奇跡への信仰を骨抜きにしている。内的奇跡に重点が置かれる考え方がメソジズムの特徴で、彼の体験論の実存論的傾向を示すもの（野呂の語る体験とは現代状況に語りかける実存思想）です（『生涯と神学』二五四―二五六頁）。但し、ウェスレーが内的奇跡を強調する背後に、心に知覚される感覚証言の確かさに基づく認識論があり、この宗教、第二の奇跡理解をウェスレーは認識論的に展開したと筆者は考えます。しかしその意味をもって、ウェスレーの体験理解・実存思想だと断言するのはウェスレー思想を語るには早計ではないでしょうか。

ウェスレーの体験理解は現代状況に生きる自己から実存的質問を検討し、この質問の角度から神の言葉に出会う関係主義の神学傾向をもち、神の言葉の権威はそういう関係の中での権威で、この関係を離れた神の言葉理解は神学思想として不充分なのだと野呂は言います。神の言葉の権威は現代状況への問いに対する答えの中で発見され、人間を現代社会に生かす解釈こそがウェスレー神学の確信傾向だと野呂は明確に述べます（『生涯と神学』二四二―二四六、二五四頁）。

ロックの経験主義がウェスレーの体験理解に繋がったとする野呂の考えに筆者は違和感を持ちますが（三章のロックとブラウンの体験理解の相違参照）、それ以上に、ウェスレーの体験理解が実存思想の傾向と合致するとの考えにさらに疑問を覚えます。ウェスレーが体験理解をどのように語っているのか、体験と聖書との観点から考えてみましょう。

私たちが教会で人々と語り合う時、聖書、伝統、理性、あるいは個人的な体験のいずれかに触れることがあります。ではウェスレーの時代はどうだったでしょうか。彼以前の教理判断の資料に関し多くの国教会の議論は聖書、伝統、理性についてで、僅かの人々だけが体験の役割に言及しました。このような議論でウェスレーが貢献できる一つは体験の働きをできる限り明確にすることでした。彼が体験に言及する際、二種類の文脈で語ります。一つが確証によって救われること、他の一つが聖書に由来する教理を体験で確認することです。つまり、人間が信仰義認、完全理解などを人間自身の内的体験・直接的な霊的感覚で確証すること、そして、メソジストの人々の生活を通して与えられた体験で信仰義認などの教理を確認することです。前者を聖霊の証の体験と呼べば、後者は聖霊の証の教理です。まず、前者を考えましょう。

ウェスレーは敬虔主義やモラヴィア派、ピューリタン、英国経験論の影響で、人間の主体的認識に興味を持ちました。ウェスレーは国教会の伝統に立ち、聖書、伝統、理性の証言に基づいて理性的宗教知識形態を重視し、さらに言います。「神の聖霊の働きを理性だけでなく生きた体験で知っていますか」（*BE*, 11:258）。聖霊の証の体験です。彼にとって内的・霊的体験の証言は理性と共に、それ以上に、知識構成の重要な要素です。しかも体験への言及は理性的な客観的、抽象的思考と全く異なる、情感される側の人間の主体的次元の問題です。国教会との論争で聖霊の証を理性だけでなく体験でも確認することをウェスレーは伝えます。彼は体験と理性の両者を受け入れ、しかも、教理の内容を体験で確認することの重要性を述べます（*BE*, 1:290, 297）。反対に、体験の証言のない諸教理があるとすれば（たとえ信仰義認、確証、原罪、三位一体、完全の教理であっても）、その教理理解は誤って解釈されています。彼が手紙で述べるように、人間が倫理的に正しく生き、全ての適切な宗教儀式に出席しても、「その人が神の赦しの愛への確信を自分で体験するまで、自分自身の状態を充分に知っているとは言えない」（*BE*, 25:271）ないのです。信仰者が神に受け入れられ、愛される人格的確証を体験することが本質的な宗教理解です。この確証は神の愛を感じる内的「感覚」です。彼は神を「感じた（felt）」（*BE*, 11:258f.）ことを認識論の出発点とします。彼自身の感性・情感的方法は直接的な内的自覚としての体験の概念で、彼は聖霊の証を「内的感情」と一致させます（*BE*, 11:399; 1:288）。確証は救いを体験することです。

第三章で述べる、エレグコスとしての信仰の本質的定義が聖霊体験の証言に直接基づくものである以上、信仰には常に内的感覚、意識、感情、つまり、体験が伴います。もしそうであるならば、このような内的知覚・体験の伴わない信仰はないと、ウェスレーは断言します。信仰をもっているかどうか疑問が生じるならば、それは主観・客観の二極構図の思考形態に由来するからです。信仰概念が魂に直接基礎づけられるならば、信仰をもっているかどうか疑おうとしても疑い得ません。ウェスレーは次のように問いを提出します。「人が義とされて、そのことを知らないことはあるだろうか」（*Works*, 8:276）。「長い間信仰をもっているということに気づかない」（*Works*, 8:370）ことはあるのか。あるいは、「人が神をもはや見なくなっている時でも信じているだろうか」（*JW*, 138）などの問いに対し、ウェスレーはそれぞれを否定します。体験に直接その根源を持つ本来の信仰には必ず感覚的、知覚的意識が伴います。内的意識を伴わない知識は本来の知識ではないのです。赦される意識を伴わないならば「私はキリスト教信仰をもっていると言えない」（*Letters*, 3:138）のです。ウェスレーは宗教の本質を内的意識に伴う体験の内に見、疑うにも疑いえない論証的確かさを明確に述べたのです。

これに対し知識を内的意識ではなく理性的意識に関係させる国教会の人々はウェスレーの義認理解に批判を加えます。「神が私を受け入れて下さったことへの確かな信頼と、神が私を受け入れて下さったことを知ることは同じではない」とする批判者に、ウェスレーは答えます。「ある知識の程度の違いはあるにしても、同じことであると私は思う」(*Letters,* 3:162)。また、別の手紙で彼は次のように述べます。「神が私を受け入れて下さったことを知ることと、神が私を受け入れて下さったことを心から信頼することとは、私にとって同じ事柄を意味しているようだ」(*Letters,* 3:138)。ウェスレーは知識を内的意識、自覚的意識に深く関係させ、教理理解に体験を訴えたのです。

ウェスレーは宗教体験に裏づけされた証言を宗教理解にとって大切だと言います。この証言で全く裏打ちされない聖書の教え、あるいはその教えから推論される諸教理があるとすれば(たとえ信仰義認、確証、原罪、三位一体、キリスト者の完全等の教理であろうと)、それはその諸教理理解が誤って解釈されているからです。生きている人々の証言・体験に即して正しく解釈されるまで、それらの教え、諸教理は説教されてはならないとウェスレーは述べます(*JW,* 141, 161, 171; *Works,* 11:398f., 405f.)。それでは、聖書に由来する教理を体験で確認する第二文脈を説明しましょう。

ウェスレーは一七二六年頃よりトマス・ア・ケンピスの『キリストにならいて』に心酔し、貧困者を愛したキリストの人間性を尊敬し、メソジストも救い主の生活と一致する生き方を送るように勧めます。そこでウェスレーはこの書物を一七三五年に翻訳・出版し、序文で言います。

宗教の偉大なる実践的真理、神の内的王国の神秘を正しく読める者は自分自身の魂で著者と同じ思いを読むのである。その思いを読める者は注解ではなく体験によって、キリストの生活を自分自身の足で生きることで、神が歩んだように神の意思を生きることで、神の願いを実現する。自然の肉体的人間が体験できないような内的な、実践的、実験的、感情的知識が大事なのです。（Works, 14:207f.）

イエスが歩かれたように、メソジストも持続的な聖なる生活を実現できる人間になるようにウェスレーは勧めます。その際、彼はこの人間理解の根底にある体験をどのように理解したのでしょうか。

ウェスレーは教理に体験の証が伴うことを述べますが、この証言はメソジストの、あるいは歴史的聖人の日常生活です。生きている人々の証言に即して正しく解釈されるまで、聖書の教え、諸教理は説教されてはなりません。たとえば、キリスト者がこの世で完全なる聖化を獲得する可能性があります。この可能性は聖書で確認されていますが、もし誰もこの完全を体験しなければ、聖書解釈が誤っていることを喜んで認めなければなりません。聖なる生き方は理性ではなく魂の理解で実現されます。ではどれだけの人間がその「生きた証」を持っているのでしょうか。「五〇〇人ほどの証」、または「〇人の証」でしょうか。信仰者の生活はこの教理が主張するキリスト者の愛と聖の深さ、「外的・内的聖」に一致するのかどうか、そしてその生活が継続するのかどうかをウェスレーは徹底的に調べます（JW, 297f., Letters, 5:16, 20,41; 6:129, BE, 26:52）。公共的、共同体的機関の年会で、種々の信仰理解を長期間体験した者の忠告を聞きながら、ウェスレーは判断を下します。一七五九年の年会で、彼はキリスト者の完全の教理を語ります。「多くの説教者たちによって、多くの場所で、長期間にわたり、これほどまでに明瞭かつ力強く説教されてきた事柄を、もし英国の誰も体験していなかったならば、キリスト者の完全への聖書の意味を誤って理解していたことを私は端的に認めます」（Works, 11:406）。彼は同様に、キリスト者の完全理解に関して一七六七年にチャールズに手紙を書きます。

自分が完全にされていると告白する全ての人々を信じないというのは、結局のところ、完全の事実そのもの否認になる、と私は思います。なぜなら、二〇年間にわたり私たちが説教してきた事柄に、生ける証人が誰もいないなら、私は今後それを説教できないし、説教しようとも思いません。（*Letters*, 5:41）

このように、ウェスレーは聖霊の証の教理として個々人の「感情（feeling）」の体験だけではなく、キリスト者の生活を客観的に分析することを大事にしました。聖霊の証の体験（教理的主張を人間に確証させる聖霊の働き）をウェスレーは繰り返し述べますが、聖霊の証の教理は時間と共にメソジストの生活でその教理の主張が「真実である」ことを示さなければなりません。完全なる聖化を「どれほどの多くの人々」が体験したのか、その体験に「どれほど長く」生活体験をした人々がいるのか、ウェスレーが体験に訴えるたびにこれらを取りあげています（*JW*, 297f., *Letters*, 5:16, 20, 41; 6:129, *BE*, 26:52）。教理的決断のために彼が尊重した体験のタイプは直接的な霊的感覚だけではなく、生活を通して獲得される知恵です。

ウェスレーが体験に言及する時、キリスト者の内的霊的体験とメソジストの日常生活体験に触れ、それを通して聖書解釈を行いました。問題は聖霊の証の教理など、教理的主張を体験に言及して弁護・反論する場合、体験への言及目的は何であったのでしょう。体験の目的は教理を形成することにあったのか、あるいは、聖書から引き出される教理を体験が確信することにあったかです。野呂の体験理解は前者で、後者ではなかったことを後で述べます。

ウェスレーは体験に多く言及しますが、体験の役割の方法を二種類とし、第一は聖書の記述を合法化するため、第二は聖書に明確に啓示されていない事柄を判断するためです（提案された教理を肯定・否定する体験の役割は *BE*, 1:290, 297, 323; 2:176, 聖書に記述されない場合の体験使用は *BE*, 3:177f.）。第一の方法を考えましょう。

ウェスレーが聖書に由来する教理を「確信する」時、体験に訴えることがあります（聖書を確認する場合、体験に言及して弁護を行う例は *BE*, 1:297）。確証の感覚が義認信仰に本質的であるのか、あるいは、信仰者が罪の傾向に戦い続けなければならないのかに関し、ウェスレー自身の聖書の固有な解釈が問題にされる時、体験の訴えが多く問題にされます（*BE*, 26:255; 1:323）。ウェスレーに敵対する人々の立場は聖書だけでなく体験も誤っているとウェスレーは言います。彼は体験で聖書の最も正しい理解を確認できるとし、体験が聖書を正しく解釈する最も重要な方法と捉えます。体験が聖書を最も正しく解釈するのです。しかし、彼は教理を解釈するための唯一の、主たる証として体験に訴えず、同時に、教理を確認する以上の体験、個人的な内的感情としての体験をも否定します。彼は教理を内的な「感情（feeling）」から引き出してはならないと会員たちに語り続けます（*BE*, 11:399, 337.「内的光」の依存への彼の応答は *Letters*, 2:116f.）。体験から教理を解釈できない、このウェスレーの立場は二つの説教「聖霊の証」（説教番号一一・一二）でも語ります。彼は個人の内的自覚の事柄として証の体験を提案しますが、彼の議論は聖書を聖書全体からまず確認し、次に彼の聖書読書が正しいことを多くの人々の公共的証言で注意深く議論を展開します（*BE*, 1:290）。彼が教理との関係で体験に言及するのは聖書が宣言することを体験が確認するだけです（*BE*, 1:290, 297）。このウェスレーの体験理解は聖書の証言を裏付けるためであり、実存の語りかけに聖書が答える野呂の体験理解ではないのです。体験は教理を確認するためで、教理を解釈するためではないのです。第二の視点に移りましょう。

では、聖書に言及されていない考えを私たちはいかに判断したらよいのでしょうか。たとえば完全なる聖化は瞬間的なのか、継続的なのかについて聖書は言及しません。どちらが正しいのでしょうか。もし聖書が沈黙するならば、「最も強力的な議論」と言われる体験が判断基準になるとウェスレーは語ります（*BE*, 3:177f.; *Letters*, 4:167; 7:129; *Works*, 10:203）。彼の強調する体験とは個人的な特殊な宗教感情ではなく、多くの人々のキリスト者の生活の客観的状況に基づく分析です。聖霊の特別なる働きに由来する異常現象ではなく、何人かの人々が完全なる聖化を体験したかどうか、長期間か短期間か、どの程度の期間その人はその状況にいたのか、などの日々の生活を通して得られる知恵です。

では聖書の体験内容と日常生活の体験内容は同じなのでしょうか。ウェスレーが体験を使用する場合の固有な教理論争は、聖書がその問題で沈黙するので、体験はこの問題を決定するための主たる基準になります。結果として、教理的反省で彼が訴える体験の特徴あるタイプはキリスト者の生活の客観的状況にあります。野呂の場合、人間の主体的な決断による語りかけ・体験があり、その繰り返しで神の言葉が適切に理解されますが、ウェスレーの体験理解は昔・現在の聖人たちの生活やメソジストの人々の生活体験の中で聖書を確認することです。ウェスレーにとって、聖書の言葉がまずあり、その中で体験が用いられ、聖書の言葉を体験が確認できないとすれば、それはメソジストが聖書を正しく理解していなかったからです。体験の証が聖書を確認することをウェスレーは願い、野呂の語る体験に則して聖書からの返答を求めることではなかったのです。

ウェスレーは体験と関係させながら教理的立場を展開したことがあるのでしょうか。『原罪の教理』という彼の書物はこのような場合の模範例です。この出版の最初の個所は人間の行動様式の歴史的、現象的な概括に言及されています。この書物は聖書を引用しますが、客観的、歴史的記録としての聖書の引用です。罪の普遍性は「最も不注意な、無性格な観察者にも」（*Works*, 9:176）明確であると結論づけます。これは人間体験に由来する教理の帰納的公式です。しかしこの『原罪の教理』はウェスレーが原罪の教理を批判する理神論者に応答するための出版でしたが、その後二年経過して、彼は説教「原罪の教理」を書きました。書物は理神論者が常識と考える思考方法を彼が弁護しますが、説教では人間の常識的体験を弁護した彼の考えを問題にします。聖書的立場から、ウェスレーは人間の行動様式を単に客観的に分析するのではなく、その分析を聖書の立場から、つまり、書物を説教で再解釈します。説教の序論は普遍的な人間の罪深さを聖書的に確認し、日々の体験はこの聖書の内容を確認します。但し、一般の人々（理神論者）はこのことを確認しません（*BE*, 2:176）。

つまり、原罪に関するウェスレーの議論は以下の主張と一致します。ウェスレーは神学的視点から体験を聖書に従属させます。体験が聖書を「確認する」こと、それを彼は述べます。体験は聖書の提案される解釈を調べるテストのように用いられます。ウェスレーが体験に訴えるのは、彼の固有な聖書解釈が挑戦される場合だけです。たとえば、確証の意味は義認に本質的であるのかどうか、信仰者は罪への傾向に戦わなければならないのかなどの挑戦です（*BE*, 26:255; 1:323）。いずれの場合も、彼の相手の立場は聖書だけでなく体験でも不適切な考えを示していると彼は述べます。事実、体験はいずれの場合でも聖書の最も適切な理解を決定する機能とウェスレーは考え、聖書の内容を体験が確認するのです。このウェスレーの考えは野呂の理解と異なります。野呂は体験から聖書を解釈するのです。

ウェスレーはまず聖書に触れ、次に体験に言及します。彼は体験を聖書の次に置いて教理を形成します。体験が聖書・教理を確信し、聖書・教理解釈の意義を最も正しく判断します。聖書・教理の最も正しい解釈者が体験で、体験が聖書・教理を正しく確認します（*BE*, 1:323; 26:255）。その意味で、野呂は聖書に先立って個人の実存的問題（体験）を取りあげ、この問いに応答するのがウェスレーの聖書の権威だと語り、聖書が存在し、その聖書を確認することが実存的問いの意味ではない、と野呂は言います。ウェスレーは聖書、そして体験・教理の順番で、野呂は体験、聖書・教理の順番で語り、ウェスレーと野呂の考え方は異なります。但し、ウェスレーの書物『原罪の教理』は野呂の実存的方法に類似します。啓蒙主義者の実存的問いにウェスレーがこの書物で答えるからです。

ウェスレーが一七五七年に出版した書物『原罪の教理』を論述する際、体験が教理を確信し、聖書解釈の意義を判断します。この書物はウェスレーが学生時代に生きた啓蒙主義の楽観論を示し、中心的議論は過去・現在の人間行動の客観的観察経過です。書物『原罪の教理』の第一章は人間行動の歴史的・現象学的観察です。聖書にも触れますが、原罪の客観的歴史的資料です。ウェスレーは旅行者の観察記録を大変喜んで読み、旅行者による目、耳の証言資料であらゆる時代・場所にわたり、人間が堕落しているという観察事実を土台に、原罪の普遍性を描きます（*Works*, 9:176）。この書物は理神論者向けに書かれたので、理神論者が当然と捉える常識的体験に由来して原罪論が形成されます。しかし二年後に書かれた説教「原罪論」で、ウェスレーは人間の罪の普遍性を聖書的に確信し、日々の体験がこの確信を確認しますが、同時に、神の恵みで心を変革しない者（理神論者）はこの確認を認識できないと言います（*BE*, 2:172–185）。

ウェスレーが教理論争で体験に触れるのは聖書の語る内容を確認するためです（*BE*, 1:290, 297）。彼は聖書から原罪を解釈します。その理由は彼が説教で原罪論を語る時、普遍的な人間の罪性を聖書的確信から始め、次に理神論者などの一般の人々は認めませんが、日々の体験がこの聖書の説明を確信します（*BE*, 2:172–185）。つまり、ウェスレーが神学的問題を論じる時、体験を聖書の次に置きます。つまり、体験が聖書を確信するのです。人間の体験が聖書の解釈を判断します。しかし書物『原罪の教理』で彼は教理問題を体験から形成します。人間行動の歴史的・現象学的観察から、罪の普遍性は「最も不注意な観察者にも」（*Works*, 9:176）妥当するという結論を導き出し、この結論は人間体験に由来する教理的形成です。体験を聖書の確認ではなく、原罪の教理を体験から由来させるのは、この書物が原罪論を否定する理神論者向けに書かれたからです。それゆえ、ウェスレーは理神論者が当然と捉える常識的な体験に訴えながら、原罪論を主張したのです。

全ての人間は普遍的に罪の自覚を抱くのであると、客観的、論理的知識で主張する啓蒙主義者の楽観的前提に対し、再生の賜物を受け取った者のみが自分の生活で罪の自覚に導かれるとウェスレーは説教集で語ります。人間の普遍的状況に関する見通しの問題です。説教で明確になる罪意識の自覚はこの説教出版以前の彼の書物で示した公共的な検証可能の理解と異なります。語る者の客観的状況で体験内容が変わります。つまり、全ての人間体験は解釈された体験で、文化的、個人的方法の違いで、体験の人間解釈は異なります。体験は客観的で論理的知識を与えず、ある意味で解釈された体験、体験を単なる私の見通しに限定することになります。当然、聖書解釈も解釈された聖書になります。書物『原罪の教理』と説教集「原罪の教理」での普遍的罪理解が語る相手によって異なるのです。

野呂解釈に戻ると、ウェスレーは書物『原罪論』を当時の時代的背景から問いを提出し、その問いに答える形で教理解釈を与える、その意味で野呂解釈の体験理解と類似します。しかし説教集は書物と異なった解釈を与え、もし説教集がウェスレーの本来の文脈であれば、つまり、聖書・教理の次に体験がおかれ、体験が聖書・教理を確認することであれば、野呂解釈はウェスレー解釈と異なります。もう一点付け加えると、実存思想は二〇世紀の時代思想で、野呂が授業で学生に繰り返し実存思想に言及しましたが、二一世紀に入り東日本大震災や所得格差、高齢者問題等を通し、実存論的問題と同時に、人間と人間、人間と地域との関係（絆）が日本の、また世界の現代的状況を生かすテーマとなりました。このテーマが今、私たちの取りあげる現代状況の主題であれば、筆者の語る理性的認識と情感的認識の主題となります（『宗教思想』三二七―三四二頁）。その意味で、実存論的神学を展開した野呂の解釈は二〇世紀の時代的思想の人間解釈にその特徴があると言えるでしょう。

一言付け加えます。聖書と体験との関係を述べる野呂は神の言葉の権威を実存的問いとその答えとの関係での権威だと言い、この「ウェスレーの神学的認識論は、この問いと答えとの相互関係にすべてを集中してゆこうとする傾向がある。この相互関係に入ってこないような問題を、信仰の問題としては重要視しない傾向がある。……このような関係主義的な傾向にこそ、ウェスレー神学全体の体験論の特徴がある」（『生涯と神学』二二七頁、傍点原著）と述べます。そして野呂は次のように語ります。この関係主義を決定的にさし示しているウェスレーの言葉があり、その言葉は「ウェスレーが、自分の思想をもっとも良く表現しているものの一つであると考えた『標準説教』への序文の中にある」と言います。その言葉は次のように書かれています。

> 私はただ一つのこと、天への道、あの幸福の岸へ無事に上陸する方法を知りたいのである。……私はただ一人座っている。神のみがここにおられる。神の面前で、私は神の書を開き、読む。天への道を発見するためである。

天への道を発見するためというただ一つの体験的な質問をもって、ウェスレーは、答えを与えてくれる神の言葉を解釈しようとしているのである。そういう質問の角度からはずれているような、聖書のなかの事柄は強調されていない。

（『生涯と神学』二二八頁）

上記の言葉はウェスレーの聖書理解を知るための良き表現です。そして、この言葉はウェスレーが全てのことを聖書だけに頼る聖書主義者ではなく、「比較的に聖書以外の書物を読まない『一書の人』になりました」と彼が述べるように、聖書を権威ある第一資料の確認であると同時に、論理学、哲学、自然科学、倫理学、歴史、教父学等の人間の知の重要さを認識する「一書の人」ウェスレーであったことを前項で述べました。しかし「私は一つのことを知りたい、天への道です」という言葉がウェスレーの実存的「問いと答えとの相互関係にすべてを集中してゆこうとする傾向」のウェスレーの神学的認識論であり、この「思想をもっとも良く表現しているものの一つ」が『標準説教』の序文だと野呂は語りますが、どのように理解したら良いでしょうか。

ウェスレーはこの序文でキリスト教歴史の長い発展を考えています。下記の項で示すように、聖書は「新しい天と新しい地」（「新天新地」と略記）として神の救いの究極的ゴールも語っていますが、様々な歴史的影響の結果、人間の究極的状態は「天上」（一般的には「天国」）であることを人間は確信します。救われて、最後に天国に行くことが個人の救い、人生の祝福になります。野呂はウェスレーの序文の一部を記述しましたが、この引用部分の直前にウェスレーは次の文章を書いています。「私は神から来て、神へと帰る霊でしょう。大きな淵を跳び越しながら、しかも数秒間で、私の存在は消えていくでしょう。私は不変の永遠の中に入っていきます。私はただ一つのこと、天への道、……」（*BE*, 1:104f.）。この序文で語られる「天への道」の天とは「不変の永遠」といわれる天国のことです。ウェスレーは前期から中期の期間、この天国を個人の救いの究極的行き先と考えました。しかしウェスレーは天国行きの内実を一七四五年に述べます。「救いで私が意味しているのは、単に（一般の民衆の考えに従って）地獄から解放され、天国に行くことではなく、現在の罪から解放されること、……真理から成立する神の像に従う人間の魂の再生である」（*BE*, 11:106）。前・中期のウェスレーは人間の救いの目的を信仰による天国行きではなく、次節で述べるように、人間の変革（聖化）をもたらす神の恵みに支えられて、アダムの原初の状態を回復すること、つまり、人間の治癒的回復による神の像の形式で、野呂が語る、問いと答えによる、神と人間との決断的関係の『標準説教』の序文ではないのです。決断の神学は東方の治癒的人間理解と相いれない概念で、決断の神学は東方のウェスレー解釈には不適切な概念です（『ウェスレー』七九、八五―八六頁）。

しかし後期では、人間と宇宙との関係を説くウェスレーは大胆に神の全宇宙の再生を語る聖書理解を主張し、動物が最後の救いに参与する考えを強調し、後述するように、個人の救いだけでなく、自己や他人、被造物の救いをも断言します。前期・中期のウェスレーは死を究極的な世界の到来を単に待つ祝福された場所への移行と捉えますが（これは野呂解釈）、後期のウェスレーは天上理解を前期・中期の永遠なる場所と異なる別次元の、神の像全体の完成に向かって成長・発展する場所と考え、死後も人間は聖・幸福の回復のために成長・発展するのだと語ります（野呂はこの解釈を拒否）。この終末論では、永遠の世界は新天新地、あるいは、復活・審判後に続く世界・宇宙の再創造・新創造の世界を述べます。死後、信仰者は復活、審判、そして世界での神の支配のより完全なる創造・新創造の到来を確信します。

このようなウェスレー解釈が正しいとすれば、この序文の言葉の意味内容は野呂の語る決断ではなく、東方の神の像の発展、つまり、人間と被造物の治癒的回復こそが救いの問題で、野呂が語る「天への道を発見するためというただ一つの体験的な質問をもって、ウェスレーは、答えを与えてくれる神の言葉を解釈し……そういう質問の角度からはずれているような、聖書のなかの事柄は強調されていない」との主張は（ウェスレーの語る、天国行きは）問いと答えの相互関係を探求するウェスレー思想でもウェスレーの神学的認識論や神学全体の体験論の特徴と言うこともできず、東方の神の像の発展的な治癒的回復と言えるでしょう。野呂が求める個人の救いという実存思想への関心がこのようなウェスレー解釈を導き、自己と他人、被造物の救いは実存的関心の領域外だと排除します。

2　一七三八年五月二四日の出来事

野呂がこの出来事をどのように解釈したのか、少しお話しましょう。野呂はこの出来事、つまり、第二の回心体験を中心にウェスレー神学を積極的に展開する、一九八〇年以前のウェスレー研究者です。野呂はまさに第一（一七二五年）と第二（一七三八年）の出来事を回心体験と呼びます。一七三八年以前、特に国教会の司祭になりたいと両親に相談し、親から許可を貰った一七二五年以降のウェスレーは、自分に生涯をとおして影響を与えたテーラーやロー、トマス・ア・ケンピス等の神秘主義者たちの著作を読み、「完全の追及をその生涯の目的とすることを教えられ」（『生涯と神学』九八頁）、それまでの平凡な信仰生活から熱心に神を追い求める生活へとウェスレーは導かれました。この時期がまさに一七二五年で、「一七二五年のウェスレーの信仰的覚醒を回心と呼んでもよいであろう」（『生涯と神学』八九頁）と野呂は言い、一七二五年を第一の回心体験の時期と呼びました。そして一七三八年の「第二の回心を経験する迄は、この完全は地上において人間が獲得することの不可能なものとして考えられていた。また、一生涯にわたり、人間はこの完全を自分の努力でもって、もちろん、神の恵みに助けながらではあるけれど、追求しなければならないものと考えられていた」（『生涯と神学』九八頁）。

しかし第二の回心の出来事を通してウェスレーは、今までは自分の力で追い求めていた聖化が、実は、神の側からの賜物として人間に与えられるものであることを理解したのです。特に重要なのは、彼の完全に対する考え方の変化です。回心前においても、完全を追求しなければならない、と彼は主張しますが、回心後においては、その完全は、神の賜物として与えられる、と信じるようになりました。「しかも、回心前においては、完全はこの地上でキリスト者に与えられるものではないとされていたが、回心後では、第一の賜物である義認のように第二の賜物である完全も、この地上で与えられる可能性のものである、と主張されるようになった」（『生涯と神学』一四六頁）。

野呂は一七二五年を第一の、一七三八年を第二の回心体験と呼び、ウェスレーの一七二五年の前期思想と一七三八年の中期思想との間に決定的な相違・断絶を見、前期が信仰と愛の働きの両者による救い、中期が信仰のみによる救い、そして中期以降、生涯の終りに至るまで、信仰のみによる救いの立場をウェスレーは一貫させ、ウェスレーの人生を前期と中期以降の二段階に分けました。しかし野呂は一九八〇年以降の研究者が重視する、初代ギリシア教父や神の像理解、人間の治癒的解釈、神化などの東方の霊性をウェスレーは関心を示さなかったと言います。その意味で、野呂がウェスレーの聖化理解・完全理解などをプロテスタントの信仰義認で解釈し、ウェスレーに影響を与えた東方の貢献を見失っている点が残念です。

(1)ジェニングスの問いかけ

ウェスレーは一七三八年五月二四日、アルダスゲイト街である会合に出席しました。ある人がルターの書いた「ローマ信徒への手紙のための序文」を読み、丁度、信仰とは何であり、そして信仰のみが人を義とする、との個所を聞いた時、ウェスレーに出来事が起こったのです。彼は次のように記します。

> 九時一五分くらい前、司会者がキリストにある信仰を通して神が心に働く変化を説明しているとき、私は心が不思議に暖まるのを感じた。私は救われるためにキリストに、ただキリストのみに信頼した、と感じた。そしてキリストは私の罪を、私のような者の罪さえ取り去って下さり、罪と死との律法から私を救って下さ

ったという確証が、私に与えられたのである。

(*BE*, 18:249f. 傍点原著)

この出来事はウェスレーにプロテスタントの信仰告白、信仰による救いという新しい宗教理解を確信させ、私の罪が今やキリストによって死に、新しい自己に誕生したとする体験的自己認識を与えました。人間の最も深い信仰的・霊的探求がキリストを通して与えられる時、「心が不思議に暖まり」、心が愛と喜びと平和に満ち、この心を「感じる」心理的表現で救いの体験が与えられたのです。新しい宗教知識形態、つまり、内的、感性的意識に直接基づく心理的な宗教理解(心理的概念で、実存的概念ではない)がこの出来事で与えられたのです。この出来事がウェスレーを宗教改革者たちの信仰義認に導き、一九八〇年代までの多くのウェスレー研究者はこの出来事を回心体験と呼び、この信仰による救いの視点から彼の神学的活動の全てを解釈しました。他方、一九八〇年代以降のウェスレー研究者たちはこの宗教改革者の立場を明確に主張しますが、同時に、国教会の伝統が確信するギリシア教父と東方の霊性の視点(これから述べる神の像・先行の恵み・治癒的解釈・終末理解など)から解釈されたウェスレー独自の神学的確信(既述した点で言うと、啓示神学だけでなく、自然神学も「恵み深い知識」と述べる国教会の立場を承認するウェスレー)をも同時に強調しました。筆者は一七三八年五月二四日を回心体験ではなく、アルダスゲイト体験と呼び、野呂解釈ではなく、一七八〇年以降の神学者の立場に同意します。プロテスタントの信仰義認だけでなく、国教会による東方の神学的立場をもウェスレー自身の宗教的核心にしたことを筆者はこれから述べていきます。

この一九八〇年代以降の研究者の一人、ジェニングスは一七三八年の回心体験・信仰義認を中心に解釈されるウェスレー理解を批判し、「アルダスゲイトの神話(The Myth of Aldersgate)」と題する研究発表を一九八七年にアメリカの宗教学会で行い、それを契機に一七三八年の回心体験批判が本格的に論争されていきました。この論文で、一七三八年五月二四日の出来事は本当にウェスレーの回心体験の時であったのか、いや、それは神話に過ぎないのではないかとジェニングスは問いかけたのです[54]。

一七三八年はウェスレーの生涯で決定的な出来事であり、それ以前とそれ以降との間に思想的な断絶があり、この回心体験をキリスト者全ての模範とする解釈、いわゆる「標準的な」解釈にジェニングスは問いかけたのです。彼によれば、一七三八年前後のウェスレーの信仰状態は同じで、神学テーマも彼は一貫して聖化を追及し、一七三八年の出来事は彼に決定的変化をもたらさなかった。もし彼の人生を決定する時期に言及するならば、それは一七三八年ではなく、聖化の探求に生涯をかけると決めた一七二五年であった。まさにこの一七二五年こそが彼の全生涯を決定した時期であり、かつ、メソジズムが誕生した時期であったと言います。

筆者はウェスレーの三つの信仰概念を取りあげ、第一が理性的同意、第二が信頼、そして第三が直接的・霊的体験としての信仰理解を既述しました（『ウェスレー』一六、四八、九八―一二一頁）。しかし本書ではこの信仰概念をウェスレーの三つの思想体系と捉え直し、第一の思想体系をウェスレーが全生涯で展開する愛によって働く信仰、つまり、「聖なる生活」（国教会の思想、あるいは、東方・カトリック思想の内容）、第二の思想体系を一七三八年以降の「信仰義認」（モラヴィア派影響下による宗教改革的な信仰理解）、そして第三の思想体系を「信仰義認に基づく確証理解」（信仰義認の根底に確証信仰を強調）と捉え、ウェスレーがこの確証理解を明記した著作が一七四三年の論文「理性と宗教の士への更なる訴え」（*BE*, 11:46f.）であると述べます。この三つの思想体系の内、第一の「聖なる生活」の思想形態がジェニングスの語る思想内容と類似します。そしてジェニングスが研究発表をなした翌年が回心記念日二五〇年祭の一九八八年で、一七三八年の出来事の本質的意義を再検討すべきではないか、との議論が起こり、『アルダスゲイト再検討』（一九九〇年）が出版され[55]、また、ジェニングスやジェニングスと同様な解釈をなす、アウトラー以降のメソジスト代表的神学者マッドクスと、「標準的」解釈を担うコリンズとの、往復論争がなされました[56]。

この一七三八年の出来事を解釈する一つの契機にウェスレーの資料問題があります。ウェスレーがこの回心体験に直接言及するのは彼の残した膨大な資料でわずか数回しかないのです。言及回数の少ない一七三八年の物語は資料的に価値が低いのではないのか。これに対し、ウェスレーが死を迎えた一七九一年までに五版を数えた『日誌（Journal）』には必ずこのエピソードが書かれ、このことは間接的にもこの出来事の重要性を暗示していると、反論がなされます。直接・間接に言及される回数を基に、五月二四日の出来事をどのように解釈するかが資料的にあります。

しかしさらに厄介な問題は、ウェスレーがこの出来事の意味を後で訂正することです。以下で述べますが、一七三八年の出来事直後に描いた『日誌』で彼は自分の過去を振り返ります。一七三八年以前の自分は回心しておらず、信仰もなく救われてもおらず、怒りの子で、キリスト者ではなかったと牧会者ウェスレーは自己批判をし、周りにいた者たちは司祭のこの自己批判に驚きを示しました（*BE*, 18:216, 252; 19:27, 29–31）。しかし一七七四年にこの『日誌』が再販される時、彼は上記の個所に注を付け、この極端な自己解釈は誤りだったと訂正します。一九八〇年代以降の研究者はこの訂正でウェスレーは前期から後期に至り自分の神学思想を変更させ、たとえば、前期の信仰を僕の信仰（後述）、中期のそれを神の子の信仰（後述）、後期を神の子と僕の両者の信仰の重要性を語り、中期の著作で展開される「標準的」解釈は後期の思想と異なると言います。

さらに、一九八〇年代以降の神学者によると、一七三八年は確かにウェスレーに信仰義認を与えた重要な出来事で、若き彼の思想に成長・発展をもたらしたのは事実です。しかし同時に前期から後期にかけて展開する思想、特に彼が後期で明言した動物等の被造物への究極的救いの考え方を検討すると、この一七三八年の出来事は若き時代のオックスフォードのウェスレーの考え方と全く異なった人物に成長させ、晩年に至るまで彼の考え方に基本的な変化はなかったと考える、野呂等の一九八〇年以前のウェスレー研究者たちの考えは誤りだと研究者は語ります。むしろ、一七三八年を重要な出来事と捉え、同時に、若き前期より晩年まで東方思想を学び、この思想を成長・発展させ、後期には前期と中期の思想を統合させ、成熟した彼独自の思想（先ほど述べた僕の信仰と子の信仰の統合）を展開したのです。つまり、プロテスタントと東方思想との共存を構築し、全生涯をスパンとする視点から彼の神学思想を見定めることが大事なことだと一九八〇年以降のウェスレー研究者は判断します。この論争は単なる言及回数や資料解釈の問題ではなく、野呂を含め、それぞれの解釈者の神学的立場がプロテスタント的か、東方的かが反映され、ウェスレーの神学的立場をキリスト教伝統のどこに位置づけて解釈するかが問題になります。

以下で詳しく説明しますが、ウェスレーを全生涯にわたるスパンで理解する、一九八〇年以降の研究者はウェスレーの神学思想の変遷を三段階に分けます。前期（一七三三―三八年）、中期（一七三八―六五年）、後期（一七六五―九一年）です（*BE*, 1:42. fn. 55, 62-66）。この場合、日本では野呂のように、一七三八年の回心体験を中心にウェスレーを解釈する研究者は前期と中期の間に決定的な断絶思想を考え、彼の重要な神学的確信は中期で形成され、それ以降生涯の終わりまで、彼の神学的確信は変わらなかったと発言します。それゆえ、前期、後期のウェスレーの考え方が中期のそれと一致しない場合、その考えは中期の視点から再解釈されます。これに対し、三段階に分ける一九八〇年代以降の研究者は前期から中期、中期から後期への変遷過程でウェスレー思想の成長・発展を強調し、一九八〇年代以前の研究者が考えてきた以上に、前期と中期との間には思想の連続性が、中期と後期には思想の相違がより明白にみられるとします。下記で説明しますが、前期のウェスレーは東方の考え方を神学的特徴にしますが、この考え方は中期も後期も継続し、特に後期で強調されました。このようにウェスレーは東方の特徴を記述しますが、同時に、アルダスゲイト体験でウェスレーはプロテスタントの信仰義認に立ち、一七三八年以降はプロテスタントと東方の両思想をウェスレー神学の核心にしたのです。一九八〇年以降の研究者ハイツェンレイターによると、前期ウェスレーは「後期の彼の思想、活動の基盤となる枠組みを備える精神と霊性を示し」、前期と中期の間には「一般に認められてきた以上の継続性があり」、中期と後期の間には「一般に気づかれてきた以上の相違がある」と述べます[57]。このハイツェンレイターの指摘をウェスレーの説教集で見ると、どうなるでしょうか。

ウェスレー文献に「標準説教集（*Wesley's Standard Sermons*）」と呼ばれる著作があります。ウェスレー自身は自分の出版した全ての説教に*Sermons of Several Occasions*という同じタイトル名を付け、手書き原稿一九編を含め、一五一の説教が現存しますが、その内の四四（あるいは五三）の説教をスグテンが「標準説教集」と名づけました。この権威づけの理由は、一七六三年に作成された「標準証書（Model Deed）」に「ウェスレー氏の作成した『新約聖書注解』と最初の四巻の『説教集』の中にある以外の教理を説教してはならない」と書かれていたので、この「最初の四巻の『説教集』」に含まれる説教数が一七三三年になされた説教一編を含む、一七三八年から一七六二年の間になされた四四（これは英国メソジストの標準説教数）、あるいは、一七七一年までの五三（米国メソジストの標準説教数）です（*BE*, 1:38–55参照）。

ここでの問題点は、主として信仰義認を語る中期（一七三八―六五年）のウェスレーがなした説教を「標準説教集」とすることで、前期・後期でなされた一〇〇余りの説教はウェスレー解釈に重要な資料ではないとする神学的判断があります[58]。ウェスレーが自分の出版した説教の全てに同じタイトル名を付け、また、当時、多くの教派の人々が参加したメソジスト会の組織的確立のため「標準証書」が制定されたこと、あるいは、彼の生涯全体の思想的変遷を私たちが見ることのできる今、ウェスレー神学はプロテスタントの「信仰のみ」の基本的立場を示す中期の回心体験で解釈する神学的判断（それに伴う、東方思想の神学的軽視）に私たちは縛られる必要があるのでしょうか。もしウェスレーの生涯に東方思想の影響があるならば、中期の「標準説教集」だけでなく、ウェスレー説教全体の一五一の説教が日本語訳にされることが大切です[59]。特に、彼の後期の考え方が彼独自の思想を示すならばです。

野呂はスグテンの「標準説教集」を翻訳し、ウェスレーの説教全体を翻訳しませんでした。どうしてでしょうか。野呂は「説教集」の「あとがき」で「標準説教集」の主題を「主に罪と悔い改め、信仰義認と聖化、キリスト者の完全等（で、ここに）メソジスト会の性格が浮彫されている」と書き、聖化とキリスト者の完全は信仰義認の繰り返しで理解されると言います[60]。野呂は一七三八年の出来事を「第二の回心」として強調し、東方思想の研究者はこの「第二の回心」を重視しないと誤解し、彼らを批判の対象にしたのです（『ウェスレー』七九―八一頁）。そこには野呂自身の組織的な実存論的神学・決断の神学があり、そのためにウェスレーの中期の作品が大事にされ、後期が軽視されるのです。その意味で野呂はウェスレー解釈をプロテスタントの信仰による義認、つまり、人間の決断に置き、東方の様々な思想を彼の思索の対象外に排除する「東方思想を軽視するプロテスタント神学者」であることを憶えておきたいです。私たちはウェスレーの中期説教だけでなく、前期・後期説教をも神学的課題として取りあげることが不可欠です。

一九八〇年代までのプロテスタント研究者はウェスレーの一七三八年の回心体験を強調し、カトリックの研究者は一七二五年以降、晩年までのウェスレーの聖化論を展開しますが、一九八〇年代以降の研究者はウェスレーを西方の伝統だけでなく、国教会の伝統に流れる初代教会、特に初代ギリシア教父と東方の霊性をも視野に入れ、東方のギリシア的キリスト教思想に影響されたことを私たちは見てきました。その意味で国教会神学者ウェスレーは西方と東方との究極的統合を目指すエキュメニカルな神学者で、『ウェスレーの救済論』の副題（「西方と東方キリスト教思想の統合」）が示す通りです。

ウェスレーは神学的思索を西方だけでなく東方（神の像や治癒的解釈、先行の恵み、神化などの思想）にも影響され、国教会に流れる伝統でウェスレー独特の思索を展開し、宗教改革者や西方独自の考え方と異なるウェスレー固有の思想を展開したいのです。このことをこの章でさらに詳しく述べてみたいのです。

(2)ウェスレーの三つの思想体系

筆者は野呂の確信に従い、第一と第二の回心体験の区別をそのまま受け入れ、ドルー大学を卒業しましたが、静岡で大学の教員に就職して以来、前期・中期・後期の三段階を述べる研究者の書物に出会い、第一・第二の回心体験を説く野呂への共感が薄れ、ウェスレーの全体思想を三つの時期（前期、中期、後期）を受け入れただけでなく、本書では彼の三つの思想体系を区別しました。何度も既述しましたが、筆者はウェスレーの三つの信仰概念を取りあげ、第一を理性的同意、第二を信頼、そして第三を直接的・霊的体験としての信仰理解と説明しましたが、これを本書の表現に直せば、第一の思想体系はウェスレーが全生涯で語る「聖なる生活」、一七三八年以降の第二の思想体系が「信仰義認」、そして一七四三年以降の思想体系が「信仰義認に基づく確証理解」と呼び、筆者はこの三つの思想体系でウェスレー神学を解釈します。第二・三の信仰理解を与えたモラヴィア派との関係をまず見ておきましょう。

A　モラヴィア派

ウェスレーは一七三八年五月二四日の出来事でルター・カルヴァンが説く信仰義認を与えられ、プロテスタントの信仰的立場を確立しました。ウェスレーは三つの思想的立場を一七三八年以降堅持しましたが、この出来事でウェスレーは信仰義認を彼の神学の中心的立場と理解し、五月二四日の日誌で伝えます。「私は心が不思議に温まるのを感じた（I felt my heart strangely warmed）。私は救われるためにキリストに、ただキリストのみに信頼した、と感じた（felt）。そして神が私の罪を、この私の罪さえも取り去って下さり、罪と死の律法から私を救ってくださったという確証が、私に与えられました」（*BE*, 18:249f., 傍点原著）。ウェスレーは「感じた」「感じた」、そして「知った」「知った」と述べます。つまり、彼は「感じる」ことと「知る」ことを同一視し、体験を通して「確証」が神から与えられたことを述べます。聖霊の働きでキリスト者は今、既に体験的に味わえ、内的に知覚できる確証理解をウェスレーは確信し、信仰による救いとは私の罪が体験的に赦され、罪の赦しの確証を伴う聖霊体験、今、神の子とされる直接的・霊的体験としての信仰理解を告白したのです。「感じる」ことと「知る」

ことの統合は宗教的にはモラヴィア派、哲学的にはロックとマルブランシュとの関係で理解されます。しかし、国教会も感じることと知ることを同一視しますが、この同一視をロック等の認識論ではなく、日常生活の体験で理解したのです。聖霊の証理解に関しこのことに触れておきましょう。

人間生活に働く聖霊の働きを感じる方法に三つあるとウェスレーは言います。それは直接的啓示理解と霊的感覚、そして感情です。第一は、自分が神の子であるとの、信仰者の霊に聖霊が直接に証すること。この聖霊の直接的証によって人間が啓示を知覚できる能力を示します。魂がこの世で何かを愛し、喜ぶように、魂が神を愛し、感謝し、喜ぶ時、魂は直接に聖霊の働きを明白に知覚できるとウェスレーは言います。魂が愛し、感謝し、喜んでいるのかどうか疑う必要はありません。国教会と同様に、ウェスレーはこの証言を三段論法で説明します。「今神を愛し、謙遜の喜び、聖なる喜びと従順なる愛で神を感謝し、喜ぶ者は神の子である。しかし私はこのように神を愛し、感謝し、喜んでいる。従って、私は神の子である」(*BE*, 1:275f.)。理性の方法で人間の魂に語りかける聖霊の働きを人間は確証できると、ウェスレーは国教会と共に語ります。

問題は聖霊の働きをどのように体験できるかです。ウェスレーは第二番目に「霊的感覚(spiritual sense)」の方法で神の事柄を知る可能性を語ります。英国思想では二つの資料が考えられます。第一が一八世紀のロック哲学の感覚的認識方法で、このロックの認識論を国教会は拒否したことを第三章で述べます。第二は、国教会の説教集は日常生活の感覚経験を述べ、私たちは聖書の証言によって信仰でキリストを理解することができ、私たちが信仰を失うと、私たちは神を見ることができなくなると書きます。そうであれば、ウェスレーがロックの哲学的言語と国教会の神学的イメージで、霊的感覚の手段で確証のみならず神の知識や神の事柄を知ることができると考えるのは当然であったのでしょう。ロックの認識論は第三章で論じますので、ここでは第三番目に国教会の感覚方法を見ておきましょう。

ウェスレーは神から真理を知覚する方法として「感情(feeling)」の言語を用い、これは国教会の伝統的な考え方です。ウェスレーは「知る」ことと同じ意味で「感情」を用います。彼はアルダスゲイト体験後の七カ月間、救いの確証を自分が持っていないことを説明するためにこの言語を用いました。彼はもはや自分が神の子ではないとする強い感覚を抱き、その理由を一七三九年一月で示します。

私は神を愛していない。私は父も子も愛していない。私が神を愛しているかどうか、どのように私は知るのかとあなたが聞くならば、私は別の質問で答える。あなたが私を愛していることをあなたはどのように知るのか。あなたが暑い、寒いとの知り方と同じです。あなたが私を愛している、愛していない、その瞬間を感じることとです。そこで私が神を愛していないこの瞬間を感じるのです。従って、私が感じるので、私は知るのです。より正確な、より明確な、より強い表現はないのです。(*BE*, 19:30)

私は神の愛を感じるので、私は神を知っている。それゆえ、否定的感情で確証の欠如を人間は知れます。感情を通して人間は神の現臨を知れるのです。ウェスレーは友人に伝えます。「信じなさい。神を身近に感じなさい」(*Letters*, 5:234)。一七六〇年の説教「新生」で彼は国教会の説教集に言及しながら、聖霊で元気になったキリスト者を描きます。

彼は「神の聖霊の力強い働き」を(国教会の言語を使用するならば)「自分の心で感じる」。この表現はこの世の人が愚かにも、意図的に表現を誤解するような下品な、肉欲的意味を持ちません。神の聖霊が人間の心に働く恵みを人間は感じ、内的に自覚するのです。これ以外の意味はないと繰り返し語っています。人間は「全ての悟性を支配する平和」を感じ、自覚します。人間は多くの場合「言語に絶する、栄光に満ちた」神への喜びを感じるのです。「人間に与えられる聖霊で人間の心に与えられる神の犠牲的愛」を人間は感じます。そしてあらゆる人間の霊的感覚が霊的「善・悪」を「認識するために活動する」ようになります。これらの感覚で人間は日々神の知識や神が送られたイエス・キリストの知識、更にはキリストの内的王国に連携する全ての事柄の知識を増やしてもらいます。そして今や人間はまさしく生かされています。神が聖霊で人間を眼ざませることで、人間はイエス・キリストを通して神に生きているのです。

(*BE*, 2:193)

聖霊の力づよい働きを心で感じる、聖霊が心に働く恵みを感じる・自覚する、悟性を支配する平和を感じると述べ、ウェスレーは国教会の表現を用いながら、信仰者の生活に働く神の現臨と力に由来する恵みについて語ります。しかし国教会は感じる体験をロックの述べる認識論的意味で用いず、日常的生活の体験的事柄として述べるので、認識論的にはウェスレーと国教会の間でロック哲学の受容・拒否の相違が生まれ、論争に導かれたことを第三章で述べます。

ウェスレーは一七三五年一〇月に英国の植民地支配下の米国ジョージアに伝道に出かけ、翌年の二月六日に上陸し、約二年半滞在しました。ウェスレーがジョージアにいた時の最大の恵みはモラヴィア派との出会いです。彼はジョージアに行く時、シモンズ号で嵐に出会う体験だけでなく、ジョージアでモラヴィア派の宣教師シュパンゲンベルグに何回も出会い、信仰理解を学んだのです。ウェスレーは質問されます。「あなたが神の子である」という、神から直接与えられる証を持っているのかどうか、そのような証を持って「イエス・キリストがあなたを救ったことを知って」いるかどうか、聞かれました。ウェスレーは「知っている」と答えましたが、それはむなしい返事であったことを彼は確認します（*BE*, 18:146）。彼が聖霊理解の無知を確認し、この時以降、聖霊理解が彼の神学的探求の課題になりました。米国から帰国後、ウェスレーの心を悩ませたのは聖霊理解です。自分の罪が赦され、自分が神の子であることをいかなる確証・証拠を持って知るのかです。

一七三八年二月一日に米国から帰国したウェスレーは二月四日に英国モラヴィア派の宣教師ベーラーに出会い

ます（*BE*, 18:223）。ベーラーはそれ以降五月四日までウェスレーの信仰を指導し、ウェスレーは一七三八年五月二四日にアルダスゲイトで信仰体験に導かれました。既述したように（『救済論』一六三―一六七頁、『ウェスレー』一三六―一四三頁）、信仰のみによる救いの教えをウェスレーに確信させた人々はルター派敬虔主義のモラヴィア派です。ウェスレーはベーラーから学んだ教えを「新しい福音（a new gospel）」（*BE*, 18:250）と呼び、この福音の教えをウェスレー研究者は八項目に要約します。①信仰のみが救いに必要。②良き働きは救いの前に不必要。③強い、弱いを示す信仰の程度はない。弱い信仰は信仰ではなく、不信仰。④正しい信仰には信仰の確証が伴う。⑤信仰の確証は罪、疑い、恐れからの自由を人間に与える。⑥確証には聖霊による完全なる愛、平和、喜びが伴う。⑦この確証なしにキリスト者は存在しない。⑧この確証は究極の救いに導く堅忍をもたらす（救いに予定された人間は最後まで堅く立ち、耐え忍ぶことで必ず救われる）[61]。この「新しい福音」は神から赦しの確証を伴う救いの信仰で、確証は回心体験で瞬間的に与えられます。この信仰にはあらゆる疑い・恐れからの解放だけでなく、罪からの自由、つまり、聖化・完全を証する「充分なる確証（full assurance）」を伴います。疑い・恐れ・罪から解放され、聖霊による愛・喜び・平和を伴う充分なる確証が与えられなければ、真の信仰ではなく、真のキリスト者でもない。信仰があるのか、ないのかのいずれかであり、信仰には強い信仰、弱い信仰という信仰の程度は伴わない。このように、ウェスレーはモラヴィア派の信仰理解に従い、信仰と確証、義認と聖化が回心体験で瞬間的に同時に与えられ、絶対的基準（恐れも不安も欠如）を伴う「新しい福音」の獲得を目指して一七三八年五月二四日、アルダスゲイトで持たれたある会合を訪れ、ルターの信仰による救いの真理を聴いたのです。

若き時代、ウェスレーが悩んだことは、自分は救われている、あるいは、自分はキリスト者であるという信仰的、宗教的確かさをどのように得るのか、その証拠は何なのかという確証問題で、彼は生涯この霊的問題に深く関わります。青年ウェスレーを悩ましたのは確証を問う認識論です。彼は学生時代から救いの本性を正しく理解することに関心を持ち、確証を探求し、自分が救われている確信を求めました。一七二五年、母スザンナへの手紙で自分が救いの確証を持っていないことを述べ（*BE*, 25:169f.）、確証を与える信仰を求めました。彼は国教会と同様に、確証の判断として良き働きを行う人間の誠実さ（sincerity）に自分の確証の希望を置けるのかどうか確認しますが（『ウェスレー』一四九―一五一頁）、それは無理だと理解し、何が確証を与えるのかに悩みました。

　ウェスレーは一七三四年に父サムエルの言葉「内的確証がキリスト教の最も強い証拠である」（*BE*, 26:289）を聞き、救いの確かさ（確証）を探求しました。そしてこの確証探求の途上でウェスレーは米国に渡り、帰国後ベーラーと出会い、アルダスゲイトに導かれ、その出来事を日誌に記したのです。「私は救われるためにキリストに、ただキリストのみに信頼した、と感じました。そして神が私の罪を、この私の罪さえも取り去って下さり、罪と死と律法から私を救って下さったという確証が私に与えられた」（*BE*, 18:250）。アルダスゲイトで与えられた信仰のみによる救いの教えは、キリストが直接、私の心に罪の赦しの確証を与える、聖霊体験を意味します。「私は神の子である」、この赦しの確証はウェスレーが若き時以来、長年追い求めてきた探求に答えを与え、今、神の子であることの聖霊の証の体験が与えられたのです。そして彼は確証の教理をメソジスト運動の中心的核心と主張したため、国教会の人々から熱狂主義者の烙印を押されたのです。しかしウェスレーはこの確証の教理をロックの経験哲学と比論的に、マルブランシュ哲学による霊的感覚に基礎づけ、知覚できる宗教認識論、つまり、聖霊の働きを心で知覚できる、内的意識の伴う宗教知識を展開しました。ウェスレーと国教会との主たる争点は聖霊の働きによる認識論の相違でした。

　モラヴィア派の信仰に確証体験が含まれるならば、国教会の『説教集』（次項説明）での信仰理解とは全く異なります。モラヴィア派が語る救いの確信、つまり、確証体験は人間の罪が今赦され、人間は神との和解に既に入れられ、救いの確証を体験できます。ウェスレーが五月二四日の日誌で書くように、「私の罪」「私」が赦される体験を享受したのです。この信仰はキリストが現実に人間を贖い、人間の罪が体験的に赦される、現在の救いの確証理解です。聖霊の働きでキリスト者は今、既に体験的に味わえ、内的に知覚できる確証理解を体験します。

この確証信仰は少なくとも罪の赦しの明確な自覚に伴われ、私のためにキリストが死んで下さったことを内的知覚で知る信仰です。ウェスレーは「感じる」ことと「知る」ことを同一視し、体験を通して「確証」が神から与えられることを述べます。ウェスレーが語る信仰による救いとは私の罪が体験的に赦され、直接的罪の赦しの確証を伴う聖霊体験、今、神の子とされる直接的・霊的体験としての信仰理解です。

しかしウェスレーはアルダスゲイト体験直後からベーラーの「新しい福音」をどのように理解したらよいのかで悩んだことを述べました。ウェスレーはモラヴィア派のどのような考えに苦しんだのでしょうか。

アルダスゲイト直後、ウェスレーは英国モラヴィア派の信仰理解を自分の信仰基準にしましたが、アルダスゲイトでの信仰体験はウェスレーに罪や疑い、恐れを取り除く充分なる確証を与えず、また、彼自身は絶えざる平和を心で体験していながらも、絶えざる喜びを持たず、その意味で、信仰の充分なる確証を彼に与えず、自分は救いの状態になく、怒りの子で、キリスト者ではないと日誌に書きます。この霊的状態の自己吟味を通して、なお疑い、恐れ、喜びを見いだせない自分を発見し、その理由を自分の信仰の弱さではなく不信仰に置き、ウェスレーは自分を糾弾します。

そこでウェスレーは英国モラヴィア派の信仰をよく知るために、アルダスゲイト直後の六月にドイツモラヴィア派の人々と出会うためにヘルンフートに出かけ、三カ月間の滞在期間中、ドイツと英国の各モラヴィア派間の信仰理解の相違を発見します。ドイツモラヴィア派の指導者、ツィンツェンドルフ（一七〇〇―一七六〇年）に出会い、彼がウェスレーに述べたのは、信仰には必ずしも赦しの確証、喜びの確証は伴わず、信仰の強弱は当然あると言います（*BE*, 18:219f., 261, 270–281; 25:554 等）。ドイツモラヴィア派は確証と義認を区別し、確証の時、平和は与えられるが、喜びが欠如することを承認し、その結果、弱い信仰を承認します。そこで、ドイツのモラヴィア派の信仰理解が英国のモラヴィア派と異なることをウェスレーは発見したのです。

他方、既述した英国モラヴィア派によると、信仰に程度の差はなく、真の信仰には常に確証がともない、罪、疑いなどから完全に解放され、愛・喜び・平和に満ちる信仰状態にならなければ、充分な確証は与えられず、真の信仰でもなく、真のキリスト者でもない。つまり、いかなる疑いも恐れも許されず、愛・平和・喜びが必ず伴う、絶対的基準が伴う充分なる確証体験を英国モラヴィア派はウェスレーに求めたのです。

一七三八年九月にドイツから帰国したウェスレーはドイツモラヴィア派から義認と確証、救いの開始とその後の信仰の豊かさを区別すること（信仰の程度の認識）を学び、この区別が国教会『説教集』の信仰理解であることを九月頃に再認識し（*JW*, 121）、その結果、ウェスレーは英国モラヴィア派の教えの再検討を始め、彼らの信仰基準がウェスレーの中で揺らぎ始めました。但し、この揺らぎは主に『日誌』という個人的な書簡に記され、一七四〇年代の初めの頃までに出版された説教などの公の書簡でウェスレーは英国モラヴィア派の立場を自分自身の理解だと表明します。つまり、ウェスレーが公に発表した書簡では罪、疑い、恐れから自由な者になり、聖霊の実としての愛、喜び、平和に満たされ、聖化・完全を証する確証を持つ者が真のキリスト者で、信仰の程度を一切認めない英国モラヴィア派の立場を明確にしました。

具体的に言えば、ウェスレーは説教「信仰による救い」（一七三八年）で信仰によって疑い、恐れのみならず、罪の力からも自由にされると言い、説教「自由なる恵み」（一七三九年）でも信仰の確証は「あらゆる疑い、恐れを取り除く確証」を述べ、説教「キリスト者の完全」（一七四一年）では、「キリスト者はあらゆる罪から解放され、罪を犯さないほどに完全である」と、信仰と確証の同一視を述べ、また、説教「九分信者」（一七四一年）でも充分な確証ある者、つまり、充分に聖化された全き信者（altogether a Christian）とそうでない九分信者（the Almost Christian）を明確に区別し、前者のみを神の救いにある真のキリスト者だと捉えます（*BE*, 1:123; 3:549; 2:116; 1:137–139. 以下も参照。*BE*, 9［1740］: 53, 60–63; 11［1743］: 53, 19［1739］: 29f., *Works*, 14［1740］: 324f.）。

しかしこれらの公の書簡とは異なり、ドイツから帰国後数か月間、モラヴィア派との相違が明確になる過程が『日誌』に記述されます。自分は充分なる確証を未だ受け取っていないが、それでも「不完全な意味で」キリスト者であると言います。また、洗礼を受けた多くの者は罪の赦しのみを受け取るという意味で「低い意味で」のキリスト者で、また、恐れ、不安を排除する愛・喜びに欠如するが、それでも、神との和解に必要な「ある程度の信仰」を持っていることをウェスレーは確信します（*BE*, 25［1738］: 577; 18［1738］: 253f.; 19［1739］: 32, 82）。

一七三八年五月二四日から二年以上にわたり、ウェスレーはこれらの問題を個人的に格闘し、英国モラヴィア派から教えられた多くの考えの修正を始め、英国モラヴィア派との意見調整で自分自身の不明瞭な神学的立場をますます発見します。面白いことに、ウェスレーはこれらの問題を『日誌』などで個人的に再検討し、モラヴィア派との相違点がますます明確になる数カ月間、公には、キリスト者の幸福の真の基盤として恐れや疑い、愛と喜びなどの絶対的基準を伴う信仰の充分なる確証の必要性、罪からの自由など、従来の英国モラヴィア派の考え方を彼は公然と語ります。

ルター派敬虔主義の英国モラヴィア派は救いの不可避なる印、証拠として罪のない完全（sinless perfection）を求めます。信仰を確証と同一視し、聖化と義認を関係させる英国モラヴィア派はウェスレーの国教会の神学的背景と矛盾します。ウェスレーはルターの神学を自分自身の国教会や東方の立場から理解します。ウェスレーは自分の神学的伝統を国教会の『説教集』で理解し、英国モラヴィア派が救いの印として求める確証を義認ではなく聖化の証拠と理解します。英国モラヴィア派は本質的に回心体験の出来事を完全と同一視し、義認と聖化を同一次元で捉えますが、国教会の伝統はこの考え方を受け入れません。ウェスレーは国教会の『説教集』を学ぶことで義認と聖化の区別を学び、信仰、あるいはキリスト者の完全に関する彼自身の教理内容を明確にするために数年かかりました。それでもしばらくの間、彼は英国モラヴィア派との交わりを続け、彼らとの交わりを通して霊的、神学的問題の解決を試みたのです。

信仰の充分なる確証を体験できなかったウェスレーは一七四〇年の夏までに、信仰の確証には信仰の程度があることを受け入れ、確証は疑い、恐れ、罪などから自由ではなく、それらと共存することを認めます。そこでウエスレーは疑いや恐れと共存する現在の赦しの確証を「信仰の確証」、疑いや恐れを排除する信仰の確証を「信仰の充分なる確証」、そして永遠の救いを確証する信仰を「救いの確証」と三段階に区別し、第一の確証はキリスト者に一般的に与えられている特権、第二の確証はそれほど一般的ではなく、第三の究極的堅忍の確証は僅かで、期待される必要はなく、ましてや要求される必要は全くないと言います（*Works*, 25 [1738]: 562-564; *BE*, 19 [1738]: 19. なお、第三の確証を後で「希望の充分なる確証」と呼ぶ場合も含め、三つの確証の内容に関して *Letters*, 3 [1751]: 305; 5 [1768]: 358 等を参照。また、説教「自由なる恵み」で彼は「信仰の充分なる確証」を主張しますが、「究極的堅忍の確証」を否定します [*BE*, 3:549]。*BE*, 4:36, fn. 71 も参照）。

ウェスレーは英国モラヴィア派から信仰による救い、つまり、聖霊の証による赦しの確証を学ぶと同時に、国教会の神学的地盤に立ち返り、信仰と確証、確証と救い、罪と疑いなどを同一視する考えから徐々に解放され、義認と聖化の区別という、ウェスレー自身の固有な神学的発展を展開し、アルダスゲイト後二年余りで、信仰のみによる救いと聖霊の証（「新しい福音」の教えの八項目で言えば、①と④の内容）以外の全ての教えを否定しました。

英国モラヴィア派は信仰と確証を同一視し、絶対基準を伴う信仰の充分なる確証を説き、信仰が聖化・完全を証すると主張しますが、ウェスレーは国教会の伝統から信仰と確証を区別し、罪・疑い・恐れから自由になり、愛・喜び・平和が必ず伴う確証を信仰から区別します。彼はまたモラヴィア派の語る信仰に疑い・罪などが存在せず、愛などの確証が常に伴う絶対基準的な充分なる確証を否定します。モラヴィア派は信仰を単なる人間の自覚・知覚の心理的現象（確証体験、つまり、恐れも不安も存在せず、幸福・喜び・平和に満ちる信仰体験）に還元させ、絶対的基準を伴う充分なる確証を心理学的に解釈する危険性に陥ったとウェスレーは認識します（*Letters*, 7:61）。

第三章で述べるように、ウェスレーは聖霊の証（神からの聖霊体験）と人間の霊の証（罪が赦され、神の子とされる喜びを心で感性的に知る心理的現象）の二重性を聖霊の証の本質的出来事と理解しますが、モラヴィア派の熱狂主義的な心理学的危険性の排除のため、「神の霊の証が事柄の性質上どうしても私たちの霊の証に先立たねばならないのです」（*BE*, 1:274）とウェスレーは言います。聖霊の証は人間の霊の確証より先立ち、前者の先行的時間性を述べ、確証で人間に与えられる心理的現象より先に、聖霊の証が人間に与えられます（野呂は聖霊の証と人間の霊の証と筆者が語るこの二重性を否定し、この先行性を強調し、人間の霊の証ではなく決断の神学を展開し、東方思想を排除。『ウェスレー』二二六―二二八頁）。神が人間に与えるのはまず聖霊の証で、次に人間の霊の確証が与えられ、その逆ではないことをウェスレーは語ります。もしモラヴィア派のように、人間が感じる確証、どのような疑いも恐れも許されず、愛・平和・喜びが必ず伴う、絶対的基準の伴う充分なる確証（人間の霊の証）を義認の条件とする場合、人間の霊の証で与えられる人間の知覚的認識が人間の救いの条件となり、英国モラヴィア派の心理的解釈が前面に押し出され、熱狂主義の危険性に陥ります。義認の条件を確証の前提条件にするモラヴィア派の考えをウェスレーは否定したのです。

英国モラヴィア派は信仰と確証を同一視する完全なる確証を主張し、聖化・完全を証する信仰を説きましたが、ウェスレーは信仰による救い（聖霊の証による赦しの確証）以外のモラヴィア派の考えを一七四〇年頃までに否定し、ウェスレー自身の確証の教理を明確にしました。成熟した彼は神の赦しの恵みの受領と、この赦された恵みをモラヴィア派の語る意味での明確な確証で確認することが同時に起こる共存関係を認めず、聖霊がキリスト者を義とするあり方に幅広い立場を承認します（*Letters*, 3:230; 7:298）。しかしこのことは、彼が確証そのものの重要性を否定したことではなく、人生の終りでも真のキリスト者の共通の特権として、確証を説教で求め続けました（『ウェスレー』一七六―一七七頁）。

B　国教会

一七三八年五月二四日の出来事を知るためにウェスレーとモラヴィア派との関係を見てきましたが、野呂を始め、一九八〇年までの研究者はウェスレーの第一の回心体験と第二の回心体験を異質な思想内容と捉え、第二の回心体験で第一の体験内容を再解釈しますが、筆者はこのような回心体験を媒介にする解釈ではなく、ウェスレーの三つの信仰概念、三つの思想体系で、つまり、ウェスレーの全体思想でウェスレー神学を理解します。ウェスレーは国教会が述べる第一と第二の信仰理解に同意しますが、モラヴィア派の影響で第二の信仰理解の根底に確証信仰を置き、「信仰義認に基づく確証理解」を第三の信仰理解として主張した結果、二〇年間にわたる、多くの国教会神学者たちを巻き込む神学論争に発展しました。国教会は真理判断基準を聖書、伝統、理性に置き、ロックやマルブランシュの述べる認識論を認めず、その理由を第三章で説明します。

ウェスレーは国教会と論争しましたが、その論争内容は宗教知識の確証問題、つまり、認識論を内的自己意識に置くのかどうかの問題でした。この問題を理解するため、ウェスレーが第二と第三の信仰理解にどのような相違を見ているのかを見ておきましょう。

ウェスレーは五月二四日まで、第一の思想体系の理性的同意としての信仰理解だけでは不充分ではないかと、疑念を抱いていましたが、アルダスゲイトで信仰の義による救いの確かさを教えられ、イエス・キリストを信じる信頼としての信仰を受け入れました。この第二の信頼としての信仰理解は国教会の信仰形態で、国教会はクランマーが『説教集（Homilies）』で述べるように、神の恵みと憐れみへの「確かなる信頼、信任」を信仰と理解し、この信仰理解がキリストの功績で人間の罪が赦されるルターの信仰理解と類似することを一七三八年九月頃にウェスレーは再認識し、同時に、当時の国教会の教理的立場を反復するほどに『説教集』を真剣に理解していないことに気付き、彼はこの『説教集』の一部の要約集を同年の一一月に出版し、この要約集は彼の生前中に一九版を数え、彼の教理理解の一つとなりました。

国教会の『説教集』によると（*JW*, 123–133）、信仰が救いの必要条件と理解されるならば、信仰とはキリストが人間を愛し、人間のために死んでくれたことへの信頼で、神がキリストで人間を贖い、人間の罪が赦されたことへの信頼です。それゆえ、国教会の信仰箇条は、「私が求める信仰は『キリストの贖いで私の罪が赦され、私が神の好意に入れられ、神への確かなる信頼と信任』」（*BE*, 19:215f.）と述べ、ウェスレーはこの箇条を第二の思想体系として認め、「人間が神に告白する確かなる信頼と信任とは、キリストの功績で人間の罪が赦され、人間が神の好意に受け入れられること」（*BE*, 18:233f.）と解釈します。

ウェスレーは一七三八年五月二四日の集会で、信仰のみが人を義とすると述べるルターの文言を集会の司会者が読んでいたとき、第二の信頼としての信仰理解をウェスレーは確認し、国教会の神学理解を再確認しました（*BE*, 19:21）。アルダスゲイト直後、彼は次のように述べます。

> キリスト教信仰はキリストの全福音への同意に止まらず、……キリストの功績における死と復活への信頼です。キリストの功績を通して人間の罪が赦され、人間は神の好意の和解に確信を抱く者です。
>
> （*BE*, 1:121, cf., *BE*, 9:53）

ウェスレーはアルダスゲイトの時、国教会と同様の第二の信仰理解を体験しましたが、同時に、彼は一七三八年二月四日にベーラーに出会い、信仰的指導を受け、アルダスゲイトで信仰体験に導かれました。ウェスレーはモラヴィア派から確証体験を学び、その体験を五月二四日の日誌に記します。「そして神が私の罪を、この私の罪さえも取り去って下さり、罪と死の律法から私を救って下さったという確証が、私に与えられた」（*BE*, 18:250, 傍点原著）確証体験です。「私の罪」「私」が赦される体験を五月二四日に彼は享受しました。この信仰はキリストが現実に人間を贖い、人間の罪が体験的に赦される、現在の救いの確証理解です。聖霊の働きでキリスト者は今、既に体験的に味わえ、内的に知覚できる確証体験が与えられます。この確証信仰は少なくとも罪の赦しの明確な自覚に伴われ、私のためにキリストが死なれたことを内的な知覚で知る信仰です。
ウェスレーは信頼としての信仰理解を第二の信仰理解と呼びますが、第三の信仰理解を罪の赦しの確証を伴う聖霊体験であると述べ、この第三の信仰理解をロックとマルブランシュの認識論を用いて一七四三年に出版した論集で人々に伝えました（ウェスレーが一七四三年まで確証理解を明確にしなかったのは、モラヴィア派の語る確証理解が熱狂的であることを訂正する期間が必要だったのでしょうか）。ロックが語る身体的五感で知られる事物の認識と同様、マルブランシュが述べる、心に直接与えられ、しかも、魂の目・耳・舌などの霊的五感で知られる確証信仰を認識論で学び、この霊的認識に伴う確かさは身体的五感と同じく論証的確かさを伴い、理性でこの身体的・霊的確かさを確認する必要はないのです（*BE*, 4:52; *Works*, 12:371）。ウェスレーはこの第三の信仰理解を一七四三年の論集「理性の士に訴える」で明確に示しました。

〔信仰とは、〕目に見えない、超自然的な事柄の論証的確認であり……それによって霊的人間が神や神の事柄を識別する神的確認です。身体的感覚が自然界にふさわしい感覚であるように、信仰は霊的世界にふさわしい感覚です。信仰とは神から生まれた全ての魂の霊的感覚です。……（信仰とは）新しく生まれた魂の目であって、これによって全ての真実なる信仰者は……イエス・キリストの御顔に輝く神の栄光を見み、……神の子供たちであることを知ります。……（信仰とはこの新しく生まれた）魂の耳で、神の子の声と……あなたの罪は赦されるとの声を聞きます。信仰とは魂の味覚です。これによって罪人は神が恵み深いことを味わい、知り、神は罪人なる人間に憐れみ深いのです。……（信仰とは新生した）魂の感情（feeling）であり、……特に、信仰者の心に注がれている神の愛を知覚するのです。（*BE*, 11:46f.）

信仰とは魂の霊的感覚であり、神は魂の眼・耳・舌・味覚・嗅覚を通して直接に働き、魂に内的変化が起こり、その変化を知覚することで、私の罪は赦され、神の子とされているとの人間の自己意識を聞くことができます。それでは、ウェスレーが国教会と論争した内容はこの宗教知識の確証問題、つまり、神の働きを魂の内的変化で知覚する人間の自己意識に置くのかどうかであり、そのためにウェスレーが第一・第二と第三との信仰理解にどのような相違を見ているのかを見ておきましょう。

国教会は信仰理解を第一に理性的同意、第二に「確かなる信頼、信任」と定義し、ウェスレーはこの国教会の立場を認めますが（アルダスゲイト直後の説教集の上記引用）、同時に、アルダスゲイトで与えられた第三の信仰理解をも主張し、この第一・第二と第三の信仰理解の本質は全く異なると言います。その相違点は第三章で述べる、信仰の本質的定義、エレグコス（ἔλεγχος）の概念にあります。ウェスレーはエレグコスの概念を用いて第三の信仰概念を説き、この概念はウェスレーが説く信仰の第一の定義である理性的同意とも、第二の定義の信頼とも全く異なると言います。信仰とは「目に見えないエレグコス（確信）です。すなわち、それは単なる同意以上のものであり、更に信頼とは全く異なるものです」（*Letters*, 4:176）。第三の信仰理解と第一の信仰、第二の信仰との相異理由は、前者が心に直接与えられる信仰理解（つまり、実存的理解）に対し、後者は間接的な宗教理解だからです。しかし国教会の神学者たちは人間の内的自覚・意識に直接与えられる信仰を批判し、間接的宗教知識（信仰・聖霊は心の中ではなく、人間の行為で働く、それゆえ、心に直接与えられる知識ではなく、行為を通して間接的に与えられる知識）のみを主張し、内的・自覚的な宗教認識、即ち、体験から宗教の本質を理解するウェスレーを熱狂主義と批判しました。

次項で説明しますが、ウェスレーは倫理的生活で理解される宗教知識の重要性を確認し、それを「僕の信仰（愛の働き）」と呼びますが、同時に、倫理生活ではなく心に働く霊的体験で与えられる信仰を「子の信仰（確証理解）」と呼びます。「神の僕であることは神によって祝福された状態です」（*Letters*, 5:207）が、あらゆる方法で「僕の信仰から子の信仰」（*Works*, 7:236）に励むようにウェスレーは人々に勧めます。彼は心で体験され、論証的確かさで与えられる内的意識を伴う宗教知識と間接的な理性的道徳知識の両形態を主張し、前者を宗教本来の固有な宗教知識と断言し、後者を国教会・東方・カトリックの考え方や後述する創造時のアダム（信仰は不要）に求められた生き方、あるいは、通常、義認信仰を与えられないイスラム教徒などの異教徒の倫理的生活で検討したのです。

子の信仰と僕の信仰をさらに語れば、救いをもたらす子の信仰と神を畏れ、義を行う僕の信仰とは密接不離の関係にあり、神の怒りは神の僕の信仰者に存在しないとウェスレーは語り、さらに、罪の自覚等の永遠なる霊的世界に関する神的確信は神の僕の信仰者にも与えられ（*BE*, 4:35）、さらには、神の僕の信仰者は真の信仰者であると言い、一七八五年の説教でもキリストにある心を持ち、キリストが歩かれたように歩く僕の信仰者は真のキリスト者であると述べます（*BE*, 2:543）。この視点から、アルダスゲイト直前・直後の日誌にモラヴィア派の説く信仰理解を持てず、そのためにウェスレーは自己否定的な評価を描きましたが、当時の自分は神の子の信仰を持っていなかったが神の僕の信仰を持っていたと、一七七四年の『日誌』の再版で訂正します。

僕の信仰（愛の働き）しか持たない者も救われ、そのような人としてウェスレーは神秘主義者のロー、トマス・ア・ケンピスなど、また、カトリック教徒、国教会などの人々、また父サムエルをも僕の信仰者と考え（*Works*, 7:379; 10:391, 403, 433; 13:132）、イスラム教徒などの異教徒の救いも含まれます。もし彼らが神の義を理性的に追い求め、それに従って倫理的生活を送るならば、信仰義認の信仰（子の信仰）は与えられなくても、理性的信仰で救われます。神を恐れ、神を愛し、神の意志に則して生きる者はその信仰理解、教義理解、礼拝形式がどうであれ、救われ、僕の信仰者のイスラム教徒を含む異邦人も救われます。子の信仰者も僕の信仰者も共に救われるのです。

ウェスレーは異教徒に深い尊敬を抱きます。彼はこの考えをアルダスゲイト以降も終生変わらず語ります。彼は一七九〇年の説教「神なしに生きること」で次のように述べます。原罪・信仰義認・キリストの死による贖罪の教理等、主要な教理について明白な理解を持たない者であっても、内的心や生活に大きな変化が与えられているならば、その人はキリストの死による恵みを持つことができないとする考えに、「私はこのことをいかなる意味でも承認しません。このことを信じることも勿論しません」（*Works*, 10:354）。ウェスレーによると、初代教会と同様、神が求めるのは人々の観念、知の明晰さより、人々の生活態度、善良なる心です。前述したように、ウェスレーが宗教改革者を批判したのは彼らが礼拝形式と儀式の変更を求めただけで、人間の気質と生活態度の変更に導く、愛によって働く信仰を求めなかったからです。神の恵み、聖霊の力に満たされて神と隣人を愛する者は救いへと招かれています。このように、後期のウェスレー（後期の思想が重要）は神の僕の信仰・理性的宗教理解を積極的に評価し、この理性証言に基づく信仰形態が当時のキリスト教界全体の宗教理解で、教会の到る所で受け入れられ、一八世紀の時代の信仰、啓蒙主義精神の信仰理解であったのです。ウェスレーはキリスト教と他宗教との差別を禁じ、共に生きる道を求めたのです。

話を元に戻すと、ウェスレーが述べる認識論の特徴は聖霊の神的証拠を通して、自分の罪は赦され、神の子とされていることを知る特権が全てのキリスト者に期待できることです。ウェスレー神学、従って、メソジストの中心的特徴が信仰による救い、「罪の赦し」と「私は神の子である」という確証体験、聖霊による証であったという点で、アルダスゲイトは重要な出来事でした。

ウェスレーはアルダスゲイトで信仰による救いを体験し、信仰理解を確証体験と密接に結び付けたため、ロンドン主教、バトラー（一六九二―一七五一年）はウェスレーを一七三九年八月に呼び出し、主管教区での説教禁止を伝え、その結果、ウェスレーは野外説教に励み、国教会との教義論争に巻き込まれました。どうして説教禁止になったのでしょうか。

英国のモラヴィア派の信仰理解に確証体験が含まれ、この確証体験は英国の『説教集』の信仰定義と異なります。モラヴィア派の語る救いの確信、つまり、確証体験は人間の罪が今赦され、人間は神との和解に今入れられ、救いの確証を体験できます。ウェスレーがアルダスゲイトで書いたように、「私の罪」「私」が赦される体験を内的知覚で享受することです。人間の罪が体験的に赦される、罪の赦しを体験的に知る、現在の救いの確証理解です。聖霊体験を通して「確証」が神から与えられ、今、神の子とされる霊的体験としての信仰理解です。

ウェスレーは国教会の『説教集』とモラヴィア派の確証信仰の両者を受け入れます。前者からウェスレーはキリストを信頼することで救われる「信仰義認」、後者からはその瞬間、キリストは人間の罪を取り去り、罪と死の律法から人間を救う「確証の教理」を受け取ります（「信仰義認に基づく確証理解」）。「私の罪」「私」が今、赦される体験がアルダスゲイトでウェスレーに与えられたのです。それゆえ、ウェスレーは第二の信仰理解を「信仰義認」として認め、国教会の『説教集』に従い「人間が神に告白する確かなる信頼と信任とは、キリストの功績で人間の罪が赦され、人間が神の好意に受け入れられること」（*BE*, 18:233f.）を承認し、自分の信じる国教会の信仰箇条をバトラーに伝えましたが、同時に、「私の罪」「私」が赦される確証体験をも『日誌』に描いたので、第三のモラヴィア派の確証的な信仰理解が第二の信仰理解の背後に隠れているために、ウェスレーはバトラーから説教拒否が伝えられたのです。

国教会は理性的同意としての信仰を重視し、この理性的信仰には必ず実践を伴う倫理生活が伴い、信仰と信仰の実である良き働き・理性的な倫理生活を信仰の本質理解と捉え、救いの出来事を聖霊体験による心への確証ではなく、倫理的な道徳生活に置きました。クランマーは『説教集』でウェスレーと同様に、救いの内容を信仰と良き働きの一体性に置き、信仰のみ・恵みのみを語るプロテスタントとは異なる神学的立場を展開しました。ウェスレーも聖化の教えを強調しましたが、この「聖なる生活」の考えはまさに彼自身が神学的根拠とする国教会から学んだ思想なのです。

ウェスレーは救いの一つのあり方として、救いを愛の実践の行為に置き、国教会もこの救いを倫理的行為で確認しました。この点でウェスレーと国教会の両者は同意しますが、ウェスレーが述べる両者の相違について一言述べてみましょう。国教会が人間の行為を確証基盤にしたのは、キリスト者を定義するのは行為であり、神の命令への服従、一連の規則への服従を信仰に追加して、信仰と良き働きによる救いを主張したのです。他方、ウェスレーは信仰を聖化の基盤にしますが、聖化を確証基盤と捉えません。その理由は何でしょうか。説教「神の国への道」（一七四六年）で彼は次のように言います。

確かに、二人の人間は飢えた者に食物を与え、裸な者に着物を与えるという、同じ外的な行動をしたとしよう。そうであっても、一人は真の宗教を持っており、他の者は全然持っていない場合がある。その理由は前者の行為が神の愛から生まれ、後者は称賛の愛に由来するからです。従って、真の宗教はごく自然にあらゆる良き働きに導くが、宗教の真の本性は更に深い点に、「隠された人間の心」の内にある。（*BE*, 1:219f.）

ウェスレーは良き働き、愛の活動を単純に救いの根拠にしません。神と隣人への愛ではなく、賞賛への愛に由来することがあるからです。ウェスレー自身のキリスト教生活の典型的な定義は良き働きの外的事柄に自分の行為を限定することではなく、人間生活の内的次元の重視です。外的聖ではなく、内的聖です。神の愛が「全ての徳の本質、霊、生命で」（*BE*, 1:407）あると前期の彼は語ります。「魂における神の命、神的本性の参与、キリストにある心、人間を創造された神の像に従う心の更新」（*BE*, 19:97）という、若き時に確立した、内的次元の更新、内的聖の探求です。テーラー、ロー、スクルーガル、トマス・ア・ケンピス等の、心の内で実現される真の宗教の確立です。その意味でウェスレーは確証体験に触れ、神の十字架上の自己犠牲的愛を会員たちが体験し、その愛に従って隣人愛に進むように導くのです。確証体験の喜び・愛・平和から隣人への愛がほとばしるのです。

ウェスレーは前期から晩年にかけ「愛の実践を伴う信仰」生活を一つの神学的基盤と理解し、貧困者・病者への良き働き・愛に生きる聖化を彼自身の神学的核心とします。ウェスレーは前期に「聖なる生活」の伝統を形成するテーラー、トマス・ア・ケンピス、ロー、スクーガルなどの敬虔主義者や東方の識者からキリスト者の理想的生活として聖化・完全を学んだのです[62]。

アルダスゲイト以降も、ウェスレーはクレイトン等の教えでイエスの聖なる生き方を模範とする愛の働き・神化をキリスト者の真の姿と捉え、隣人への愛を強調します。前期から晩年に至りウェスレーの聖化理解、「聖なる生活」は国教会の理性的同意と倫理生活、信仰と愛の生活との一体性に由来します。野呂が語る第一と第二の回心体験との関係で言えば、第一の回心体験はウェスレー自身の前期だけの思想でなく、中期、後期も含め、生涯全体にわたる彼自身の核となる神学思想です。そして、義認信仰と確証体験、つまり、第一の思想体系だけでなく、第二と第三の思想体系でも（内的自覚で心に直接提示される救いの論証的確かさ・聖霊の確証体験、但し、国教会はこの確かさ・確証を信仰・聖霊の働きで与えられず、良き働きで与えられると判断）ウェスレーは「愛の実践を伴う信仰」の生活を生涯説き、愛の実践を説かない宗教改革の原点を批判します。しかし国教会の人々はウェスレーの霊的信仰理解を批判したのです。

ウェスレーの第三の思想体系は「信仰義認に基づく確証理解」で、この教えはモラヴィア派の信仰理解です。但し、以下の引用が示すように、この教えと「聖なる生活」の教えが矛盾すると国教会神学者たちにウェスレーは批判されましたが、彼の基本的確信は信仰義認に必ず聖なる生活が伴うのです。神と人間、恵みと自由、人間と宇宙との対立ではなく、統合を求めたように、ウェスレーは義認と聖化、「信仰のみ」と「聖なる生活」、「信仰義認」と「聖と幸福」の二重性を基本的な神学構造とし、神に愛される体験が隣人への愛の原点になります。「聖なる生活」、あるいは、愛の働きを伴う「信仰義認」「確証体験」のいずれかで人間は救われ、この点で彼は義認信仰を中心と捉える宗教改革者の考え方と異なります。当時の宗教改革は意見と礼拝の改革という周辺的な事柄を改革しただけで、キリスト教の本質的事柄である宗教性の改革、つまり、キリストが考え、歩いたような、気質や生活方法を改革しなかったのです。この改革がない限り、礼拝改革などをしても無意味だとウェスレーは述べたのです（*BE*, 2:465）。

ウェスレーは一七三八年以降、聖霊の働きを、人間に力を与える聖霊の働き（東方の治癒的働き・聖化、つまり、一七三八年以前のウェスレーは自分自身や父サムエルと同様、信仰義認を知らなくても救われ［僕の信仰］、一七三八年以降は聖なる生活を伴う信仰義認［子の信仰］で救われる）と、人間の罪を赦す聖霊の働き（西方の魂への働き・信仰義認）の両者を語ることで、ウェスレーは愛の生活を送るキリスト教徒や他宗教の人々と、愛の働きを伴う信仰義認に生きる人々、その両者が救われる対象にします。その意味で、信仰義認を知らず愛の生活に生きる者も救われ、同時に、信仰義認を与えられた者も、愛の生活を歩むことで必ず救われます（宗教改革者の立場との相違点）。ウェスレーは愛の生活を一七三八年以前も以降も一貫して語ります。彼は一七九〇年、死ぬ一年前の八七歳の時、「聖なる生活」と「信仰義認」（さらには「信仰義認に基づく確証理解」）の統合を明確に語ります。

「神の掟を守ること」、特に「あなたは精神を尽くしてあなたの神である主を愛し、隣人を自分のように愛しなさい」です。一言で言えば、聖とは「キリストにある思いを持ち」「キリストが歩かれたように歩くことです」。

この立場をいかなる変更もなく私は六〇年間主張してきました。約五〇年前になって初めて信仰義認を明確に確信し、それ以降、毛の一筋ほどに動いたことはありません。しかし私が以前に多くの異なった意見を述べてきたと巧妙な人間が私を公に非難します。この非難を私の責任にしないように私は神に祈ります。私は困難な道程に今ありますが、神の恵みで私は今なお同じ信仰を告白しています。「あなたは恵みによって信仰を通して救われる」と私が宣言する時、私が以前に「聖なくしていかなる人も神に出会えない」と述べたことを取り消しているとある者が想像しますが、それは全くの誤りです。聖書の言葉は一貫しており、信仰による救いを語ることは以下のことを示しています。「信仰によって私たちは罪から救われ、聖とされるのです」。信仰が聖を超えるという想像は無律法主義者の鏡です。（*BE*, 4:147f.）

ウェスレーが行った地域支援活動を拙著で述べてきましたが（『民衆』九一―一七九頁）、当時の一八世紀の人々の平均年収は現代で言えば、約四八万円でした。しかし、メソジスト会員の年収の三分の二は三二万円（一日九〇〇円）以下で、四人中三人が下層中産階級の貧困者集団です。メソジストの多くの者が屋根裏部屋やホッタテ小屋（寒さと飢えで半ば餓の状態で、しかも寒さに震え上がりながら泣き叫ぶ子供たちに服も食べ物も与えられない家庭環境）に住んでいました。地域に支援活動を形成するウェスレーは学校を建設し（貧困者に授業・宿泊料を無料）、家庭の崩壊つまり離婚を防ぐために組織的な病人訪問活動を諸地域で形成し、三か所開設した無料診療所の責任者になり（治療代・薬代は無料）、貧困者が自分で病気を治せる医学書（自然治癒書）、貧困者のための電気器具「ストレス病」の設計やローン計画（一定額を三カ月間無料貸し付け、その後返済）などの社会活動を行いました。ウェスレーにとって、これらの活動は食料・医師支援活動よりも、貧困者の所に行き、貧困者と共に共感を学ぶ重要さをメソジストに強く勧め、金持ちが冷たいのは貧困者を実際に身近に知らないからだと言います（*BE*, 3:387f.）。イエスに類似する（キリストに倣う）こと、「愛の実践を伴う信仰」こそ大切であること（ガラテヤ五・六）がウェスレーの地域生活支援を支え、メソジスト伝道活動の中心となりました。このような活動を若きウェスレーも行っていたのです。

ウェスレーが強調する「聖なる生活」（愛によって働く信仰・聖化信仰）は若き時代の姿でもありました。オックスフォード時代、フェローであったウェスレーはこの聖なる生活を学生たちと一緒に活動し、大学の壁を越えて町に出て生き、その地域の労働センターや刑務所、病院を訪れ、子供たちの教育・世話を毎週のスケジュールで行い[63]、一七三八年以降のウェスレーもこの社会活動を継続し、第二、三の思想体系も必ず「愛の実践を伴う信仰」を徹底しました。

但し、当時の国教会は隣人愛に欠乏するとウェスレーは明確に述べ、一七八九年の晩年の説教「キリスト教の効果なき宣教の諸原因」でこの確信を明記します。彼は説教の始めに、英国に住む理性的キリスト者は隣人愛をほとんど実行せず、真のキリスト者は僅かにしか存在しないと言います（*BE*, 4:90）。貧困者や病人を愛することで国教会を内側から改革し、国教会の再生を願うウェスレーは「メソジストと呼ばれる説教者を形成する神の意図は何であろうか」との質問に答えます。「新しい教派を形成することではなく、国家、特に教会を形成し、聖書的聖を国中に広めること」（*Works*, 8:299）です。メソジストはウェスレーの死後なされた、新教派を形成する集団ではなく国教会内の活動であり、国教会がそれほど熱心に取り組まない一八世紀の貧困者・病人への自立支援活動、イエスの行った「聖書的聖を国中で広める」活動です。ウェスレーの伝道企画に現在の私たちの教会はどのように返答するのでしょうか。

最後に述べておきたいのは英国で祝われたウェスレー記念日です。英国メソジストはウェスレーの死後、何を祝ったのでしょうか[64]。

ウェスレーはモラヴィア派の熱狂的危険性を自覚したためでしょうか、回心体験という言語表現をあまり好まず、五月二四日の出来事を当日の日誌以外に記さず、また、手紙・日誌でも、記念日・霊的祝祭日として五月二四日を祝っておりません。さらに、一九世紀の英国メソジストは五月二四日の祝祭行事を全く施行せず、組会誕生の一〇月二五日、ウェスレー命日の三月二日の祝祭が実施され、野外礼拝の四月二日、誕生日の六月一七日、按手礼の九月一九日などの祝祭を検討しつつも、五月二四日を祝うことに関心を向けませんでした。しかし、英国で「ウェスレーの回心記念日礼拝」がメソジストで毎年開始されたのはシュライエルマッハ神学が出現した以降の一九三八年で、二〇世紀の英国は一七三八年五月二四日に関心が高まり、組会等の他の祝祭が無視されるようになりました。それゆえ、私たち日本人は現在も、五月二四日や五月二四日に近接する日に祝う祝祭「ウェスレー回心日記念礼拝」に限定しないで、現代、何を祝うのが相応しいのかを検討し、ウェスレー思想に適切な祝祭を実現できたら、と考えています。

3　ウェスレーの各時期の思想

既述したように、東方は先行の恵みや救いのゴールとして神の像を大変強調しましたが、前期、中期、後期の三段階でウェスレーが神の像をどのように解釈したかを三点に分けて考えてみましょう。第一が神の像理解、第二は腐敗現象の生理学的説明、第三は動物の究極的救いです。

(1)神の像理解

一九八〇年以降の研究者によると、前期思想には中・後期に至る全体的枠組み概念があると言います。たとえば神の像（Imago Dei）理解です。神の像とは新約聖書への言及が少ないためか、プロテスタント教会では説教題にも講演会の主題にもあまりなりませんが、東方とカトリックでは人間論の中心的主題です。東方の基本的人間論は神の像で、神と人間、恵みと自由、人間と被造物とはお互いに排除し合わない関係を示します。神の像の回復こそがウェスレーの説教「神の像」（一七三〇年）だけでなく、前期説教の「心の割礼」（一七三三年）、「必要なただ一つのこと」（一七三四年）、「ただ一つの意向」（一七三六年）でも語られます。

現在出版中の、三〇巻にわたる壮大な新しい「ウェスレー全集」で、ウェスレーの若き時代の説教原稿が明らかになるにつれ、前期の神学がより一層明確になりました。若き彼の主たる神学的関心は神の像としての人間、その人間の堕落、その結果、キリストによる神の像の回復、つまり、東方が主張する創造の回復と再創造がそのテーマです。堕落した人間をウェスレーは創造、堕落、回復という大きなスケールで理解し、この壮大な像は人間を罪人と定義する真理体系でも、罪を人間の究極的状態とも捉えず、神の義と善に矛盾しない堕落の普遍性とその回復を描いています。人類が失ったものをキリストが回復する神の像の理解です。西方と異なり、東方では、堕落した人間を考察するのは人間が罪人であることを正当化するための論理ではなく、罪から救われるための治癒的回復です。人間が「神の像」として創造されたことは若き彼の根本的な神学的前提で、そこに人間の真実なる自己の存在根拠と存在理由があります。創造された原初のアダムをウェスレーがどのように考えていたかを見ておきましょう。

ウェスレーは原初のアダムの完全を主張しました。神が完全であるように、その像である人間の本性も完全です。ウェスレーは説教「神の像」で、神の像として創造されたアダムは神のように霊的存在で、神に類似する完全なる徳性を備え、悟性・意志・自由は全て完全です。このアダムの完全なる悟性の働きは神を含む全ての事柄を正しく把握し、善と悪の区別も可能で、意志と自由はこの悟性の働きで適切に導かれます。このアダムの完全が神の不滅なる像であることが「神の愛」(一七三三年)で語られます。神は「ご自身の像と銘をアダムの悟性と、意志、自由の内に刻印した」(*BE*, 4:331) のです。この像のゆえに神を知り、神を愛し、神と交わることができるように人間は創造されています。創造時のアダムの存在目的・存在理由は神と結合し、神の永遠性と結ばれ、愛・隣人愛を実現することで、信仰は不必要でした (この愛の実現を求められた創造時のアダム理解が信仰義認の欠如者の救いの対象になる)。神の栄光を輝かせる完全なるアダムという概念は「神の像」から始まり、晩年の「全被造物の解放」(一七八一年)、「人間の堕落」(一七八二年) に至るまでウェスレーは諸説教で主張します。神との生命の交わり、愛が人間の存在目的・理由だとするウェスレーの考えは創造時のアダムに由来します。では、彼はアダムの諸機能をどのように考えたのでしょうか。

人間が神の像として創造された理由は神が人間の内に留まり、人間が神との人格的結合に参与するためです。人間が神的本性に参与できるために、神的機能と類似する悟性、意志、自由が備えられています。アダムの「悟性はあらゆる点で全く非難されることのないほど完全で、彼の情感〔意志〕も同様であった。……そして自由なる主体として彼は悟性の指示に従い、善なるもの全てをしっかり選んでいた。そのようにして彼は神の内に留まり、神も人間の内に留まり、言葉に表せないほどに彼は幸福でした」（*BE*, 2:475f.）。この神と人間との一致・結合というテーマは聖書の表現ですが、ウェスレーが好んで多用した表現で、東方の「神性・人性の参与」版とも言うべきこの永遠なる神と人間との直接的参与に基づく聖化・完全の考えがウェスレー文献に美しく表現されています。そして「アダムの喜びはいかなる悪によっても邪魔されることなく、肉体的、精神的にいかなる悲しみも痛みもなかった。……これらすべての王冠として彼は不可死とされた」（*BE*, 2:440）のです。死ではなく、神の永遠性、栄光を享受すべく創造され、愛の実現を求めることが原初の人間の創造目的・存在理由とするウェスレーの救済論は西方の法的な罪理解（信仰義認）であるよりも東方の神化の理解（聖化思想）に近いです。第三章で詳しく述べますが、ウェスレーが一七三八年五月二四日の朝、ペトロの手紙二、一章四節、「神の本性にあずからせていただくようになるため」を読みました。神との生命的な交流に応答できる人間になることです。この聖書個所は神化（東方の基本的な人間論）を根拠づける個所で、人間はこの神的本性の参与者として神との結合に呼ばれ、神的本性である神の生命・光・栄光を分有する（impart）ために人間は創造されたのです。しかし堕落後の人間は神との関係を失い、そのために神的本性にあずかる恵みを喪失しました。それにも拘わらず、堕落後も恵みとして遍在する神の働きに人間は参与・応答し、神との交わりに人間が開かれることで、人間は成長・発展し、完全を学ぶのです。

神的本性に参与することは人間の魂にある神の生命に預かることなので、真の宗教は魂と神との結合、神的本性に参与することです。原初のアダムが体験したこの神的本性との交わり、神との結合、それは人間が神の像として創造された目的です。従って、堕落後の人間の救いとはまず信仰で「創造時に与えられていた神的本性を回復すること」（*BE*, 11:106）で、神への参与で永遠の内に生き、「永遠の享受者」（*BE*, 2:361）になることです。

ウェスレー神学の中核にアダムが神的本性を享受し、愛の実現を果たすテーマが鳴り響いています。ウェスレーは神との結合、神的生命との交わり、栄光という概念をマカリオスやエフライム等の東方の霊性の深い影響で教えられました。堕落後の人間の究極的宿命は信仰による神との結合と隣人愛の実現で、神の像を担い、神の栄光に参与し、神の栄光を示すことです（BE, 4:307f.; Works, 9:444）。まさに、ウェスレーの第一の思想体系「聖なる生活」は国教会・東方・カトリックの思想体系であったと同時に、原初のアダム理解から生まれたウェスレーの全生涯に亘る思想体系でした。では、アダムの健康状態をウェスレーはどのように考えていたのでしょうか。

一七三〇年にオックスフォードの大学教会、聖マリア教会でウェスレーは説教「神の像」を述べ、アダム・人間の原初状態を永遠に創造された肉体的生命と捉えます。肉体は決して破滅せず、液体は体中を自由に走り回り、抵抗物質は存在しません。それゆえ、健康の完全なる典型が堕落前のアダムにあります。永遠に創造され、バランスのとれた、調和的人間の構成体です。しかし、木の実を食べた人間は体内に種々の抵抗が生まれ（BE, 4:269f.）、実現される人間本来の全体性は可死的な生に成り、そのため、本来の姿に戻らなければなりません。罪は病気でたとえられ、神の像が欠如し、アダムの堕落前に享受した神との結合や倫理的調和を喪失しました。このように、前期のウェスレーは恵みを、人間の本性を癒し、完全へと導く神の力と理解しましたが、中期の彼は信仰による救いで無条件の赦し、罪の赦しを強調しましたが、後期の彼は当時の静寂主義者や予定論者に対し、人間の応答を可能にする力としての恵み理解が再び強調されたことを次の二節で述べます。聖霊・恵みの働きを神の力（聖化）と罪の赦し（義認）、東方の癒しとプロテスタントの赦しを統合するウェスレーであったことをさらに述べましょう。

中期の説教「原罪」（一七五九年）によると、宗教の真の目的は神の像で創造された人間の心を回復すること、最初の人間の罪で破壊された義の喪失・真の聖を回復することが記されます。「宗教の偉大なる目的は私たちの心を神の像に更生することです」（BE, 2:185）。神の像の回復こそがウェスレーの中心的救済論の主題で、人間の原初的健康に回復し、アダムが享受した神との結合と肉体的調和、バランスを回復することが救いなのです。

聖化を治癒的に解釈するウェスレーの救済論は宗教改革者の立場から彼を遠ざけます。ウェスレーにとっての真の宗教とは、魂と体を治癒的に回復することです（彼の医学雑誌の出版）。しかし、野呂は東方の基本的人間論の、神の像理解に関心を向けなかったのですが（『ウェスレー』一八四―一八九頁）、ウェスレーは人間の救いを天国行きではなく、人間が罪から解放される治癒的回復で示し、神の像の思想を展開します。「正しい意見に基づいて天国に入れると考えることは砂の上に、あるいは、むしろ海の泡の上に家を建てること」（*BE*, 1:694）とウェスレーが述べるように、救いの目的は信仰で天国に行くことではなく、原初の状態を回復し、神的本性の生命に参与することで神の像を回復することです。彼は一七四五年に述べます。

救いで私が意味しているのは、単に（一般の民衆の考えに従って）地獄から解放され、天国に行くことではなく、現在の罪から解放されること、魂が生まれながらの健康・原初の状態に回復されること、神的本性への復興、義と真の聖、正義と憐み、真理から成立する神の像に従う人間の魂の再生である。即ち、救いとはあらゆる聖と天的な気質、その結果、全ての会話の聖を意味している。（*BE*, 11:106）

⑵腐敗現象の生理学的説明

アダムの堕罪は、どのように子孫に伝達されるのでしょうか。ウェスレーはアダムの堕落による罪責の継承に関して前期、中期、後期でそれぞれの解釈を示します（『救済論』九六―一〇〇頁）。若きウェスレーは堕落した本性、罪への奴隷をアダムから継承したと考えますが、継承された罪責の結果、人間は罪人になったと理解しません。人類の現在の腐敗現象はアダムの罪責の結果に基づく、神の裁きによる永遠の現象ではないのです。ウェスレーは人類の腐敗現象を国教会、東方に共通する自然生理学的説明で説教「神の像」を語ります。一七・一八世紀の人々は人間を生理学的に解釈し、それに従う解釈をウェスレーは施します。永遠に創造された肉体的生命の原初なるアダムに抵抗する物質は存在しませんでしたが、禁食とされたものを食べた結果、種々の肉体的不調和を起こし、それと共に人間の諸機能（悟性・意志・自由）を衰弱・腐敗させてしまいました。この生理学的説明は国教会の『三九箇条』の第九条で、「万人の性質の欠陥と腐敗はアダムの子孫に自然発生的に生じる」[65]と記され、マカリオスと同様、人類の普遍的現象の腐敗性をアダムの罪責と関係させませんでした。[66]但し、腐敗の生理学的説明を施すことは人間生活に働く神の恵み深い聖化の力を制限しないのか、つまり、神の変革する恵みを無視する人間の罪理解です。

この生理学的説明は国教会など、キリスト教の諸伝統に流れる「伝達説（Traducianism）」と「創造説（Creationism）」の考えに見られます。[67]あらゆる子孫はアダムの腰（ヘブライ七・一〇）で肉体と魂の説明、あるいは、肉体を通しての堕落の説明を生物学的遺伝でなします。前者の説は人類の腐敗原因を、堕落したアダムの肉体と魂が子孫に伝達されることとしますが、後者の説では、肉体はアダムによって伝達されますが、魂は神が直接創造し、誕生時に罪深い肉体に置くことで、人類は腐敗現象を示すのです。東方はアダムへの神の厳しい批判を単なる肉体的死だけではなく、霊的死と深く関係させます。東方は堕落の説明を西方と異なり、ローマの信徒への手紙五章一二節による法的裁きの解釈ではなく、死の開始をアダムが神からの離反と同一視させることで、人間の可死性を神の現臨からの離反、霊的死と捉え、現在も同じ状態にあり、霊的死の克服のために神への応答の更新を求めます。東方は伝達説を主張しますが、その説の明確化を求めませんでした。

若きウェスレーは普遍的腐敗現象を原罪の転嫁される罪責（法的裁きを意味する罪責の継承、つまり、遺伝）に言及せず、むしろ生理学的な人類の腐敗現象の説明に興味を示します。しかしプロテスタントの立場に最も近く立った中期で、ウェスレーは罪責の概念を受け入れ、全ての者がアダムを通して罪を犯しているので、永遠の死に値する神の呪いが人類に表れ、腐敗現象を法的罪の結果とし、生理学的説明が背後に退きます（*BE*, 9:50:

Works, 8:277; 9:313, 316)。そして人類の契約の盟主（federal head）としてのアダムという改革派の考えがウェスレーに登場します（*BE*, 1:185–187; *Works*, 9:332)。人類の代表として神と契約を結んだアダムが契約を破り、その結果、このアダムの罪責とそれに伴う刑罰は全ての人々に転嫁されてしまうのです。

しかしウェスレーは人間の自由、応答を否定しかねないこの堕落の転嫁（imputed depravity）説に問題を感じます。ウェスレーは一七五〇年にテーラーが出版した『原罪の聖書的教理を自由に又率直に調査する提案』への反論として『原罪の教理』を一七五七年に出版します。この書物でウェスレーは原罪論を批判するテーラーに堕落の転嫁説で弁護しますが（*Works*, 9:262f., 314–317, 332–334, 419, 426)、それはウェスレーが罪責を普遍的腐敗の不可欠の説明と理解したからではなく、生物学的説明を施し（*Works*, 9:378. *BE*, 4:162も参照)、あるいは、明確な説明は不可能（*Works*, 9:335)、また、アダムの罪で誰ひとり永遠の刑罰の死を受ける者はないと説明し（*Works*, 9:315; *Works*, 10:233も参照)、逆に、死をアダムの堕落に帰する個所（*Works*, 9:243）もあります。しかしウェスレーの真意は人間の普遍的腐敗現象を原罪の転嫁された罪責に帰する以上に、東方と同様、アダムの堕罪による人間の霊的腐敗に深く関係させ（*Works*, 9:240, 244, 247, 258. cf *BE*, 1:185; 2:189f.; 4:165)、神の恵みへの応答で腐敗した本性の回復に大きな関心を寄せました。「あなたがそれを原罪と呼ぼうと、その他の表現で呼ぼうと」（*Works*, 9:274; *BE*, 2:183）の表現にあるように、ウェスレーの関心は原罪の教理の正当化より気質の腐敗の癒し、生まれながらの腐敗の癒しにありました。[68]

確かに、生物学的説明は神の変革する恵みの可能性を制限するかもしれませんが、衰弱・腐敗した人間の本性を癒すために神との応答関係で人間が更新されることにウェスレーは強い関心を示し、東方的な本性を癒す力としての恵み理解（聖化）を重視します。彼はこの東方の考えを、人間の応答を著しく損なう危険性のある堕落の転嫁説より優れた考えで、受け入れるべきと理解します。そして彼は一七七六年の手紙で、罪責は先行の恵みで誕生時に普遍的に除去されることを明確に語り、法的な堕落の転嫁説に益々関心を喪失し、洗礼なしでも地獄に落ちないことを明確にします。

「一人の人の違反によって審判が（この世に誕生する）全人類に到来し、呪われる者になった」ということは疑いもなく真理であり、全ての大人のみならず、あらゆる幼児にも妥当する。しかし同時に真理なことは「一人の人の義によって自由なる神の賜物が（幼児であれ大人であれ、この世に生まれてくる）全ての人間に到来し、義とされていることも真理である」。従って、いかなる幼児であれ、「アダムの罪の罪責故に地獄に送られる」ことは今までなかったし、これからもないであろう。なぜなら、幼児たちがこの世に生まれるや否や、キリストの義によってアダムの罪の罪責がキャンセルされているので。（*Letters*, 6:239f.）

後期のウェスレーは罪責を個人の犯す罪の視点から強調します。それと共に一七八二年の説教「人間の堕落について」で、彼は人間の腐敗現象を動脈・血管の硬化、老化などに基づいて説明し（*BE*, 2:407f.）、一七三〇年の説教「神の像」の生理学的テーマを再び登場させ、その間、種々の対話・論争・熟慮に時間を用いました。アダムの原罪の子孫への伝達方法に関して一七五三年のウェスレーの言葉「どのようにしてそれが伝達されるのか私は知らないし、知ろうとも思わない」（*Letters*, 3:107）と語り、彼は伝達説と創造説の両説を往来しますが、最終的には前者に立ちました。[69] 後期ウェスレーの成熟した先行の恵みは罪責を除去する恵み、つまり西方的なキリスト論に基づく罪の赦しの恵みに関係させ、さらにこの恵みを東方的な本性を癒す力としての恵み（聖化）に結び付けたのです。このように、ウェスレーは前期思想で中・後期に至る全体的枠組みの概念（神の像理解）があり、東方的な本性を癒す力としての恵み理解を訴えたのです。

(3) 動物の救い

A　前・中期と後期の終末理解

前期、中期、後期思想の各段階で、一九八〇年以前の研究者は野呂が述べるように、ウェスレーの前期と中期の思想内容の相違を強調し、後期思想を中期思想の発展的展開だと述べますが、一九八〇年以降の研究者は前期思想に中・後期に至る全体的枠組みの概念があり（神の像理解など）、前期と中期にウェスレー思想の類似的要素が（救いの現在性など）、中期と後期には更なる相違がある（全被造物の終末的宇宙の変容など）と述べます。つまり、ウェスレーは中期で個人の救いの現在性を中心に、静的な現在終末論（他の人間や被造物の救いと無関係に自分だけの救いを求める終末論）を展開しますが、後期では東方思想の、全被造物の宇宙的変容を訴えたと言われます。その結果、ウェスレー神学は「標準説教集」ではなく、一五一の全生涯の説教で解釈され、一九八〇年代以降の研究者はウェスレーが独特な神学思想を展開した後期思想を重視します。

前期説教「神の像」はウェスレーの生涯に一貫するテーマですが、このテーマは中期と同様前期でも個人の救いの現在性を中心にする静的な現在終末論です。しかし後期では個人・社会・全被造物の変容による成長・発展を通して、創造全体の贖いの完成という未来終末論で神の像が展開されます。ウェスレーの語る前期・中期での個人の現在の救いの考えは「自分の魂の救いのため」（*Letters*, 1:188）と彼が語ったジョージア伝道行きの動機にも見られるように個人主義的、敬虔主義的で宇宙的・終末的次元に関心が向いていません。確かに、前期・中期のウェスレーは敬虔主義や啓蒙主義哲学の影響で個人主義的・敬虔主義的救済観・人間観を描き、彼の主たる関心は魂の救い、個人の救いで、社会や歴史を通して神による人類・宇宙の贖いの業ではなかったのです。西方は「私と宇宙」を二極構造で捉え、個人の救いを強調したならば、東方はこの二極構造を否定し、両者の救いを求めたのです。

事実、前期・中期のウェスレーは一八世紀の敬虔主義と啓蒙主義の輝かしい個人の発見に関心を持ち、牧会で個人の霊性に関心を示し、宗教的・社会的自由の概念を限りなく愛します。他方、中期説教を解釈する際、多くの研究者は「救いの秩序（ordo salutis）」を用い、ウェスレーの救済論を個人的に理解します。[70] 救済には段階的秩序があり、先行の恵み、悔い改め、義認、新生、聖化、完全など、その秩序を通して救いの体系化を試みます。この体系化は一七世紀プロテスタント正統主義に起源をもち、一八世紀後半に広く影響を与え、ドイツ敬虔主義たちや英国ピューリタンたちによって継承されました。

「救いの秩序」によると、種々の段階がダイナミックに関係し、深め合うよりは、それぞれに完結した個別の段階の上昇という静的な、閉じられた直線で捉えられ、個々の魂の成長・発展に集中する、かなり個人主義的な救済理解を主張します。ウェスレーの聖化・完全理解に深い関心を示したリンドシュトロームは一七三八年以降のウェスレーの聖化・完全理解に基本的な思想的変化は見られないと語り、[71] ウェスレーは他者の救いと無関係な、閉じられ、上昇する聖化理解を説き、神の国の社会的、歴史的視点や創造から終末に至る、全被造物を含む宇宙的次元を理解しなかったのです。このように、アルダスゲイトの出来事を軸に、救いを敬虔な個人の内面の問題に集中する研究者は四四（あるいは五三）の説教を「標準説教集」として重視し、ウェスレーの救済論を主に個人主義的、敬虔主義的な「救いの秩序」から論じます。[72] 野呂（『生涯と神学』四四六、四八六、五三四、五四二頁）もコリンズもこの流れに属し、[73] ティリッヒも正教会神学者メイエンドルフや教理理史家ペリカンもウェスレーを敬虔主義的に解釈し、[74] 黒人解放の指導者・コーンはウェスレーの回心体験を敬虔的、内面的、つまり、「標準的」に解釈することで、[75] ウェスレーは社会的・政治的・経済的困窮問題を矮小化すると批判します。[76]

他方、ウェスレーの若き時代から一七三八年の出来事を媒介に後期に至って益々彼の神学的発展が深められたと、ウェスレーの全体像を中心に解釈する研究者は中期のみならず、前期・後期のウェスレー説教、一五一の説教を神学的に重視します。前期の説教でウェスレーの主たる神学的関心事は創造、堕落、回復という神の像理解にあり、中期でもこの関心を継続させます。但し、この時期までの主たる関心は個人主義的な救済理解でしたが、後期の彼はこの神の像を個人的次元に限定せず、人類・宇宙のダイナミックな更新に向かう、全被造物のスケールに及ぶ新創造との関係で深く捉えました。

ウェスレー神学が主に彼の中期の著作を基に解釈される場合、野呂解釈に見られるように、救いの個人的な現在性・決断が強調されます。一七三〇年の説教「神の像」で言えば、どのように人間は神の像として創造されたのか、なぜこの神の像が失われたか、どのようにこの像が回復されるのかに言及し、また、終末論に関し、個人的な終末的視点からの言及はありますが、社会・全被造物の変容をも内に含む、成長・発展を通して創造全体の贖いの完成を宇宙的視点から理解する終末論は語られませんでした。このことは個人の救いに関心を集中する前期・中期のウェスレー説教に共通するテーマでした。では前期・中期の著作に欠如する宇宙的終末理解やパラダイス、動物などの被造物の存在を後期のウェスレーはどのように理解していたのでしょうか。

B　後期の終末理解と動物の救い

人間が死後永遠の世界に入る場合、それは永遠なる栄光の世界、超越的な霊的世界に導かれることでしょうか。一九八〇年以前の研究者はそのように考えます。しかしその場合、この永遠の世界は聖書に描かれる復活・審判、あるいは、新天新地の物語とどのように関係するのでしょうか。もし復活、審判後、なお神は人間を通して永遠なる完成の実現に向け世界・宇宙を贖う再創造・新創造の出来事を行う場合、この出来事と永遠の霊的世界とはどのような関係にあるのでしょうか。

ウェスレーはパラダイスをどのように理解したのか。前期の彼はパラダイスを死とからだの復活との間の中間状態（the intermediate state）、つまり死者が復活を待つ状態と同一視し、死去した信仰者が入る天上の世界、永遠なる他界（other world）とも描き（*BE*, 3:533–541; 4:208–211）、パラダイスと中間状態を明確に区別にしませんでした。この傾向は中期の彼にも見えます。

先ほど述べたように、実存的な問いと答えとの相互関係に全てを集中させ、神の言葉を権威と理解する考えがウェスレーの神学的認識論や体験理解に見られ、この関係主義を決定的に示したウェスレーの神学思想が一七四六年に出版された『標準説教』の序文に書かれていると野呂は語りました。ウェスレーのこの有名な言葉は「私は神から来て、神へと帰る霊である。……私は不変の永遠の中へと入っていく。私はただ一つのこと、天への道を知りたい」（*BE*, 1:104f.）です。この中期の言葉「天への道」の天とは「不変の永遠」といわれる神の直接的居場所を指し示す、いわゆる純粋に霊的状態のパラダイス・天国のことです。この場合、この永遠の世界は新天新地、あるいは、復活・審判後に続く世界・宇宙の再創造・新創造の世界を含みません。同時に、ウェスレーが語る一七四八年の一連の山上の説教でも、人間の死去と同時に信仰者は時間・空間を超越する霊的な神の永遠なる世界に入ることを前提します（*BE*, 1:494f., 555, 581–584）。つまり、前期・中期のウェスレーは死を究極的な世界の到来を単に待つ祝福された休憩所への移行と捉え、この超越的、霊的世界に個人が神の像の回復を通して入ることに関心がありました（*BE*, 11:106）。

しかし後期になると、ウェスレーは死去した信仰者を信仰者の永遠なる救いの状態と同一視することを止め、死後、信仰者は復活、審判、そして世界での神の支配のより完全なる創造・新創造を待ちつつ、中間状態にいることを明確にします。それと共に永遠なる救いの状態と区別される中間状態の説明が詳しくなり、たとえばパラダイスは闇の一部とされ、煉獄は否定され、この中間状態と死去した者の闇や地獄との関係に言及されます（*BE*, 3:31–44; 4:7f., 33, 189–191）。

ウェスレーは一七八五年の説教「新創造（The New Creation）」で三つの天を語ります。パウロが述べる「第三の天」の天は神の直接的場所の永遠なる天で、「天への道」の天です。これに対し第一、第二の天とは宇宙空間と、その下にある空間、つまり、聖書で描かれる「新しい天と新しい地」の世界で、この新しい世界は「天に向かって絶えず成熟し、永遠に渡りより聖、より幸福になっていき、……知識、聖、幸福を増していくであろう」（*BE*, 4:191f.）と描かれる「天に向かって絶えず成熟」する天のことです。つまり、後期のウェスレーはパラダイス理解を前期・中期の永遠なる静的な場所と別次元の、神の像全体の完成に向かって成長・発展する動的な場所と考え、死後も人間は聖・幸福の回復のために成長・発展し、静的完全ではない、永遠に開かれ、完全に向かって成長すると語ります。後期のウェスレーはこのように、超越的な天国の世界を超えて、未来における新しい創造の再創造にも関心を向けたのです。

さて、神の自然的像や道徳的像に言及しましたが、今まで述べなかった神の政治的像を簡単に説明しましょう。ウェスレーは創世記一章二八節からこの政治的神の像の内容を、人間が人間以外の被造物を保護し、配慮する力と理解しました。人間にこの力を神が委託したのは宇宙の支配者なる神の像の人間を通して、神の祝福をそれ以外の被造物に流露させるためです。神にとって人間と他の被造物との相違は悟性、意志、自由という魂の諸機能や、自己運動能力にはなかったのです。これらのものは多かれ少なかれ人間以外の被造物も持ち、創造時の原初の頃は完全でありました（*BE*, 2:440f.）。この理解は人間が他の被造物より優れている点を理性に求め、神の像の本質を理性的に理解する中世の神学者や理神論者と異なります。ウェスレーによると、人間に被造物を保護する権威を与えた唯一の理由は、人間のみが神を知り・愛し・従うことができるからです。人間が創造者なる神の委託を受けて、被造物と共に神に栄光を帰することでした（*Works*, 9:400f.）。

ではこの宇宙的終末理解で動物はどのように理解されたのでしょうか。永遠の世界が純粋に霊的状態と理解される場合、物質的身体の動物はそこに存在できません。復活時に人間は再肉体化されますが、その肉体は栄光化され、霊化された身体で、物質的な身体的存在ではなく、霊的存在として人間は神を賛美します。そうであれば、神を賛美する共同体の中に動物はいません。

しかしパラダイスが前期・中期と異なり、純粋に静的、霊的な世界ではなく、また、中間状態から明確に区別され、宇宙的再創造・新創造の世界から理解される場合、この世界に物質的なものが存在できます。ウェスレーが説教「新創造」（一七八五年）で天を三つに分け、第一と第二の天で、新天新地の再創造・新創造に言及しますが、この再創造・新創造に物質的なものは含まれ、神の究極的な贖いの業として人間の傷だけでなく、被造物全体の傷をも癒すことが詳しく語られます。もし人間の罪で動物たちが苦しんでいるならば、神の癒しの業に動物たちも参与します（*BE*, 2:437–450）。イザヤが預言する通り、いかなる被造物も殺し、傷つけることはないのです。原初の自然界では人間界と同様、被造物界にも何の苦しみも悲しみもありませんでした。新しい創造は肉体的場所でなされ、全ての被造物は新しい創造に参与します。一七六五年以降、ウェスレーが述べるこの全被造物の贖いの主張は彼の後期の説教の最も特徴ある主題の一つです。

ではなぜ、全能なる神は人間の堕落を阻止されなかったのでしょうか。この問に対し、堕落で人間は堕落以前のアダムよりも恵みの増し加わった状態に導かれるからだとウェスレーは答えます。この答えはエイレナイオス、アウグスティヌス、ミルトン、バックスターなどに良く知られる「幸福な過ち」（O felix culpa）の伝統的な考えに基づきます（*BE*, 2:425, fn. 9）。ウェスレーは一七八二年の説教「堕落した人間への神の愛（God's Love to Fallen Man）」（*BE*, 2:411f., 424–426, cf., *BE*, 2:508; *Works*, 9:303; ローマ六・二〇）でこの問題を集中的に扱い、堕落の結果受肉が起こり、堕落前のアダムの状態よりはるかに聖・幸福・栄光に達する状態を被造物にもたらし、神の愛が示されたのです。人間の知的要素だけでなく、肉体的要素の一つ一つも劇的に現在の状態より発達し、それらはアダムとエバが知っていたパラダイスの世界よりはるかに優れています。また動物の悟性、意志も同様で、人間が天使のレベルまで高められるように、動物も人間の知性、意志のレベルまであらゆる段階を通って高められ、完全に至ります。こうして人間も他の被造物も原初の創造時に持っていたものより、新しい創造ではるかに偉大な能力と祝福を持つことが一七八一年の説教「全被造物の解放」（*BE*, 2:437–450）で詳しく語られます。このように被造物全体の回復という、終末的神の活動は全てのものを原初の状態に戻す以上の働きで、この神のみ業に全被造物が参与できるのです。

それでは、神の究極的目的、全被造物の回復のテーマをウェスレーはどこから学んだのでしょうか。マッドックスによると[77]、このテーマはウェスレー当時の西方キリスト教界では割と例外的で、この点で彼への影響は西方の資料以上にギリシア神学者たちであると言います。ルネサンス時期の人々は動物を神の究極的な創造の視点から関心を払いましたが、彼らと比べると、ルター、カルヴァン以降の宗教改革者たちはデカルトの精神と物質の二元論的考えに抵抗できず、動物への虐待が日常的になりつつあった時代でも、動物への修復のためにほとんど何も語ることはありませんでした。それ以降のプロテスタント、カトリックはこの被造物への関心をほとんど排除し、一八世紀の国教会でも同様でした。また、トーマスによると[78]、一七・一八世紀英国の多くの正統的神学者は動物の魂の不滅性や復活を拒否しましたが、形而上学者クラークや主教バットラー、心理学者ハートリー、医者チェニン、そしてウェスレーは動物の救いに多くの関心を払ったのです。そして現代の動物学者リンゼイはウェスレーの上記説教「全被造物の解放」を西方キリスト教界で展開される動物の救いへの最も良い概論書であったと語ります[79]。ウェスレーが確信した宇宙的贖いのテーマは熟知した東方と当時の英国の少数派の意見に由来したのです。

C　自然科学の影響

人間も動物も原初の創造時よりも更なる能力と祝福を持ち、被造物全体の回復を述べる終末的神のみ業を私たちは今学びましたが、この示唆をウェスレーに示した書物が『神の創造的知恵』に描かれたフランスの自然哲学者ボネ（一七二〇—九三年）の作品でした。この書物に触れましょう（『ウェスレー』二四六—二四八頁）。

ウェスレーは一七五八年から一七七七年にかけて種々の科学書から抜粋する一冊の書物、『神の創造的知恵』を説教者と会員の知的向上のために編纂しました。ウェスレーは編纂の底本をブドウの作品『実践的・理論的哲学概論』に置き、新しい著者の作品を挿入しながら、一七五八年から科学的書物の編纂にとりかかり、一七六三年に二巻本から成立する初版本が、一七七〇年には三巻本の第二版が、一七七七年には五巻本の第三版が出版され、会員の手に渡るように、一七八一年に毎月出版の『アルミニアン誌』にこの書物の引用を連載しました。但し、ウェスレーは一七七二年にボネの『自然の考察』（一七六四年）に出会い、この著作の抜粋を一七七七年の第四巻本に加え、編纂準備を始めてから一九年間の歳月をかけて自然科学の分野の論文を編纂し、死後の一八一〇年には第六版が出ました。

ウェスレーが悩んだ神学理解の一つは神議論です。人間が現在も行っている、動物に与える様々な苦しみの現実を考える時、神が動物たちを堕落以前の状態に回復する神議論の考え方は正しいのかどうか、ウェスレーは長期に亘り悩みます。彼がこの問題に解決を与えたのがボネの「存在の秩序」の考え方です。その理由を考えてみましょう。

ウェスレーは一七八一年の説教「全被造物の解放」（*BE*, 2:437–450）で動物たちがこの世で体験する悪の弁償として、神は種々の動物たちに次の世では存在の秩序をさらに高め、人間が現在体験する神との関係の能力を含む、更なる偉大な能力を動物たちに与えることを語り、この概念を説明するために、「存在の秩序」（最も低い存在から高度に複雑な存在に継続する存在状態を秩序づける試み）をボネから明確に学んだのです（『ウェスレー』二五六、二六三―二六四、二六七―二七四、二八七頁）。

ウェスレーは一七八〇年以降の諸説教で動物の究極的救済を断言しますが、黙示録との関係を述べておきましょう。終末論に関しヨハネの黙示録二〇章の物語が存在します。ヨハネの黙示録二〇章六節によると、第一の復活にあずかった者たちは「キリストと共に、千年の間統治する」、その期間を千年期と呼びます。この期間を字義通りに理解すると千年期説、比喩的に取ると無千年期説となります。千年期説の立場をとれば、イエスの再臨は千年期に先立って到来する千年期前再臨説（地上の改革的な社会問題に人間が直接介入しない）、あるいは、千年期の後に続いて起こる千年期後再臨説（神が地上で実現される正義と平和への働きに人間が応答し、社会を変容する可能性に導く）になります。国教会は中心的な救いの働きを人間の魂と捉え、救いを天国への解放と捉えます。

前・中期のウェスレーは神学的には無千年期説の立場を承認し（BE, 1:105）、天上では霊的な魂の理性的存在の人間のみが存在し、この人間・個人の救いに関心を向けたため動物の救いを真剣に取り上げません。

後期になると、ウェスレーは千年期後再臨説の立場に変更し、動物の魂をも再確認し（BE, 2:382）、神はこの地上で新創造のビジョンを実現し、人間・動物・物質的宇宙での肉体的復活を受け入れ（BE, 2:500–510; 22:213f.; Letters, 5:213f.）、社会の状況を変革する神の将来活動に期待を向けました。この結果、ウェスレーは新天新地で動物が神を知り、絶えざる成長をなしていくと確信します。全被造物の救いを求める東方のキリスト教からの影響を受け、動物福祉と動物の究極的救いを明言する神学者、ウェスレーは一七八一年の説教「全被造物の解放」で動物への究極的救いを大胆に断言したのです。彼は天上の終末論・魂理解から新創造の回復に議論を集中し、被造物と肉体的世界に多くの関心を向け、地上で回復される宇宙的次元を強調します。上記説教の聖書個所は、神の恵みは神の働き全体を示すと語る詩編一四五編九節です。彼はこの聖書個所に訴えて、神が救いの恵みの賜物を人間のみに限定する予定論の論議を否定し（BE, 3:556; Works, 14:279）、動物に対する神の救いの関心を確信します（BE, 2:449）。デカルトの精神と物質の二元論の影響もあり、動物への虐待が日常的であった時代に、ウェスレーは当時としては珍しいことである、闘牛・闘鶏・キツネ狩り批判を行い（BE, 2:445）（キツネ狩り禁止法案は二〇〇四年に成立）、彼は説教で次のように語りました。

動物たちが他の動物から受ける苦しみと暴君的人間から受ける苦しみとの間に何と恐るべき相違があることだろう。ライオン、虎、サメたちは生存の必然性のため苦しみを相互に与え、瞬時にその苦しみを取り去る。しかし人間はそのような必然性なしで自由気侭に生き物たちを苦しめ、数か月後、数年後の死による苦しみから完全に解放されるまで、生き物たちを人間は虐待し続けるのである。（BE, 2:445）

ウェスレーは隣人愛の遂行と同様に動物愛をも語り、ある人の文章を引用し、動物への残虐な対応を減じるように日誌で語り（*BE*, 21:68）、一七八三年の説教「子供の教育について（On the Education of Children）」で子供たちが動物への不適切な対応を止めさせるように両親に語ります。真に情感豊かな、正義に満ちた親たちは兄弟同士が言葉や行動でお互いに傷つけ合うのを許さないように、生命を持つもの、いかなる動物にも子供たちが虐待することを許さないようにウェスレーは両親に訴えます。親が子供に絶えず語ることは「キリストが私たちを愛し、私たちに命を与えたのと同様に、愛に生きなさい。そして神が愛であり、愛に生きる者は神に生き、神もその人に生きることを付け加えるように」（*BE*, 3:360）。旅行説教者への彼の対応は特別です。「動物〔馬〕に寛容でありなさい。丁寧に乗るだけでなく、あなたの馬が人間でこすられ、いやになり、寝床が与えられないように目で確認しなさい」（*Works*, 8:318）。

人間の魂だけに救いを求める神学者の中にウェスレーは存在しませんでした。彼の後期の神学は社会・体・被造物・物質を含む全宇宙の新創造の働きを強調し、信仰だけでなく、愛によって働く信仰をも語り続け、救いを天国・地獄というあの世にあるのではなく、この世の変更・成長との関係で捉え、神の宇宙的新創造に応える人間の応答が晩年のウェスレーの中心的課題でした。人間だけでなく被造物全体を組み入れるパラダイスは東方世界の解釈で、その意味で、ウェスレーの動物解釈は西方教会で希少な価値ある文献でした。

一言述べるならば、ウェスレーは先行の恵みに由来する人間の主体的応答性を強調し、義認前・後の聖なる生活の実現、たとえば治癒的聖化や貧困者自立支援活動のために応答的主体性を会員に勧めましたが、自然改革のための人間の応答に彼は沈黙しました。なぜでしょう。千年期前再臨説の教義を維持したためでしょうか。ボネの自然科学の認識を一七七二年までウェスレーは知ることがなかったため、神議論の問題を克服できなかったためでしょうか。しかしウェスレーは人生の晩年、メソジスト運動が聖霊の働きに積極的に応答し、正義や平和が実現されるまでキリストの再臨に言及しませんでした（*BE*, 2:490–499, 522–533; 3:442–453）。ウェスレーが人間の応答を特に重視したのは、彼が説教「時の動向（The Signs of the Times）」（一七八七年）で千年期後再臨説に触れながら、その結末を次のように述べたからです。メソジストの再生運動は力で世界を再生する試みではなく、聖霊を通して、愛によって働く信仰に本来の基本的立場を置いたからです（*BE*, 2:529f.）。この主体的応答性が東方からウェスレーが学んだ固有の思想でした。

D　ランニョンの後期思想

前期・中期ではない、後期の時代、ウェスレーは完全理解や贖罪論をどのように解釈したのでしょうか。前・中期のウェスレーは主たる関心事を聖化・完全理解に置き、聖化・完全をこの世で瞬間的、あるいは、死の瞬間に到達可能な個人主義的に完結した状態、つまり、西方的理解を示しました。しかし後期のウェスレーはこの聖化・完全理解を閉じられた状態、個人主義的な実現可能な方法ではなく、相互関係的に、つまり、人類・他の被造物・神という壮大なスケールで理解し、究極的に開かれた、永遠に向かう完全の立場、つまり、東方的立場から解釈しました。このウェスレーの聖化・完全理解の起源は西方のカトリック神秘主義者たち以上に、東方にありました[80]。従って、個人的な完全を成就する「完成された完全（perfected perfection）」という、西方教会が語る成長の閉じられた状態と比較すると、ウェスレーのそれは東方の「完全に向かう完全（perfecting perfection）」という、あらゆる次元を超えてダイナミックに進む完全、更なる成長に常に開かれる完全理解と捉え、このような救済論、聖霊論こそがウェスレー神学の特徴だと明言されます。

そして前述しましたが、ギャラウェーは一七八〇年にウェスレーが出版した讃美歌集に使われるキリストの三つの職名の回数に言及し、西方の贖罪理解の「祭司」としてのキリストの表現が一回、「預言者」が二回に対し、東方の「王」としてのキリストという表現が一五四回出てくると言います[81]。つまり、法的視点が三回に対し、治癒的視点が一五四回、讃美歌集に記されているのです。しかし野呂は祭司・預言者の説明に一五頁を割きますが、王の項目には二頁しか言及しません（『生涯と神学』三八九―四〇四頁）。後期のウェスレー思想を重視しない野呂は東方に関心を示さないのです。

一九八〇年以前の研究者が中期と後期は同じ思想であると述べるのに対し、一九八〇年以降の研究者が主張するように、ウェスレーの後期の立場は中期を通って前期の思想を深め、その視野を広めただけではなく、彼の神学的立場を彼の生涯の全体思想の中で理解することで、西方的視点と共に、東方の霊性的視点からの研究が不可避であることを指摘し、ウェスレーと東方キリスト教との関係が精力的に探求されています。確かに、ウェスレーへの西方の影響は東方のそれ以上の関係で、アウグスティヌスのウェスレーへの影響は多大なものですが（『ウェスレー』一八三―一八四頁）、同時に、アウグスティヌスへの批判をも彼は厳しく書きました。

ウェスレーの後期説教の固有な意義を最初に指摘したのはランニョンです。後期説教で前期説教の中心的テーマの創造・堕落・再創造という神の像理解をさらに展開し、単なる原初の創造の回復に止まらず、終末的完成という、宇宙的変容を内に含みつつ、永遠なる創造の完成という神の創造全体のダイナミックなドラマを展開し、この壮大な宇宙的終末論の文脈でアルダスゲイト体験や「救いの秩序」は理解するべきだとランニョンは言います。[82]

ランニョンの解釈に同意する最近の研究者によると、「救いの秩序」とは、その例として、個々人に閉じられた、自分だけの完成へと上昇する、自律し、完結した秩序・段階ではなく、社会・経済・政治次元、さらには人間以外の被造物、自然、宇宙的次元をも包含する、永遠に開かれた完成への旅の道程で個々の段階が関与し続けることで、「神の国への道（「The Way to the Kingdom」）」「聖書における救いへの道（The Scripture Way of Salvation）」というウェスレーの説教題からしても、「救いの秩序」よりも「救いの道（via salutis）」の表現の方がウェスレー神学にふさわしいとある研究者は言います。[83] そして神の像としての人間というテーマをウェスレーは前期・中期・後期の著作で一貫して書きますが、前期・中期と比べ、後期の著作で述べられる神の像の宇宙的・終末的次元が前期・中期の作品で展開されなかったのです。この後期の著作から解放の神学との対話を可能にする神学的土壌が生まれ、終末で動物等の被造物に人間が応答する相互的な関係で、全被造物のスケールでの新創造を展開し、究極的に開かれた、永遠に向かう、人間と被造物との相互的完成の視点で解釈されます[84]。野呂は解放の神学を唱えるランニョンを批判し、社会的な体制ではなく、主体的決断に基づく個人の救いをウェスレーは主張したと語ります（『ウェスレー』九〇―九三、二二九―二三一頁）。

しかし、キリスト者がこの世の問題に関わることは人間が社会的変革を求めるためではなく、個人の霊的形成の成長であるとウェスレーは言います。ウェスレーが「孤独の宗教はそこに見られない。……キリストの福音は社会的宗教以外何も知らない。社会的聖以外のいかなる聖もない」（*BE*, 1:533）、「キリスト教とは社会的宗教であり、孤独の宗教に変えることはキリスト教を破壊することである」（*Works*, 14:321）と語る時、社会的聖や宗教によるキリスト教活動は政治・社会的な問題を変革することではなく、キリスト者の霊的形成を土台にする活動です。人間の行動は気質から由来するので、ウェスレーは不聖なる気質から聖なる気質への個人的変容を強調し、そこから隣人愛が生まれ、気質を隣人愛の中核にします。個人が霊的形成を遂行することが社会的貧困問題に参加する根源であり、個人の霊的形成を土台にする社会的参与をウェスレーは求めました（『民衆』六八―七五頁）。他方、野呂は個人の主体的信仰を語るだけで、それを根源とする社会貧困問題などに関わらないのです（『ウェスレー』四八―五五頁）。

上記のウェスレーの引用の表現は社会を人間学的概念ではなく、個人の内面的・霊的成長に必要な枠として理解しているに過ぎず、究極的に救われるのは個人であり、関係は個人にとって全く付随的に理解されているに過ぎないとラテン・アメリカの解放の神学者ボニーノは主張します[85]。野呂と同様な理解です。確かに、上記のウェスレーの言葉は組会などの修練・訓練という共同体的側面を強調し、社会変革を意味しませんが、社会変革ではなく社会改革、社会奉仕という言葉で、メソジスト会員を共同体で訓練・修練し、聖なる生活を育むことを強調することは他者と他者が生活する社会制度の絆の改革へと導き、教会の交わりの側面に止まらず、福音の社会的次元にまで適用されます。ウェスレーにとって神と人間への完全なる愛を意味するキリスト者の完全とは抽象的愛、つまり個人的概念ではなく、一八世紀の産業化された英国で圧迫され、犠牲を強いられる貧しい人々に関わる概念です。ブライアント、ランニョンに止まらず、マイスタットもウェスレーは愛を先ず何よりも個人的概念であるよりも社会的概念と捉え、救済概念を原初の創造から宇宙の究極的な再創造、つまり個人的次元と同時に宇宙的な社会的次元の再創造を強調したと語ります。[86]後期のウェスレーは創造、堕落、贖い、新創造を社会的、歴史的、宇宙的視点から解釈する救済論を展開したのです。こうして、従来考えられてきた以上に、前期と中期との間にはより継続性が、中期と後期にはより相違性が、そして前期は後期思想の発展を備える枠組みだと一九八〇年以降の研究者が語る意味で、野呂の解釈とは異なります。

野呂によると、世の終わりの出来事としての救いはキリスト者の完全で成就され、人間の現在の決断を通して永遠の生命を考える方向にウェスレーは歩み出していると言います（『生涯と神学』四八三―四八四頁）。世の終わりの出来事が人間と神との現在の交わりに由来する完全理解で解釈されるのです。終末の出来事の非神話化です。世の終わりの出来事として救いの喜びが現在の信仰者の生活として非神話化されます。ウェスレーのキリスト者の完全は歴史創作的な姿勢を中心にする実存論的傾向を持ちます。決断を通して個人の救済を説く野呂は共同体的な解放の神学を語るランニョンの考えに反対し、個人思想は共同体思想に無関係だと述べます。では、個人思想は共同体思想と関係しないのでしょうか。両者の関係は二元論でしょうか、前者に基づく後者の確立でしょうか。終末の出来事の非神話化で、歴史問題は展開されるのでしょうか。しかし、ウェスレーは個人と共同体の二重性を主張したのです。

第二節　神の像と先行の恵み

1　神の像

⑴西方・東方の神の像理解

日本も含め、一般的にプロテスタント教会で神の像に関する説教や諸集会は少ないですが、東方の基本的な人間論は神の像理解です。人間が神の像として創造されたことは神の恵みに応答すべく人間は創造されたこと、逆にいえば、神への応答なしに、神の像として造られた人間の本性は損なわれる、ということです。ここに西方神学の二元論と異なり、神と人間、恵みと自由、人間と被造物はお互いに排除しあわない点に東方の基本的な人間理解があります。神との交わりは人間性を損なわず、破壊もせず、人間をまさに人間とする開かれた存在、これが神の像として造られた人間の本性理解です。

具体的に言うと、人間が「神の像」として創造されたということは若きウェスレーの根本な前提で、そこに人間の真実な自己の存在根拠と存在理由があります。神の像としての人間、そして人間の堕落、その結果、キリストによる神の像の回復こそが「神の像」（一七三〇年）という説教だけでなく、「心の割礼」（一七三三年）、「必要なただ一つのこと」（一七三四年）、「ただ一つの意向」（一七三六年）などの彼の前期説教の趣旨です。但し前期の説教は閉じられた、上昇する聖化理解を説き、創造から終末に至るまでの、全被造物を含む宇宙的次元で捉えられなかったのです。そして堕落前のアダムは「神と人間、人間と人間、人間と被造物という、人間のあらゆる関係で完全なるバランスと調和が人間に存在していた[87]」とウェスレーは述べます。

東方は人間を創造論で展開しますが、プロテスタントは原罪論に基礎づけ、罪人なる人間は自分の救いに全く無力であることを認識し、宗教改革者は救済の中心をキリストの十字架による罪の贖いの業、義認の問題に集中し、キリストの義が人間に転嫁されることを神の恵みと考えました。瞬間的に与えられる、義認という法的な救済論です。他方、東方は人間の自由の余地を認めない、いかなる堕落の考えを否定します。確かに堕落は人間の本性を弱めましたが、創造時に恵みで与えられるある程度の人間の自由は堕落した本性にも残ります。堕落後も継続して働く救いの恵みと、この恵みに応答する人間の自由で堕罪した人間の本性を癒し、本来的本性（完全）へと回復します[88]。神が人間に与える恵みに人間が応答を拒否する点で人間は罪責をもちます。東方は堕落した人間の救いを罪の赦しという法的な概念で捉える西方と異なり、病んだ本性を癒す治癒的概念を強調します[89]。治癒的な救済論です。東方は義認前の状態から義認、そして義認後の聖化から栄光、神との類似性へと人間を導く神の恵みを強調し、しかも神からの瞬間的な救いの働きではなく、ましてや決断ではなく、徐々に人間の本性を癒していく治癒的救済論を強調したのです。神との類似・一致に向け人間は成長・発展していきます。

プロテスタントは聖化よりも義認に救済論の中心を置くとすれば、東方は人間が神に似る者になるために神は受肉を志し、キリストが受肉したのはまさにこの癒しのプロセスを完成するためです（『救済論』一四二―一六〇頁）。プロテスタントはキリストの贖罪を土台にする法的性格のキリスト論を展開しますが、東方はキリストが人間になったのは人間が罪と腐敗から解放され、神との類似性に回復されるため、キリストの受肉を強調したのです。プロテスタントは受肉を原罪論で理解しますが、東方は人間が神に似る者となるために神は受肉を志したのです。人間性と同一化するために死んだキリストが復活したのは人間性のすべてを統合し、神化の道備えを為すためでした。

⑵神の像と原罪論

東方が人間論を創造論で展開しますが、西方は原罪論に基礎づけます。原罪論とはアダムとイヴが神から逃れるために誤った自己決定権を用い、後の子孫が原罪の罪責を継承したことです。西方のキリスト教界はアダムの堕落の結果を二通りに理解します。第一は、原初の人間は神が望む完全な状態で創造されましたが、その人間の諸機能に自己決定する能力が含まれ、説明不可能な形で、この力を誤用して神との約束を破り、原初の人間の完全状態は失われました。人間は自己決定権を喪失し、人間は罪を犯さないで何事も出来ないほどに堕落してしまった、この全的堕落（total depravity）を西方は主張します。人間の堕落した状態は普遍的なので、全的堕落は人間の生まれながらの「自然的状態（the natural state）」と理解され、神の恵みから離れた結果、人間は何もできないと、人間の無力性を強調したのです。

堕落の第一の結果をもう少し述べると、原初の人間は罪深い行為で神との約束を破り、自己決定権を喪失し、堕落してしまいました。この罪で原初の人間は神との関係を破壊し、神の現臨から離れたため、人間は霊的に死に、腐敗を行い、神の道徳的像・神の類似性を失い、自然的像である基本的な人間の諸機能もその障害を受けました。神と人間との本質的関係が奪われ、道徳的に堕落し、人間の諸機能が本質的に衰弱したのです。人間が絶えざる腐敗に窮することは人間を変革しようとする神の現臨から人間が引き離されたことで、人間の諸機能（悟性、意志、自由）の腐敗を意味します。原初のアダムの「悟性、意志、自由は完全であった。そして実際アダムは神を知り、愛し、従っていた」（*BE,* 2:439）。しかし堕落の腐敗のため悟性は曇り、意志は悪しき気質に変えられ、自由は喪失します。この霊的腐敗から具体的な罪が生じ、この罪は人間と神、人間と他人、人間と動物、そして自己と自己との関係を歪曲します。人間はもはや正しく神や他人を愛し、仕えることは出来ず、動物を虐待し、自己愛も不可能になる、「全的堕落」の状態です。

西方が考える、アダムの堕落に関する第二の点は、アダムの子孫にアダムの犯した原罪の罪責が遺伝されることです。生まれながらの人間は神の怒りの下にある罪人で、人間が神の怒りを静めるいかなる手段もありません。それゆえ、西方は救済の中心を一方的にキリストの十字架による罪の贖いの働き、つまり、罪の赦し・義認に集中します。

この義認理解に関してプロテスタントとカトリックとは微妙に異なります。全的堕落を主張するプロテスタントはキリストの義を外在的（extrinsic）に転嫁する神の恵みと捉えますが、カトリックによると、堕落がもたらした結果、パラダイスのアダムに与えられていた超自然的賜物（donum supernaturale）が喪失されましたが、アダムの自然的本性は失われず残存すると考えます。そこで堕落後の罪人なる人間は礼典を通し、不完全ながら残存するこの自然的本性に恵みが注入される（gratia infusa）ことで聖化の道を歩み、義なる神に義と宣せられると捉えます（一般的に、マザー・テレサのような聖人は天国に直行できますが、一般のカトリック信者は死後煉獄に行き、ある一定期間を終え、聖なる神に出会います）。このように、義認を中心とする法的な救済論を展開する意味でカトリックもプロテスタントも同じ考え方をしますが、堕落後の人間理解の相違（宗教改革者たちは人間の本性に関する自然と超自然という二重構造を否定し、人間の本性は全的に堕落）に基づいて、義とされる条件やそのプロセスなどは異なります。

西方のプロテスタント、カトリックに対し、東方は人間の自由の余地を認めないいかなる堕落の考えを否定します。確かに堕落は人間の本性を非常に弱めましたが、創造時の恵みで与えられるある程度の人間の自由は堕落した本性にも（弱まっているが）残ります（この点で東方はカトリックとの類似点を見るが、この残存する本性に神的現実が付加されることで救いが完成されると主張する、カトリックの自然と恵みの階層的秩序の理解は神性・人性の直接参与を強調する東方には欠如）。東方は堕落後も継続して働く神の救いの恵みと、この恵みに応答できる人間の自由によって、堕罪した人間の本性を癒し、本来的本性（完全）へと回復していきます。この恵みへの応答を拒否する限り人間は罪責をもち、罪責はあくまでも個々の人格的な罪理解で、遺伝されるのではありません[90]。それゆえ、東方は西方の二通りのアダムの堕落の結果を否定し、人間の本性の不完全性のために生じる罪、つまり、罪人の癒しを強調したのです。

ではアダムの堕罪の結果、人生に何が起きたのでしょうか。死と腐敗が人生に導入され、その後の人類を支配するようになったと東方は答えます[91]。アダムの罪で人類に伝達されるのは罪責ではなく可死性です。アダムの堕罪の結果、生命の世界からサタンの支配下に置かれ、死と腐敗の人格的力への隷属が人間本性全体に受け継がれ、人間の諸機能（悟性、意志、自由）にダメージを与えました。それゆえ、東方はこの堕落した人間の救いを罪の赦しという、法的な概念で捉える西方とは異なり、罪人自身の病、人間本性の不完全性を癒す治癒的概念に強調点を置きます。キリストが受肉したのはまさにこの癒しのプロセスを完成するためです。キリストの死は罪責と罪の贖いのためよりも、腐敗と死の力で隷属する人間を解放するためです。このように東方は神の恵みから離れ、罪責の人間の無力さを強調する西方の原罪論ではなく、むしろ堕落後も継続して働く神の恵みと、病み、衰弱するが破壊されない人間の本性との交流、神性・人性の応答に基づく創造論に人間を基礎づけたのです。

ところで人間が交わり、応答できる神とは神の本質ではなく、神のエネルギーです[92]。神の本質は人間が応答できない神の超絶性を示しますが、神のエネルギーは創造を必然とする、汎神論的な神的流出ではなく、この世に現臨する神ご自身の現れを意味します。一般に西方は神の本質と属性を区別し、静的な、閉じられた因果律の関係でこの区別を説明しますが、東方のエネルギーとはそのような論理的な構造の属性ではなく、神ご自身そのものを示し、しかも本質とエネルギーとの区別は神の知られざる部分と知られる部分との、分離された二つの部分を意味せず、神の存在の二つの異なった様態と理解されます。神はこの二つの存在様態で神ご自身なのです。神はご自身をエネルギーで全的に啓示されますが、同時に本質においては全く知られざる方です。東方の神的エネルギーの教理はこの超交流なるものとの交流という二律背反的性格を保持する試みです。それゆえ、このエネルギーは決して人間所有の対象（良き働きを救いの功績）になり、創造されたものと同一化されません。エネルギーとは非創造的恵み（uncreated grace）で、カトリックのアダム理解に見られるような創造的、超自然的恵み（created, supernatural grace）ではありません。つまりカトリックによると、堕落前のアダムが完全な生を歩むことができたのは神がアダムの本性に超自然的賜物を付け加えたからです。造られたままのアダムの自然的本性で完全なる生活を成就することは不可能です。恵みが人間の本性の不完全さを完全にするものとして、また、不完全な本性に創造された超自然的な恵みを付加することで神が人間を義とする、そのような考え方を創造的恵み（created grace）と理解されました。

このように東方は救いの恵みを人間が所与できませんが（業による義、つまり、良き働きを救いの功績にしない）、人間の生活に現臨する神のエネルギー、非創造的エネルギーと理解しましたが、西方は人間に贈与される、神に起源を持つ所与としての創造的恵み、つまり、キリストの義が外在的に人間に転嫁される神の恵みと理解しました。東方は、それが付加されることのない人間本性で救われないとする超自然的秩序を認めません。従って、神に義とされるために、注入された恵み（礼典）で自分の内に造りだす習性（habitus）の考えを東方は認めません。東方は自分の内に創造される存在状態（礼典を通して神に出会える聖なる生活）で救われるとする（良き働きを救いの功績にする）、救いの功績（merit）という概念もありません。またプロテスタントが主張する転嫁（imputation）、つまり、創造された恵みとして外在的に恵みが人間に転嫁される概念もないのです。人間の所有の対象となることの決してない非創造的恵みの神のエネルギーの交わりに人間が開かれていることが東方の人間論の土台です。人間を真に人間とするものはこの神の現臨への応答なのです。ウェスレーがペラギウスの考え方に好意的であったと述べましたが、その理由は東方が救いの功績を認めていなかったからです。

(3) ウェスレーと神の像

アダムの堕落の結果、人類は普遍的な腐敗現象を示しているとウェスレーは述べます。ではその堕落はどれほど深刻なのでしょうか。前期のウェスレーは国教会に流れる罪責の考えを前提し、人間の生まれながらの欠点は神の怒りを受けるに値すると記す国教会の『第九条』に言及します。しかしウェスレーは前期の説教「神の像」で人間の本性の腐敗を述べる個所で、罪責に言及しません（*BE*, 4:299）。その意味で前期の彼は人間の本性を癒し、完全に導く神の力（聖化）を恵み理解とします。しかし、宗教改革者が考えたように堕落を「自然的」状態であると理解したのが中期のウェスレーです（*BE*, 1:118, 251–255, 439; 2:177, 185, 190, 192, 367; *Works*, 7:187f.; 8:361; *Letters*, 5:231）。人間は罪の奴隷になるほどに本性的に堕落し、この全的に堕落する人間が神を愛し、隣人を愛すること、また、神の赦しを求めることや、神の意志を自分の力で行うことなどは全く不可能だとウェスレーは理解します。この世に生まれた者は皆本性的に罪深く、この本性の腐敗は神の怒りと呪いを受けるに値すると述べ、罪責を主張します（*BE*, 9:50; *Works*, 8:277; 9:313, 316）。その意味で中期のウェスレーは無条件の赦しを全面的に語ります。

堕落は全的ではなく、不完全で、ある程度の自然的能力は堕落後の人間にも残り、それで人間は神の救いの業に応答できると考察する東方の考えをウェスレーは否定します[93]。全的堕落を否定することで東方は人間の腐敗性を単に可死性、カトリックは超自然的賜物の喪失と捉え、両者とも人間の救いを義認の次元ではなく、罪で腐敗する人間の癒しを究極の目的とする聖化に置きました。しかしウェスレーは堕落する人間の普遍的性癖、人間の根源的罪・腐敗を強調し、神の恵みを宗教改革者と同様、まず罪の赦しと結びつけます。つまり、東方やカトリックが創造時以来備えられる恵みを人間の変革（聖化）をもたらす恵みと理解するならば、ウェスレーは西方と同様に、人間に継承された罪責の考えを受け入れ、キリストの贖罪の働きで、罪の赦しとしての恵み理解を述べます。赦しの恵み理解です[94]。ウェスレーは神に応答できる人間の能力を人間固有な賜物・功績と考えません（人間の能力は先行の恵みへの応答で、功績概念にならない）。人間能力の回復を創造の回復とキリストによる回復のいずれに基礎づけたかを問うならば、ウェスレーは創造も回復も神の恵みの働きと捉えますが（*BE*, 4:163）、通常は創造より回復に神の救いの原点を置きます（*BE*, 3:482）。キリストの十字架で神の現臨の与える恵み深い機能の回復に人間の救いをウェスレーは基礎づけますが、彼が問題にしたのは、原罪によって継承される罪責を語る西方の考えとウェスレー自身が強調する人間の応答性の両者をどのような関係で理解するかです。罪責の継承と人間の応答性との関係です。

ウェスレーは原罪（Original Sin）という表現を使用しますが、この表現を自分自身が書いた著作よりも他者と論争する時に多く言及し、それゆえ、原罪の表現よりも腐敗（Inbeing Sin）の表現を彼は好みます（*Works*, 9:274; *BE*, 2:183）。一般に西方は人間の全的堕落をアダムの罪責の人類への遺伝という考えで論議し（洗礼を受けなければ、その人は地獄に）、その意味で全的堕落を個人の問題より先祖の罪との関係で問題にしますが、ウェスレーは全的堕落や罪責を先祖の罪よりも個人の問題として考えます。その理由は、東方に影響されたウェスレーは罪責を先祖（アダム）の罪よりも個人の犯す罪の問題、つまり、神の恵みに人間が応答しなかったためと理解するのです。

ウェスレーは罪の起源に関し、人間の先祖の罪を強調するより、むしろ人間本性の罪深い病の癒しに関心を寄せ、原罪を相続された罪責ではなく、人間の腐敗状況と関係させ、生まれながらの罪責ではなく、人間が罪を犯す（無応答の）結果としての罪責に言及します。つまり、罪の起源を先祖よりもむしろ人間の本性の罪深い病にウェスレーは関心を寄せたのです（*BE*, 1:477; 9:124f.; *Letters*, 5:231; ローマ六・六）。ウェスレーは普遍的な人間の根源的罪性・腐敗を疑いません。それゆえ、彼はマカリオスの原罪批判を抜粋集で引用せず、人間の腐敗の癒しに関心を集中しましたが、同時に、神が人間に応答を求めておられる、そのことがウェスレー神学の根源でしたので、人間の応答と関係しない、生まれながらの罪責問題に悩んだのです。彼は原罪よりも腐敗というタイトルを好み、自分の作品で原罪という表現を生まれながらの罪（inbeing sin）、生まれつきの腐敗（inbred corruption）、腐敗する罪深い本性（corrupt sinful nature）で表し、アウトラーの注にもOriginal Sinという項目はありません（*BE*, 4:728）。ウェスレーは原罪を罪責ではなく、腐敗と関係させたのです。

継承された罪責という考えが神の義と憐れみに矛盾しないかをウェスレーは問います。原罪の転嫁される罪責で人間は呪われてはならないと考えるウェスレーはこの矛盾に関心を向けます（*JW*, 441; *Works*, 9:315）。しかし後に述べるように、この悩みは後期になってさらに強くなります。予定論者や静寂主義者の語る全的堕落の主張は人間の救いの過程で人間の自由・応答を否定し、その結果、人間が何も為しえない人間の無力性を主張したので、ウェスレーは予定論者や静寂主義者の考えを否定しました。ここに人間を癒す力（聖化）として働く先行の恵み理解が登場します。[95]赦しとしての恵み理解と同時に、力（聖化）としての恵み理解です。

贖いの普遍性に関し、予定論者と論争したウェスレーはキリストの贖いの功績として、継承された人間の罪責は誕生時に普遍的にキャンセルされていると記述しました。彼の一七七六年の手紙によると、「なぜなら、幼児たちがこの世に生まれるや否や、キリストの義によってアダムの罪の罪責がキャンセルされている」（*Letters*, 6:40）からです。それゆえ、アダムの罪ゆえに人間が呪われること（地獄行き）はありません（*BE*, 2:434）。人間はこの世に生まれるや否やキリストの義で罪責はキャンセルされます。罪責は先行の恵みの発動で既に無効になっています。従って、ウェスレーは国教会の『三九箇条』の信仰箇条を米国メソジストが用いるために一七八四年に『二五箇条』に短縮しましたが、『三九箇条』の第九条「万人の性質の欠陥と腐敗」の表現に続いて、全ての人間は生まれながら神の怒りと呪いを受けているという段落を『二五箇条』ですべて削除したのです。[96]

ウェスレーは相続された罪責を承認すると同時に、それをキリストの義で無効になったと判断し、相続された罪責の赦しを先行の恵みの賜物と理解します。現在、堕落している状態にある人間への咎めはキリストによる回復の業に人間が応答せず、拒否・無視するからで、原罪からの遺伝に由来させてはいけないと彼は言います。ウェスレーが罪責の考えに落ち着かなかったのは人間の罪性・腐敗を疑うことではなく、神が人間に応答を求めておられるからで、原罪に由来する遺伝を承認すると、人間の応答を拒否することになります。彼が罪責を先祖の罪よりも個人の罪の問題として扱うため、人間が責任を取らなくてよい罪の起源であるより、むしろ、人間が責任の対処となる、人間の本性の罪深い病・腐敗に焦点を集中したのです。この問題は原罪という表現よりも腐敗というタイトルを彼が好む点でも示されます。原罪は人間の癒すべき腐敗と関係させることで、ウェスレーは赦し（義認）だけでなく、力（聖化）としての先行の恵み理解にも関心を向けたのです。

人間が腐敗現象を示すのは、神の変革する力強い恵みから離れてしまうからです。罪の奴隷下にあり、本質的に衰弱する人間の諸機能が本来的働きをするために、神の力強い恵みが必要です。先行の恵みとは堕落した人間生活に神が人間との関係回復を行うためになされる最初の活動を意味し、それで衰弱する人間の諸機能を部分的に治癒し、この癒しで人間が応答できるほどに人間が回復されています。この恵みを人間に与えるのが先行の恵みです。

前述した神のエネルギー・非創造的エネルギーとの関係を述べると、先行の恵みとは神に起源をもつ人間の所与（キリストの義を外在的に転嫁する神の恵みを語るプロテスタント、礼典を通して恵みが注入されて聖化の道を勧めるカトリック）ではなく、人間生活に現臨する神のエネルギーの教理です。恵みは生活に働く神の現臨で、人間に応答、また、拒否・無視する可能性を与えますが、同時に、神が人間に応答を強制することはありません。神と人間との間に恵みの協調的性格が謳われます。従って、前述したように、キリストの贖罪ゆえに、罪責が無化され、同時に、その後の人生の罪と闘うために神の変革する力強い恵みが与えられる、つまり、罪の赦し（義認）と力（聖化）の授与をウェスレーは強調します。彼は人間の本来的な全的堕落と神に応答できる恵みを同時に主張します。非創造的恵みの視点から見ると、堕落とは人間諸機能の消滅ではなく、神の力強い働きかけに人間が応答しない時の諸機能の消滅です。同様に、先行の恵みとは所与として人間に与えられる新しい資質・能力（業による義の功績）ではなく、人間の回復に向かって人間の生活に働く神の恵み深い現臨への応答です。大切なことは、人間の応答は恵みによってのみ可能で、何かを実現できる人間固有な能力・功績ではありません。これが非創造的エネルギーの教理です。

この意味でウェスレーは法的な救済理解（罪の赦し）を展開する宗教改革者の考えを東方の治癒的性格の恵み理解に組み込み、両者を統合します。つまり、東方やカトリックは衰弱した本性を癒す聖化の力（神への応答を可能にする神の恵み）から理解し、創造時の恵みを聖化に人間を導く恵み、あるいは力として働く恵みと捉えますが、宗教改革者は恵みを主にキリスト論のキリストにある恵み、キリストによる罪の赦しと捉えます。そのため、西方の伝統は神の恵みを赦し、キリストによる罪責の赦しと同一視し、プロテスタントで聖化を最も強調したカルヴァンでさえ恵みを力という言葉よりも主に赦しと関係させましたが、これに対し、ウェスレーは赦しとしての恵み理解を一四七回、力の恵み理解を一七六回、両者の意味で一四〇回使っているとヒルマンは述べたです(97)。

ウェスレーは恵みを赦しと力という二重的恵み理解を統合し、赦しとしての恵み理解の上に癒しとしての恵み理解を挿入し、神の無条件の赦しを腐敗した本性の癒しの手段と理解します。それゆえ、ウェスレーは西方と東方の恵み理解を主張し、両者を対等に強調したのです。「メソジストと改革派の伝統との一つの決定的相違は、神は真に全てをなすが、ご自身一人でなすのではないとするカトリックや東方の立場にウェスレー神学が近く立っている点にある(98)」と言われます。但し、この二重の恵み理解をウェスレーが描く場合、時期によってその表現が多少異なります。前期のウェスレーは主に恵みを人間の本性を癒し、完全に導く神の力と強調し、中期の彼は無条件の赦し、功績に依存しない赦しとしての恵み理解を中心としたので、先行の恵みへの訴えは一七三八年直後の説教集で減少します。しかし静寂主義・予定論と論争した後期では、先行の恵み理解を通して、応答を可能にする神の力としての恵み理解が再度強調されます。

全体的に言うと、ウェスレーは恵みに関して赦しと力の両者の統合に関心がありました。この統合は単に両者が並列するだけではなく、神による赦しの強調が癒しのための機能・力づけという大きなコンテクストの中に組み込まれ、赦しとしての恵み理解の上に癒しとしての恵み理解が挿入されます。無条件の赦し、人間の功績によらない赦しの強調は腐敗した本性の癒しに不可決な恵み理解です。ウェスレーが全的堕落という表現をそれほど述べないとしても、この全的堕落の表現を確信し、腐敗は人間の諸機能に入り込んでいますが、幸運にも偉大なる医者、神・キリストがこの病を癒して下さり、全的堕落からの解放を神の癒しの約束に結び付けて考えます（*BE*, 2:183–185）。ウェスレーが治癒的関心に心が引かれたのは原罪より腐敗への癒し、従って、単に罪が赦されるだけでなく、病んだ本性の回復を強く求め、法的関心を治癒的強調に組み込んだからです。法的・治癒的関心の統合は現在堕落する人間の癒しを回復するための基盤です。このため、ウェスレーは全的堕落を人間の「自然的」状態と理解する宗教改革者の立場から離れます。一七八五年の説教「自分自身の救いを全うすること」でウェスレーは次のように語ります。「単なる自然の状態にいる人間は存在しない（There is no man that is in a state of mere nature）」（*BE*, 3:207）。

2　先行の恵み

ウェスレーはカトリック、東方と同様に、人間の応答を救いの不可避なものと理解しますが、相違を述べれば、カトリック、東方は応答を創造の恵みに訴えますが、ウェスレーはこの応答を創造の恵みではなくキリストの贖罪の業に基礎づけます。その理由は、先述した様に、キリストの贖いの功績で、継承された人間の罪責がキャンセルされているからです。神がキリストで人間を愛して下さったという、人間の罪を赦す神の恵みにウェスレーが応答を強調したからです。

(1) 先行の恵み

ウェスレーは人間の霊的回復に導く神の恵みの働きと、この回復のために人間が主体的応答者であることを求め、この両者を同時に満たす恵みとして先行の恵み（God's grace always pre-vennts［come before］human response）を強調します。つまり、先行の恵みは人間のいかなる行為にも先んじて、従って義とされる以前に、全的に堕落している人間のところに到来し（pre-vent［come before］）、人間の応答を可能にする恵みで、この恵みはウェスレー著作の全体に浸透し、初代教会やカトリックの文献にもみられます。さらにウェスレーはこの恵みに言及する国教会の種々の作品に関心を持ちます。

先行の恵みはキリストの贖いの業に原点がありますが（それゆえ、人間の罪責がキャンセルされる）、人間のいかなる行為にも先んじ、神がアダムの堕罪以後、全ての人々に備える神の最も初期なる恵みの働きです（*Works*, 8:283）。キリスト教徒に限定されず、イスラム教徒もヒンズー教徒であっても、全ての人類に普遍的に与えられる神の恵みが先行の恵みです。神の恵みと人間の応答との相互協調性が東方の基本的な人間理解で、この理解がウェスレー神学全体に働く独自な基本的考えです。この教理を聖書で語れば「その光は、まことの光で、世に来てすべての人を照らす」（ヨハネ一・九）に由来します。[99] 但し、アルダスゲイト体験直後のウェスレーは堕落し罪深い人間と、義とされた人間との対比に強い関心を抱いたので、一七三八年の説教「信仰による救い（Salvation by Faith）」で先行の恵み理解に言及しませんでしたが、一七四〇年代からこの観念が再登場し、[100] 信仰による救いに関する、最も成熟した版と言われる一七六五年の説教「聖書における救いへの道」で救いの過程での先行の恵みの大切さを指摘し（*BE*, 2:156f.）、後期の予定論、静寂主義論争でこの先行の恵みを強く主張しました。なお、前期のウェスレーは先行の恵みを主に洗礼による再生と結びつけて考えますが、[101] 中期は義認以前の悔い改めの視点からこの恵みを論じ、後期は人間の救い全体との関わりで考えたのです。

前期のウェスレーが先行の恵みを洗礼、特に、幼児洗礼と結びつけましたが（*BE*, 18:183ff.）、この結合は西方の伝統では一般的で、幼児洗礼でアダムの原罪で相続される罪責の赦しが前提されます。しかし後に述べるように、一七八五年の説教でウェスレーは先行の恵みを洗礼ではなく、良心と結びつけます（*BE*, 3:207）。これは単に良心と偶然に結び付けたのではなく、普遍的な先行の恵みの本性を強調した結果です。幼児洗礼は確かに神の恵みの再生する先行性を象徴しますが、成熟したウェスレーは洗礼の目的を再生の恵み、罪責の赦しに求めず、先行の恵みの固有な手段とも理解せずに、野外説教をこの恵みをもたらす有効な手段と理解したのです（*BE*, 21:427; 22:106, 348）。

ウェスレーの基本的人間論は人間をそれ自体で自己充足的に完結する存在と捉えず、関係的、応答的存在と理解し、彼の人間論は他者や被造物と関係的に理解されます。東方の人間観の中心的概念が応答であるように、ウェスレーの人間論も先行の恵みに基づく神の恵みへの応答です。人間を成長に導く主体は常に神にあります。ウェスレー神学の全体性は神と人間との関係性のダイナミズムを打ち建て、このダイナミズムを可能にするのが先行の恵み教理です。人間がこの恵みに応答するか、無視・拒否するかのいずれかです。人間がこの恵みに応答する時初めて、それ以前ではなく、人間は神の赦す恵みと力づよく聖化する恵みによって成長していきます。

神を人間との関係的存在と理解することで神の重要な性格を愛とウェスレーは理解します（*BE*, 3:544; 二コリント八・九、ガラテヤ一・一五、二・二一）。そして愛とは二人の間の関係なので、恵みと愛が同一視され、罪と恵みも関係的に理解されます。人間の本性を癒す神の力は人間に与えられる何か形而上学的なものではなく（注入される恵み、infusing grace, また、恵みの閃光、spark of grace 等）、人間生活に神が絶えず現臨することです。ウェスレーが恵みを関係概念と捉えたことは、東西論争の一つに恵みが創造的か、非創造的かとの問題と関係するからです。

非創造的恵みとは前述のように、神と人間を関係存在と理解します。堕落は超自然的賜物の喪失ではなく、神と人間との関係の断絶です。ウェスレーは救いをカトリックの創造された習性、あるいは、新しい超自然的賜物の獲得と理解せず、失われた神の像を回復することです。ウェスレーの先行の恵みは人間に新しい能力を与える所与としての恵み理解（功績概念等）、創造的恵み理解ではなく、人間を変革する神の働きに人間がどのように応答するかにあります（現臨する神の働きに人間が引き離されることの拒否）。つまり、先行の恵みとは人間の所与となる神からの贈り物ではなく、人間生活に働く聖霊であり、神の像を回復させる非創造的恵み理解です。この恵みは人間に提供され、この恵みに人間は応答・拒否・無視できますが、神は人間を強制できません。恵みは人間生活に働く神の愛の人格的現臨で、恵みは人間を活気づかせ、応答・抵抗を可能にしますが、応答を強制することはない、協調的性格の恵み理解です。

ウェスレーの人間論は関係論的に理解されます。東方の人間観の中心的概念が応答であるように、ウェスレーの人間論も先行の恵みに基づく神の恵みへの応答です。事実、神と人間との断絶という西方のプロテスタントの立場にしっかりと立ちながら、ウェスレーは神と人間、恵みと自由、人間と宇宙との相互交流、ダイナミックな関係を説く東方の中心的テーマを展開します。ウェスレーは神からの賜物（a gift from God）、つまり、人間が所有できる恵み（習性などの創造的恵み・功績概念等）の賜物ではなく、神の賜物（a gift of God）、すなわち、人間に絶えず働きかける恵みの賜物（非創造的恵み）としての恵みを語り、救いでの人間の主体的な応答を積極的に語ります。

ウェスレーが先行の恵みをどこから学んだのかを考えると、マカリオスのような東方の人々は先行の恵みを悔い改め、義認、聖化、栄光という救いの全体的秩序で理解しますが、アルミニウスのそれは主に義とされる以前の人間に対する神の働きかけと理解としたので、国教会の歴史ではカルヴァン主義の予定論に反対する者たちをアルミニアンと呼び、ウェスレー自身も自らをアルミニアンと呼び、堕落した人間に働く神の救いの働きと理解するアルミニアンの教理を受け入れ、事実、ウェスレーは一七七〇年に予定論者と分離した後の一七七七年に毎月出版の「アルミニアン誌（Arminian Magazine）」を発刊したのです。そしてこの発行理由を「神の普遍的愛と全ての人間を罪から救おうとされる神の意志を普及させるため」（*Works*, 14:279）と述べます。

このように、ウェスレーが実際にアルミニウス自身の著作をほとんど読んでおらず、東方の先行の恵み理解がアルミニウスよりも思索上広範囲に理解され、ウェスレーも先行の恵みを義認前も、義認後も、聖化に至る、人間の生涯全体に働く神の恵みと捉えているので、ウェスレーの先行の恵みの直接的源はアルミニウスよりも、幅広い理解をした英国の伝統に遡ると考えられます。ウェスレーが先行の恵みの基本的確信を国教会から吸収し、しかも、国教会は初期ギリシア神学者たちの先行の恵みの基本的考え方の影響を受けていたのです。勿論、ウェスレーへの東方の影響を軽視する野呂は先行の恵みをアルミニウスに由来すると言います（『ウェスレー』一九四―一九五頁）。

(2)先行の恵みと人間理解

「単なる自然の状態にいる人間はいない」（*BE*, 3:207）と、先ほど「神の像と原罪論」の終わりで言及したウェスレーのこの表現は全的堕落を否定するのでしょうか。この件で、改革派が主張するように、全的に堕落し、無能力に陥る「自然的」人間はもはや存在せず、神に応答でき、固有な能力を備えるほど、人間の本性は癒されているとウェスレー研究者、リーは言います。[102] しかし以下のウェスレー研究者によると、自然的人間は思弁的虚構だと語るリーの解釈を否定しますが、そのリーの基本的趣旨に賛成します。先行の恵みで救いの道に導く何らかのイニシアティブ性は人間に存在するとキャノンは言います。悔い改めなどで神との新しい関係を人間の方から作りだせる、人間のイニシアティブ性です。[103] 他方、ウィリアムズはキャノンのこの主張を否定し、先行の恵みで与えられる賜物は自己疎外の自覚だけで、この疚める良心は悔い改めへと人間を導く更なる恵みへの準備になると言います。[104] クッシュマンによると、ウェスレーは現実の人間を恵みと自由との混合形態であると理解しますが、先行の恵みのある程度回復される自由は光を信じる自由、神と共に働く自由では一切なく、光を信じない自由、神に反抗する自由、つまり絶望する自由と考えられると主張します[105]。

上記のそれぞれの解釈者の問題点は先行の恵みを東方の神のエネルギー・非創造的恵みではなく、西方の創造的恵み理解で解釈されている点です。リーが主張する先行の恵みで回復される人間は、自分の人生を自分自身の固有な能力で選び取れるようになる人間、つまり、現実に自己決定を為し得る能力を所有できる人間になることです。上記の他の研究者はリーほど極端ではありませんが、人間の諸機能は全的堕落から何ほどか回復され、神に応答できる固有なる力が人間に備わると解釈します。つまり人間の所有となる何ほどかの新しい能力・資質で（絶望する能力であっても）、救いに何かをなし得るということが主張されます。その結果、創造的恵み理解に由来するこの解釈からウェスレーはペラギアン、セミ・ペラギアン、アルミニアン、カルヴィニスト、あるいはカトリック的であるとする種々のウェスレー批判が出てきたのです（*BE*, 4:152f.; *Works*, 10:211–259, 220; 11:43f.）。

この問題解決のために、つまり、西方的恵み理解ではなく、東方的恵み理解で解釈するために、先行の恵みの働きを二重に考えることを筆者は提案しました（『救済論』一〇四―一〇七頁）。たとえば、完全に堕落している諸機能（悟性、意志、自由）を回復させる恵みの働き（第一の先行の恵み）と、この回復された諸機能が更なる神の語りかけに応答できる恵みの働き（第二の先行の恵み）という、先行の恵みの二重の働き方です。この区別を為すことで、第一の先行の恵みは全人類に不可逆的に与えられる既存の恵みですが、第二の先行の恵みが与えられる以前に、人間がこの第一の恵みを用いて、何かを生み出せる諸機能（所有できる機能）ではありません。その意味で、第二の働きと無関係に、第一の先行の恵みだけで与えられる人間の諸機能はそれ自体で何もすることの出来ない、という意味で眠っている機能、あるいは潜在的機能と呼ばれます。実際には知ることも何も生み出さない、非所有の人間の諸機能です。第一の先行の恵みで与えられる諸機能は何かを知り、何かできる人間の固有な能力ではないという意味で、全的堕落と同じ状態です。

確かに第一の先行の恵みの働きで、人間の諸機能は部分的に癒され、回復されています。たとえば自分の困窮状態を知り、神の与える救いと癒しの必要性をある程度自覚でき、あるいは、ある程度の善悪の区別の認識と、それを実行できる意志の回復が可能になりますが、実際には第一の恵みの諸機能が働くためには第二の働きに応答しない限り不可能で、第一の恵みだけでは何もできず、全的堕落と同じ状態です。但し、第一の働き（眠っている機能、潜在的機能）は第二の働きに応答できる可能性が与えられており、全的堕落と同じ状態にありながら、「単なる自然の状態にいる人間はいない」のです。罪の奴隷としてこの世に誕生した人間はそれにも拘らず、第一の先行の恵みで悟性や意思、自由の諸機能が潜勢的に（眠った状態で）回復され、その意味でこの第一の先行の恵みは諸機能の全的堕落状態を示すと同時に、第二の先行の恵みに応答できる諸機能を潜在的に維持し、第二の恵みに応答できる諸機能の可能性が与えられている意味で、人間は「単なる自然の状態にいない」とウェスレーは言います。

先行の恵みは信仰生活に働く聖霊の働きで、神との類似に導く働きを意味します。恵みは本質的に人間生活に働く神の愛の人格的現臨であり、それゆえ、恵みは人間を活気づかせ、応答を可能にしますが、応答を強制することはなく、人間の抵抗も無視も可能です。神は人間に様々な提案をしますが（*BE,* 3:203）、人間は神の提案を拒否でき、神はこの提案を人間が受け入れるように強制的に働くことはできません。先行の恵みは「父のあらゆる構想、神の霊が全ての人々に働くあらゆる確信」（*BE,* 2:156f.）とウェスレーが述べるように、神の計画と確信を述べる提案は先行の恵みの内容ですが（人間はまず神を喜ばせたいとする最初の願い、神の意志をしたいとする最初の気持ち、初めて神に罪を犯してしまう空しい確信を述べる個所は*BE,* 3:203）、人間がこの提案を拒否し、無視しても、その提案内容を日常生活から追放できないかもしれません。後になって、神が疲れずに語り続ける提案に人間が「目覚める」希望を彼は語ります（*BE,* 1:251–255）。提案内容が人間に残ります（人間の心は今眠っていますが、後に目覚めるかもしれません）。人間との関係を造りだす提案者は常に神であり（神は関係的存在）、人間は応答することも拒否することも、また、無視することもできます。人間が提案に応答する時初めて（その前ではなく）、人間は更なる神の力づよい恵みの語りかけに導かれます。当然、人間は応答を拒否でき、無視もできますが、その責任は人間が取ります。神の恵みにどのように応答するかで、キリスト者の人生が変わり、祝福された人生かそうでないかが理解されます。

先行の恵みで部分的に回復する人間の諸機能は第一に悟性（undestanding）です。悟性はある程度回復され、その結果、神の事柄に関する基本的な知識（たとえば神の存在と本性、未来の報酬と裁きの可能性等）と道徳的善・悪の基本的識別が可能になります。回復される第二の機能は自由です。先行の恵みで神の赦しと癒しの恵みが必要であることを人間は知りますが、それだけでは充分ではなく、この必要性をなんらかの方法で実現しなければなりません。そのような、最小限の自由が先行の恵みで普遍的に回復されます。自由のほかに回復する第三の機能が意志、つまり、第三章で述べる情感的本性（affectional nature）です。正しい情感の回復のために人間に対する神の力強い現臨が常に必要です。同時に、キリストを通して救いの状態に入ったことのない多くの人々、他宗教や他部族の人々も少なくとも人間の諸機能を通して、愛の働きや救いの道へと導かれます。ウェスレーはこの可能性を先行の恵みに由来させます。

人間生活に働く神の恵みは協調的本性のしるしです。人間は神の恵みに応答することも、応答しないことも可能で、神は人間の応答なしに一方的・瞬間的に人間に恵みを与えることが不可能だと確信する神学者がウェスレーです。彼はブラウンと共に、神と人間とのいかなる対立契機を認めず、この両者の関係を恵みに満ちた知識と呼びます。神は人間を強制せず、人間を支配・強制するより人間を力づけ・応答可能に導く神の力との考えは東方の中心的概念であり、西方ではあまり理解されない主題です。先ほど述べた、一七八三年の説教「福音の一般的開放」で理解したように、ウェスレーは東方思想に影響され、西方ではあまり理解されない、人間の固有なる悟性・情感・自由の働きを主張します。

「私が今生き、私を愛し、私のために命を与えた神の子への信仰で私が生きている生命」と神があなたに言わせる時、神があなた自身の魂に働きかけていることをあなたは知っている。神はあなたの悟性を取り去らず、悟性を啓蒙し、強めている。神はあなたの情感を破壊せず、むしろ以前より力づよくなっている。神はあなたの自由を奪い取ることはなく、善・悪を選び取る力をあなたは持っている。神はあなたを強制することなく、あなたがよりよい道を選び取ることができるように、神の恵みに支えられて、あなたは……よりよきものを選択する。（*BE*, 2:489）

堕罪の結果、人間性の堕落の徹底性をアウグスティヌスは明言しますが、ウェスレーは堕落の深みを現在の人間性の状態と単純に同一視しなかったのです。そして先行の恵みが非創造的恵みと理解されるならば、神に応答できる人間の能力は人間が所有できる対象ではなく、普遍的に与えられる神の恵みに人間が応答できることと相互関係にあるとウェスレーは言います。彼にとって、全的堕落という現実は人間を人間とする諸機能の消滅ではなく（潜在的機能の維持）、第二の先行の恵みに人間が応答しない時、つまり、神との関係性から離れ、自己完結的に生きようとする時、人間の本来的生（完全）から逸脱するのです。人間の諸機能が神との関係性から離れ、人間自身のために封鎖される時、全的堕落と同じ状態になります。その意味で、第一の先行の恵みで諸機能の潜在的働きに生きる人間がこの働きを生かすか、殺すかは、第二の恵みを受け入れるかどうかにあります。[106] しかし西方ではアダムの自己決定の違反で、神に対する（この世に対してではなく）諸機能の働きが消滅したと言うのです。

先行の恵みをこのように理解する時、私たちは堕落の主張と人間の応答性の両者を同時に主張できます。第一の先行の恵みで与えられる潜在的諸機能は、諸機能が眠る限り、諸機能は働かず、全的堕落と同じ状況です。しかし同時に、この潜在的な諸機能は第二の先行の恵みに応答できますが（その意味で、「単なる自然の状態にいる人間はいない」）、同時に、拒否・無視も可能で、人間が応答すれば、堕落の主張と人間の応答が共存し、拒否・無視すれば、堕落の状態が継続します。

反対に、先行の恵みの第一・第二の働きを区別せず、所与として第一と第二の両者が人間に与えられる場合、従って、第一と第二を含む全体を先行の恵みと捉えると、先行の恵みの賜物は人間のイニシアティブ性（たとえば光・神を信じる自由と、光・神を信じない自由）など、人間に所有できる固有な能力と解釈され、セミ・ペラギアンなどの様々なウェスレー批判が出現します。つまり、第一と第二の恵みが結合され、人間自身が生まれながらに所有できる諸機能の働きと判断されると、批判者たちは先行の恵みを生まれながら人間が現実に保持している人間の所有物と誤解し、自由意思で自分の救いを求め（人間の功績の主張）、原罪の教理をウェスレーは否定していると彼を断罪します。

しかしウェスレーは先行の恵みの第一の働き（潜在的機能）を述べますが、この諸機能が応答するためには神の更なる恵みが不可避で（生まれながらの人間が恵みに答えることで初めて何かを為しうる）、この諸機能は先行の第二の働きから離れて自由に機能できる人間固有の能力、何らかの人間のイニシアティブ性、人間の生まれながらの所有物、「功績」ではないのです。恵みなしには何一つできない機能、つまり、堕落している機能なのです。ウェスレーの語る堕落の主張には神の恵みを人間が遮断した結果、そこから生まれる人間の無力性、つまり、神の恵みに応答しない人間は無力で、何一つできないという無力性をウェスレーは告白し、この告白は神の更なる恵みに応答するならば、神はその人間を救いの道に導いて下さるとの確信と矛盾しません。ウェスレーはペラギアン、業による義、行為義認だとの批判を繰り返し否定します。人間の応答・説明責任を救いとの関係で論じるウェスレー神学の根底に先行の恵み理解があったのです。

さらに、先行の恵みは非創造的恵みと理解されるべきだとブレイズイングは言います[107]。つまり、神に応答できる能力は人間が所有できる対象（自閉的能力）ではなく、普遍的な神の恵みに応答できる能力（関係的能力）です。全的堕落という現実は人間を人間として存在させる諸機能の消滅を意味せず（先行の恵みの第一の働きは潜在的にこの消滅状態を否定）、神との関係から離れ、自己封鎖的になる時（先行の恵みの第二の働きへの人間応答の排除）、諸機能は働かず、人間の本来的あり方（完全）から逸脱します。救いとは自分の内に創造される習性（功績）とか、失われた超自然的賜物の獲得ではなく、神と人間との協調的関係にあります。先行の恵みを創造的ではなく、非創造的恵みと理解する時、全的堕落の主張（第一の先行の恵みの状態、但し「単なる自然の状態にいる人間はいない」状態）と人間の応答性（第二の先行の恵みへの応答）が同時に共存できるとウェスレーは主張し、神と人間との協調的関係を強調したのです。

事実、ウェスレーは神と人間との断絶という西方のプロテスタントの立場にしっかりと立ち、同時に、神と人間、恵みと自由、人間と宇宙との相互交流、ダイナミックな関係を説く東方の中心的テーマを展開します。ウェスレーは神からの賜物ではない、神の賜物としての恵みを語り、救いでの人間の主体的な応答を積極的に語ります。神は関係的存在であることを土台に、ウェスレー神学の全体が描かれます。人間に語りかける神の恵み（非創造的、絶えざる神の現臨）と人間の応答とは相互関係にあり、人間の応答があって初めて神の働きかけが神の働きかけとして存在し、その逆も真であることを彼は繰り返し強調したのです。

(3)全人類に与えられる良心の働き

ウェスレーは一七八五年の説教「自分自身の救いを全うすること」で「単なる自然の状態にいる人間はいない」の言葉に続けて、良心という言葉を説明します。「一般に生まれながらの良心（natural conscience）と呼ばれるものを全く持ちあわせていない者はこの世に存在しない。しかしこの良心は生まれながらのものではありません。より正確にいえば先行の恵みです」（*BE*, 3:207）。ウェスレーは普遍的という意味で生まれながらの良心と呼びますが、正確にいえば先行の恵みなのです。前期のウェスレーは先行の恵みを洗礼と同一視ましたが、洗礼の授与というキリスト教に特殊化される儀式ではなく、良心という全ての人類に普遍化される先行の恵み理解です。人間は全的に堕落していますが、神概念や道徳的知識の良心が生まれながらに所有・保持され、遂行可能とされているのではなく、先行の恵みで全ての人間に最も基本的な社会生活の知識が普遍的に潜在し、開かれていると彼は断言します。

ウェスレーは一七八八年の別の説教「良心について」で良心を超自然的な神の賜物（supernatural gift of God）と呼びます。「良心とはある意味で全ての人々の内に見出されるので、生まれながらのものといわれるが、正確にいえば、生まれながらのものではなく、超自然的な神の賜物です」（*BE*, 3:482. cf. 3:484）。また一七九〇年の説教「地上の器での天国の宝物」によると、最も文化の遅れた種族にもある程度の善悪の区別が見出され、それは一般に生まれながらの良心の働きだと言われますが、良心が生まれながらのものであれ、神の恵みで超自然的に付加された（super added）ものであれ、あらゆる人間に存在すると彼は付け加えます（*BE*, 4:163）。ウェスレーは良心の存在をnatural conscienceと呼びますが、このnaturalとは先行の恵みに基づく普遍的（≠生まれながらの）という意味で、厳密にいえば超自然的賜物です。

ウェスレーのこの発言は、カトリックが主張する自然と超自然との階層的秩序を前提するのでしょうか。カトリックの研究家ルービーはそうだと言います。この超自然的恵みと呼ばれる先行の恵みは人間存在そのものを成り立たせる規定で、アダムの自然的本性に超自然的賜物が付加されることで救いが完成される、つまり、ウェスレーの先行の恵みと超自然的賜物とはカトリックの創造的恵みの理解であると言います[108]。他方、先行の恵みとは人間の所有できる恵みの賜物としての神からの賜物（創造的恵み）ではなく、人間に絶えず働きかける恵みの賜物としての神の賜物（非創造的恵み）と理解されるべきだとラングフォードは語ります[109]。また、ウェスレーの超自然的神の賜物とはいわゆるプロテスタント特有の、自由と対立的に置かれる恵みを意味するのでしょうか。前述したように、クッシュマンは人間の恵みと自由との混合を説きますが、改革派の伝統に立つゆえに、彼は特別啓示外の領域に積極的意義を与えず、自由を飲み込むような形での両者の混合を主張します。これに対し東方では、恵みと自由とは対立しておらず、一つの現実の二つの項目で、両者は優劣関係ではなく、ダイナミックな生命の関係であります。非創造的恵みは自由と同一視できませんが、同時に自由から分離して存在するのでもありません。この恵みに自己を開放することがウェスレーの先行の恵み、超自然的賜物の内容です[110]。

そしてウェスレーは良心と呼ばれる超自然的賜物を先行の恵みと同一視し、人間の状態はアウグスティヌスが述べる原罪の人間的本性と異なると述べます。堕罪の結果として人間性の堕落の徹底性をアウグスティヌスは語りますが、ウェスレーは堕落の深みを現在の人間性の状態と単純に同一視せず、先行の恵みを非創造的恵みと理解するならば、神に応答できる能力は人間が所有できる対象ではなく、普遍的に与えられる神の恵みへの応答と相互協調関係にあるとウェスレーは言います。彼にとって、全的堕落という現実は人間を人間とする諸機能の消滅ではなく、人間の諸機能が神との関係から離れ、人間自身の内に封鎖される時、全的堕落と同じ状態になるのです。

第三節　神の恵みと人間の応答

1　応答する恵み

神の自由なる恵みと人間の自由意志とが同時に共存し、神と人間とが協調関係にあるとする考え方は、創造時で「神の像」の完成という東方の基本的な人間論と密接に関係します。人間は神の像（エイコーン）として造られましたが、それは人間が像によって神と同一本質（ホモウーシオス）になることではなく、神に類似（ホモイオーシス）する存在として創造されたことです。それゆえ、神との交わりを可能にする神の像から、神との類似・一致に向け人間の成長・発展を東方は求め、そこに神の像の完成を見ます。勿論、東方もアダムの堕罪は人間に深刻な影響を与えたと解釈しますが、この堕罪は神の恵みを人間から全く取り去らず、神の像として造られた人間は堕落後も神との交流が備えられていると言います。つまり、西方が人間論を究極的に原罪論に置くのに対し、東方は堕落よりも創造論に基礎づけたのです。[111]

人間の全的堕落を強調する西方はキリストによる贖罪という法的性格を帯びたキリスト論を展開しますが、東方はキリストが人間になったのは人間が罪と腐敗から解放され、神との類似に回復されるため、受肉の側面を強調しました。西方は受肉を原罪の光で理解しますが、東方は人間が神に似る者となるために神は常に受肉を志していると言います。そしてエイレナイオスが「再統合（recapitulation）」理論で理解するように、キリストが人間を復元させる、人間の救いの土台になります。ここでは、赦しという法的イメージよりも、堕落した人間性の回復という治癒的イメージが濃厚になり、病人が癒されるとのイメージから、義認よりもむしろ聖化に救済論の中心を置きます。[112] それゆえ、西方社会はキリストの人性・神性の区別を強調し、キリストの十字架とキリストの復活をそれぞれに人間の救いに決定的であると理解しますが、東方は西方と比べキリストの二性の区別よりもむしろ相互性を重視します。人間性と同一化するために死なれたキリストが復活したのは人間性のすべてを再統合し、神化の道備えをするためです。ラテン教父がゲッセマネの祈り、十字架のキリストに想いを潜めたとすれば、ギリシア教父はタボル山でのキリストの変容、キリストの神性・復活・栄光により注目します。それはキリストのこの出来事を通して人間が神化への変容を可能となるからです。[113]

神の像は個人主義的な像ではなく、社会、自然、宇宙をその内に含む像です。西方の神対人間、恵み対自由、人間対宇宙という対立構造を超えて、その一体性を述べる東方の考え方があります。それゆえ、宇宙に存在するあらゆる被造物は相互に浸透し、一方は他者のうちに常に存在し、一つの現実の両極です。神的生命として宇宙に遍満する聖霊の恵みへの応答を通して、創造時に造られた被造物がその本来あるべき姿に成就するところに、ギリシア教父たちは人間の創造の究極的目標、万物の完成を見たのです。

既に少し述べましたが、木の実を食べた人間は体内に種々の抵抗が生まれ（*BE*, 4:296f.）、結果として、実現される人間本来の全体性は可死性内の全体性になり、本来の姿に戻らなければならないと若きウェスレーは語ります。人間は罪を病気として病み、神の像を欠如させ、アダムの堕落前に享受した道徳的調和を喪失しました。説教「原罪の教理」（一七五九年）によると、宗教の真の目的は神の像で創造された人間の心を回復すること、最初の人間の罪で破壊された義の喪失・真の聖を回復することです（*BE*, 2:185）。人類の原初的健康に回復し、アダムの享受した調和とバランスを回復することが救いです。救いとは「魂の治療で」（*BE*, 9:194）、全体として人間の健康を回復することです。イエスは「偉大な医者」（*BE*, 2:245f.）で、癒しとして捉える救いは宗教改革者の義認理解からウェスレーを遠ざけました（*BE*, 1:323, fn. 43）。

ウェスレーにとって真の宗教とは根本的に魂の治療です。キリスト教を必要としない人々に向かって彼は『原罪の教理』の序文で言います。

> 医者を必要としない人はいるのか。確かにキリスト教の啓示は人間の魂の偉大な「医者」だけを語っている。異教徒の考えであったとしても、プラトンの言葉以上にキリスト教哲学を正しく表現するものはない。その言葉とは……「病気の魂を癒す唯一の真の方法である」。
>
> （*Works*, 9:194）

ウェスレーはプラトンの言葉を説教「原罪論」でも述べます。

第三に宗教の、又、イエス・キリストの宗教の本来的性格は何であるのか。それはプラトンが語る、心が狂った魂を癒す唯一の真実な方法、つまり、病気である魂を癒す神の方法である。魂の偉大な医者はこの病気を癒すため薬を与える。過ちの内に徹底的に堕落する人間本性の回復のためである。神は無神論の人間にご自身の知識を与え、又、神が送られたイエス・キリストの知識を与えるためである。その知識とは神が私を愛し、私のためにご自身を与え、それによって神と神の事柄の神的証言と確信という信仰を私たちが持つためである。

(*BE*, 2:184)

ウェスレーは罪を病気と捉えることを初代教父から学び(*BE*, 4:297–299)、救いを神の像の回復と捉え(*BE*, 4:351f.)、「魂を原初の健康に回復すること」(*BE*, 11:106)がイエスの宣教内容と理解します。ウェスレーは健康・肉体と魂から成立する全体性、癒しと救いの連帯性を重視し、体の健康と魂の健康との相互性を深く確信し、その一体性を宣教主題としました。

こうして東方は法的考えよりも治癒的性格の救済論、聖化・完全・神化という救いのプロセス全体で遍満する聖霊の働きを特に強調します。この救済論、聖霊論、宇宙論、そしてこれらの背後にある神と人間との協調関係は西方の伝統と比較して、東方の特徴でした。ウェスレーは一七三八年の出来事を契機に受けた西方教会の深い影響を土台に、それ以前より親しんだ東方の霊性の考えを組み入れることで、成熟したウェスレー思想を展開したのです。

神が人間を愛すること(神の恵み)とこの恵みに人間が応答することが(人間の応答)ウェスレー神学の骨格です。神と人間との関係は相互的に「応答する恵み」、あるいは、「協調する恵み」です。キリスト者の人生は本質的に応答的で、単に人生の最初の時期だけでなく、全生涯に亘り応答的です。彼はこの概念を一七四八年の説教

「神から生まれた者たちの偉大な特権」で示し、最もダイナミックなキリスト者生活の基本的立場を示しました。

信仰者の魂の内にある神の生命は……神の聖霊の絶え間のない霊感を直接的に、又、間接的に意味している。神が魂の中に息を吹き込むこと、そして、魂が神から受け取った息を神に吐き返すことである。魂の上に絶えず神が働きかけ、魂が神に向かって反応（re-action）する。神の絶え間のない臨在であり、人間の心に示された、愛に満ちた赦しの神である。……しかし魂が神に反応（re-act）しなければ、神は魂の上に働き続けられない。……神がまず人間を愛し、ご自身を私たちに示して下さった。……私たちの魂が再び神に向かって息を吐き返さない限り、また、私たちの愛と祈りと感謝が神に返されない限り、神は人間の魂に息を吹き込むことを続けられないであろう。

(*BE*, 1:442)

応答する恵みはウェスレーの単なる教理ではなく、彼の神学全体に亘る、彼固有な神学的な確信です。ウェスレーはこの概念の簡潔な表現をアウグスティヌスの引用で示します。「私たちに依存せず私たちを創造した神は、私たちと無関係に私たちを救わないでしょう」（*Works*, 6:513）。ウェスレーは原罪理解や予定論など、一般的にアウグスティヌスの思想に批判的ですが、アウグスティヌスの上記引用は神の圧倒的恵みを前提にし、救いでの人間の主体的な応答を積極的に語る一つの根拠としてウェスレーは用います。このようなアウグスティヌスの言葉をウェスレーは一〇回以上引用します（その出典箇所は*BE*, 1:148, fn. 77, 4:64, fn. 27 参照）。この考えは神が人間の応答的参与を離れて人間を救いに導けないウェスレー自身の基本的な立場です。救いは明確に神の賜物ですが（私たちは自分を救うことはできない）、同時に、私たちは応答することで、その責任を担うのです（神は私たちの応答なしに人間を救えない）。

キリスト教の本質は恵みの賜物で、神の恵み深い赦しと人間を力づける恵みはキリスト教の基本です。人間全ての行為は恵みの賜物に由来します（*Works*, 6:398）。恵みなしに人間は何もできません（*Works*, 8:49）。同時に、人間の応答はウェスレー神学の中心です。神が人間を力づける時、この力づけは人間の応答を拒否し、あるいは、応答を強制することはなく、むしろ応答を可能にします（*Works*, 10:210）。救われるのか、救われないのかは人間の応答に依存します。「魂が神に応答しないならば、神も人間の魂に働き続けることはしない」（*BE*, 1:442; *Works*, 10:210）のです。もし応答しないならば、責任は人間がとります。

神の恵みは人間の応答を呼び出し、力づけ、人間の応答・拒否・無視を可能にします。人間の応答・拒否・無視の主題は西方キリスト教の罪の赦しを説く法的な救済論の系列ではなく、東方の罪に病む人間本性の癒しという、治癒的救済論に関心を示します。恵みは応答的なので、もし人間が応答しなければ、神は応答を止めてしまう意味で、ウェスレーは人間の応答を求めます。神と人間との応答関係を彼は一七八五年の説教「自分自身の救いを全うすること」で述べ、人間生活に働く神の恵みの協調的本性を重視します。神が人間を力づけ、導くために人間に働いているので、人間は自分の救いのために神の恵みに応えることができます。たとい自分は何も出来ないということがあっても、人間生活を変容する神の働きに人間が応答することをウェスレーは強く述べ（*Works*, 5:144）、同時に、人間の働きが神の恵みの必然的・強制的結果であることも否定します。人間は神の恵みに応答することも、応答しないことも可能で、後者の場合、救いの可能性は妨害されます。神は人間の応答なしに一方的、瞬間的に人間に恵みを与えることはなく、人間が恵みに持続的に成長するように、神は人間に恵みを与えます。

ウェスレーはフィリピの信徒への手紙二章一二―一三節に従って書かれた説教「自分自身の救いを全うすること」で「わたしを離れては、あなたがたは何もできない」（ヨハネ一五・五）と、「わたしを強めて下さる方のお蔭で、わたしにはすべてが可能です」（フィリピ四・一三）の二つの聖句を中心に展開し、人間の変わり得る生活の変容をこの聖書二か所の緊張関係で示します。「私なしにあなたは何もできない」、神の恵みなしで人間を救うことはできないが、同時に、「私を強くしてくださるキリストを通して私は全てのことができる」（*Works*, 10:478）ので、恵みに力づけられ、強制されない人間の応答で救われます[114]。従って、神の恵みの必然的・強制的結果で神は人間を救えません。「愛の神は神が創造されたすべての人間の魂を救おうとされるが、この救いを受け入れるように強制されることはない」（*BE*, 4:148）のです。先行の恵みで可能になる、人間のいかなる働きも、人間が義とされる条件にならず、この人間の働きは業による義やペラギアンを意味しません。いかなる人間の行為「よりも早く到来する」（God's grace always pre-vennts［come before］human response）神の恵みへの応答が先行の恵み理解だからです。

2　一八世紀の応答性批判

ウェスレーは人間の応答を離れて、神が一方的に人間に恵みを与えることを否定し、モラヴィア派の自発的感性やエドワーズの情感的宗教理解を批判しました。モラヴィア派によると、義認前に為される恵みの手段を含め、人間は応答も何もせずに神の恵みを待ち、義認の恵みが与えられたなら、義認は同時に聖化をもたらし、愛・喜び・平和の感性が自発的に心を支配すると言います。つまり、選ばれた人間は神に無応答であるにも拘らず、神は自発的な愛・喜び・平和の感性を人間の心に与え、心を形成するのです。しかしウェスレーは人間が応答せず、神によるこのような自発的な心への感性の注入を拒否します。

他方、エドワーズはウェスレーと類似する認識論を提示し、霊的な認識起源を霊的感覚に置き、聖霊の働きで開示・知覚される感性で真の宗教の本質的性格を述べます。但し、ウェスレーは神の与える感性を受容・拒否する自由を人間に与えますが（第二の先行の恵みを受容・拒否・無視する人間の自由）、エドワーズは予定論のゆえに人間の自由を拒否し、選ばれる者に神が聖なる感性を一方的に注入し、人間の心を聖なる気質に瞬間的に変え、聖なる行為を人間に可能にすると言います（『救済論』七五頁、『民衆』六八―六九頁、『ウェスレー』三―七頁）。

東方思想がウェスレー神学に大きな影響を与えたので、ウェスレーはモラヴィア派とエドワーズ両者の、神による人間への直接的な感性の注入思想を否定します。今、モラヴィア派の自発的感性を説明するために、人間は教会の恵みの手段などを含め、外的働きを一切止め、人間は何もせずに神が人間を義として下さるまで待つべきとの考えを述べました。この考えを先ず説明しましょう。そして次に、予定論を説くホイットフィールドとの論争について考えてみましょう。

(1)モラヴィア派との論争

ウェスレーとメソジストたちは一七四〇年七月二三日にモラヴィア派と共に形成した班会「フェター・レイン」を脱退し、彼らと最終的な決裂を断行しました。その理由は、この会を指導したモラヴィア派の宣教師モルターとウェスレーとが衝突したからです。ベーラーの後継者として一七三九年一〇月、ロンドンに着任したモルターは「静寂主義（stillness）」の教理でこの会を指導したのです。

オックスフォード時代以来、義認前の良き働きの一つとしてウェスレーが主張したのは聖書を読み、祈り、聖餐に預かるなど、教会の恵みの手段に絶えず参加することです。ウェスレーは上記の恵みの集団に参加することで知性に訴える敬虔の業と、病人訪問や貧困者支援など、共同体の人々を助ける、憐みの業（人間の情感的本性に焦点を合わせる）という、両者の恵みの手段を大事にし、この両手段に定期的に参加することが宗教の不可欠な要素だと述べます（*BE*, 2:164–166; 3:2005f, 135, 389–391; 9:41, 70–73）。アルダスゲイトの出来事を契機に、モラヴィア派の主張する絶対的基準を持てないことで、一年前も今もキリスト者でないと記した一七三九年一月四日付けの日記（diary）を同じ日の日誌にウェスレーは挿入しますが、その日誌の挿入文の「私は二〇年間絶えず恵みの手段を用いてきたが、私はキリスト者ではない」とする個所を日誌の再販時の一七七四年に削除します。

しかし前期より重視し、アルダスゲイトの出来事でその手段に戸惑いを憶えましたが、その後、その意義を再確認したウェスレーは一七三九年の秋に恵みの手段を否定するモルターの「静寂主義」に出会ったのです。

静寂主義によると、信仰の充分なる確証を持たない者は信仰者ではなく、聖餐受領資格者でもないと考えるベーラーの教えに、このような不信仰者は外的働きを一切止め、「静かに」しているべきだとモルターは新しく付け加えたのです。キリストにある信仰のみが唯一の救いの道と語るベーラーの考えをモルターは教会の恵みの手段の使用を一切否定するまでに拡大し、人間は何もしないで神が義として下さるまで待つべきとしました。信仰の充分なる確証を持たない者は聖書を読んだり、祈ったり、聖餐にあずかってはいけないのです。人間は恵みの手段と無関係に、神がその人間の魂に直接信仰を与えて下さるまで、ただ静かに待つのです。神の恵みの働きと人間の応答を中心に考察するウェスレーは義認前の人間の全ての業を否定するモルターの教えを一七四〇年七月までに拒否せざるを得ませんでした（*BE*, 19:121, 132–134, 161–163; 26:27 等参照）。

ウェスレーはまた義認前の一つの働きとして悔い改めを強調します。ウェスレーにとって義認前の悔い改めは罪人としての自己認識を人間に与え、この自己認識は義認に導かれる大切な人間の応答と考えられます（*BE*, 1:147, 197, 225, 349, 477, 696; 2:162f, 167; 3:113）。つまり、義認前にこの霊的助けが必要だとする認識は人間の行為ではなく、前述した、先行の恵みの賜物です。しかしこの先行の恵みの第一の働きで人間は自動的に悔い改めに導かれ、義認に至るのではありません。第二の先行の恵みの働きを人間が拒否せず、応答することで悪しきことを止め、神が望まれるような生き方へと、悔い改めの実を結ぶことができます。この罪深さと悔い改めの必要性を人間が認識することで、神が与える罪の赦しに自己を任せようと導きます。この悔い改めが通常義認前に、そのような時と機会がある限り伴い、その意味で義認にとって悔い改め、悔い改めの結ぶ実は「ある意味で」、また、「絶対的に」必要であると成熟したウェスレーは語ります（*BE*, 2［1765］: 162; *Letters*, 4［1762］: 173）。人間の悔い改めの主張は業による義であるとウェスレーは批判されますが、人間を救いに導く際、神は人間を強制し、自動的に救うのではなく、人間を人間として救う、東方的な神の恵みの強調、先行の恵みを強調したのです。

このように、一七三八年から一七四〇年代前半にかけて、良き働きは義とする信仰に不必要ではないか、とする中期のウェスレーの立場から離れ、一七四〇年以降は前期と同様、ウェスレーは義認前に良き働きの余地を残しました。そこで彼はモルターの静寂主義を拒否し、モラヴィア派との交わりを最終的に一七四〇年七月に断絶したのです。しかし一七六〇年代まで、ウェスレーは説教などの公の書簡でモラヴィア派の立場を承認しましたが、日誌などの個人的書簡でその立場に疑念を抱いたのです。

(2) カルヴィニストとの論争

ウェスレーは一七三八年五月二四日のアルダスゲイト以降、論争に続く論争の生涯を送りました。その一つはカルヴィニストとの「予定論」に関する論争です。メソジスト活動はカルヴィニストのホイットフィールドと共に始められ、形成されたので、信仰復興運動開始の一七三九年より一七七〇年の彼らとの最終分裂に至る、半生期間の長きに至り、ウェスレーは予定論論争から離れられず、対応を迫られました。ホイットフィールドは一七三九年二、三月頃からブリッストルで予定論の説教を始め、第二回目のアメリカ伝道の公海上で読んだ書物で選びの教理を確信し、米国でエドワーズに出会う以前に予定論を確信しました。ウェスレーがホイットフィールドと一緒にブリッストルで野外伝道を始めたのは一七三九年四月でしたが（*BE*, 25:639）、同年の四月二八日には予定論批判の説教「自由なる恵み」を書き、翌日、初めて予定論批判の説教を行いました（*BE*, 19:52; 25:639f.）。このことはメソジスト会の、いわゆる「アルミニアンメソジスト」と「カルヴィニストメソジスト」という、一七七〇年に決定的な分裂兆候をもたらしたその原因を生み出したのです。

カルヴァンは生まれながらの自由意志を否定し、恵みに先んじるいかなる人間の行為を拒否、従って、功績概念を一切否定し（*Works*, 8:285）、キリストの義による義認を主張する点で（*BE*, 1:457）、ウェスレーはカルヴァンに一致すると言い、さらに全的堕落の教理でカルヴァンの理解は正しいと述べます。ウェスレーにとっても原罪の教理はキリスト教の本質であり、全的に堕落する人間の救いはただ神のみ、神の主権性にあります。人間は本性的に完全に堕落し、この人間が救われる唯一の土台はいかなる人間の功績とは全く無関係の、神の一方的な恵み理解です。アダムの堕落の結果、人類は普遍的な腐敗現象を示しているとウェスレーは述べます。

しかしウェスレーは原罪の教理や神の主権性から無条件の選びの教理を引き出すのを拒否します。彼がこの教理を否定したのは救いの過程で人間の自由や応答を否定し、さらに全的堕落のゆえに救いへの人間の応答の無力性を語るのは誤りだと考えたからです。ウェスレーは先行の恵みを語ります。人類が腐敗現象を示すのは、神の変革する力強い恵みから人間が離れてしまった結果です。罪の奴隷の下にあり、本質的に衰弱する人間の諸機能が本来的な働きをするためには神の力強い恵みが必要なのです。この恵みを人間に与えるのが先行の恵みで、この恵みで腐敗する諸機能は部分的に回復されていきます。但し、アルダスゲイトの出来事直後、ウェスレーは先行の恵みの考えを一時的に中断させたことを既述しました。

全的に堕落する人間はそれだから無条件なる選びによる救いではなく、信じるならば救われ、信じないならばそうではないとする条件的選びによる救い、つまり、人間の応答・責任との関わりで救いを論じたのがウェスレーです。ウェスレー神学に第一の先行の恵み（信じる、信じない以前の状態）と第二の恵み理解（信じるか、信じないかのいずれかの状態）があり、第二の恵み理解によって条件的選びを主張するウェスレーに対して、ではあなたは原罪の教理を否定するのかとホイットフィールドは問います。

原罪の教理はプロテスタントではしばしば無条件の選びの教理と結びつけて議論されました。予定論を批判するウェスレーに、ホイットフィールドの反論の一つもこの点です。何の落ち度がないとしても、多くの者がどうして永遠の滅びに落とされるのかと語るウェスレーの問いに、それはアダムが罪を犯したからだとホイットフィールドは答えます。ホイットフィールドによると、アダムの子孫である限り、何の落ち度もないと言える人は誰も存在しません。人類にアダムの罪が転嫁され、この人類を神はそのまま放置し、御子さえ送らないで滅びに任せておくことは神にとって正当で、原罪の教理を信じる以上、選びと棄却の教理を信ずることは合理的です。予定論を否定したいならば、アダムの罪の人類への転嫁の教理をも否定するべきだとホイットフィールドはウェスレーに言います[115]。

ウェスレーは全的堕落を認めますが、同時に、この原罪の教理は救いへの人間の無力性を指摘してはならないと考え、先行の恵みで原罪論を展開します。一七七〇年にカルヴィニストと断絶した後の一七七六年、ウェスレーはメソジスト説教者のマンソンに、生まれながらの人間は石のように、何も出来ずに死んだ存在だとカルヴィニストは言うが、この考えは全く愚かしく、馬鹿らしい。なぜならいかなる人間であれ、生命を提供する先行の恵みを持たない人間はいないからです。そして既述したように、ウェスレーは続けてマンソンに語りかけます。アダムの罪の罪責を継承する全ての人間はキリストの贖いにより誕生時にその罪責が普遍的に赦されていると彼は明言します（*Letters*, 6:239f.）。

無条件の選びの教理的問題は神の主権性や神の栄光（God's Glory）という神概念の解釈にあるとウェスレーは言います。誰が救われ、誰が救われないのか、人間の生まれる以前に神が永遠の内に決定し、それを実現し得る力が神にあると語る無条件なる選びの教理は神の主権性と栄光を褒め称えようとします。人間のいかなる助力なしに神のみで人間の救いを成就し、全ての栄光を神に帰し、この世の主権者たる神を褒め称えます。ホイットフィールドはいかなる些細なことでも人間的なものを徹底的に排除し、人間の救いを神の主権的選びに基礎づけます。その結果、ホイットフィールドを批判したウェスレーに対し、ウェスレーは神の恵みと人間の自由の共存を訴え、人間の救いを神の自由な恵みではなく、人間の自由意志に基礎づけ、その結果、キリストの死を無駄にしているとホイットフィールドは言います。さらに、救いを人間的なものに少しでも置くならば、堕罪後も様々な疑い、恐れ、試みに出会う信仰者ははたして信仰の充分なる確証を得られるのかどうかをホイットフィールドは疑います。堅忍の確証は砂の土台のような人間の自由意志とは全く無関係に、神の永遠なる、変わることのない選びへの全き信頼からのみ由来するとホイットフィールドは言います[116]。これに対しウェスレーはどのような神観を展開したのでしょうか。

ウェスレーはカルヴィニストと同様、神の主権性に注目を払い、関係的存在としての神・神の愛を主張します。人間のいかなる行為にも先んじる神の恵みの先行性で救われると語る先行の恵みの教理は神の主権性そのものを表し、この教理はウェスレーに、救いをもたらすのは神のみ（God's alone）と述べる改革派の伝統で解釈する鍵を与えます。また、「信じる者は救われ、信じない者は呪われる」との救いの秩序はこの秩序を決めたのが主権者なる神で、この神の永遠なる決定に誰一人否定することは出来ないことを彼は前提にします[117]。しかしこの秩序にあるように、ウェスレーは神の主権性を人間の応答との関係で理解します。彼は主権者たる神と支配者なる神とに区別し[118]、神の主権性を主張しながら、誰が救われ、誰が呪われるかは神の主権性である選びの視点から理解されるべきではなく、人間の自由・応答を考慮する支配者なる神との関係で理解されるべきだと主張します。

ウェスレーは説教「神の主権性について」（一七七七年）で主権的意志なる創造者としての神と、正義と憐み深い支配者としての神とを区別します。創造者としての神は天地創造の時、非人格的本性の被造物をどのような順序で創造し、どの程度の期間存続させるかなど、全て神の主権的意志で決められます。しかし人格的存在である人間を支配・維持する全ての事柄に関して、神の正義と憐みで適切に支配する支配者なる神と無関係に決めることは出来ないのです。従って、神の主権的活動は人間の応答性、つまり、神の正義と憐みを無視しない神の主権性でなければなりません。たとえ神の全能・神の力によって人間の自由を蹂躙する形で罪や悪を滅ぼすことができるとしても、そのような神の全能・力は神の知恵（Divine wisdom）に矛盾し、受け入れられないとウェスレーは言います（*JW*, 490f.）。

これは神の全能性への制限を意味しないのでしょうか。また、人間の救いは神の栄光に由来すると語るカルヴィニストの意見にウェスレーは同意し、人間の応答による救いとはまさに応答そのものが先行の恵みに基づくゆえに、神の栄光による救いを主張すると彼は言います。しかし神の栄光による人間の救いが人間の自由なる行為を排除する形で語られる場合、神の栄光は神の他の属性、特に、神の正義と憐れみに矛盾すると彼は批判します（*JW*, 447–449）。信仰のみ、神の絶対的恵みを主張する神の主権性は愛や正義等の神の他の属性から切り離されてはならないのです。[119] 憐れみ、正義が切り離される時、神の主権性は抽象的、決定論的に考えられ、その結果、神の愛・正義に矛盾する神の主権性の主張（*BE*, 2:403f.; *Works*, 10:216, 221, 229, 363）、さらに人間の自由、応答を破壊する神の主権性の主張（*BE*, 25:40f.; *Works*, 10:362）になります。ウェスレーにとって神の主権性・栄光とはカルヴィニストのような人間の応答・主体性を圧迫せず、人間を人間たらしめる神の正義・憐れみに一致する神の力のことです（*Works*, 10:230–234）。正義と憐れみから成立する支配者としての神概念は権威主義的君主、あるいは、暴君的君主のような性格の神ではなく、人間の自主性を尊重し、相手を強制しない、愛に満ちた家庭の親のような神です。[120] 神は力強い方ですが、その強さは不可抗力的に人間を支配し、強制し、人間の証である人間の自由を損なう強さではなく、「人間を人間として救う」（*Works*, 10:233）強さです。その意味で神の最も重要な本性的性格を愛と捉える神理解がウェスレーを予定論批判へと向かわせたとルービーは言い、[121] 神の恵みと神の愛との同一視は東方の特徴であるとロスキーが述べたことを前述しました。人間が真の自由を持って創造されているならば、その理由は神が全能であるより、愛なる神だからです（*JW*, 439, 445）。そうであれば、ウェスレーと予定論者との根本的相違は全的堕落の教理ではなく、人間の応答性・主体性を通して導く神の主権性、という神の本性的理解にあり、既に記述したように、「メソジストと改革派の伝統との一つの決定的相違は、神は真に全てをなしますが、御自身一人でなすのではないと語るカトリックや東方の立場にウェスレー神学が近く立っている点にある」と言われたのです。

ある研究者は神を関係存在と理解し、従って神の最も重要な本性的性格を愛と捉える神理解がウェスレーを予定論批判へと向かわせたと言います。予定論者は無条件なる選び、それゆえ、抵抗不可能な恵みと堅忍の教理を主張しますが、普遍的恵み、それゆえ、抵抗可能な恵みと恵みからの堕落の可能性をウェスレーは主張します（*BE*, 19:332f.）。そして、ウェスレーの恵みの普遍性の主張は説教「自由なる恵み」（*BE*, 3:544–559）に、抵抗不可能な恵み理解を否定することは彼の作品（*Works*, 10:358–361）に、また、国教会での抵抗可能なる恵み理解に彼は言及します。[122] 神の本性的性格の恵みと神の愛との同一視は東方の特徴だけでなく、国教会との関係で言うと、ウェスレーは神の恵みを神の尊厳性（sovereignity）、主権性よりも神の愛に基礎づけたのです。[123]

私たちはウェスレーの神学理解を見てきました。ウェスレーは西方のプロテスタントの伝統で成長しましたが、国教会の伝統はギリシア教父による東方の霊性で形成されていたため、東方の考えに影響され、エキュメニカルな神学者でした。西方のキリスト教界では理解できない様々な教理があります。人間を形成する神の像理解、業による義と誤解される先行の恵み理解、自然神学の「自然的知識」ではない、「恵み深い知識」の把握、啓示と理性との適合性など、西方社会では批判の対象になりうる考え方でウェスレーは神学を形成したのです。この神学を受け入れられなかった一八世紀の西方の神学者に対し、ウェスレーは距離を置かせざるを得ませんでした。その意味でも、ウェスレーの神学形態がキリスト教の新しい時代での先駆的思想の働きを私たちに与えることになるでしょう。それでは、ウェスレーと自然科学・哲学との関係はどうであったのか、一緒に考えてみましょう。

第二章　ウェスレーの自然科学思想

ウェスレーは西方、東方の両世界に生きました。西方の伝統に立つと同時に、東方の世界にも生き、西方の伝統から東方の考え方を批判しながら、同時に、東方の世界から西方の概念をも批判しました。しかも、東西の意見の相違を相互に認めながら、愛において共に生きることを熱望したのです。私たちが西方の世界に生きる時、ウェスレーの考えを受け入れるのに困難を覚える個所があります。しかし、私たちが両方の世界で生きているならば、両者の伝統を尊敬し、他者の伝統を承認すると同時に、共に生きていくあり方を求めなければならないでしょう。私たちが第一章から学んだことは、東方の影響下にあったウェスレーが固有な理解によって西方の考え方を批判し、新しい世界を構築したことを私たちは学ぶことです。

第二章で私たちはウェスレーと自然科学との関係、第三章でウェスレーと哲学との関係を考えたいのですが、この両章にわたる私たちの議論の中心問題は理性と感覚との関係です。

歴史的に言うと、認識論という問題は一七世紀から一八世紀の英国において自然科学や哲学の世界で論じられました。ウェスレーは固有な宗教理解の根源を認識論に置き、この認識論でウェスレーは様々な宗教議論を展開しましたので、ウェスレーの宗教思想が充分に解明されるために科学や哲学の思想的問題を時代に即して検討することが不可欠です。

ウェスレーと国教会神学者たちの間の哲学的問題を語るならば、それは知の問題、つまり、認識論の問題です。国教会の人々は理性によって対象を概念化することで知が与えられるとします。それゆえ、彼らは宗教知識を理性以外の場に直接基礎づける人々に、極端に敏感でした。しかし知の基盤を理性に置くのか、あるいは理性以外の場、たとえば感性・体験に基礎づけるのか、という認識論の問題が一七世紀から一八世紀にかけて科学や哲学の世界で論じられました。それゆえ、この作業を行う前に、近代科学や哲学議論で深い関心を持つ認識論の意義を述べておきましょう。

認識論とは難しい言葉ですが、知の問題に深い関心を寄せる学問です。知識の起源はどこにあるのか。理性か、それとも、感性か。知識獲得に際し、理性と感性はどのような関係にあるのか。また知覚、印象、経験、意識等の概念は知識構成にあたり理性的に把握されるのか、あるいは感性的なのか。最も確かな知識を人間に与える働きは理性、あるいは感性でしょうか。知識は間接的・理性的宗教知識なのか（理性を通して知識は間接的に、つまり、理性という概念を通して人間に理解）、あるいは、直接的、感性的知識なのか（心を通して知識は直接に、つまり、感覚を通して人間に理解）。知はいかに成立するのか。知る対象は知られる対象に直接参与するのか、あるいは間接的参与に過ぎないのか。知にはどのような確かさが伴うのか。論証的確かさか、蓋然的なものか。認識論と形而上学の関係はどうなのかなどが論じられます。ウェスレーが生きた一八世紀は一七世紀以来の知の問題、特に認識論に深い関心を寄せ、一八世紀の宗教思想もまさに一般諸科学の世界で論じられる認識論と密接な関係にありました。ウェスレーはアルダスゲイトで与えられた聖霊体験で知の問題にその特徴を見ることのできる認識論を展開したのです。

英国の思想史の流れで、特に一七、一八世紀での科学的、哲学的伝統との関係で展開される認識論に私たちの目を向け、ウェスレーが認識論の構造とその内容をどのように分析し、彼の認識論が神学理解にどのような機能をなしているのか、理解してみましょう。哲学的議論を論じる前に、当時の哲学論議に大きな影響を与えた科学議論に私たちはまず注意を向けましょう。なお、現代では科学は自然科学と呼ばれていますが、一七・一八世紀の時代、ウェスレーが自然研究を『神の創造的知恵の概要・自然哲学概論』、ニュートンが『自然哲学の数学的諸原理』と著わしたように、当時は自然研究を『自然哲学』と呼びました（『ウェスレー』二五七—二六〇頁）。しかし本書では自然科学と表現します。この自然科学を述べる前に、ウェスレーと国教会が理性をどのように考えていたか、理解しておきましょう。

第一節　ウェスレーと理性

1　国教会の理性的信仰

フッカー（Richard Hooker, 一五五四—一六〇〇年）は一七世紀の国教会の神学的立場を形成しました。彼は従来の教会が告白した聖書と伝統に真理認識として理性を追加し、ウェスレーも国教会の司祭として信仰の真理判断として聖書、伝統、理性を大事にしました。啓蒙主義は理性を尊重する時代です。従って、教理判断の資料でウェスレーは国教会の多くの人々と同様に、聖書、伝統、理性を用い、しかも、知ることと感じることを一体的に捉える体験理解をも主張しましたが、国教会はこの体験理解の日常的意味だけを認め、認識論的には否定したことを第三章で述べましょう。

ウェスレーは一七三八年のアルダスゲイト体験で確証に基づく福音理解を展開し、教理判断の資料貢献に体験の役割を明確にしましたが、ウェスレーは日ごとの体験理解だけでなく、一七世紀以来の聖書・伝統・理性に加え、体験を認識論の真理判断として用い、特に英国経験主義者ロックの身体的感覚経験（目・聴覚・鼻・味覚・嗅覚の感覚的五感）と比論的にフランスの哲学者マルブランシュの霊的認識論（魂の目・聴覚・鼻・嗅覚・味覚の霊的五感）の影響によって「知覚される聖霊」理解、聖霊の証で与えられる愛・喜び・平和を心で知る、知覚される宗教理解を展開しました。つまり、一七三八年以前のウェスレーは国教会の人々と同様、罪の赦しを地上での体験不可能と考えましたが、アルダスゲイト体験で、聖霊の働きで与えられ、心に知覚可能な内的意識（愛・喜び・平和）を宗教知識の直接的対象とし、心理的に知覚可能な内的意識に罪の赦しと神の子の確証を発見する、「知覚される聖霊」の働きを展開したのです。ここに野呂の実存的概念ではない、心理学的な概念をウェスレーは展開したのです。

国教会はロックの身体的認識論、それゆえ、ウェスレーの神学的認識論を認めません。ウェスレーと国教会は聖書、伝統、理性、日常の体験の真理判断で相互に同意しますが、認識論的に体験を宗教認識の一部とするかどうかで、両者の立場は異なり、国教会はウェスレーの認識論を熱狂主義と批判しました。そこにウェスレーと国教会との関係が複雑になり、国教会の指導者スミスはウェスレーの「知覚される聖霊」理解を批判し、理性（知性）と感性（体験）との認識論的優先順位を論争の主題に導きました。理性を知識の基本的性格とするのは一八世紀の啓蒙主義時代、従って、国教会の思想的特徴でした。

ケンブリッジ・プラトニスト（*BE*, 11:55）は国教会穏健派（後述）の立場をさらに推し進め、一七世紀英国のプラトン研究の拠点を確立し、ヒューマニズムの思想を継承し、フーカーの思想的影響下にありました(1)。この学派の創始者にウィチカット（一六〇九—八三年）、カドワース（一六一七—八八年）、モーア（一六一四—八七年）等がおり、彼らはホッブスの唯物論的、無神論的風潮に対し、また、ピューリタンの権威主義的、教条主義に対し鋭い批判を向けました。特に後者に対して、究極の権威は外的ではなく、個人の理性と良心であり、神から与えられる理性で人間は神に繋がり、そこから神に対する応答の義務が生まれます。彼らは信仰と理性の調和から生まれる倫理生活を語り、宗教の究極的目標を倫理生活の確立に求めました。この新しい時代の幕開けを哲学的に基礎づけたのがロックでした。

ロック（一六三二―一七〇四年）はピューリタンとして育てられましたが、一六六〇年頃、ピューリタンから離れ、それ以降国教会穏健派に属しました。ロックの宗教思想に影響を最も与えたのはケンブリッジ学派で、ロックは国教会の教職、ウィチカットの教会員でした。また、ロックとカドワースとの親交も周知の通り、カドワースの娘はロックの恋人で、ロックは理性による自律的・主体的人間を主張しました。信仰は理性とよく適合し、「キリスト教とは何と平明（plain）、単純で（simple）、よく分かる（reasonable）ものであろうか」[2]とロックは『キリスト教の合理性』（一六九五年）で語ります。信仰は反理性的でなく、「不合理なるゆえにわれ信ず」は「悪しき原理」[3]です。

また、ロックは理性を超える啓示の出来事を承認しますが、この啓示の真偽の判定者を理性に限定します。ロックはピューリタン、クエーカーの宗教的熱狂を嫌い、狂信を理性にも啓示にも由来せず、のぼせた、思い上がった頭脳のうぬぼれに過ぎないと考え、反対に信仰、啓示は心の確固たる理性的同意に基づくと理解します。ロックは理性的同意に基づくキリスト教の個性を倫理的性格と考え、神学を倫理学で捉え、彼の主題を倫理哲学とし、この倫理の内容を聖書の啓示に求めました。彼の思想はこの「倫理と宗教」の確固たる基盤の上で展開され、彼の哲学的主著『人間知性論』（一六九〇年）は純粋な認識論の作品だけでなく、倫理的宗教の確固たる基礎を問う文脈でも読まれました[4]。ロックは倫理の真の基礎を最終的には啓示宗教に求め、『キリスト教の合理性』を出版し、聖書の物語に完全なる倫理を発見し、キリスト教に高い倫理性を与えました。イエスが啓示で与える倫理は「完全なる倫理体系」を示し、理性と一致し、「倫理の明晰で直接的規範である」[5]とロックは言い、また、「福音書は倫理学の完璧な体系を含んでいるので、理性はその探求を免れるであろう。理性は理性自体よりも、啓示に人間の義務をはるかに明晰かつ容易に発見することができる」[6]と言います。

ロックは経験主義の哲学者として理性ではなく身体的感覚を基本的証言とする心理学的認識論（理性的ではなく、心理的に対象を認識する認識論）を主張しましたが、宗教に関し、デカルトの影響下で理性を基本的証言とする合理的宗教理解を展開したのです。ロックは認識論を展開した主著『人間知性論』の五年後に匿名で宗教書『キリスト教の合理性』を出版しましたが、この宗教書は『人間知性論』で論じられた認識論的原理ではなく、常識と平明さの視点から展開し、一八世紀の英国指導者たちはロックの『人間知性論』の認識論を軽視し、『キリスト教の合理性』の合理的宗教理解を高く評価したのです。

事実、ロックは『人間知性論』で認識論を展開したのは第二部で（ウェスレーが抜粋した『人間知性論』は第二部のみ）、第四部で合理的宗教理解を論じました。国教会の人々は宗教議論だけでなく、哲学的認識論でも理性を土台とする議論を前提にしたので、一八世紀の国教会の人々が受け入れたのは『人間知性論』の第二部ではなく第四部でした。そしてロックの観念に基づく認識論は当時の思想界から多くの批判を浴びました。しかし『人間知性論』の第四部で論及された、理性に基づく宗教理解は英国の人々に歓迎され、時代の指針になりました。国教会が承認したのはロックの『人間知性論』の二部ではなく四部で、しかも『キリスト教の合理性』でした。「大切なことはロックが最終的に受け入れられた立場はデカルトの合理論でした。……そして一七世紀末に至りロックの合理主義は人々に歓迎され、一八世紀初頭には合理主義が完全に勝利を占めた」とロック研究者は言います。[7]それゆえ、ロックやケンブリッジ・プラトニストを伝統に、その内に基礎を継承する国教会は理性を軽視する現象、つまり、ピューリタン革命に対し危機感を抱いたとしても驚くに値しません。ウェスレー自身もロックの認識論を用いて神学的認識論を展開したので、多くの厳しい批判を国教会から向けられたのです。では、国教会の神学的立場を見ておきましょう。

(1)理性的同意としての信仰

国教会を制度的にも神学的にも体系化し、確立したのは一六世紀の神学者フッカーです。フッカーが国教会に思想的な影響を与えたのは宗教改革とヒューマニズムの精神です。特に彼が思想的に明確にしたのが理性の役割です。彼以前、国教会の人々は宗教知識の権威を聖書と伝統に置きましたが、フッカーはこの二種類に第三の権威として理性を確立し、教会の絶対的権威を主張するカトリック教会に、また、神と聖書の絶対性を断言するカルヴィニストに対し、国教会の神学的正当性を擁護します。ピューリタニズムは人間の主体的な選択による救いを不可能とする二重予定論を主張しますが、フッカーは人間の主体性を打ち立て、人間の理性を重視します。救いはある特定の選ばれた人々にではなく、全ての理性的な人々に賦与されるのです。

ピューリタン革命で一時期嵐が吹き荒れた国教会を精神的に確立したのがフッカーで、彼の思想は一七世紀の「国教会穏健派」と呼ばれる人々に継承されていきます。彼らは広教主義運動の先覚者チリングワース（一六〇二―四四年）、カンタベリーの大主教ティロットソン（一六三〇―九四年）、ウースター主教のスティリングフリート（一六三五―九九年）等がいます。彼らは信仰を理性的同意（理性に従う信仰）と捉え、救われる確かさをロックと同様、倫理生活に置きます。彼らの宗教思想の原点は実践（良き働き）を伴う信仰で、この思想は一七世紀だけでなく一八世紀の国教会の宗教思想をも貫通します。

国教会穏健派は信仰を理性的同意と定義します。理性に反する思想は信仰の対象になりません。信仰とは「理性に従って判断する人間の行為[8]」とスティリングフリートは定義します。つまり、神との無限の断絶に悩める自己理解と宗教改革者たちが述べる実存的信仰理解は、国教会穏健派の理性的信仰の領域にありません。国教会の人々が「不合理なるゆえにわれ信ず」を「悪しき原理」と理解したのと同様、理性との断絶を媒介することで宗教知識は与えられません。神は存在する、との命題に知的承認を与えることが信仰です。この知的承認が信仰であるのは、神は存在しない、との命題を真であると判断することも自由だからです。但しこの判断は非理性的だと了解されます。「神の求め給う同意の性格は理性的なものに良く釣り合っている[9]」（傍点原著）とスティリングフリートが語る如く、信仰と理性はまさに適合し、宗教とは理性的で、キリスト教と理性との適合性は国教会穏健派の基本的立場であったのです。

信仰は反理性的な教えに理性的同意を与えることはできませんが、理神論者が否定する三位一体、死者の復活、奇跡などの超理性的教義に対し、信じるのに十分な理由が与えられるならば（聖書・伝統の権威などを通して）理性的同意を与えることが出来ると、国教会穏健派の人々は主張します。ティロットソンは「信ずるのに充分な根拠と理由が与えられているならば、理性によって理解しえない事柄を信ずることは理性に矛盾しない[10]」と言います。神の啓示への信仰は、啓示される事柄に対し充分な理性的理由が前もって与えられれば、成立します。ティロットソンによると、理性的認識で「啓示される事柄が基礎づけられ[11]」、「信ずべき充分な理性的理由なしで何事も信ずることは出来ない[12]」（傍点原著）とスティリングフリートは述べます。三位一体の理解に対しチリングワースは言います。この教義の「意味は不明瞭で、……その三位一体のあり方も不明瞭、人間の理性では把握不可能です[13]」。しかし教会の伝統に支えられ、三位一体を信ずることは合理的で理性に矛盾しないと彼は言います。超理性的教義は信ずべき理性的、合理的理由が与えられて初めて成立するからです。「信ずることは理性の証言に矛盾することはない」「信じないことは理性に矛盾する」という考えで信仰と理性に関する国教会穏健派の基本的理解が示されたのです。

神を知的に理解することは有限な人間にとって不充分な知識（人間の認識は全て相対的）に過ぎませんが、理性的宗教知識を語る国教会穏健派の立場を一八世紀の人々は受け入れます。ウェスレーはロックの認識論に賛同する学者の書物だけでなく、その批判者にも関心を向けます。国教会の牧師、リー（Henry Lee）が書いた『懐疑主義批判』（一七〇二年）はその一冊で、一般的理性能力が及ぶ範囲内で有限な人間が真理を把握すれば十分だとリーは言います。理性の推論で神や空間の無限性の概念を人間は持つことができますが、無限性そのものに関し適切な概念を持つことは不可能です[14]。同様、神の本質に関する超理性的宗教概念に対し、この存在の本質を理解することはできませんが、神の存在を言い当てることは人間の理性で与えられ、それゆえ、理解不能な存在を信じる積極的理由は人間にあり、それで充分だと言います。[15]

一八世紀の代表的形而上学者でプラトン哲学者、しかも、ニュートン、ロックの代弁者のクラーク（一六七五―一七二九年）がおります。クラークは主著『神の存在と属性に関する論証』（一七一六年、以降『論証』と略記）で神の存在と属性を論証しますが、神の本質は人間理解を超え、この点で、スコラ哲学が神を「純粋現実有（actus purus）」と定義しましたが、この神概念は空虚で無意味だとクラークは批判します。[16]ウェスレーは国教会の聖職者でもあったリーやクラークに関心を持ち、彼らの文献にも触れ、知識の本質的性格は理性的で、理性的に規定される心の働きに知識の確かさを置き、啓蒙主義時代に確認された宗教理解の知的不完全さ・相対的知識を学びました。

相対的認識を一言述べておきましょう。国教会穏健派のチリングワースは広教主義運動の先駆者で、広教主義派の一つの特徴は教義、教理の単純化と幅広い教会制度の在り方を主張します。彼らは宗教上の教義をなるべく簡単なものに限定し、それ以外のものは「非本質的な」こととし、礼拝形式等も聖書に反しない限り伝統を尊重し、決めていくことができるとしました。これに対し、一六世紀後半より一七世紀後半にかけて国教会とピューリタンの間で宗教上の激しい対立が起こり、ピューリタンは多くの教理や教義、さらに教会制度を「非本質的な」ものと考えず、[17]自分たちの主張する教義、教理、また教会制度を認めない国教会やクエーカー、カトリック教会を「神の敵」「反キリスト」「獣の国」と激しく批判しました。この過激な思想についていけない英国民衆はチャールズ二世を迎え、一六六〇年に王政復興、さらには一六八九年の名誉革命で信仰の自由を原則的に確立しました。

他方、宗教改革者ルター、カルヴァンは相対的認識を否定し、差別思想を展開しました。自分の弟子のミュンツァー等がドイツ農民の農奴制全廃・税金問題のために立ちあがり、そのために一五二四―二五年に起こった農民戦争で、ルターは国家権力を承認するローマの信徒への手紙一三章一—五節に従い、農民たちを「打ち・刺し・絞め殺せ」と、自分の弟子たちや農民の虐殺を諸侯に依頼しました。同様、カルヴァンも世俗権力下で教会改革を行いましたが、三位一体問題でカルヴァンの考えに従わないセルヴェートスを市当局に命じて殺害命令を下し、一五五三年に断行されました。

ルター、カルヴァンは弾圧される時、迫害を否定しましたが、これは迫害を悪と捉えたためではなく、自分たちの真理が迫害されてはならず、自分たちこそが唯一真理の保持者、絶対的真理の確信者である、従って、自分たちの宗教理解は知的に不完全でありえず、人間の相対的認識を認めず、自分たちと異なる意見を持つ者に極めて不寛容となり、意見の多様性・異質性を否定したのです。勿論、ルターやカルヴァン、ピューリタンは自分たちが迫害される時、個人の自由、信仰の内面性を訴え、民主主義社会の幕開けに貢献したことは事実ですが、寛容思想とは別の道を歩んでいたのです。

啓蒙主義時代を生きたウェスレーはロックの『寛容に関する書簡』（一六八九年）の影響下で生きました（『宗教思想』八八—九四頁）。ウェスレーは人間思想の相対的認識を認め、真理の確信と同時に、真理への相対性を求める寛容思想を主張しました。この寛容思想のテーマを扱ったのが一七五〇年の説教「カトリックな精神」（*BE*, 2:81–95）です。真理への確信のない真理理解は懐疑主義・内部崩壊に、真理への相対性の深い洞察を欠いた真理への確信は人間を熱狂と不寛容に導くとします。確固たる確信を持って「われわれは考える」と同時に、それを唯一の知的真理の表現とはせず、自分の確信にオープンな態度で臨み、真剣に「相手にも考えてもら」います。確信を持って意見は表明されるべきですが、同時に常に誤りうるもので、他者の意見にオープンであるべきです。意見は常に誤りうる人間の知的解釈なのです。ウェスレーはルターの信仰の内面性を評価し、カルヴァンの殺害を徹底的に否定しました（*BE*, 2:376–379）。

全ての人間は自分の思想の限界（相対的認識）を承認することだと述べるウェスレーは「自分も考えるし、相手にも考えてもら」い（we think and let think）、「意見を異にすることに同意する」（agree to disagree）ことを求めました。ウェスレーは自分の意見を確信すると同時に他者の意見をも尊重します。「自分も考えるし、相手にも考えてもら」い、「意見を異にすることに同意する」ことです。お互いに意見を他者に強制してはならず、お互いに信ずるところに従って自分の行動を導くべきです。礼拝形式も自分の意見に則して為されます。国教会の礼拝形式であれ、長老派、独立派、あるいはクエーカーの礼拝形式であれ、それぞれの意見に従ってなされればよいのです。全ての人々が自分の意見を持ち、自分の望む方法で礼拝を行うことがウェスレーの願いでした。広教主義運動の考え方と言えるでしょう。

ウェスレーは確固たる自分自身の立場からカトリック教徒、予定論者、アリウス主義者などを厳しく批判し、彼らは誤っている、危険であると断言します。しかし同時に、「頑迷とは、われわれ自身の党派、意見、教会、宗教への強すぎる愛着や愛好を意味する」（*BE*, 2:76）と彼は説教で述べ、自分自身の立場の絶対化を否定し、国教会から分離したクエーカー、バプテスト派、長老派、独立派などの諸教派を批判します。彼らは意見に過ぎない礼拝形式にこだわり過ぎたのです（*Works*, 8:242f.）。明確な意見を持ち、それに従って行動することは、自分と異なった人々との交わりを拒否するいかなる理由にもならないのです。

最も大事なことはキリスト者の気質・愛・心です。「意見における相違、あるいは礼拝形式の相違は人々との完全なる外的一致を妨げるかもしれないが、気質における一致を妨げるであろうか。私たちが同じように考えられなくても、同じように愛し合うことはできないのか。同じ意見を持たなくても、一つ心であることはできないのか」（*BE*, 2:82）。当時の社会でプロテスタントがカトリックと統合することは考えられない時代でしたが、ウェスレーは教皇制度や化体説、煉獄など教義的相違を認めつつ、カトリックとの愛での一致を求めたのです。「たとえ今なお、私たちが全ての事柄において同じように考えられなくても、少なくとも同じように愛しあおうではないか」（*Works*, 10:85）。

大切なのはいかなる教理（相対的真理）を信じているかではなく（勿論、教理の確信は必須と述べるウェスレー）、プロテスタントかカトリックかという意見でもないとウェスレーは言います。チャールズの息子が一七八四年にカトリックに改宗しましたが、その改宗は宗教の変化ではなく、甥が「自分の意見と礼拝形式を変えた」（*Letters*, 7:216, 傍点原著）に過ぎないと言います。真の宗教を構成する要因はキリスト者の愛、つまり、神と隣人に仕える愛の生活、愛によって働く信仰に生きているかどうかです。もしそのように生きているならば、その人がカトリックであろうと真のキリスト者で、共に生きる同労者です（*Letters*, 7:230f.）。この点でウェスレーの宗教改革者たちへの批判は顕著です。彼らはキリスト教の本質的事柄として宗教性の改革、つまり、気質や愛の生活の改革ではなく、当時の意見と礼拝改革という周辺的な事柄を改革したに過ぎないとウェスレーは批判します（*BE*, 2:465）。彼が宗教改革者たちと基本的に異なったのは、教義的側面よりも（ウェスレーは教義的側面を重視）、気質や愛の側面であったのです。

但し、それぞれの自分たちの意見に従って礼拝を施行することはウェスレーにとってどのような意見、礼拝形式、宗派でも良いのではありません。しかし寛容思想が真理への無関心に堕していく状況が一八世紀の理神論者たちに見られました。特定の意見・礼拝形式・宗派に縛られることなく、どのような立場でも良いとする、真理に対する一種の懐疑精神が理神論者たちの心を蝕みました。私たちは迫害を肯定する不寛容を決して認めることはできませんが、同時に、無関心へと堕していく寛容も同じで、キリスト教と他宗教との対話の可能性を探求すべきです。

(2) 理性的・道徳的信仰生活

中国教会穏健派が関心を寄せる宗教理解は中世と同様形而上学の世界です。但し、中世は近世と異なります。中世で神学者たちは形而上学的、数学的論証の道で神の本質を直接把握できるとし、これを知（science）と呼びますが、国教会穏健派は有限なる人間が無限なる存在を直接把握できないと述べます。つまり、人間の相対的認識の主張です。有限者は無限者の「本質と完全性」[18]を理解できないとティロットソンは述べ、この理解を求めるのは「非理性的事柄」[19]であるとスティリングフリートは語り、神の本質的知を中世は理解できると語るのに対し、国教会穏健派は不可知論（相対的認識）を端的に承認します。どうして彼らは不可知であることを認めたのでしょうか。それは彼らが理性の働きを中世の人々と異なって理解したからです。

中世の人々は形而上学的世界の本質を形而上学的、数学的論証で主張します。定義から始まり、公理、定理、証明……という論理的手続きを重んじる数学的合理主義は中世スコラ学の特徴でした。しかしこの形而上学的な合理主義に対し、宗教知識にふさわしい理性の性格は、宗教を論証で直接把握できる形而上学的、数学的性格ではなく、理性的な人間であれば誰もが快く承認できる理性の働きだと国教会穏健派は述べます。中世の形而上学的、数学的論証方法の誤りは人間の自由なる判断も、人間の意思・行動の参加も認めないからです。

2プラス2は4という命題に対し、この真・偽の人間による判断は不自由で、その命題に人間の同意は強制され、同意・拒否する意思の参加は認められません。自由なる判断と意志の参加を無視する宗教知識・信仰は人間に与えることはできません。形而上学的、数学的論証で得られる知と信仰とは全く別のものです。国教会穏健派は言います。「3が4でないように信仰は知ではなく」[20]とチリングワースは語り、理性とは「公かつ確かなものであり、あらゆる人間の検討と吟味の対象」[21]となり、このような性格を備えた「理性以外のいかなるものも神は人間から求め」[22]ないのです。国教会穏健派は理性に関し、ある特別な人間が営むことの出来る論証的真理探究という理解から、全ての人間が公共的理性の遂行で真理探究に至る理解に転換させました。

真理は全知の存在者に可能であるとの中世的な考え方から、真理は理性的な人間にあり、主体的生き方の中で確かめられる、と語る近代的な考え方に転換したのです。この転換で、真理それ自体の本質的把握は有限者に不可能という知の限界が端的に表明され、ここでも学者・論理学者ではなく、一般庶民、民衆による知識体系が方向づけられます。絶対的真理の不可知論の承認、即ち人間認識の相対性の承認は新しい科学の勃発と共に深く自覚され、啓蒙主義の寛容思想に人々を導くようになりました。国教会穏健派は理性の世俗化、真理の相対化を主張したのです。知識は神聖、特殊、特別な領域での事柄と語る中世的思考ではなく世俗、一般、公共の領域で語られる近世的思考への転換です。これは神中心、信仰中心、教会中心という視点から人間中心、理性中心、世俗中心という思考への転換を、あるいは、真理を客観的、超越的に理解することから主観的、内在的立場への転換を意味します。[23] つまり、近世とは学者・論理学者による、中世の形而上学的世界を構築することではなく、一般庶民、民衆にその問いと応答を求め、近世の知識体系を構築することです。人間が観察し、人々と出会い、その中で実践生活の在り方や生き方を深く検討する信仰生活がそこから生まれてきます。ウェスレーが生きた一八世紀とはこのような日常的な啓蒙主義の時代でした。そしてウェスレーは国教会穏健派の考え方を引き継ぎ、当時の啓蒙主義的考え方の多くを継承し、時代的に啓蒙された人々の生き方や考え方を検討し、庶民が自主的に参加できる自然治癒法や病人訪問医療体制、協議会や睡眠、食生活、健康維持などの諸活動を展開しました。ウェスレーは体験理解を日常生活の出来事で理解したのです。

話を続ける前に、神の誠実さに一言触れておきます。ウェスレーが合理的なキリスト教理解に積極的に同意することを後で述べますが、この主張の背後に「神の誠実なること」(God's veracity) への深い確信がありました。神は聖書にご自身を誤ることなく顕しており、また聖書に顕しておられるご自身の姿を人間の理性が誤って理解することを神はお許しにならないという確信です。聖書で約束された事柄を神は誠実に行います。「『清くならなければ、だれも主を見ることはできない』(ヘブライ一二・一四) という神の言葉は人間を欺くことはできない」(*BE*, 2:142) と語り、しかし「この神の誠実にも拘わらず、もしあなた方が神の置かれた条件をみたさないならば、あなた方はその約束を得ることはできないと述べます (*Works*, 10:290)。人間の理性認識とそれに基づく宗教生活の確かさを保証する「神の誠実」という概念をティロットソン、スティリングフリートなどの国教会穏健派の人々は主張しました。

ティロットソンは述べます。「もし神が真理の神であるならば、このことは次の保証を人間に与える。即ち、神は人間を欺かず、神が人間に与えておられる理性能力は正しい[24]」。スティングフリートも語ります。「真実の知の成立は次の前提に基づいています。即ち、人間が明瞭に理解した事柄が欺かれることを許し給わない善良なる神が存在していること。また信仰の行為の成立も同様である。人間に啓示された事柄が欺かれることを許し給わない神が存在しているので[25]」。ここにも啓示の働きが理性的知とではなく実践的知と結びつけられています。さらに述べれば、人間の理性を欺かぬ「神の誠実」という概念はデカルトが自分の理性主義的哲学を背後から支える形而上学的確信でもありました[26]。ウェスレーは啓示理解と共に合理主義的キリスト教理解も宗教の一つの真理理解であることに何の疑いをも抱いていなかったのです。なお、野呂はこの神の誠実概念を旧約聖書伝統内に置きますが（『生涯と神学』四七二―四七三頁）、私たちはこの国教会の伝統を含む一七世紀合理主義精神の知識の堅実さにも見ます。

ウェスレーがブラウンの『人間悟性の方法』を抜粋したことを前述しました。この抜粋集でウェスレーは次のように述べます（*Survey*, 5:196–199; *Procedure*, 230–240）。宗教知識獲得にふさわしい理性の働きは知性の自由なる同意を求めますが、同意だけでなく意志の参加をも求めます。ここには中世から近世への主体的価値転換が見られます。この理性は人間の主体的意志と無関係に真理に「同意することができない」。宗教生活を倫理生活、即ち、主体的な応答との深い関わりで捉える理性的、倫理的宗教の主張が一七世紀に引き続き一八世紀でも語られます。ウェスレーは『人間悟性の方法』で中世の主張する「数学的確かさ」と近世の「倫理的確かさ」の主張の相違が各々並列的に挙げられる個所を抜粋します。「数学的確かさ」とは「知や論証」によって得られる「不可謬」な確かさで、意志の同意を求めず、知性の同意を「強制し強奪」します。そのため「数学的推論は自然宗教、また、啓示宗教においてもその場をほとんど持たない」。宗教知識（啓示宗教であれ自然宗教であれ）に伴う確かさはこのような「数学的確かさ」ではなく、自由なる同意に基づく主体的な信仰と意志的応答を求める「倫理的確かさ」とされます。倫理に基づく自然宗教を一つの知識形態であることを認めるウェスレーはルターとの相違を示す一例です。

国教会穏健派は宗教知識を理性的同意と自由なる意志の参加に求めますが、後者をもう少し説明しましょう。信仰とは宗教的命題、たとえば神は存在する、という命題に理性が同意を与えることです。しかし理性的同意としての信仰を告白するだけでは救いは不充分で、命題への服従に進む必要があります。理性的同意には必ずその命題の内容に即した倫理生活が必要で、愛する神が存在すると語る知的承認から隣人への愛の行為が生まれ、義なる神であれば正義の行為が生まれます。知的同意としての信仰に必ず実践を伴う信仰生活へと進み、信仰生活の完全なる服従を通して信仰の本質は成熟され、救いは完成されていきます。

信仰の成熟、救いの完成を倫理生活で検討する国教会は、信仰によってのみ義とされる、あるいは神の恵みだけで救われると語る、いわゆるプロテスタントの教えを強調しません。彼らはむしろ信仰と服従による救いを語り、救いの確かさを倫理的服従に置きます。チリングワースによると「義認とは……約束なのだから、義認されるべき人間の側に、福音の要求する服従を必ず前提すべきです」[27]。そして福音が要求する服従として罪を悔い改め、真正な倫理の成就が求められます。この準備が人間の側で充分に果たされる時、神の義がその約束として人間に与えられます。従って、神によって受け入れられる救いの確証は信仰ではなく、良き働き・倫理生活に求められます。これは国教会の信仰理解で、ウェスレーも同意します。

チリングワースは述べます。「愛によって働く信仰以外に、神に受け入れられるものはありません。どんな信仰も、それが芥子種ほどの小さいものに過ぎなくても、もし愛によって働くなら、確実に神に認められ、受け入れられるでしょう」[28]。ティロットソンは次のように述べます。「神によって義とされ、受け入れられるための最も大事なことは神の命令を守り、愛によって完成される信仰を持つことです」[29]。国教会によると、聖霊の働きが与えられるのは、人間が神理解の実存的知識を得るためではなく、完全な宗教的な倫理的生活を促進させるためです。この点でウェスレーは国教会の倫理的な考え方に同意しますが、認識論的な考え方を否定します。その理由は、国教会がロックの認識論を受け入れなかったからです。次のように言えるでしょう。

ウェスレーは聖霊の働きを人間の罪を赦す神の働き（義認・信仰のみ、つまり、プロテスタントの特徴）と人間に力を与える神の働き（聖化・聖なる生活、つまり、東方の特徴）に区別し（『救済論』一八〇―一八二頁）、罪の赦しと人間への力の授与としての二重の聖霊の働きを強調したことを一章で学びました。ウェスレーは東方的な人間に力を与える聖霊の働きで、信仰と倫理生活の両者に人間の救いの成就を求める国教会の考えに同意しますが、ロックの認識論を霊的に解釈することで、聖霊の働きで与えられ、心に知覚可能な内的意識（罪の赦しと神の子の認識）を宗教認識の直接的対象とし、心理的に知覚可能な内的意識に神が人間の罪を赦す働きを基礎づけましたが、国教会はロックの感性的な認識論を認めなかったのです。

このように、ウェスレーは義認信仰（罪の赦しと神の子の認識）に聖霊の働き（人間の罪を赦す働き）が必要だと述べますが、国教会は義認信仰ではなく、人間の病を癒す力としての聖化（聖霊の働き）に人間の救いの原点を置き、堕落した本性を回復する治癒的イメージを強調し、義認よりも聖化（実践・愛を伴う信仰）に救済論の中心を置きます。国教会はウェスレーが述べる、聖霊の働きで人間が赦され、神の子であることの必要性を検討の対象と捉えず、聖霊は完全な宗教的な倫理的生活を促進させるために働くと国教会は（ウェスレーも同様に）語ります。命題に対する知的同意に聖霊の働きは不要ですが、倫理的な信仰生活には必要です（国教会は聖霊の働きを心ではなく、人間の理性・意志と結び付け、人間の主体性を強調し、聖化を倫理的に捉え、ケンブリッジ学派・ロック等の学者たちも同様の倫理概念を強調）。

スティリングフリートが述べるように、宗教知識は「神の霊によって啓蒙される確固たる心の同意」に基づいて成立するのではなく、神の霊の主な働きは聖書で述べる倫理生活に「服従するように心を高めることにある」[30]。国教会は宗教理解の確実なる知識を知的領域ではなく、倫理的領域で考えます。宗教世界での知識の確かさはチリングワースによれば、「倫理的」[31]です。但し、国教会は知的対象を感性的な心の働きの認識、心の認識論的理解（実存的知識）ではなく形而上学的な神理解と捉えます。永遠性、無限性などの神の知的性格は人間思索の直接的対象になりませんが、神の倫理的属性はなるとティロットソンは述べます。「もし人間が神の善・正義・真実について確実な、はっきりした考えを持っていなかったら、神はまったく分かりにくい存在者になってしまう」[32]。神の存在を承認する国教会の信仰は救いの成就を、明白な概念を持つ神の倫理的性質（愛、正義、真理……）の実現に置きます。国教会によると、信仰、聖霊、啓示の主たる働きは神に関する知的認識の確信ではなく、人間の具体的な倫理生活で具体的な指針を与えることでした。前者の確信はウェスレーを批判し、後者の考えにウェスレーは同意します。

国教会穏健派は中世と異なり、形而上学的神を知的論証の直接的対象とせず、ウェスレーもこれに同意します。国教会は永遠性、無限性などの神の知的性格を人間思索の直接的対象にせず、アリストテレスの形而上学を神学から排除します。しかし国教会はウェスレーと異なり、形而上学的論証のみならず、信仰、聖霊、啓示を通して心に与えられる宗教理解（実存的理解）を心の直接的な対象にせず、対象を倫理的な宗教理解にしたのです。国教会は宗教概念の意味を倫理的生活で明確にしますが、ウェスレーはロックの身体的認識論を比論的に適用し、聖霊の働きで霊的心・目・耳・舌・味覚の証言で与えられる心理的に知覚可能な内的意識に救いの確実性・確証を訴えたのです。ウェスレーと国教会の論争は認識論の問題でした。国教会が強調したのはロックの『人間知性論』の二部ではなく四部で、しかも『キリスト教の合理性』でした。つまり、ロックが英国で最終的に受け入れられたのはデカルトの合理論で、一七世紀末に至りロックの合理主義は人々に歓迎され、一八世紀初頭には合理主義が完全に勝利を占めたのです。しかしウェスレーは『人間知性論』の二部のロックの認識論を用いて神学的認識論を展開したのです。ここにウェスレーと国教会との論争点があったのです。

ウェスレーが義認と聖化、「信仰」と「聖なる生活」の二重性を語る時、一七三八年の出来事の義認・信仰理解の主張と、前期から後期に至る全生涯でウェスレーが繰り返し述べた聖化・聖なる生活の両者を語ることでした。しかし、聖化ではなく、信仰で救われる義認信仰の内的自覚、認識論的に心に直接啓示される救いの論証的確かさ・聖霊の確証を国教会は信仰・聖霊の働きでも獲得不可能と判断し、スミスとの論争で記述されるように、国教会とウェスレーとの間に認識論的な聖霊論の論争が起こったのです。

国教会は信仰の働きだけでなく、聖霊の証を与える聖霊の働きも人間の神理解を深めるための必要な手段と理解せず、完全な宗教的倫理生活を促進させるために働くと言います。しかしウェスレーは信仰の本質を後に述べるエレグコス（ヘブライ一一・一の言葉「確証（evidence）」「確信（conviction）」、論証的確かさを示す）と理解し、神の働きが魂に直接知覚される仕方で聖霊の証が与えられ、この証が与えられていることに気づかずに生きる信仰者は存在せず、聖霊の証は救われる論証的確信（実存的知識）を人々に与えます。聖霊の働きは宗教認識（人間の罪を赦し、神の子とする神の働き）と倫理生活（人間に力・聖化を与える聖霊の働き）の両者で必要だと述べるウェスレーに対し、聖霊の働きは認識論的に必要なく、倫理的生活に必要だと国教会は主張したのです。

私たちが見てきたように、啓蒙主義時代の一つの特徴は日常生活で人間同士の関係を重視することでした。倫理的生活が強調され、隣人愛が積極的に奨励されました。信仰は魂の領域だけでなく、人間の倫理生活全体に関わります。私たちは一般に隣人愛を個人的な私的な親切の視点で個人倫理の領域で考え、地域支援活動などの共同体倫理と無関係に宗教を語ることがありますが、国教会は私的領域以外にも、人間の基本的生存権を主張する政治や社会倫理の領域でも検討します。民衆の同意に政治的権威を基礎づけるロックの自由思想は米国の独立革命の基本精神で、「独立宣言」の「生命、自由、幸福の追求」は神より与えられた不可譲の自然権で、この「独立宣言」の精神に従いリンカーンは奴隷制度を否定しました。奴隷制度は単なる政治問題ではなく、人間の基本的生存権に関わる倫理的問題でした。これは啓蒙主義思想が述べる理性と倫理によるキリスト者の日常生活の完成で、ウェスレーが初代キリスト教を通して求めたキリスト教精神の倫理的姿でした。この日常生活の倫理的重視から私たちは何を学ぶのでしょうか。貧困者支援活動でしょうか、格差問題でしょうか、あるいは、人間と自然環境・被造物との共生問題でしょうか。

2 ウェスレーの理性的信仰

(1) 理性的同意としての信仰

ウェスレーは一七二五年、補祭試験を準備するために父の小冊子『若き聖職者への勧め』を読みました。この冊子に登場する神学者・哲学者たちはチリングワース、ティロットソン、スティリングフィートなどの国教会指導者たち、モーア、カドワースなどのケンブリッジ・プラトニストたちです。ウェスレーがこの小冊子を読み、自分のパンフレット『聖職者への提言』（一七五六年）を書きましたが、上記の国教会指導者たちの思想に触れることはほとんどありませんが、理性に関心を寄せるウェスレーは彼らを時代の思想家として了解し、受け入れたことでしょう。しかし、ケンブリッジ・プラトニストへのウェスレーの関心の深さに雲泥の差があります。モーア、カドワースの他、スミス、カルヴァウェル、パトリック、ワージントンなど、ケンブリッジ・プラトニストへの尊敬の深さが彼の作成した『キリスト教文庫』で示されています。[33] 教会史家クラッグは人間理性を媒介にしてキリスト教とプラトニズムを統合したケンブリッジ・プラトニストの思想をメソジスト福音伝道が促進したと注釈します。[34]

ウェスレーはまたオックスフォード時代以来三〇年間、理性的宗教と道徳生活を重視するジョン・ノリス（一六五七―一七一一年）の教えに従い、信仰生活を送ってきたと一七五六年の手紙で語ります（*Letters*, 3:175）。ノリスは大学のフェローを行い、後に司祭となり、ロックと親しい関係でしたが、同時に、ノリスはマルブランシュの弟子でした。マルブランシュはプラトンの伝統に立つ哲学者、そしてアウグスティヌスとデカルトの抜群の弟子でしたので、イギリスのマルブランシュと言われたノリスはロックの主著『人間知性論』を認識論的に批判した最初の哲学者です。このマルブランシュがウェスレーの神学的認識論の根源であったことを筆者は米国の博士論文で論証しました（後述）。マルブランシュはプラトンの伝統に立つことで、身体的な感覚証言（肉体の目・聴覚・鼻・味覚・嗅覚の身体的五感の証言）とは異なる霊的証言（霊的目・聴覚・鼻・味覚・聴覚の霊的五感の証言）に知識の源泉を求め、他方、ウェスレーが自分自身の宗教認識論を展開する時、アリストテレスの経験論を土台にするロックの認識論と比論的に、身体的ではない霊的な証言を求めるプラトンの伝統に立つことで、直接的な宗教認識論・罪の赦しと神の子の確証を伴う聖霊体験、つまり、「信仰義認に基づく確証理解」を展開しました。ウェスレーは身体的認識論をロックの認識論で、比論的に、神学的認識論をマルブランシュの認識論で展開したのです。

ノリスの友人であった父サムエルはノリスと同じ大学を数年後に卒業し、息子のウェスレーも若い時よりノリスに親しみました。ウェスレーは若い時、信仰と道徳、あるいはキリスト者のあるべき姿に関するノリスの書物を読み（*BE*, 18:178, fn. 326, 329）、彼が特別研究員時代に学生の小冊子にノリスの『道徳生活』（一六九〇年）を一七三四年に抜粋し、一七四一年にこの書物を出版しました（第二版・三版は一七五五年、一七七六年）。オックスフォード時代以来三〇年間、常にノリスの教え（それは理性宗教と倫理生活の主張）に従ってきた、とウェスレーは一七五六年の手紙で語ります。この手紙によると、ノリスの書物は理性と宗教に関する傑作で、書かれている内容はどの個所も真理で、この地上が滅びるまで、この書物の真理性はたとえ聖書の真理性が見失われたとしても不滅なものとして残る、と絶賛します（*Letters*, 3:173）。さらに同年の別の手紙で、自分のパンフレット『聖職者への提言』と上記ノリスの書物はいかなる点でも相違しないと語ります（*Letters*, 3:175）。

ウェスレーは啓蒙主義精神につながる理性的、倫理的知識形態を一つの宗教知識形態として尊重し、自由なる同意に基づき、自由なる意志の参加を求める合理的キリスト教という、一七・一八世紀の宗教理解を受け入れます。彼の律法理解でこの点を少し見ておきましょう。ウェスレーは『理性と宗教を重んじる人々への真剣な訴え』で啓示を信じない合理的な人間に語りかけます。

私たちはあなたがたと同様に宗教を理性に基礎づけたいのである。永遠なる理性の上に明白に基礎づけ、あらゆる点でその永遠なる理性の主張と一致し、かつ事物の本性に合致する宗教を確立したいという点であなた方と同じである。(*BE*, 11:55)

ウェスレーが理性を尊重したことは「永遠の理性(eternal reason)」、「事物の本性(the essential nature of things)」という言葉によく示されています。これらの言葉は天地のあらゆる現象の中で、神が置かれたご自分の本質である理性を示し、人間の理性はこの神の理性を把握できると考えます。理性は啓示につながります。ウェスレーが理性を尊重したことは特にプラトン哲学者のノリスやクラークの影響でしょう。

ノリスの主著『叡知的世界論』によると、知の対象は具体的事物ではなく観念です。人間が神を愛するということは、神が宇宙に置かれた「永遠の理性」、「事物の本性」を知り、それに即して生きることです(これがノリスの主張する理性的倫理宗教の内容)。ウェスレーはこのノリスの主著を抜粋しますが[35]、ノリスの書物とウェスレーの抜粋集を比較すると(二〇〇頁の書物が三六頁に抜粋)、類似点として、両者とも読者に神学、形而上学、道徳、幾何学、論理学の諸科学を推薦し、理性の限界の意義に光を与え、同時に、プラトンの伝統に立つノリスはウェスレーと同様、霊的感覚を強調しますが、身体的感覚を否定する点でウェスレーと異なります。「悟性の中に感覚に起因するもの以外は何も存在せず、しかし、感覚を通して、つまり、身体的五感を通して身体的事物が心に伝達され、知られるもの以外は悟性には何も存在しないことを意味するならば、これは否定されなければならない」[36]とノリスは言います。

またノリスだけでなく、プラトンの観念論の形而上学者であったクラークがおります。彼は国教会の聖職者で、ニュートン、ロックの代弁者としても知られます。クラークによると、神の法則と自然的事物の法則は同一であり、後者の法則は永遠に変わりません。神でも変えることのできない理性の法則で、この法則の上に倫理が客観的に基礎づけられます。ウェスレーはロック、ブラウン等が属するアリストテレスの伝統に立つと同時に、他方で、ノリス、クラーク、マルブランシュ、ニュートン等が属するプラトンの伝統にも立ちます。後者の伝統から、宇宙には「永遠なる理性」「事物の本性」として置かれた一つの秩序があり、この普遍的観念に即して生きることが、神を愛する者の本質的姿であることをウェスレーは学びます。

そこでウェスレーは神を信じない合理的人間に訴えます。神が「あらゆる徳の本質的泉であり、偉大な原型である（the original fountain, the great archetype of all virtue）」（*BE*, 11:269）ならば、この神を愛することは最も合理的です。神をあらゆる存在者の泉、原型であるとするプラトンの概念、特に後で述べるマルブランシュの概念を用いながら、全ての倫理的原型をその内に宿す神を愛し、神の意志に即して生きることは理性と一致することだ、とウェスレーは疑いを全く抱きません。彼は一面で合理主義的キリスト教理解、合理主義的世界観を当然の如く承認します。神の本質は理性であり、それゆえ神によって創造された世界も理性的で、この世の現実は理性によって把握されるのです。

ウェスレーは一七五〇年に説教「律法の原形、性質、属性、用法（The Origial Nature, Properties, and Use of the Law）」を書きます（*BE*, 2:4–19）。彼はこの説教で宗教と理性はそれぞれ目指すものが同じだと述べます。それは永遠の昔から神によって定められた事物の本性を把握し、それに即して生きることです。このことのために神はアダムを創造した時、人間の心に律法を与えたのです。この律法は永遠かつ至高である神の聖なる意志を現し、また同時に決して変わることのない事物の本性、つまり、永遠の理性を写すのです。この事物の本性、「事物の合目的性（the fitness of things）」に即して生きることが倫理の基礎となります。

この説教で語られる律法理解はプラトン的です。神の律法とは「真理と善の原型としての観念」として「永遠の昔から創造者の心の中に宿っており」（*BE*, 2:9f.）、今、律法として人間に明らかにされました。この律法は「事物の本性と合目的性に依存する、善と悪の普遍的法則であり」（*BE*, 2:13）、「無上の、不変の理性である。……それは、今造られ、かつて造られた、あらゆる事物の本来の合目的性である」（*BE*, 2:10）。さらに「律法はあらゆる点で、全宇宙と個々の事柄の本性に適応している。律法はあらゆる事柄一つ一つの全ての状況に、また、その相互のあらゆる関係に適合している」（*BE*, 2:12）。律法は自然、人間、神を含め、全宇宙的な正しい相互関係を成立させる普遍的、倫理的原理そのものです。

この倫理的律法は創造の時、アダムの心に刻印されましたが、堕罪後のアダムの子孫にもこの理性的道徳真理を認識できるほどの理性は与えられています。この教えがいわゆる「先行の恵み」教理です。普遍的観念として、律法を通して人間に示されるあらゆる存在のあるべき秩序を示すことが「私たちの説いている宗教そのものなのだ」（*BE*, 11:55）とウェスレーは啓示を信じない理性の人々に訴えます。

このようなことが神の律法の初めでした。人間について言えば、人間の本性と一致していた。……しかし人間が神に反抗し、この栄光に満ちた律法を破棄することで自分の心から律法を消し去ってしまい、魂が神の生命から逃げ去るように、人間の悟性の目も暗くなってしまった。しかし神はご自分の手の業を無視できず、ご自分の愛する息子を通して人間との和解を求め、ある程度、人間の暗く、罪深い被造物の心に律法を再び刻み込み、人間よ、正義を行い、慈善を愛し、神と共に謙遜に歩むことができるように、律法とは何であるのかを（創造のアダムの場合とは異なりますが）神は人間に示したのです。（*BE*, 2:7）

人間の悟性が照明され、真理を偽証から識別し、善悪を選ぶ力の自由が与えられ、明白な光と自由意志で、心をこめて神を愛し、力の限り人間に仕えることができ、「これは完全に自由なる」（*BE*, 2:19）人間の姿です。ところで、普遍的原理を示す永遠なる理性、事物の本性、あるいは事物の合目的性（これらは神の本性と一致）の内容は具体的に何を示すのでしょうか。クラークの場合、その内容は不明ですが[37]、ウェスレーの場合は明確です。それは端的に言って、律法の本質である愛です。アダムが創造された時、創造当初より存在したのは、律法という形で人間の心に与えられた愛です。永遠の昔より人間は愛を成就すべきなのです。愛は永遠から永遠にわたり倫理の原理です。信仰が生まれたのはアダムが罪を犯したためであり、本来、信仰は不要でした。したがって、信仰の唯一の目標は愛の律法を成就することで、愛の成就ということから離れた信仰はそれ自体無価値なものと考えられました。この点で愛の成就を信仰の本質と捉えるウェスレーは国教会の考えと一致し、宗教改革者の考え方と異なり、イスラム教徒などの異教徒の救いの根拠にします。

ウェスレーは信仰と愛の関係を密接不離な関係と捉え、この関係を論理的なものと見なします。原因が結果を含むように、良き働きのない信仰は存在しません。そして反対に、信仰の喪失は論理的必然性として愛の働きの喪失になります。そして実を結ばない信仰は人間を救う信仰ではないのです（*BE*, 2:207; *Works*, 8:276, 285）。ウェスレーの世界は愛の一元論です（創造時のアダムが信仰を必要としなかったように、異教徒の救いの根拠をウェスレーは愛に置く）。神の本質的性格を愛と捉えるウェスレーは生きとし生けるものの全ての関係を愛に置き、愛によって世界が秩序づけられます。愛はあらゆる関係を正しく秩序づける根源的働きです。ウェスレーの世界観はこの愛で形成され、信仰の完成は愛の成就にあります。福音は律法の完成であると強調するのはケンブリッジ学派、ロック、ブラウンなどを含める国教会の伝統であり、この伝統にウェスレーは立ち、合理主義的キリスト教理解、つまり、啓蒙主義精神につながる理性的、倫理的知識形態を一つの宗教知識形態として彼は尊重したのです。

ウェスレーの律法理解、愛の理解はカトリックの「愛によって形成される信仰」を意味するのでしょうか。

「信仰のみ」を強調する宗教改革者たちは「愛によって形成される信仰」ではなく、むしろ「愛を形成する信仰」を説き、愛に対する信仰の優位を明らかにします。ルターによれば愛は信仰からおのずと流れ出ます。最も高貴な、最高の善き働きはキリストを信ずる信仰であり、異邦人のように、信仰から流出しないあらゆる行為は拒否されます。

では、ウェスレーはどのように考えたのでしょうか。彼はルターのように、愛と信仰を切り離し、「信仰のみ」を説き、愛をむしろ「信仰の道具」と見なしたのでしょうか。それとも反対に、信仰を「愛の道具」としたのでしょうか。ウェスレーが二種類の宗教知識形態を主張したことを述べてきましたが、愛と信仰との関係でも同じことが言えます。倫理的、共同体的思考の世界でウェスレーはカトリック理解に通じるものを持ちます。彼は信仰義認の教えを神の義との関係ではなく、信仰者が聖化に向かって成長し、神に義とされる人間になる、倫理的生活の関係で捉えます（マザー・テレサが天国に直接に、一般カトリック信者は煉獄滞在期間を通して天国に間接的に到達するカトリックと類似する立場を取るウェスレー。勿論、礼典的恵みではなく、聖霊の働きを語るウェスレー、僕の信仰・最後の義認）。他方、ウェスレーは実存思想の世界でルターの信仰義認の教理と類似する立場に立ちます（罪の赦しと神の子の確証、信仰義認に基づく確証の教理）。ウェスレーは倫理的、共同体的知（愛の道具としての信仰理解）と個的、実存的知（信仰の道具としての愛の理解）という二種類の知を主張するウェスレーでした。個的、実存思考の形態では信仰の一元論（信仰は愛の道具）、倫理的、共同体的思考形態の世界では愛の一元論（愛は信仰の道具）でした。

ウェスレーが啓蒙主義精神の、理性的宗教理解を尊重したことは「救いの秩序」にも見られます。ここでは人間の主体的探求と救いとの一致が説かれます。彼は人間の救いの過程を聖書から推論で導き出します。この救いの秩序によると、救いはまず律法による人間自身の罪深さを自覚し、罪を悔い改めることから始まります。悔い改めは救われる条件です（*BE*, 2:162f.; *Works*, 10:302）。また信仰は真実に追い求めない限り与えられません

(*Works*, 10:268, 279, 303)。そして（先行の恵みに基づいて）悔い改め、信仰という条件をみたす者に神の恵みと憐みが与えられます（*Works*, 10:309)。

ウェスレーのこの宗教理解には明らかに理性的、倫理的な啓蒙主義精神が反映されています。これは教会が権威的に教えることをそのまま受け入れる「黙従的信仰」(fides implicita）理解とは異なり、また救済の根拠を神の一方的選びに基礎づけるピューリタン的信仰理解とも異なります。救済の条件を悔い改めと主体的な信仰に置くことで、ウェスレーは人間の主体的信仰を強調します（ロックも同様な信仰理解を示す[38]）。悔い改めと信仰という条件をみたすことで救われる者は、さらに必然的に愛の働きを生み出すことを聖書は求めるとウェスレーは述べます。なぜなら信仰は愛の原因で、愛は信仰の結果だからです。信仰なしに愛はなく、その反対も真です（*BE*, 2:206; *Works*, 7:399; 8:276, 285; 10:83, 285)。それゆえ、完全なる聖化を生み出す信仰を追い求めなければならず、カトリックと同様、完全なる聖化を通して聖なる神との交わりが回復され、そこで救いが完成されます。神は世の初めより、先行の恵みを通して、人間の救いの道として罪認識、悔い改め、信仰のみならず聖化をも救いの不可欠の条件とし、主体的な応答信仰との義務を人間に求めます。「神は世の初めより罪の赦し、聖、天国を結びつけておられた。一体なぜ人々はこの結合を分離しようとするのか」（*BE*, 2:149)。人間は神が置かれた一つ一つの条件をみたすことで救いへと導かれ、この条件的救いの概念は「聖書の到る所にあらわれている」(*Works*, 10:434）のです。

国教会、ケンブリッジ・プラトニスト、ロックに影響されたウェスレーが信仰を理性的と捉え、キリスト教と理性は適切に適合すると断言します。一七六八年のウェスレーの手紙は有名です。「理性を放棄することは宗教を放棄することです。宗教と理性とは両々相俟ってゆくもので、全ての反理性的な宗教は虚偽の宗教です」(*Letters*, 5:364)。宗教とは非知性的、非理性的事柄を信ずることではありません。理解されないで信仰は成立しません。「真の宗教とは理性に徹底的に合致」（*Letters*, 4:118）します。ウェスレーはこの理性の尊重を彼が生きた啓蒙主義時代、また、彼が属した国教会の伝統から自然に汲みあげます。彼は説教「公平に考慮された理性の問題（The Case of Reason Impartially Considered）」（一七八一年）で次のように語ります。

確かに理性は文法、修辞学、論理学、自然哲学、道徳哲学、数学、幾何学、形而上学等、あらゆる学問、知の分野での真理到達に人間を助けることができる。……ところでこの世の事柄を超えた神の事柄に関してはどうであろうか、そのような高い宗教の世界に理性は何ができるのだろうか。手助けとなるのか、妨げとなるのか。……宗教に対して理性は何ができるのかと、あなたが尋ねるならば、私は答えよう。宗教の土台作りにも宗教の超越的構造作りにも、理性は非常に多くの有益な働きを為す。……神の存在とその属性、すなわち、神の永遠性と遍在性、神の力、知恵、聖について語る聖書を理解させるものは理性（聖霊に助けられて）ではないのか。……天国に入るための新生、また神を見るための聖とは何か。それを理解させるのは理性ではないのか。（*BE*, 2:591f.）

ウェスレーは前述したブラウンと共に、自然宗教を一つの宗教知識形態と認める国教会の神学者です。しかし同時に、ウェスレーは理性だけで宗教の問題が解決すると考えず、理性の向こう側にある啓示の領域を考え、上記説教で次のように述べます。

理性が出来ることは理性にさせなさい。極限まで理性を働かせなさい。しかし同時に、信仰や希望、愛を与えることは理性に全然できないことを認めなさい。したがって、理性は真の美徳や本当の幸福を作りだすことはできない。これらのものをもっと高い本源から、すなわち、全ての人間の父なる神から期待しなさい。それらを自分たちの獲得物としてではなく、神からの寄贈品として探し求め、受け取りなさい。（*BE*, 2:600）

宗教と理性とは常に同行し、理性から離れることは宗教から離れることだとウェスレーは語ります。信仰と理性の二者択一を迫られた時、ウェスレーは一七五〇年に「両方の立場に立つ」(*BE*, 20:371) と答え、啓蒙主義の理性尊重とキリスト教の啓示尊重を通常の理解にしました。当然のこと、理性だけで導きだせる知識・道徳理解は不充分です。同上説教でウェスレーは理性の拒否と同時に、理性を褒めちぎる理性の高揚をも批判します (*BE*, 2:587-600)。理性の軽視と高揚のいずれを彼が強く批判したのか、その判断は困難ですが、彼は理性の高揚より理性の拒否に問題点を感じたのでしょう (*BE*, 9:381; 19:201f.; *Letters*, 3:365)。彼は熱狂主義と理性主義を批判し (*BE*, 2:587-600)、宗教での理性拒否を心配する (*BE*, 9:200f., 381; *Letters*, 3:365)。従って、理性の拒否と理性の高揚の両極端の中間を求めたのがロックの『人間知性論』だと彼は言います (*BE*, 2:588f.)。いずれにせよ、理性は信仰と実践のあらゆる面でキリスト者を導く神の貴重なる賜物で(つまり、先行の恵み)、同時に、理性は信仰・希望・愛を生み出せない機能であることも認識しなければなりません。

ウェスレーは啓蒙主義の時代に生きました。理性を尊重する時代精神に生きたウェスレーは理性を軽視する熱狂主義者も啓示などの超越性を否定する理性主義者の両者とも誤りだと述べます。ウェスレーにとって、理性とは聖書の源を追加する啓示の源泉ではなく、私たちが啓示を理解するために与えられる「主の灯」(*Letters*, 5:96; *BE*, 2:592) です。理性が自らの限界を超えて、自律的規範として機能すると、理性の高揚を讃える啓蒙主義理解になってしまいます。聖書の啓示を超え、たとえば三位一体の複雑な形而上学的思弁に邁進する人々をウェスレーは批判します (*BE*, 2:376f.; 4:193; 26:515f.; *Works*, 9:510; *Letters*, 8:89)。「私は誠実な、明確な理性で弁護できない意見を喜んで諦めます」(*BE*, 9:361) と彼は繰り返し発言し、啓示と理性の関係で、聖書が主体で、理性はその中で形成されると考えます (*BE*, 26:446f.)。従って、理性は啓示と矛盾せず、啓示を超えて知識を自律的に獲得することはありません (*BE*, 26:361)。理性は新しい啓示の源泉ではなく、啓示を受け取るために役立つ働きです

(*BE*, 2:592, *Letters*, 5:96)。自然世界や聖書で示される神の恵み深い啓示に応答することが人間の理性の働きです。自然宗教が宗教知識の一形態です。ウェスレーが述べる「主の灯」として神学的制限内で理性を尊重することはウェスレー時代（そして現代）の理性主義を唱える者には貧弱な考えですが、現代の非正統主義者や神学を実践的訓練として回復を試みる者には適切な示唆です。聖書が主体で、理性はその中で形成されると語るウェスレーは野呂の聖書理解とは異なった考え方を示しています。

ウェスレーは一方で啓蒙主義的知識形態（一般的自然神学）を語ると同時に、他方で、宗教改革者たちの説く宗教知識形態（特別的啓示神学）をも主張します。啓蒙主義者たちの主たる関心は垂直次元よりも水平次元、永遠よりも時間、個的実存的問題よりも共同体的倫理問題に向けられます。それに対し、宗教改革者たちはむしろ理性よりも啓示、倫理より信仰、楽観的人間理解より人間の有限性、悲劇性、悪魔性に多くの関心を向けます。ロックを初めとする国教会の人々がルターの信仰義認の真理を見失っていることをウェスレーは指摘します。総じて、一七・一八世紀の合理的宗教は人間の有限性、悲劇性に目覚めておらず、悪の問題、人間の悪魔的要素の問題が真剣なテーマとならず、計算の対象にならない非合理的要素は宗教から排除されます。それと共に、驚きの感覚や神秘への畏敬の感覚も喪失し、全ては計算可能であり、驚きも神秘もやがては分析を通して解明されるものと捉えられます。ロックにとっても原罪とは単なる生理的死を意味し、また、神の律法を完全に守れない人間の不完全性を意味しているに過ぎず、人間の悲劇性、人間の悲惨さを示すことはないのです[39]。あるいは原罪の問題を人間の無知、知性の未発達に基づく原始社会の残滓とすりかえる者さえいたのです。

合理的宗教は楽観的人間観を抱き、人間の理性に絶大なる信頼を寄せ、罪や原罪の問題は真剣に検討すべき主題とならず、人間に対する深い洞察を欠いていました。実存的問題はあたかも解決済みかのように捉えられ、この点、ロックも福音の持つ真髄を見損なっていたと言ってよいでしょう。他方、ウェスレーは罪や原罪の問題に真剣であり、神と人間との垂直次元を重視し、軽薄な合理的福音理解を超えて、啓示に基づく宗教知識形態を強調します。しかし同時に、宗教改革者たちと異なり、ウェスレーは深刻な人間観を抱きながら、同時に、罪を凝視することで罪が恩寵を飲みこみ、「一般の恩寵」の世界を追放することはなかったのです。ウェスレーが啓示宗教以外にも自然宗教（理性的、倫理的宗教）を一つの宗教知識形態と捉えたのは宗教改革の精神と理性的な啓蒙主義精神の統合、啓示神学と自然神学の共存、あるいは神学と哲学との統合を彼が求めていたことを示します。まさにここにウェスレー思想の魅力が秘められています。彼の「一般恩寵」、自然宗教の主張は理性的な啓蒙主義精神への、彼の評価の表れと言ってよいでしょう。

(2)理性的・道徳的信仰生活

ウェスレーはアルダスゲイトの出来事直後、全的堕落と信仰による救いに関心の多くを向け、一七三八年後の短期間、理性的知識形態を充分に強調しなかったと述べましたが、同時に、理性的形態を否定もしませんでした。ウェスレーは一七三八年の説教「信仰による救い」で神の存在・諸属性、報酬と審判、道徳的善悪の区別などの知識は異邦人に要求され、異邦人はこの信仰を持っていると語りますが、聖霊の確証で与えられる神の子の信仰に比べると、この異邦人の信仰は「単なる」信仰と言われ、積極的に評価されていません（*BE*, 1:119）。確かに理性で知られる神理解は実存的に生きる人間にとって真の神ではなく、この理性的神理解で悩み苦しむ人間を救えないとの発言はアルダスゲイト以降も彼の著作に一貫します。それゆえ、一七四五年に創造された世界から推測される神の存在は理性的に証明できても、神の性格は何も知られておらず（*BE*, 1:581; 11:268）、一七五九年の説教で、中国に皇帝がいることを知っても、実際に会ったことがないので、皇帝と同様、神も直接に知られていないと彼は語ります（*BE*, 2:177）。前述のように、神の自然知識の理性的有効性を人々に認めながら、ウェスレーは神の啓示的知識なしでは実存的問題への解答はないと言います。そしてこの実存的理解は「義認信仰」、「信仰義認に基づく確証理解」で与えられるのです。

ウェスレーは異教徒・イスラム教徒が持つ、理性的宗教知識形態を評価する態度を一七三八年後しばらくして回復させます。一七四三年に神の存在から理性的に善悪の区別が全ての人間に推論可能であり（*BE*, 11:49）、一七四五年の手紙では理性的同意を信仰と呼び続けます（*Letters*, 2:46, *Works*, 14:178）。一七四八年に神の属性である全知、全能、知恵は創造された世界から推論され、一七五〇年の説教で神の原初の律法が全ての人間に与えられ、善悪の中から善を選ぶことができ、原罪後でもこの律法はある程度回復され（*BE*, 2:7）、一七五四年の説教で善・悪の区別は普遍的に可能だと言われます（*BE*, 1:581, 一ヨハネ一・九、ローマ一・一七―一九）。実存的理解に答えを与えない理性的知識の有効性を彼は確信します。

しかし後期になるとウェスレーは第三の思想形態、「信仰義認に基づく確証理解」（実存的理解）を強調しますが、それと同時に、先行の恵みで与えられる理性の肯定的評価をますます高揚させ、言及回数も多くなります。一七八五年の説教「私たち自身の救いの働きについて」で神の存在や属性、善悪の区別がある程度全ての国民に知られていると述べる文章で説教を始めます（*BE*, 3:199）。一七八八年の説教「視覚で歩くことと信仰で歩くこと」では神の創造された世界から力と知恵に満ち、正義で憐れみ深い創造者の存在が推論され、そこから必然的に永遠の世界や未来における報酬と裁きの存在が結論され（*BE*, 4:51f.）、一七九〇年の説教「地上の器での天国の宝物」である程度の善悪の区別はキリスト教世界だけでなく、全てのイスラム教徒・異教徒、さらには教養理解の不足な種族にも見られると言われます（*BE*, 2:535f., 552f., 569–577, 593f.; 3:400, 494; 4:163; *Works*, 9:322）。「信仰義認に基づく確証理解」（実存的理解）と同様、これらの一七八五年から一七九〇年の三説教に見られるように、ウェスレーは後期で先行の恵みによる自然的宗教知識（理性的理解）を積極的に評価し、強調します。理性的・道徳的生活を歩むならば、キリスト者と異邦人の間の救いの獲得方法の相違に彼は関心を持ちません。良心への先行の恵みの働きで異邦人が神と出会える可能性をウェスレーは断言します。義認理解を知らなくても、聖化による救いでキリスト者と異邦人の間に区別がないと彼は言うのです。ウェスレーは英国で実際に体験した宗教界での争いを超える、世界の平和を求め続けたのでしょうか。

ウェスレーはブラウンと共に西方神学の考え方と異なり、啓示神学・救済の恩寵と自然神学・一般の恩寵を区別する神学を批判します。また彼は先行の恵みで恵みと自由を対峙させることなく、すべての知識を先行の恵みに基づく「恵み深い」知識と捉える国教会の伝統を堅持し、一七・一八世紀の宗教概念に基づいて自由なる理性的同意としての信仰理解と、信仰の究極目標を倫理的生活に置く国教会の信仰理解を主張したことを第一章で触れました。彼はそのような理性的な倫理的宗教として僕の信仰と最後の義認を論じ、同時に、第三の信仰思想形態の僕の信仰ではない、子の信仰、最後の義認と対照的な現在の義認をも語ります。これらの信仰理解を少し見ておきましょう。

ウェスレーは「神を畏れ、義を行なう人」（使徒一一・三五）の倫理的信仰を神の僕の信仰と定義し、この理性的倫理の強調は後期ウェスレー神学の特徴を良く示しています。一七四六年の会議で彼は神の僕をユダヤ人の内的信仰状態を表わし、神の僕の信仰を「神の国から遠くない」と説明します（*JW*, 157, *BE*, 1:250; 4:218; 9:265）。この信仰への肯定的評価は晩年になると高まり、以下で述べるように、一七八八年から一七九一年の三編の説教で神の僕の信仰の意義を彼は積極的に説きます。これらの説教で、アルダスゲイト後しばらくの間、メソジスト説教者たちは神の僕の信仰と神の子の信仰の区別を良く理解できず、罪の赦しに基づく神の子の信仰を持たなければ悪魔の子であると、誤った説教をなしたと晩年のウェスレーは振り返ります（*BE*, 3:497）。この誤解はモラヴィア派の信仰理解の影響があったのでしょう。自分は怒りの子で、キリスト者でないとウェスレーは誤った糾弾を自分に向けましたが、同時に、救いをもたらす信仰と神を畏れ、義を行なう信仰とは密接不離の関係にあり、神の怒りは神の僕の信仰者にないとウェスレーは述べ、さらに、罪の自覚などの永遠なる霊的世界に関する神的確信が神の僕の信仰者に与えられ（*BE*, 4:35）、さらには、神の僕の信仰者は真の信仰者であると言い、一七八五年の説教でもキリストにある心を持ち、キリストが歩かれたように歩く者は真のキリスト者だと述べます（*BE*,

2:543)。この視点から、アルダスゲイト直前・直後の日誌にモラヴィア派の説く信仰理解を持てず、そのために自己否定的な評価を描いたウェスレーは当時の自分は神の子の信仰を持っていなかったが、神の僕の信仰を持っていたと、一七七四年の『日誌』の再版で訂正したのです。

僕の信仰は神を恐れ、愛に従い神の前に義しく歩む信仰のことで、最後の義認は良き働きを通し最後の審判で義とされる信仰です（*BE*, 3:497）。そして僕の信仰しか持たない者も救われ、そのような人としてウェスレーはロー、トマス・ア・ケンピス等の神秘主義者、カトリック教徒、国教会等の人々、また、アルダスゲイト以前の自分と父サムエルをも含めました（*Works*, 7:379; 10:391, 403, 433; 13:132）。もし彼らが神の義を理性的に追い求め、それに従って倫理生活を送るならば、信仰義認の信仰なしで、理性的信仰で救われるのです。「神は頭の明白さよりも心の善良さを尊敬される」（*BE*, 4:175）。神を恐れ、神を愛し、神の意志に則して生きる者はその信仰理解、教義理解、礼拝形式がどうであれ、救われ、異邦人も救われます。

ウェスレーは異教徒に深い尊敬を抱き、この考えをアルダスゲイト体験後も終生変わらず主張します。彼は一七九〇年の説教「神なしに生きる」で次のように語ります（*Works*, 10:354）。原罪・信仰義認・キリストの死による贖罪の教理など、主要な教理について明白な理解を持たない者でも、内的心や生活に大きな変化が与えられているならば、その人はキリストの死による恵みを持つことができないとする考えに、「私はこのことをいかなる意味でも承認しません。このことを信じることも勿論しません」とウェスレーが語ったことを前述しました。キリストの贖いの死による贖罪が霊的感覚を通して異邦人にも与えられているということでしょうか。ウェスレーによると、初代教会と同様、神の願いは人々の観念、知の明晰さより、人々の生活態度、善良な心です。神の恵み、聖霊の力に満たされ、神と隣人を愛する者は、観念や概念がどれほど不明瞭、かつ、混乱しても神の懐の内に受け入れられます。「『潔められなければ、誰も主を見ないだろう』ということを私は確信するが、『明白な観念がなければ』という言葉を私はあえて付け加えることをしません」とウェスレーは語るのです。

ウェスレーはまた先行の恵みに基づいて、人間の聖化をその条件とする最後の義認も主張します。信仰者といえども、聖なる神との交わりに入るためには、その人は今、存在する罪との戦いを継続しなければなりません（*Works*, 10:389）。罪から解放され、完全に進むことで神の像がその人の内に回復され、キリスト者の幸福はまさにこの聖なる生活にあります（聖と幸福との不可分離の関係を説く個所は *BE*, 2:431; 3:100）。宗教の究極目標を完全、聖、幸福な生活に置くウェスレーは、国教会の人々と同様、神の像を回復する手段として信仰概念を説き、信仰の完成を倫理の内に据えることで、カトリックと類似する最後の義認を承認します。当時の国教会の人々が主張する唯一の義認概念はこの最後の義認です。そしてウェスレーもヘブライ人への手紙一二章一四節やマタイによる福音書二五章に言及し、聖化が最後の義認の条件だと語り（*Works*, 8:388; 10:432）、「信仰だけでなく聖、普遍的服従は最後の義認を受けるための一般的条件であることを私も承認します」（*BE*, 11:130）と一七四三年に語ります。宗教の究極目標である完全・聖・幸福な生活を求める者はその者の意見、礼拝形式がどうであれ、「究極的に裁かれることはないでしょう」（*Works*, 13:132）とウェスレーは言います。第一章で述べたように、信仰義認に関するウェスレーの主要関心は、宗教改革者たちが主張する神の義との関係より神の像の回復との関係に向けられ、また、ウェスレーの聖化概念もキリストの十字架と無関係に理解したのではないかと語るディシュナーの考えを記述しました(40)。

ウェスレーは確かに神の僕の信仰、最後の義認をキリストの義と離れて理性的に主張することで、宗教の究極目標を倫理の内に置き、国教会と同様な宗教理解を知識の一形態と生涯主張しました。しかしまた、ウェスレーは僕の信仰と同時に子の信仰、最後の義認と同時に現在の義認をも語ります。後者の信仰概念はアルダスゲイトの出来事で彼に与えられ、この出来事以降、彼は二種類の信仰概念を主張し、彼固有の信仰概念を後者に置きました。彼は一方では倫理生活で宗教知識の確かさを確認する、間接的な理性的倫理宗教知識（僕の信仰と最後の義認、つまり、理性的知識）を承認しますが（ウェスレー思想の第一の体系、「聖なる生活」）、他方で、倫理生活ではなく、霊的、感性的体験で与えられるエレグコス（確信）としての直接的な宗教理解（子の信仰と現在の義認、つまり、実存的知識）を説き、この信仰にも愛の働きが伴います（ウェスレー思想の第二の体系、「信仰義認」）。さらに、ウェスレーは愛の働きだけでなく論証的な確かさを伴い、直接的な確信に満ちた、内的意識を伴う宗教知識（ウェスレー思想の第三の体系、「信仰義認に基づく確証理解」）を説いたのです。

信仰の完成には愛の成就が伴い、しかも個人的な親切さの意味での個人的愛の成就（個人的聖なる生活）だけでなく、地域社会で苦しめる、貧困状態の人々に手を差し出す共同体的意味での愛の成就（社会的聖なる生活）をも含み、この両者の愛の実現にウェスレーは生涯を捧げ、この共同体全体の救済（魂だけでなく肉体をも含む人間全体の救い）、つまり、神の国の実現に将来を期待します（『ウェスレー』五二―七〇頁）。しかし子の信仰、現在の義認の教えは個人的、実存的思考形態を強調し、将来ではなく今、現在与えられます。ここに共同体的思考と個人的思考の二重性、「未だ……ない」と「既に」との二種類の終末理解をウェスレーは語るのです。

この二種類の終末論とは一般的に言えば、ヨハネの黙示録に描かれる将来的終末論とヨハネによる福音書の現在的終末論です。前者はキリストの再臨と新天新地の到来、それによる神の国の出現という将来的終末論です。ここでは一人の人間の個人的、実存的救いということより、キリスト教の神を信ずる者だけでなく、他宗教の神を信じる全ての者をも含め、全ての人間に普遍的に関わる救いの問題、さらには、全人類の究極的救いだけでなく、山川草木を含む被造物全体の救いという普遍的、宇宙的救いの問題です（たとえば動物の究極的救いの宣言）。そしてこの終末論に神の救済意志が歴史を貫き、歴史を導く救済史観が問われ、人間による応答が求められ、「最後の審判」「最後の義認」の問題が問われます。

この将来的終末論に対し、現在終末論は将来がキリストにおいて今、ここに実現され、神の国のリアリティがあなたの実存でキリストを通して現在化されます。現在は今なお善と悪、光と闇の二元的対立下にありますが、キリストの十字架と復活の出来事でこの対立を究極的なものとはせずに、「光は暗闇の中で輝いている。暗闇は光を理解しなかった」（ヨハネ一・五）救いが終末的に現在の出来事になっています。これは永遠の生命がヨハネ福音書で未来的なことよりも現在の事柄、しかも個人的、実存的事柄と捉えられるのと同じです。そしてこの信仰は子の信仰、現在の義認と深く関わります。第一章で述べた野呂の語る終末の出来事の非神話化としての信仰です。世の終わりの出来事として救いの喜びが神と人間との現在の交わりでキリスト者の完全によって成就されるのです。

アルダスゲイト出来事以前の前期ウェスレーは国教会の人々と同様に義認を聖化に置き、義認を心理的に知覚可能な内的意識に置きませんでした。彼は一七四三年に前期の姿を次のように述べます。「私は義認の性格と条件について全く無知でした。時々私は義認と聖化とを混同していました。……ある時には私の罪の赦しに関し、混乱した考えを持っていました。そしてこの罪の赦しは死の瞬間か、最後の審判のいずれかの時に与えられると考えていました」（*BE*, 11:176）。前期のウェスレーも国教会の人々も罪の赦しを地上で体験することの不可能性を考え、終末的事柄と考えました。信仰、義認、完全等の宗教知識は現在的性格、すなわち、個人的、実存的性格を帯びず、終末的性格、つまり、共同体的なものとされました。しかし中期以降のウェスレーは聖霊の働きで与えられる、心に知覚可能な内的意識を宗教知識の直接的対象と把握すれば、宗教知識の本質は現在的性格を持ちます。聖霊の証のように、体験で感性的に現在味わえる知識が本質的な知識です。難行苦行により、自己栄光化へと進み、終末の死で与えられる自己義認の道ではなく、直接的、体験的に聖霊を通してキリストとの感性的交わりに入ることで、罪の赦しと神の子の信仰が与えられる、現在の義認の信仰、つまり、現在的救いの体験が強調されるのです。

そして、ウェスレーは赦しの確証で与えられる信仰を神の子の信仰と呼び、この信仰を最晩年の一七八八年の三篇の説教、つまり、「信仰について」（*BE*, 3:492–501）、「信仰の発見について」（*BE*, 4:29–37）、そして「視覚で歩くことと信仰で歩くこと」（*BE*, 4:49–59）で展開し、さらに一七九一年の説教「信仰について」（*BE*, 4:188–200）

でも示します。最晩年のウェスレーは神の子としての信仰理解をこれら三編の説教で著わしますが、同時に、神の僕の信仰の意義を強調する一七八五年から一七九〇年の三編の説教でも著わしたのです。まさに内的・感性的宗教理解（実存的知識）と理性的・倫理的宗教理解（理性的知識）との二重性で、当時の英国は知的状況から後者の理解を訴えましたが、ウェスレーが後者を受け入れたのは啓蒙主義精神の理性主義的思考、あるいは東方・カトリック、さらには創造時のアダム理解の影響で、反対に、直接的な宗教理解を認識論的にロック、マルブランシュの影響で受け入れ、この宗教理解をメソジスト固有な特徴として強調し、その結果、国教会から熱狂主義批判を彼は受けたのです。

(3)熱狂主義批判

信仰者に働く聖霊に関する問題点は熱狂主義です。人間が自分自身の想像を神からの証言と安易に取り違えてしまうことをウェスレーは熟知します。それゆえ、彼は絶対に誤り得ない証言と判断できない内的証言を、真理判断の究極的な判断と捉えないで、聖書と理性にその判断を求めました。

ウェスレーは聖霊の導きが真であるかどうか確認する必要性を認識し、クエーカーと異なり、宗教体験を超える神の言葉の唯一性が自分の立場であることを明言します。クエーカーは聖霊をキリスト者の生活の規範に高めると述べますが、ウェスレーはこの傾向を否定し、むしろ聖霊は聖書の規則に一致するように人間を導くと語ります。「聖書全体は神の聖霊によって与えられ、……神の書かれた聖書が唯一の、充分な権威だと私たちは信じ」（*BE*, 9:33f.）ると語ります。彼は体験を聖書より上に置くクエーカーを嫌い、「聖書こそが標準です。この標準によって、キリスト者はあらゆる啓示を……検査するのです」（*Letters*, 2:117）。

また、聖霊の導きは神が人間に与える理性で判断されなければならないとウェスレーは述べます（*BE*, 2:53ff.）。彼は聖霊の働きで人間に与えられる恵みを聖霊の証と呼びますが、聖霊の証は常にそれを受け取る人間の霊の証と一つです。「この霊こそは、わたしたちが神の子供であることを、わたしたちの霊と一緒になって証ししてくださいます」（ローマ八・一六）と書かれているように、神の霊の証と人間自身の霊の証・確証とは同一の出来事です。従って、ウェスレーは一七六七年の説教「聖霊の証」で「み霊の証とは信仰者の魂への内的印象です。これによって人間が神の子であることを人間の霊に聖霊が直接に語りかけ」（*BE*, 1:296）ますが、この聖霊の導きは聖書に証される聖霊の通常の働きと同一の内容で、異常な働きではないとウェスレーは弁護しますが（*BE*, 11:163–165; 19:471–474）、国教会は聖霊の心への直接的な印象の働きを通常の聖霊の導きの手段と捉えず、異常な働き、つまり、熱狂主義と判断します。そこでウェスレーは前述の説教で述べた「印象」ではなくて、理性と聖書によって導かれていると一七八六年に語り直します。「私は印象によって導かれることはほとんどなく、多くは理性と聖書です」（*Letters*, 7:319）。つまり、聖霊の異常な働き、熱狂主義ではなく、聖霊の通常の働きで、聖霊の通常の働きは人間の悟性・意思・自由の諸機能を破壊せず（*Letters*, 4:123）、人間の全ての気質を力強く働かせます（*BE*, 2:489,『メソジスト』一六九―一九五頁）。応答できる人間の諸機能は恵みの賜物です。しかし、国教会はウェスレーが述べる印象の発言に熱狂主義批判を寄せたことを以下で述べます。

メソジスト会員が熱狂主義的に誤解される可能性にウェスレーは注意を払い、第一章で述べたエドワーズの五冊の書物を編纂し、会員間に熱狂主義がはびこらないように気を使いました。確かにウェスレーは自分たちの集団から感情的表現や異常なる行動を排除しませんでしたが、それらに対して懐疑的で、それを聖書の試験に置くように常に語ります（使徒二・三八、一コロサイ一四・二七、*Letters*, 2:363–368）。事実、ウェスレーは聖書での聖霊の通常の働きと異常の働きを区別し、後者を否定しました。しかし聖霊の異常の働きを述べるペンテコステ、カリスマ運動とウェスレーとの間に類似点があり、後者が前者の先駆者になった側面はあります。と同時に、彼は前者の神学に深刻な疑問を持ったことも事実で、聖書の証言でその妥当性を吟味しました（*BE*, 9:381; 19:72f.; 21:398f.; *Letters*, 5:349）。最終的には、ウェスレー固有な関心は聖霊の賜物、特に異言の賜物ではなく、応答する恵みで具体化する聖霊の通常の賜物にありました。

ウェスレーは一七四〇年代の前半より一七六〇年代の後半に至るまで、理性を軽視し感情を重んじる熱狂主義者のレッテルを国教会の人々に貼られました。一〇〇年ほど前にピューリタン革命の嵐が英国を吹き荒れ、宗教的熱狂に対する警戒感、嫌悪感は国教会の人々に根深く刻み込まれていました。神から直接霊感・啓示を受けたと盲想し、狂信に陥る人々に国教会は理性で支えられる啓示を説きます。啓示が神に由来するかどうかの最終判断を理性に基礎づけたロックの主張の背後にはピューリタン革命という歴史的悲劇がありました。既に述べたように、ロックが英国で最終的に受け入れられたのは彼の合理論で、この合理論は人々に歓迎され、一八世紀初頭には合理主義が英国を完全に勝利したのです。その意味で、国教会は理性を軽視する現象に危機感を抱いても驚くに値しません。この思想的状況に生きた一八世紀の国教会は、理性を軽視し感情を強調する熱狂主義者のグループとしてメソジストを警戒したのです。

ロンドン司教のギブソン（一六六九—一七四八年）はロックの理性的な宗教的立場を弁護し、「一般的に認められていることは、啓示は理性の吟味によって立ちも倒れるもする」[41]と主張し、この立場から一七四四年、ウェスレーを「内的な、密やかな、突然の衝動を行動、決意、計画の指導原理とする」[42]と批判します。エクスター司教ラヴィントン（一六八四—一七六二年）は一七四九年、『メソジストとローマ教会員の熱狂主義の対比』を著わし、メソジストを激しく攻撃します。ラヴィントンは熱狂主義者たちを「一般の理性よりも高く」[43]置き、忘我・幻視等の直接啓示を説く者たちと捉え、自分の立場を理性的なケンブリッジ学派のモーアに見出しました。そして彼は一七五〇年、ウェスレーは衝動、印象、感情を「確かな導きとし、誤ることのない証拠」（*BE*, 11:337 からの再引用）と理解すると批判します。グロスター司教ウォーバトン（一六九八—一七七九年）は若い神学生たちに、理性的宗教の指導的代弁者のスティリングフリート、ロック、クラーク等の書物を勉強するように勧め[44]、一七六二年に『恩寵論』を著わし、ウェスレーを激しく責め、「夢、幻視、諸啓示」（*BE*, 11:497 からの再引用）を思想と生活の指導原理としているとしました。

さらにウェスレーへの熱狂主義批判は続きます。ダウンは理性を否定し、思想や行動の原点を直接啓示に置く者としてメソジストを理解します（*Letters*, 4:333）。また、メソジストの基本的原理は理性の否定と捉えるルサフォースの意見が一七六八年のウェスレーの手紙に書かれます。そしてウェスレーはこの手紙で、自分は今まで繰り返し内的感情の教理を説明してきたけれど、私は今なお全く誤解され、今また、説明しなければならない状況に置かれていると語ります（*Letters*, 5:363f.）。

これら全ての熱狂主義非難をウェスレーは否定します。ウェスレーはギブソンへの手紙で思想、生活の指導原理は理性と聖書にあること（*BE*, 11:337）、また、ラヴィントンに対し「直接啓示」（immediate revelation）の概念は理性的吟味の対象になり得ない真理理解だと答え、この概念をウェスレーは否定します（*BE*, 11:371）。ラヴィントンだけではなくダウンにも「直接啓示」、「直接的霊感（immediate inspiration）」、「忘我の経験（ecstasy）」という夢、印象、幻視等の手段で与えられる特殊な経験に、自分の思想、生活の指針を置いたことはなく、そのような客観的世界を欠落させ、理性を失う幻想的、主観的世界に埋没する経験など、今まで自分は述べたことはないとウェスレーは反論します（*Works*, 8:406, 446）。宗教体験が真に神に由来するか否かの究極的判断基準は理性と聖書であり、今述べたように、一七八六年の手紙で彼は自分が説教「聖霊の証」で語った「印象」を直接的霊感や幻視と誤解されていると考え、自分は「理性と聖書」によって導かれていると言い直しました。後述するよう、印象という表現をウェスレーは別の表現に変更しました。

ウェスレーは理性と倫理と聖書を尊重する幅広い国教会の伝統を堅持します。一七四九年の説教「熱狂主義の本質（The Nature of Enthusiasm）」でウェスレーは「理性より高い指針、たとえば、神の直接的な知恵で導かれると想像する者は……理性の働きを軽視している」（*BE*, 2:57）と語ります。特に聖書、理性、伝統、人間の知恵など、これらの手段や学問を軽視する者は神から離れる熱狂主義者だとウェスレーは断言します。そして彼はそのような熱狂主義者でないことにいかなる疑惑も持ちません（*Works*, 7:315f.; 11:429; *Letters*, 1:220. *Letters*, 4:333f.; 5:359–363も参照）。一般的に述べると、オウム真理教などの過激な宗教家は指導者の考え方のみに縛られ、諸学問を愛するウェスレーとは対象的な生き方をします。しかしウェスレーは知を過小評価するよりも過大評価することに危険を感じる、万巻を愛する近代的教養人でした。そして彼の心理学的宗教理解は国教会の伝統のより深い所で一致することにウェスレーは深い確信を抱いたのです。これを第三章の最後の節で考えましょう。

(4) スミスとの論争

国教会の指導者スミスは宗教知識を直接的な内的、感覚証言ではなく、間接的、理性的、倫理証言に求め、外界の対象（物体、神）を感覚で認識することはできないと言います。ウェスレーとスミスの両者の論争は聖霊の証をどのように解釈するかです。神の霊は人間の魂の感覚を通して人間の心に直接、証を与えるのか、それとも人間の倫理的生活を通して人間理性に間接の証を与えるのか、それが争点でした。宗教知識は心に知覚され、聖霊で証される内的な感覚証言を常に伴うのか、それとも聖霊で人間に与えられる倫理的証言を、理性的に反省することで神の霊が直接に知覚されることなく、人間に働くことを間接的に知るのか、という問題です。聖霊が知覚される形で感性的に人間に働くのか、それとも、知覚されない形で理性的に働くのかの問題です（『ウェスレー』一六七―一七一頁）。

国教会の伝統を生きるスミスは宗教知識を直接的な内的、感性的証言ではなく、間接的、理性的倫理証言に求めました。この立場からスミスは直接的、内的証言に認識論を置くウェスレーの信仰理解を批判し、この理解を可能にする聖霊を「神的かつ超自然的な天上からの降臨、神の瞬間的賜物」と呼び、この聖霊の証で人間が理性的な受容能力と無関係に「知覚され、絶対に誤らない証」を受けることを批判し、本来の信仰理解は人間の能力に相応しい「理性的同意と倫理的美徳」にあり、確証は心に「知覚されない働きで」与えられるとスミスは反論します（*BE*, 26:139）。従って、彼は信仰を魂に直接知覚される聖霊の働きとの関係で定義せず、人間が理性の行為で心に知覚されない聖霊の働きを訴えたのです。

スミスはこの立場から直接的な内的証言に信仰理解を置くウェスレーを批判し、「信仰とは聞くことです。聞くとは冷静に首尾一貫して説明される神の言葉を聞くことで、決して天上からの瞬間的な降臨で信仰が生まれません。これが私自身の体験」と述べ、理性的同意としての信仰は「一瞬に与えられるのではなく、一歩一歩聖書のテキストに推論を加えて得られるのです」（*BE*, 26:140）。聖書の真理に理性的同意が与えられると、その同意に則した明確な倫理的意志が働きます。

スミスは信仰を魂で直接知覚できる聖霊の働きで定義する代わりに、理性の行為で心に知覚されることのない聖霊の働きを語ります。聖霊が働く時、私たちは良き働きを理性的に吟味することで、聖霊の働きを間接的に心に知覚されない形で知ると彼は述べます。人間が外的良き働きに励んでいれば、聖霊の人間への働きを良き働きの理性的吟味で人間は知ることができます。つまり、神は聖霊を通して私たちの心に直接働きかけ、それで魂の知覚（愛・喜び・平和）が生まれ、知覚が感覚証言を認識することで神に関する確かな知識が与えられるとウェスレーが語る考えをスミスは「知覚される聖霊（perceptible inspiration）」（*BE*, 26:170, 202f.）の働きと呼び、魂に直接語りかけるそのような聖霊の働きは存在しないと述べます。

スミスはウェスレーをクエーカーの立場と同一視します。「聖霊の証に導かれて神の子どもたちであることを認める点で、国教会もクエーカーも同じ意見を主張しますが、国教会は聖霊の導きを聖書に書かれた言葉で、また、魂に働きかける静かな、かつ知覚されない聖霊の働きで与えられることを述べます。これに対し、クエーカーは理性の活動と全く無関係に、聖霊の突如の瞬間的働きで、聖霊の知覚される働きで導かれることを述べます」（*BE*, 26:142）。

救いの全過程を導くのが知覚されない聖霊の働きで、神は心で知覚できる聖霊の働きで人々を導くのではないとスミスは語ります。神が罪人を悔い改めに導く方法は「罪人にその導きが知覚出来るような聖霊の働きでなく、その呼びかけは自然に受け取られ、罪人の心を導く知覚されない聖霊の働きで」なされ、この悔い改めへの呼びかけは神の「ごく自然な、通常の、一般的な方法」で、知覚される聖霊の働きの「超自然的、奇跡的、異常な」呼びかけではないとスミスは語ります（*BE*, 26:168f.）。異常な聖霊の働きではなく、理性的宗教知識で知覚される神の働きをスミスは強調したのです。

「人間は神の子供たちである」という認識を考えると、スミスは聖書の語る事柄から三段論法的に推論します。真の信仰者は神の子供たちであると聖書は述べます。自分自身の倫理の実を持つ者は真の信仰者です。それゆえ、聖霊の実を持つ者は神の子供たちである、との確かな知識を三段論法的にスミスは推論します。聖霊は神の子供たちを「書かれた言葉で、また聖霊が魂に働きかける静かなかつ知覚されることのない聖霊の働きで」救いに導き、神は決して「理性の活動から全く区別されるような、知覚できる聖霊の働きで」人々を導かず、「超自然的、奇跡的方法ではなく、ごく自然な論理的方法で」（*BE*, 26:168）で導かれます。神の子供たちの知識の背後に知覚される聖霊の働きを想定せず、間接的な理性的倫理意識による知識こそが宗教理解の基本的な、確実な知識だとスミスは明言します。理性による人間認識方法です。それゆえ、聖霊の働きを心に直接知覚可能な意識との関係で宗教理解を述べる人々をスミスは熱狂主義者、クエーカー主義者と呼び、メソジストを「知覚される聖霊」の働きを主張する者と呼びました。

スミスに付けられたこの呼び方をウェスレーは快諾します。「まさにこのことのために私は働いており、又メソジストの説教者も皆同様です」（*BE*, 26:181）。もちろん、ウェスレーもスミスの主張に同意し、理性の推論で「私たちは神の子供たちである」という命題への同意を宗教知識の一般形態として生涯認めます（*BE*, 26:176）。しかし、感覚経験で与えられる知識の確かさと同じ論証的な確かさを求めるウェスレーにとって、理性の推論による証言は「聖霊の直接的な証に基づく証言からはるかに異な」り（*BE*, 26:178, 傍点原著）、「神の知覚しえない霊の働きを超えて、全てのキリスト者は自分が神の子であるとの、霊の直接的な知覚される証を持って」（*BE*, 26:203）います。ウェスレーは理性的対象認識を主張する国教会の伝統を一方で尊重しながら、他方、心理学的知識を主張するロックなどの哲学との関係でウェスレーは確証・実存的知識を伴う本来の宗教的認識論を展開したのです。また、彼は体験を聖書より上に置くクエーカーを嫌い、聖書を判断基準と捉え、聖霊を通常の働きと同一視し、異常な働き（異言の賜物等）ではないのです。

神の直接的な生きた証に基づいて、ウェスレーは信仰の本質をエレグコス（確信）、つまり、「目に見えない事柄に対する神的確信、あるいは神の事柄に対する超自然的確信」（*BE*, 26:159, 179）と定義します。エレグコスの信仰は自分に信仰が体験的に与えられたとする「神的確信、超自然的確信」（実存的知識）です。この定義で信仰が心に直接与えられる場合、そのことを知らないで生きる信仰者はいないのです。信仰が与えられたことを彼らは確信します（*BE*, 26:178, 182, 202f.）。知覚される聖霊の働きとは、神が聖霊を人間に与え、「義と平和と喜び、そして、神と全人類への愛が与えられる。そして事柄の本性として、聖霊の働きでこの平和、喜び、愛が人間に満たされるならば、その証言者はあたかも人間が太陽の光線を浴びるのと同様に証を必ず知覚することを、全ての者が信じます」（*BE*, 26:202）。さらに言うと、「『聖霊の働きは神の恵みを知覚されない方法で人間に働くと全ての理性主義者は信じますが』、私の答えによると、『聖霊の働き（鼓舞や活動）で私が述べたいのは神がキリスト者の内に働く方法（manner）の問題ではなく、恵みです』。……私の立場によると、すべてのキリスト者は知覚されない神の証を超えて、自分は神の子であるとの直接的な、知覚される聖霊の証を持っているのです」（*BE*, 26:203）。つまり、神は恵みを人間の魂に直接働きかけますが、どのように人間の魂に働くのか、その方法を人間は誰も知りません。神が聖霊を人間に働きかける方法を人間は誰も知らないという主題は以下で述べる粒子仮説の認識方法と同じであったことを私たちは知るでしょう。

神は聖霊の働きで平和や喜び、愛を確証によって人間に与えています。キリスト者は今、既に体験的に味わえる、内的に知覚できる確証理解を体験します。聖霊の証の本質的理解は聖霊の証と人間の霊の確証との二重性に由来するからです。ウェスレーは直接、知覚できる聖霊の証を全てのキリスト者に与えられる共通の特権、キリスト教の土台だと述べます。ウェスレーはスミスの理性的な認識方法を一方で認めながら、アルダスゲイト体験以降、聖霊の働きで与えられる確証理解が彼自身の神学的立場であることを人々に訴え、聖霊体験がメソジストの定義にとって本質的であることをスミスに答えたのです。

神が人間に義・平和・喜びを満たす神の聖霊の働きの霊感を私たちは確信する。……事柄の本性にとって、その霊感を知覚しないで……この平和・喜び・愛で満たされることはあり得ないことを私たちは信じている。これが……メソジストの主要な教理です。（*BE*, 26:181f.）

第二節　ウェスレーと自然科学

1　一七・一八世紀の自然科学

ウェスレーが自然科学に関心を抱いたのはオックスフォード時代で、ベーコン（一五六一―一六二六年）、ボイル（一六二七―九一年）、およびニュートン（一六四二―一七二七年）などの著作に親しみました。そしてウェスレーは一七五八年から一九年間の歳月を費やし、種々の科学書から抜粋した一冊の自然哲学書、『神の創造的知恵の概要・自然哲学概論（*A Survey of the Wisdom of God, or A Compendium of Natural Philosophy*）』（一七七六年、以下『神の創造的知恵』と略記、この編著からの引用は*Survey*、原著からの引用は*Procedure*と略記）を編纂しました。自然科学への興味だけでなく、ウェスレーは医学、特に解剖や手術にも関心を払い、医学論文を六篇著わし、一七四七年に自然治癒書『根源的治療法』を出版し、この書物は彼の生存中に二三版、死後一五版、米国では二四版を重ね、フランス語、ウルシュ語にも翻訳されました（『民衆』一四八―一五五頁）。彼はまた王立協会（Royal Society）の会員であったフランクリン（一七〇六―九〇年）から電気実験とその観察を学び、それを参考に一七五七年に電気器具の設計をしました。ウェスレーの自然科学への深い憧憬は英国学士院の科学雑誌『哲学会報』（The Philosophical Transactions）を高く評価していた点にもあり、この雑誌の発刊は一六五五年でしたが、彼はこの雑誌に関し「自然科学の分野での哲学会報・要約集のような書物は今まで存在していなかったと信じる」（*Letters*, 3:173, 傍点筆者）と語り、一七六九年に次のように述べます。

> 私は王立協会の会報を見ていた。実験や観察などのつまらないことに骨を折ることは馬鹿らしい、とは少々言い過ぎではないだろうか。もしこの言葉が本当のことであり、この言葉が実際になされていたなら、この会報の半分さえも今迄に出版されたであろうか。さらには人々がこの言葉の正しさを確信していたならば、現在ヨーロッパの多くの国々に広くいき渡っている哲学実験はどうなったことであろうか。
>
> （*BE*, 22:170, 傍点原著）

ここで私たちが学びたいのは、ウェスレーがどのような科学理解に興味を抱いたのか、この科学理解が彼の認識論にどのような影を落としていたのかです。私たちはまず当時の科学議論を検討してみましょう。

現代科学の基本的知識体系は一七世紀に形成された科学理論で、その先覚者がベーコンです。ベーコンは実験科学を提唱し、科学の新しいページを開きました。彼は実験、観察で獲得されるデータを大事にし、それを検討し、そのデータ間に自然を支配する法則を見出し、実験科学を重んじました。詳細な観察データは知識形成に不可欠ですが、ベーコンは具体的な観察、実験が充分に検討される以前に、理論で早急に自然現象を説明する形而上学的方法を嫌いました。この理論がスコラ学の自然理解でした。

スコラ学の自然科学によると、事物それ自身にも内在する、事物の本質的性質としての形相は理性で把握されるだけでなく、自然にも存在すると考えられました。それゆえ、科学の探求目標はこの形相の研究にありましたが、他方、一七世紀の科学革命はレウキッポスやデモクリトスなどの哲学者たちが唱える原子仮説を復興させ、形相が心だけでなく、対象にも存在すると語るスコラ哲学を批判しました。新しい自然科学は知覚現象を感覚とそれへの外界の刺激との関係で理解し、認識される対象と認識との存在論的同一性を説くスコラ科学理解を否定し、対象の形而上学的性格よりも、感覚で知覚される対象の現象的性格に興味をもちました。つまり、ベーコンは観察と実験で具体的に知覚されるデータを重視し、このデータが充分に検討される以前に形而上学的原理で現象を説明するスコラ自然科学を批判したのです。

一七・一八世紀の自然科学理解で物体は原子から成立する粒子仮説（corpuscular hypothesis）が広く受け入れられました。物体から発出される極小のもの（particles）が人間の感覚を打つことで知覚が生ずることをベーコン、ボイル、ニュートン等の多くの科学者たちは前提にします。しかしここでの問題は、この仮説を前提に、人間の知覚現象をどのように説明するのか、あるいは、この粒子で知覚されるデータが実際に知覚される対象の性格を映し出すのかどうかです。この点で二つの方法論が用いられ、当時の科学者たちはいずれかの方法を自分の科学議論に適用します。第一章でブラウンの哲学を説明する時に既述しましたが、一つの方法論は経験的、記述的方法論で、これはこの仮説を前提にしながら、粒子で人間の知覚がどのように成立するのかにそれほど関心を示さず、むしろ、実際に目で確かめ手で触れ、心で知覚される具体的な感覚データに密着し、それを基に自然を記述することに限定する方法論です。他の一つは説明的、数学的方法論で、知覚の性格も対象のそれも、この粒子仮説で説明する方法でした。たとえば、知覚の性格を外界の刺激で頭脳に伝達される神経の機械的、あるいは生理学的運動で説明し、また、数学的原理を適用して対象の機械的構造を明らかにし、それで自然を説明する方法論です。第一章で述べたウェスレーの確証理解は説明的、数学的方法論ではなく、聖霊が人間の魂に働く方法を人間は知ることができ、人間の魂で直接体験できる恵みを知覚すること、つまり、経験的、記述的方法論を適用しました。

ベーコンとロックは経験的、記述的方法論を選択しました。ロックは外界の刺激で人間の知覚が形成される、仮説による知覚の機械的、あるいは、生理学的説明を好みません。ロックは自然を理解する時の重要な素材として具体的な感覚データを取りあげ、人間の具体的経験の世界を超え、機械的、生理的知覚の説明を与え、自然を理解する説明的・数学的方法論より、むしろ心に直接与えられる具体的感覚データで現象を記述しながら自然を理解する、心理学的な知覚理解に興味を抱いたのです。

説明的、数学的方法論を展開したニュートンは時代に大きな影響を与えました。一八世紀の中葉に至るまで自然は自然それ自体に内在する力で機械的に自己を展開するとニュートンは述べますが、この機械的自然理解が自然科学以外の様々な分野でも適用され、発展されました。以下で記述するように、心理学者のハートリー（一七〇五―五七年）はニュートンの運動概念を応用し、人間の全ての感覚、観念、判断等を神経内で引き起こされる脳振動に起因させ、心の固有な働きを否定し、心を機械的な過程と理解し、プリーストリー（一七三三―一八〇四年）もハートリーの理論を一歩前進させ、知覚、観念、思想を外界の刺激の運動と同一視する理論を打ち出しました。こうして多くの学者は、観察データを超え、仮説で自然理解を試みる知覚の機械的、生理的、即ち、形而上学的説明を与えたのです。

2　ウェスレー

(1) スコラ哲学

ウェスレーはオックスフォード時代に自然科学への興味を持ち始め、ベーコン、ボイル、ニュートン等の著作に興味を抱きました。自然科学に対するウェスレーの関心は哲学、形而上学への関心に優るとも劣ることはありません。彼は若き時に既に引きつけられたベーコンの著作を八二歳の時にも学び（*BE*, 23:393）[45]、ニュートンに関しては、重力に言及する主著『プリンキピア』（一六八七年）をウェスレーは原文で読んでいたのではないかと言われています[46]。彼はベーコンの科学精神を継承した「王立協会」の月刊誌『哲学会報』を読み、ベーコンの科学精神を土台に形成された王立協会に関心を抱きました（*Letters*, 3:173, *Works*, 22:170）。もはや一人ひとりの科学者たちが個別に探求するよりも、お互いが集まり、相互の研究発表を通して多くの実験、観察に基づくデータを共有することの大切さをウェスレーは学び、このような学会が英国、フランス、さらにはイタリア、ヨーロッパのいくつかの場所で存在することを大変喜びました[47]。これをメソジストとの関係で言えば、各地域に作られた班会・組会を通して、教理形成や会員相互の宗教知識形態、メソジスト会の存在のあり方を検討し、判断したのがウェスレーでした。

これから度々述べますが、ウェスレーが展開する「知覚しうる聖霊」（神は聖霊を通し人間の心に直接働きかけ、それによって魂は人間の罪の赦しや神の子であることを認識し、その魂の内的変化［愛、喜び、平和］を知覚する人間自身の霊の証）の教理理解を考えると、ウェスレーは信仰者の体験、観察の対象になる事実に密着し、その背後の形而上学的世界に思弁をめぐらせません。この科学精神でウェスレーは抽象的、概念的な知識、蓋然的な確かさしか伴わない知識よりも、具体的な実験的知識、手で触れ、目で確かめられる、確かさを伴う知識でキリスト教の理解を求めました。体験的知識は宗教理解に不可欠な要素です。完全理解や確証理解であっても、体験的に検証可能とならない教理を説教してはいけないとウェスレーが述べたことを第一章で既述しました。ウェスレーの固有の宗教理解は人間の内的、知覚できる霊的体験を媒介にします。人間の内的体験と離れ、体験の外で展開される宗教理解に関心を持たなかったウェスレーはベーコンの科学的方法論を自分の自然理解、さらには宗教理解の基本的方法論として採用したのです。

ウェスレーは具体的な観察、実験が充分に検討される以前に、理論で早急に自然現象を説明する形而上学的方法、即ち、スコラ哲学を厳しく批判しました（*Survey*, 5:49–58）。ウェスレーはアリストテレスの自然哲学とスコラ自然哲学とを区別し、形相が心だけでなく対象にも存在すると理解するスコラ哲学を批判します。ウェスレーが批判したスコラ学の自然理解は個々の自然現象の探求に重点を置かず、事物の奥深く潜む本性を知り、形而上学的にその本性を理解することで、この点でスコラ学は先生のアリストテレスの自然理解を超えてしまった、とウェスレーはスコラ学を批判します。なぜなら、アリストテレスは感覚的事物の性質を対象それ自身の内に基礎づけなかったからです。

> そして少し考えてみればすぐわかるように、感覚的事物は心の内に存在する、というのがアリストテレス自身の考えでした。確かに彼はこの考えを不明瞭な方法で語るので、全く異なった考えをしていると、人々に誤解を与えてしまったのも事実である。しかし感覚的事物の性質が心の中だけでなく、対象それ自身にも存在すると、積極的に語ったのはスコラ学者たちだけである。
> （*Survey*, 5:49, 傍点原著）

誰よりもベーコンは「スコラ哲学の欠点を良く知り、あらゆる自然哲学の愛好者を『自然誌』への探求へと熱心に向かわせました。そしてベーコンは自然愛好者たちを多くの実験と観察でこの道に導きました」（*Survey*,

5:15）とウェスレーは述べます。「自然誌」とは自然についての包括的な記述を意味します。多くの実験と観察で世界事象を眺め、集積し、一つずつ書きとめ、記述することに専念する方法が自然誌です。ウェスレーがベーコンの「自然誌」の表現を用い、自然誌とは自然の中に働く見えざる神の動的なみ手の働きを認め、それを記し、神の言葉を読みとり、科学的探究で神の存在を述べることができると彼は言います（Works, 26:515f.）。この方法がスコラ学の自然科学の欠点を克服するとウェスレーは認識したのです。

(2) 記述・経験的方法

スコラ自然哲学の欠点を克服し、事実に密着して事実を眺め、書きとめ、記すという、新しい科学的探究の道を開いたベーコンをウェスレーは「世界的天才」（*Works*, 12:478）と呼びますが、同時にアリストテレスも同様に呼びます（*Works*, 13:478）。アリストテレスはベーコンと同様、観察データによる自然理解を重視しましたが、後の弟子たちが形而上学の道に迷ったとアリストテレスを誤解したため、ベーコンの自然探求方法をアリストテレスのそれの復活とウェスレーは考えたのです。感覚データを現象理解の出発点として強調するベーコンの経験的方法論にウェスレーは心が強くひかれ、この理解をロックからも学びます。

ウェスレーはロックの『人間知性論』（一六九〇年）の第二部のみを毎月出版の「アルミニアン誌」に抜粋しました[48]。この『人間知性論』の序言で、自然の本性は人間の知性で到達できず、自然に至る道は記述的と書かれる個所をウェスレーは取りあげ、「序言に書かれている表現は何と素晴らしい個所であろうか」（*AM*, 5:27）と賞賛します。人間は経験的、記述的方法を求め、経験を超える事物の本質的な知識を求める説明的、数学的方法を受け入れてはいけないとウェスレーは繰り返し言います。当然、物質や精神の実体は何か、目に見えない粒子が互いにどのように結合するのか、どのように思考がなされるのか、またどのように心が身体を動かすのか、等の問いはみな人間知性の範囲を超えています。この二つの方法論が言及されるロックの個所（II, XXIII, 22–32）をウェスレーは抜粋します。空気あるいはエーテルの圧力で物体の諸部分がどのように結合するのかを説明することは不可能です。なぜなら「目に見える物体の諸部分は、目に見えない外的な物体の圧力で結合されると、どれほど上手に仮説で説明できたとしても、仮説それ自体がエーテルそのものの内部構造を理解できない」(*AM*, 6:419, *Essay*, II:23, 23) からです。人間の経験を超える物質の結合の仕方、知覚の起源、外界からの衝動による運動の伝達方法等を問うならば、人間にはね返ってくるのは人間自身の無理解と無知です。聖霊が人間の魂にどのように働くのか、その方法は人間の理解を超えているので、問う必要はありません。

ロックは観念の起源を感覚と反省に置き、ウェスレーはこの立場を承認し、ブラウンは反省概念を否定したことを第三章で述べますが、ロック、ウェスレーは語ります。「なぜなら感覚と反省を起源として与えられる観念を超えて、観念そのものの起源は何なのか、あるいはその観念がどのようにして産み出されたのかを問うならば、人間が遠くを見通すことのできない存在でしかないことを発見するのみです」(*AM*, 6:483, *Essay*, II:23, 28)。また、物体の個々の部分がどのように相互に結合するのかも説明不能で、この説明を求めると、「私たち自身が盲目であることを見出すのみです」(*AM*, 6:367f.)。ウェスレーによると、人間は観察で対象を知りますが、「感覚がどのように対象を人間の心にもたらすのか、人間はほとんど何も知らない」(*AM*, 4:33f.) のです。

ウェスレーはロックと共に人間の知の限界、相対性を認識します。ウェスレー文献に人間知性の限界を伝える多くの個所があります。説教「知識の不完全性について (*The Imperfection of Human Knowledge*)」(一七八四年)、また、抜粋されたブラウンの主著の一部、論文「知識の限界に関する考察 (*Remarks on the Limits of Human Knowledge*)」などで示され、後者は『神の創造的知恵』の結論を示していると言われます (*Works*, 13:488)。ベーコンの科学的伝統に立つロックと共に、ウェスレーは知の限界を素直に承認したのです。人間の相対的認識論です。

人間が現実 (リアリティ) を説明することに限界があります。ウェスレーは人間の知的限界を超え、現実を説明することに興味を持ちません。ロック、ウェスレーにとって、たとえば精神と物体とは全く異質ですが、同時に物体を離れて精神的なものに出会えないのです。しかしこの両者の世界がどのように出会うのか、誰も説明できず、これを説明しようと、物質の存在や、精神・心の存在を否定してしまう者がウェスレーの前に出現します。後述するように、仮説等で形而上学的に現象を説明する科学理論は現実を一元主義的に捉え、決定論的世界観を構築し、心の主体的な働きを否定する学者を輩出します。この説明的、数学的方法論を自分の立場とする人々にウェスレーは批判を厳しく加えたのです。

ウェスレーと国教会との宗教理解の相違に関し、これからも検討しますが、この争点の一つにウェスレーの説く聖霊の証の起源と証の霊的感覚証言にありました。先ほど述べた「知覚しうる聖霊」の働きで述べたように、聖霊の働きをどのように知覚できるのか、またこの働きがどのように心に伝達されるのか、という問題です。スミス等の国教会の人々はこの起源、プロセスを生理学的に、また形而上学的に説明しますが、ウェスレーはそのような説明に関心を持ちません。聖霊の証が人間の心にどのように啓示されるのか、との問いに、「つまらない、哲学的説明を求めることは……決して答えられない要求」(*BE*, 1:282) であり、「そのような説明を試みることはしない」(*BE*, 1:276) とウェスレーは伝えます。説明的、数学的方法論を採用するか、あるいは記述的、経験的方法論を取るか、この問いはまさに当時の科学的議論の論点であり、ウェスレーが後者の方法論を選びとり、それを神学議論にも採用したのです。

ウェスレーが批判する説明的方法は、経験的事実に数学的原理などを加えて経験的事実の本質や内的構造を探求し、人間が理解できる知的把握を超えてしまいますが、ウェスレーの記述的、経験的方法は彼の原罪の教理でも示されます。彼は悪の起源の問いを「無意味な好奇心」(*Notes*, 342) と考えます。また、原罪が人々に遺伝する三つの説明方法があることにウェスレーは答えます。「たとえ説明が全くなくても私は構わない。聖書と体験で私は事実を知っている。罪が伝搬されていく事実を知っている。しかし罪がどのように伝搬されていくのか私は知らないし、知ろうとも思わない」(*Letters*, 3:107; *Works*, 9:334f.)。三位一体の教理、原罪の教理、「知覚しうる聖霊」の教理であろうと、神や人間の本質的性格や働きを人間が説明することは不可能です。この説明を試みる哲学をウェスレーは形而上学、思弁哲学と呼び、経験哲学や自然哲学から区別します。

ウェスレーは記述的、経験的方法論を採用しますが、この方法論をロックやブラウン（後述）からだけでなく、シドナムからも学びました。

ロックに影響を与えた人物として医者のシドナム（一六二四―八九年）がいます。ロック自身も医者であり、生理学、薬、自然誌に生涯興味を持ちました。ロックの医学の勉強はオックスフォード大学のクライスト・チャーチ・カレッジに入学して間もない頃より始められ（ウェスレーは六八年後に同大学入学）、生涯書かれた九冊の膨大な医学ノートが残されています。そこには医学についてのロックの読書、思索、臨床記録等が克明に記され、特にロックはシドナムと一六六七年に出会い、彼と共に治療活動にあたり、ロンドンに天然痘が流行した時、シドナムを助けました。またシドナムの医学論文のいくつかはロックが協力し、ロック哲学は医学的背景、特にシドナムとの関係で理解されるべきで、ロックの論理はまさに一般化されたシドナムの医学の展開と理解する研究者もいます[49]。

シドナムの治療方法は歴史上の種々の病気を調べ、それらの病気がどのような症状を呈したのか、それに対し具体的にどのような治療が行われたのか、それらを克明に記述することでした。シドナムにとって治療とは病気が実際に治る具体的原因を知ることで、隠れた原因、遠い原因、あるいは病気の究極的原因を求めなかったのです。それは医者の、また人間知性を超えるからです。実際の治療の際、病気の原因の本質的、究極的性格を知る必要はなく、また知ることもできません。経験的、記述的方法が医学分野で必要不可避です。現象の背後を説明する空虚な理論を求めず、病気の現象を観察し、それを記述することが治療に最も大切な契機です。それゆえ、シドナムは伝統的な医学の権威に従うことなく、空虚な哲学的仮説にも聞き従わず、むしろ薬を使わないで臨床経験に基づく自然治癒を重視したのです。[50]

ウェスレーは医者ではありませんが、病気の予防と治療に人生を送った人物でした。若きウェスレーはジョージアの時代、手術や解剖などに参加し、治療と癒しに関心を示し、一七四六年に公共無料診療所の開設者・責任者になり、一七四七年に自然治癒書『根源的治療法』(『新ウェスレー全集』第一七巻に出版予定)を出版し、一七五六年には彼自身の設計で貧しい者への電気治療器具の製作依頼をなし、一七六〇年に『デーシデラートゥム――単純・有益な病気療法』(以降、『デーシデラートゥム』と略記)をも出版し、医学書一〇〇冊ほどを目に通し、六冊の医学論文を書いたのです(『新ウェスレー全集』第一七巻に出版予定)。そしてウェスレーが関心を抱いた科学的方法論は説明的、数学的方法ではなく、記述的、経験的方法でした。自然現象の背後にある原因を「人間は発見できない[51]」と彼は言い、自然の内部構造に関する人間の知識には限界があります。一七四七年、ウェスレーが電気実験を見に行った時、その感想によると、「どのようにして火は水中を通過し、さらにどうして火は空気より水中の方がより抵抗なく通過できるのか」(*BE*, 20:446) を誰にも理解できないと彼は言います。医療の分野でも、たとえ病気の真の原因を形而上学的、あるいは仮説の原理で論証できたとしても、それは実際の医療には役立たないのです。

ウェスレーは『根源的治療法』の序言で当時の英国の代表的医者、シドナムに触れ[52]、記述的方法が治療にとって決定的だと指摘します。仮説等による究極的原因を説明する理論は思弁的、抽象的、空虚に過ぎず、古代では人々は単純な観察を記録し、種々の生活体験で病気を癒す方法を見いだしたのです。シドナムの治療とは、病気が実際に治る具体的原因を知ることであり、臨床実験に基づく自然治癒を重視したのです。「もし理論を求めようとするならば、人間は何も知ることはない。人間は直ちに実りのない探求に迷い、道を見失ってしまう」(*BE*, 22:117)。自然治癒を重視するシドナムにウェスレーは賛同し、『根源的治療法』の序言で「偉大、かつ善良なる医者シドナム」(*Works*, 14:311) と呼びかけ、現象の背後を説明する理論ではなく、観察、経験のデータを基にした治療方法を学んだのです。ウェスレーは国教会から熱狂主義と批判されましたが、その理由は、「知覚しうる聖霊」の教理で、聖霊がどのように人間の心に証言されるのかをウェスレーが語ったと国教会が誤解したからです。しかし、ウェスレーはこの聖霊の心への伝達方法に関心を持たなかったのです。ウェスレーは電気治療の方法論に関し『デーシデラートゥム』を著わし（一七八七年までに五版）、そこでウェスレーは仮説で説明される知識の確かさはせいぜい「高度な蓋然性」で「仮説で事実を説明しても、その説明で満足できる者は一人もいない」（*Works*, 14:242）と言います。

医学の分野であれ、あるいはどのような自然科学の分野であれ、真の原因を発見するために事物の本質的な性質を説明することは、人間の知識の限界を超えることです。たとえ形而上学的説明や仮説で説明されたとしても、そこで得られる知識の確かさに誰も満足できません。ウェスレーは観測される事柄への客観的な科学論理を求めません。ウェスレーにとって正しい科学的知の探求方法は現象を記述する方法で、現象の背後の自然構造を仮説などで説明する方法ではなかったのです。彼は『神の創造的知恵』の序言で説明的、数学的方法論ではなく、経験的、記述的方法論を強調します。

> 私が一貫して徹底的に探究したのは、事物を説明することではなく、ただ記述することです。私がなすことは、自然の内にあらわれている現象を書き記すことであり、それらの現象の原因を探求することではない。人間の感覚と理性が到達できる領域は事実であって原因ではない。事物がそのように存在しているという事実を人間は確実に知る。しかしどうして事物はそのように存在しているのかの答えを人間は知らない。そして知り得ない場合が多くある。その原因を知ろうとすればするほど、人間は途方にくれ、混乱してしまうのだ。
>
> （*Survey*, 1:5. 傍点原著。cf. *Works*, 14:301; *BE*, 1:276, 282; *Letters*, 8:89 も参照）

(3)神の存在証明

国教会は宗教知識獲得にふさわしい理性の働きは形而上学的、数学的性格ではないとします。では、彼らは神の存在をどのように語るのでしょうか。神の存在証明にアンセルムスの本体論的証明、あるいは、トマスの宇宙論的証明が知られています。前者は人間の内側で神の存在を証明します。これ以上偉大なものは考えられない存在、そのような存在は必ずあるという。もしこれを否定するならば、存在しているそれ以上の偉大な存在が考えられるからです。後者は思惟、あるいは観念という人間の内側による方法ではなく、人間の外側に神の存在を証明する方法です。現象世界で原因結果の秩序が見られます。どの事物をとってもそれ自身がその存在の原因であるとは考えられず、必ずそれに先行する原因の存在を予想します。このことは必然的に存在しているあらゆるものの第一原因を前提します。それが神です。このように人間の外側にある外界の事物の存在に因果律の原理を適用して神の存在を証明します。

神の存在証明に対する国教会の人々の反応はどうでしょうか。彼らもアンセルムスやトマスのように論証的方法で神の存在を導きだしたのでしょうか。たとえば、国教会穏健派のティロットソンを考えてみましょう。確かに彼は宇宙論的証明を行っています。しかし彼がこのような論証的証明方法を用いるのは、物質が永遠から永遠にわたって存在するとの考えを批判する時です[53]。彼は基本的に神が存在しないというよりも、存在すると考える方が理性的であるとします[54]。神の存在、属性に関する知識は「生まれながらにして心に刻印され[55]」ることに由来します（刻印とは三章で述べる生得知識、人間が誕生時に持つ知識）。ティロットソンと同様、スティリングフリートも本体論的証明にせよ、宇宙論的証明にせよ、論証による神の存在証明を好みません[56]。彼は神の存在、即ち、第一原因の存在を認めないことは、認めることよりも説得力に欠けると生得的に考えます。被造世界の自然の完全なる姿を熟考する時、因果律を適応してその第一原因にまで遡り神の存在を証明するのではなく、自然界にある完全な姿を考慮する時、心の中の完全なる神、という観念が自然に生まれてきます。このようにして、「無限なる存在者がご自身を人間に知らせる。人間がこの無限者を考えることができるようになる最初の道は、無限者が自分の不滅の性格を人間の魂に刻印することによってである」[57]とスティリングフリートは生得知識（生まれながらの知識）を伝えます。

国教会の人々は理性的、つまり生得知識に基づく理性的宗教理解を主張しますが、宗教世界の本質的性格を論証で知ることを望みません。しかし国教会の一八世紀の哲学者、リーは国教会神学者と異なり生得知識を認めません。「魂はそれ自身と異なる原因を持たずしては、いかなる知識の判断をも形成することはできない」[58]（傍点原著）。アリストテレスの伝統に立ち、リーは感覚証言を（この証言がたとえバラバラであろうと）知識の起源とし、この証言に理性証言を加えることで知識の成立を語ります。それゆえ、リーはスティリングフリート、ティロットソンが語る生得知識ではなく、神の存在を因果律で証明できると言います。「神の存在証明に関し、一般になされている初歩的な、最もポピュラーな方法は人類の普遍的同意（*Universal Consent*）である。しかしこの証明方法は神の存在を信じえない人々を確信させるよりも既に信じている人々の確信を強めることでしかない」[59]（傍点原著）のです。神を信じない人々を説得させるのは、人類の普遍的同意の生得知識ではなく、論証であるとリーは確信します。

ウェスレーと一七世紀の国教会神学者、一八世紀のリーとの関係を再述すれば次のようです。ウェスレーは生得知識を承認した一七世紀の神学者の考えを否定しますが、論証による神の存在証明を否定した彼らと同じ意見です。他方、ウェスレーは生得知識を否定するリーを承認しますが、理性的な神の存在探求を求めるリーを否定し、感覚をバラバラな印象と捉えるリーに対し、ウェスレーはロックの感覚証言で感覚の確かさを学び、明晰な論証的確実性を伴い、理性の保証が不要な感覚の真理を訴え、リーを否定します。その意味で、ウェスレーは一八世紀の理性主義の時代、理性的な神の存在証明を求めず、しかも、非信仰者ではなく、信仰者の心に、世界の到る所で自然界の諸現象の美しさを訴える神学者であったのです。

野呂はウェスレーが神の存在証明を否定したと語るウィリアムズの意見を取り上げます（『生涯と神学』二四二—二四六頁）。ウィリアムズによると、(60) 啓示と理性の調和を主張するトマス主義の理解がウェスレーの考えに近いと言います。トマスによると、啓示の助けを借りないで、理性の力だけで獲得できる知識の領域がありますが（例えば宇宙論的証明による神の存在証明）、その神がどういう神であるのか、それは啓示によって初めて理解できるのです（ウェスレーも理性による神理解が可能であると主張するが、その神は人間が出会っていない皇帝の存在のようで、誰もその神を身近に知らないという。その意味でウェスレーの表現を使えば、この神の存在の知識は理性的知識で、実存的知識ではない）。つまり、理性が信仰の後を追うのでも、理性が信仰に優越するのでもなく、理性の問いを啓示が答える、理性と啓示の内的調和がトマス主義の立場で、この考えとウェスレーは類似するとウィリアムズは述べます。

しかしウィリアムズがウェスレーの文献をさらに検討すると、ウェスレーは神の存在のための論議をなしておらず、彼は倫理を啓示から説明し、理性だけによる自然神学を展開しなかったとウィリアムズは語ります。従って、ウェスレーにとって理性による神の存在認識は啓示認識と比べると何の意味もないとウィリアムズは言います。これに対し、野呂はウィリアムズと異なり、理性と啓示の調和関係をウェスレーは確信し、神の存在を証明していたと野呂は言います（理性の力の極限のこちら側での神の存在証明）。但し、ウェスレーの啓示と理性の調和理解はトマス主義のそれと異なると野呂は言います。トマス主義の場合、啓示の神と交わることは思弁的な神の本質思索に集中する傾向があるからです（神の本質を観照するスコラ哲学の本質がトマス主義に内在するため）。他方、ウェスレーは神の本質理解ではなく、ロックの経験主義に関心を持ったので、ロックと同様、神の存在証明を行っていたと野呂は言います。「ウェスレーがこの証明を、今更あらためて言う必要のないこととして、前提をしていたと考えるほうが、妥当だと思われる」（『生涯と神学』二四四頁）、つまり、ウェスレーが神の存在証明を行った理由はロックの経験主義によると言います（しかし第三章で述べるように、野呂が取りあげるロックの引用箇所〔『生涯と神学』二四四頁〕は『人間知性論』の第二部のロックの経験主義の箇所ではなく、第四部の合理的宗教理解の箇所）。しかし、ウェスレーが編纂した『神の創造的知恵』を読む時、彼は神の存在に関し、因果律の原理などを述べるだけで、それ以上何も触れず、神の存在を語るだけで、彼が神の存在証明を行ったとは考えられません。その意味で、ロックの経験主義と無関係に、自然界の美しさを語ることで、ウェスレーは神の存在を語っていると筆者は考えます。

野呂は次のように述べます。ウェスレーはトマス主義の、神に関する思弁的傾向をほとんど背後に退かせ、キリストでの神の贖いの行為に思索の前面を押し出し、思弁より体験論的傾向にウェスレー神学の中心が置かれ、さらに言えば、体験との関係で人間が神と交わる時、神についての思弁よりも行為を強調する点で、ロックの人間論的傾向と類似し、実存的問いと答えという形で、理性と啓示との調和関係の傾向をウェスレーが語ったと野呂は言います。

ウェスレーが形而上学的な神の本質理解を排除した理由を体験論、あるいはロックの経験主義との関係で野呂は語りますが（野呂はロックの経験主義を体験論と呼ぶ）、筆者は野呂と異なり、ウェスレーは形而上学の本質的排除を彼のスコラ学批判・形而上学批判と捉え、ロックよりもブラウンの体験理解を強調し、自然観察による神の存在を種々の文献で語ったことを第三章で述べます。

ウェスレーは一七世紀の国教会神学者と異なり生得知識を否定しますが、神の存在を証明しなかった点で彼らに同意します。ウェスレーは本体論的証明であれ、宇宙論的証明であれ、いかなる方法でも神の存在を論証することに興味を示しません。また、一八世紀のリーの感覚証言（バラバラな無秩序な感覚に理性を加えることで知識の誕生）と異なり、ウェスレーはロックの経験論に従い、感覚証言は明確な、確実な論証を伴う、しかも理性の証明を必要としない、感覚証言を知識の基盤とする、記述的・経験論的方法論を強調します。ウェスレーは国教会が語る生得理解を排除し、同時に、神の存在証明を彼らが拒否した点に同意し、また、リーの主張する理性に知識の起源を置く考えを拒否し、論証的確信を伴う感覚証言を訴えます。その意味で、ウェスレーは一七世紀、あるいは一八世紀の学者の誰に親近感を抱いていたかの問いに、彼はいずれの学者の考えにも同意せず、ロックの経験論に賛同し、神の存在を自然理解の美しさで語ったのです。身体的感覚は身体的知識の基盤であり、霊的感覚は神的知識の基盤です。前著で繰り返し述べたように（『ウェスレー』二五四―二七五頁）、編纂された『神の創造的知恵』でウェスレーは自然界を探求する中心的関心事を、自然界に示される神の知恵と力、善の知恵を深めること、編纂書の言葉を借りれば、「神の力、知恵、善という神の見えない事柄を示すこと」（*Survey*, I:iii）で神の存在を力づよく伝えたのです。

> 神の力は創造全体に、神の知恵は創造の各場所に現れます。神ご自身は動物や鳥、魚、虫の無尽蔵な多様性に示され、神の善はこれらの全ての一つ一つの世話をし、神の手を広げ、生きている全ての存在を豊かに支えます。（*Survey*, 1:285）

ウェスレーはこの自然科学の証言を、リーと異なり、信仰を持たない無神論者を批判するためではなく、神を信じる者の信仰を深めるために展開し、この感覚証言は自然科学の世界だけではなく、信仰全体の証でもあり、一八世紀特有の機械的、決定論的理論（知的限界を超える数学的・説明的方法）よりも、神の知恵をあらわす自然界の美しさ・音色そのものに人々が直接触れる体験的認識（人間の知的限界内での記述的・経験的方法）を強く勧めたのです（*Survey*, 2:68）。このように、ウェスレーは神の存在の証明に関心をもたなかったのです。

ウェスレーは身体的対象を身体的感覚で、霊的感覚を回復したものは神の直接的知識、内的確信が与えられると述べます。一七九一年の説教「信仰について」（*BE*, 4:188-200）で（ウェスレーは八七歳で死にましたが、死去六週間前の人生最後の説教原稿)、無神論者が神を信じないのは霊的感覚の閉鎖にあるとウェスレーは述べ、霊的感覚の開示が宗教認識にとって不可避であると語ります。さらに、この説教のテキストはヘブライ人への手紙一一章一節のエレグコス(確信)の信仰で、この聖句に関し八七歳のウェスレーは「私が今でも理解できないこれらの言葉の深さに出会っている」(*BE*, 4:188)と語り、信仰とは神と神の事柄の神的確信、つまり目に見えない、永遠の世界の神的確信・論証だと述べます。それゆえ、彼は思弁としての信仰ではなく、神の見えない事柄の知識を伝えることのできる、知覚的に確信できる唯一の資料として、エレグコスの感覚的信仰をアルダスゲイト体験後重視しました。人生最後の説教の終わりでウェスレーは信仰に感謝を示し、この信仰を「新しい感覚のセット」と呼び(感覚を通して信仰の授受)、このセットは神によって魂に開示される「見えないものの確信」(*BE*, 4:200)を与えると伝えます。

ウィリアムズによると、ウェスレーが神の存在証明を否定した理由として、この証明は霊的感覚に由来し、身体的感覚に由来しないからだと述べますが、(61)この霊的感覚は先行の恵みで全ての人々(勿論、他宗教者も無神論者も含め人類全体)に与えられ(眠った、潜在的な感覚)、この感覚によって人々は神的知識に呼ばれていますが、魂が神の呼びかけに答えるか、答えないかは個人の責任です。無神論者の霊的感覚は呼びかけに応答せず、個人が神に応答しないならば、先行の恵みの働きも力を落とし、良心も硬くなり、霊的感覚は閉じてしまいます(*BE*, 3:487, 523)。霊的感覚の開示が宗教認識にとって不可避ですが、この感覚は身体的感覚と同様に、先行の恵みで全ての人々に潜在的に備えられ、神の呼びかけに開示することをウェスレーは願っています。しかし、啓示信仰が伴わない自然神学(ウェスレーが理性的に神の存在を主張すること)は無意味だとウィリアムズは述べますが、この考えは不適切です。なぜなら、啓示神学と自然神学の両者は国教会の「恵み深い知識」で、自然神学は「自然的知識」ではなく「恵み深い知識」で、全ての人々に備えられている感覚で「恵み深い知識」が与えられます。ウェスレーが理性的に神の存在を主張したことは啓示神学的視点から不適当だとウィリアムズが判断しますが、啓示神学も自然神学も「恵み深い知識」であれば、この判断はウィリアムズの指導者がバルト（啓示神学の伴わない自然神学を拒否する、両神学の徹底的断絶を説く神学者）であったからでしょう。しかしウェスレーは自然神学を一つの恵み深い宗教知識形態と認めていたのです。

(4) 粒子仮説

知的世界に広く受け入れられた粒子仮説はスコラ学の形而上学的世界を退けますが、同時に、感覚的な現象世界への不信をも表明します。近代西欧科学はギリシアの原子論の復活と共に始まり、現象の様々な変化を原子の離合集散で説明します。ここでは単に物質の根源的要素として原子が想定されるだけでなく、万象を粒子的に解釈する態度が生まれます。一七世紀の新しい哲学、実験哲学（experimental philosophy）とは粒子哲学でした。粒子哲学を展開したのはボイルです[62]。彼によると、物質は粒子から成立し、相互に結合します。物質にとって本質的なものは形（shape）と大きさ（size）、運動（motion）などで、これらを人間が知覚する、知覚しないと無関係に、それらは物質それ自体に属し、これらの性質を物体の「第一性質」と呼びます。反対に、物質それ自身の持つ性質と全く無関係な色、音、味、臭い、手触り、暑さ、寒さなどの物体の性質を「第二性質」と呼び、これらの性質は物体に類似する性質ではない、と懐疑的感覚理解が主張されます。人間が感覚で知覚する性質は物質に類似しないのです。そしてこの物体の第二性質を知的世界から追放する思想傾向はそれ以降の近代科学、及び現代科学を支配しています。

色、味、臭いなどの、人間の身体的感覚で捉えられる現象界は心にしか存在せず、物体に類似する性質ではないとの立場が重視され、色も味も臭いもない無色、無味、無臭の粒子（の形、大きさ等）のみの世界が強調され、機械的世界観が数学的に理解されるようになります。自然界から感覚的、生命的要素が奪われ、分析の対象として自然は客観化されます。人間の身体は感情や意識と無縁な機械的物質と理解され、デカルトの心身二元論が説かれます。左脳（理性）と右脳（感性）との関係でいえば、偏差値教育、自然破壊、脳死判断にもみられるように、近代から現代にかけて左脳が肥大し（熱狂主義批判など）、右脳が欲求不満を起こしています（泣く女性の男性批判）。

ロックはボイルと深い親交を持ち、その親交はボイルの死まで続きました。問題は経験論と粒子仮説の両者の立場がどのように両立するかです。ロックは当時の思想枠である粒子仮説と物質の第一、第二性質の区別を受け入れます。しかし、ロックは「第一、第二性質の区別を厳密に哲学的議論で説明する(63)」試みをしません。ロックは「粒子仮説の本質的部分として、ボイルが展開し、当時の世界でその仮説を真理とし、既に十分に確立されたものとして、第一、第二の性質の区別を受け入れた(64)」と言われます。ロックは哲学的にこの区別の正当性を論証し、それで物質を理解する説明的方法の立場を取ることはありません。ロックはこの仮説で人間の知識現象を説明せず、知覚されない粒子がどのように心に感覚を呼び起こすのか、物質の粒子が心に情報をどのように伝達するのか、そのような事柄にロックは興味を持たなかったのです。

ロックはまた第一性質と第二性質との区別を、当時の思想枠として単純に受け入れますが、この区別で第二性質は心にしか存在せず、物体に類似する性質はないとの立場も取りません。同じ事物がある状況で温かく、他の状況では冷たく感じられたとしても、それでその事物の性質がその物体に属さないと考えなかったのです。ロックがこの区別を受け入れた一つの理由は、この受容で自然現象が以前のスコラ学者たちよりも、より知的に理解されるからです。ある事物が熱い、冷たいという現象は、事物の粒子の速度とそれを知覚する人間との関係で、知的によく理解できます。粒子仮説で現象理解と知覚理解とを「区別することは有益なことである(65)」とされます。しかし知的現象だけでなく、粒子仮説に自然や知覚理解の究極的原因をロックは求めていたと理解し、この点でロックを積極的に評価し、その理解を自分たちの基本的立場にしたのが国教会の司祭・形而上学者のクラーク（一六七五―一七二九年）と司祭・哲学者のリーでした。クラークは第一、第二性質の哲学的区別をロックより学んだとし、[66]リーもまたこの哲学的区別をロックがなしているとし、この区別を自分の思想に積極的に取り入れたのです。[67]

国教会の神学者、チリングワース、スティリングフリート、ティロットソンは粒子哲学をどのように理解したのでしょうか。チリングワースはギリシアの懐疑論の影響を受け、事物の本質的性格の知識を断念し、粒子仮説で事物の現象的知識を主張し、一七・一八世紀の英国の伝統を形成したとされます。チリングワースの考えは「一七世紀後半の英国で展開された長い伝統を形成する萌芽」[68]となったのです。粒子から成立する物質の内的構造、あるいは、物質の諸部分がどのように結合するのか、物質世界の本質構造は人間の理解を超えると、スティリングフリート、ティロットソンは共に語ります。[69] 知覚の相対性ゆえに、感覚で得られる証言に信用が置けないとスティリングフリートは考えますが、その懐疑的感覚理解をロックは受けいれません。ロックは理性的、哲学的な物質・知覚理解よりも、むしろ心に実際に知覚されるものを知識の重要な証言として記述する科学の知覚理解に関心を向けたからです。

スティリングフリートは粒子哲学を背景に発言します。対象あるいは観察者が置かれている状況で、同一物が異なって知覚される相対的知覚のゆえに、感覚的知覚による対象認識は確実な知識を得ることはできないと言います。感覚は対象の偶然的性格の偶有性（accidents）しか捉えられず、状況などで変わることのない対象の形而上学的存在（その形而上学的本質内容は把握できなくても）は感覚の対象になりません。「もし感覚を通して与えられる印象（impression）のみで事物の本質を判断しようとするならば、大きな誤りを犯すことになろう」[70]。対象に関する確実な知識は実体概念（その中に対象の感覚的性質が存在し、実体でこの性質が支えられる）を前提しないで理解することは不可能です。理性的な人々であればすぐに認めるように、偶有性がそれ自体で存在する、という考え方は理性的に矛盾します。スティリングフリートは実体概念を「人間の心の内にある最も自然なかつ確かな観念の一つ」[71]（傍点原著）、つまり、生得知識に由来すると呼びます。

リーは粒子仮説を前提するだけでなく、この仮説で感覚的知覚の性格を説明し、物体の第一、第二性質の区別を哲学的に承認し、人間の感覚経験は原子の運動で与えられる粒子哲学を承認しました。そうであれば、人間の感覚経験と、知られるべき対象との間に本質的な類似性はありません。人間が「一般に感覚的性質と呼んでいる事物の性質は……人間の与えている名前に過ぎない。……心にもたらされる知覚は表面上（*mere*）の知覚で、対象それ自体が備える特徴を何一つ写し出していない[72]」（傍点原著）のです。リーは粒子仮説で人間の知覚を説明し、感覚的知覚は知識の基盤にならないと言います。

一八世紀の哲学者たちの方が一七世紀の人々より理性的原理に深い確信を抱きました。神の存在証明を初め、理性原理に基づく知識の主張という点でリーは『神の存在と属性に関する論証』を著わした一八世紀の代表的形而上学者クラークと同様な考えを持ちます。アリストテレスの伝統に、また、プラトンの伝統に立っても、知識の本質的性質は理性であり、理性的に規定される心の働きに彼らは知識の確かさを置いたのです。

クラークも粒子仮説に言及することで、知覚の性格を理性的に説明します。人間の感覚経験は「対象そのもので与えられたのではなく、原子の形（figure）と運動の刻印（impressions）でたまたま引き起こされたもの[73]」に過ぎないのです。色、音などの物質の性質は、そのような性質をそれ自身の内に持つ物質で与えられた、と考えることはできません。人間の知覚経験は「物質の特徴や性質に完全に基礎づけられ、そこから生じていると考えることは全くできない[74]」のです。知覚の本質的性格は魂の力、つまり、非物質的実体の「固有の性格」（傍点原著[75]）で、外界の物質の刻印でもたらされるのではないのです。この理性的な知覚の働きで種々の感覚現象が統合され、知識が構成されます。クラークは事物の知識とその確実性を感覚的世界に依存させず、理性的真理を概念的に分析することで確立したのです。

スティリングフリート、リー、クラークにとって、感覚現象は相対的で、幻覚を伴うことがあります。あるいは知覚現象は粒子運動で説明され、感覚で与えられる感覚データは知識の重要なデータにならず、確実な知識をもたらす証言にもなりません。理性的理解に関心を持つゆえに、彼らは知識の要素として、目に見え、観察できる対象の性格を重視しないのです。彼らはむしろ生まれながら備わる（生得知識の）理性的な対象理解、実体―属性概念や同一性の諸原理などに関心を持ち、理性的に得られる知識は真の知識の標であり、概念的真理把握が知識を構成すると言います。注意深い、詳細な感覚的な対象の探求は知識獲得の基礎になりません。彼らは魂に刻印される生得知識の理性的諸原理（その本質は不可知）に基づいて知識論を展開します。チリングワースやティロットソン、スティリングフリートも感覚証言を宗教議論から除外したことを前述しました。

ウェスレーは粒子仮説に精通し、記述的、経験的方法論を採用します。外界の対象がどのように心に情報をもたらすのか、その哲学的説明に、ウェスレーはロック、ブラウンと共に、興味を持ちません。人間は外界の事物を感覚によって知りますが、「人間の感覚がどのようにしてその事物についての知識をもたらすのか、その仕方に関してほとんど分からない」（*Survey*, 1:144）のです。国教会のウェスレー批判もこの点に集中します。ケンブリッジ大学の教授ルサフォースはウェスレーの聖霊の証の教理を批判します。一七六三年に発行されたパンフレット「内的感情に関するメソジストの教理を検討する」で彼が問題にした点は、感情がどのように生ずるのかという感情の起源とこの感情がどのように知覚されるのか、その感情の認識のプロセスです。スミスとの論争で示されたように、ウェスレーは知覚できる内的感情の教理を聖霊の運動そのものの知覚であると考えず、また、聖霊が身体の五感に刺激を与え、この身体的五感の刺激を心で知覚できると説明する生理学的知覚理解を語りません。聖霊が働くのは身体的五感ではなく霊的五感で、その把握情報・プロセスは人間の知識を超えています（*Letters*, 5:357–369. この手紙の三六三頁で、感覚の教理が今なお誤解と偏見の下にあると述べる）。同様の批判がさらに続きます。

ウェスレーの聖霊理解への批判がドッグレイによって遂行されます。ドッグレイが一七四三年に「聖霊の働きは知覚されることはない。では人々はどのようにして聖霊の導きの下にあることを知りうるのか」という小冊子を出し、この内容にウェスレーは言及します。

次にあなたは尋ねる。「どのような仕方で、聖霊の働きによるこれらの恵みは人間の心にもたらされるのか」。そしてあなたは答える。「聖霊の働きであるこれらの天的運動を、人間の心の普通の働きから区別するこの光を、人間はもっていない。聖書によれば、聖霊の働きはどのような感覚的感情にも、また知覚にも支配されることはない……と主張されている。なぜなら、物質に特有な性格である人間の感情と、聖霊の与えてくれるものとの間に、一体どのような交流が可能なのであろうか。……あらゆる理性的なキリスト者の確信によれば、神はご自分の恵みを、私たちの内に知覚されないような仕方でもたらし、それゆえ、聖霊の働きと人間の心の普通の働きとの間に、何ら人間が気づく区別はないのである」。(*BE,* 11:139f.)

ドッグレイは聖霊の働きを人間の理性作用を通して間接的に、知覚されないような仕方で働く活動と捉えました。その理由は、「物質に特有な性格」である感情を通して神は語りかけることができないからです。ドッグレイはこの生理学的知覚理解でウェスレーの聖霊の証の教理を批判します。これに対しウェスレーは心理学的知覚理解で答えます。「感情という言葉で意味することは、聖霊の働きを内的に自覚することで、聖霊が人間の内に働く方法ではなく、恵みを意味しているのである」(*BE,* 11:140)。これはスミスへの答えと同じです。「聖霊の働きを知覚し、感じることで私が述べたいのはその働きを内的に確信することで、聖霊の働きでキリスト者の内に働くその方法を知ることではないのです」(*BE,* 26:231)。

ウェスレーの関心事は心に直接知覚される事柄であって、神がどのように内的証言を人間の心にもたらすのか、あるいは、人間がどのようにして聖霊の働きを知覚するか、ではありません。「一体、多くの無学なメソジスト教徒でさえ、『聖霊が身体の五感に働く時、心は聖霊の働きを知覚するのである』と言っている者がいたであろうか」（*Letters*, 5:364）。もちろん、身体の五感に聖霊の証が与えられることはありません。ましてや、この証をもたらす聖霊の働きを知覚することは不可能です。「それでは人間はこれらの内的感情についてどのように考えたらよいのか。これらの内的感覚をもたらす原因を明白に知覚している内的感情があるだろうか」という質問に対し、ウェスレーは答えます。「そのような明白な原因を知覚している内的原因があると誰が言っているのか。私は決してそのようなことを言ったことはない」（*Letters*, 5:364）。ウェスレーは粒子仮説の考えに基づいて聖霊の働きを理解するのです。

ウェスレーは内的感情をもたらす聖霊の働きを明白に知覚し、その働きが身体の諸器官を通して、どのようなプロセスを通って、心に内的感情をもたらすのか、その生理学的、粒子的知覚理解に関心を示しません。しかしウェスレーが生きた一八世紀の思想的傾向は生理学的、粒子的、あるいは形而上学的知覚理解が主流を占め、この思想傾向の中で思索したウェスレーは理性的な実体概念ではなく経験的方法論を用い、自分の神学的立場を説明し、ロックの心理学的経験主義に影響され、心理的知覚理解を自分の立場にします。ウェスレーは内的意識、自覚、感情の心理学（実存）的解釈を、宗教を理解する基本的証言と捉えたのです。

粒子仮説の話に戻すと、ロック、ブラウンと同様、ウェスレーは物体の第二次性質の実在を否定せず、人間の身体的五感による現象理解に不信感を抱きません。人間の感覚データが知覚される対象を描写しないと考える知覚の懐疑的説明をウェスレーは否定します。「物体の第二性質は物体の第一性質と同様に真実である」（*Works*, 10:470）。ウェスレーは色に関する第二性質の実在をニュートンの光と色の理論を借りて主張します。光線は物体から発する微細な物質で、色はこの物質の配置転換で起こるのです。

光線が物体に当たると、物体の表面がいろいろと配列されるに従って、光は人間の目にいろいろと反射する。それによって人間の色の感覚が生まれる。つまり、色はその色のついた物体に存在しているが、しかしその色は光線のある特定のものを反射すべく、物体の表面が配列されているが故に、見られる色なのである。白色の物体はあらゆる光線を四方八方に反射している。それに反して黒色の物体はあらゆる光線を吸収し、全然反射せず、反射してもごくわずかである。また青、黄、赤色の物体はある特定の一種類の光線しか反射しない。最も小さい種類の光線は青と考えられている。次に大きいのは黄、一番大きいのは赤と考えられている。 （*Survey*, 4:26, 傍点原著）

ウェスレーは感覚経験の伝統に立ち、物体の感覚的性質を幻想と捉えるギリシアの懐疑論の立場を取りません。ウェスレーはこのギリシアの伝統に立つ哲学者としてデカルト、マルブランシュ、バークレー等の名前を挙げますが、ロックの名前を列挙しません[76]（*Survey*, 5:49–58）。アウトラーはロックが物体の第二性質の実在を否定し、この否定をウェスレーが批判していると述べますが（*JW*, 487, fn. 14）、この考えは歴史的にも誤っています。ウェスレーはむしろ心に直接与えられる具体的感覚データで対象を理解する心理学的知覚理解に関心を持ったのです。

ウェスレー研究者に暗黙に了解されることの一つに、ウェスレーは「素朴な実在論者」（a naive realist）であるとする考えです。私が存在（知覚）しようがしまいが、それと無関係にそのものは確固として存在するとの考え、それが素朴実在論者です。たとえば、眼前の私の机は私の意識や知識と離れて既に存在している。この主張はあまりにも日常生活の前提で、疑いえないように見えます。しかしこの主張で人間の知覚は実在する外界の忠実なコピーであると、認識論的に表現すると、問題が生じます。火の中に熱が存在する、太陽に光線が存在するという表現で、人間は実在する外界の対象の性質を文字通り直接に知覚していません。確かに外界の実在は観察者の私の知覚や意識に依存しないで存在しますが、私の知覚や意識は外界の忠実なコピーではなく、外界の実在は私の知覚、意識との関係で私に表現されています。その意味でウェスレーは素朴な実在論者ではありません[77]。

ウェスレーが物質の第二性質をニュートンの視覚理論を用いて認めますが、このことは人間で知覚される感覚的性質がそのまま外界の対象自身に直接に存在することを意味しません。人間が実在する外界の対象を認識する時、それは外界の対象それ自身の直接的理解ではなく、粒子が人間の感覚に刺激を与えることで、心に知覚される感覚証言を通して表現されているのです。この点をウェスレーは次のように表現します。

> 外界の対象によって、自分の内に引き起こされる動きを知覚する何ものかが、自分自身の内にあるのを人々は気づくでしょう。たとえば、外界の対象が人間の感覚器官に作用を及ぼしている間、人間が見たり、聞いたり、味わったり、臭いをかいだり、あるいは感じたりするのだが、その時、人間はまた外界の対象の変化に即して種々の知覚が心にあるのを見出すのである。（*Survey*, 1:175f. 傍点原著）

(5) ニュートン

ウェスレーは多くの自然科学者たちの思索に興味を抱きましたが、ニュートンをどのように理解したのでしょうか。ニュートンは一六八七年に彼の最大の業績『プリンキピア』（『数学的自然哲学』）を出版しました。しかし当時においてもニュートン力学に潜在する一つの問題は、ニュートンの定位した万有引力の本性に関するものです。いったい「万有引力」の原因は何なのか。それは物質の本質それ自体に内在する力なのか。もし万有引力が単なる数学的前提ではなく、物体そのものに内在する性質と理解されるならば、宇宙はこの万有引力の法則で説明され、宇宙は数学的に導き出される機械的な運動原理に従って動きます（書物の題名は『数学的自然哲学』）。その結果、宇宙は完全に機械的法則で支配される「機械的自然観」の確立に進みます。もし世界が機械のような必然的法則で支配されるならば、神はもはやこの世に随意に介入できません。当時の思想界の指導者の多くは神の存在を認めます。しかし多くの実験、観察で自然界の現象の間に法則が発見され、しかも数式で表されるような機械的法則で世界が理解されるならば、神はこの世界にどのように関わるのか、神の摂理の問題が生じます。そして神が存在しても、神を棚上げにする理神論者の世界観が出現します。

ニュートンの物理学と神学との関係でニュートン研究者の間で意見が分かれます。ニュートンの神学、形而上学は機械的な運動法則の決定的な枠である、いや、未熟な枠に過ぎないと解釈する研究者がいます[78]。他方、数学的に論証される機械的、決定的側面と異なる面として、ニュートンの世界観にはもう一つの立場があります。それは彼が万有引力の真の原因に関し不可知論の立場に立ちますが、同時に、神の遍在を何よりも重視し、機械的、決定的世界観に対し厳しい態度をとっている側面です。この事情を少し説明しましょう。

ニュートンの世界で万有引力が作用するための媒質として、宇宙に遍在するエーテルなる物資の存在が仮定されます。この仮説はニュートンの世界観で重要な役割を担い、このエーテル概念は神の意志に服します。物体の運動はそれ自身の内に運動能力が備わっておらず、神がその運動の真の原因であるとニュートンは考えます。それゆえ、彼は万有引力が物質そのもの中に内在する物質の性質とか、物質の構造に由来すると考えなかったのです。ニュートンは友人への手紙で語ります。「君はしばしば万有引力を物質にとって本質的、固有的なものと語っている。どうかそのような考えを私の考えであると思わないで欲しい。なぜなら、引力の原因は私の知る範囲にないのだから[79]」。ニュートンは宇宙に偏在するエーテルなる物質の存在を仮定し、エーテル概念を万有引力の可能的原因、つまり、エーテルを神の意志に服従する存在と理解し、物質の内在的性質に万有引力の原因を帰することに反対します。自然のいかなる場所でも、いかなる時でも神が常にそこに現前し、自然の中で起こる全ての事柄は、神の意志の直接的現れとニュートンは考え、神の遍在思想を強調したのです。

ニュートンは宇宙での神の摂理のみ業を認め、空間を神の「感覚体」（sensorium）と説きます。ニュートンの語る自然はいかなる時でも神が常にそこに自らを現前させ、自然の中で起こる全ての事柄はみな、神の意志の直接的な表現であるとします。[80] 一八世紀当時の一般概念として存在者が活動できるためには、そこに存在していなければならないことが前提されました。[81] もちろん、ニュートンはこの世界を神の身体そのものと考え、この世界の諸部分を神の諸部分と考えることはしなかったのですが、他の全ての属性にもまして神の遍在を強調するニュートンは空間を神の身体に類比させます。それによって神は自然に生起する全ての事柄を感知し、それに即応しながら常に自然に自らの意志を展開しています。

ウェスレーはニュートンをどのように理解したのでしょうか。もちろん、ウェスレーは自然を「神の感覚体」と捉えるニュートンの自然理解に同意します。説教「神の遍在について（On the Omnipresence of God）」（一七八八年）でウェスレーは神がどのように宇宙に存在しているのか、そのテーマに迫ります。彼はこの説教で、それ自体が不在の所で働くことも働かれることもないとする一八世紀当時の概念に従い、そのテーマを進めます。「神は到る所で活動している。それゆえ神はどこにも存在している。なぜなら創造されたものであれ、そうでないものであれ、いかなる存在者もそれ自身が存在していない所で働きうるということは、全く不可能なことであるからだ」（*BE*, 4:42）。ウェスレーは上記説教でさらに述べます。

> 人間は神の遍在を信じない限り、神の全能を信じることはできない。なぜなら、既に言及したように、不在の所では何事もなしえないのであるから。もし神が存在していないような空間があったとするならば、そこにおいて神は何もなしえないでしょう。したがって神の遍在を否定することは、神の全能をも否定することになる。
>
> （*BE*, 4:44f.）

ウェスレーやニュートンにとって、神の遍在は神の本質的な属性であり、この属性から神の全知、全能という概念が由来します。ウェスレーはニュートンに同意し、説教「神の存在の唯一性（The Unity of the Divine

Being)」（一七八九年）で「神の全知は神の遍在の明白な必然的結論である」（*BE*, 4:62）と述べます。ニュートンと共にウェスレーは空間的に存在する神を主張し、他の説教で「アイザック・ニュートン卿は無限の空間を『神の感覚体（sensorium of the Deity）』と呼ぶことで、神の遍在と無限性を力強く例証している」（*BE*, 2:570）と語ります。ウェスレーは「神の感覚体」と捉えるニュートンの自然理解に同意し、そこから神の全知、全能概念を誕生させます。

ニュートンの世界では万有引力が作用するための媒質として、宇宙に遍在するエーテルなる物質の存在が仮定され、この仮説はニュートンの世界観では重要な役割を担いました。ウェスレーが認識したように、「万有引力は宇宙に遍在する微細なエーテル状のものに起因するとニュートン卿は考えていた」（*Survey*, 3:340. *BE*, 3:93; *Works*, 13:491も参照）。しかしこのニュートンのエーテル概念は神の意志に服し、物体の運動はそれ自身の内に運動能力が備わっているのではなく、神がその運動の真の原因であることを説明します。

このように、ニュートンは一方では神の直接のみ手の業を認め、世界は遍在する神の摂理で導かれると考え、ニュートンは万有引力の真の原因に対して不可知論の立場に立ち、神の遍在を何よりも重視し、機械的、決定的世界観を確立することに厳しい態度をとり、その世界観の確立に消極的であったのです。しかし同時に、他方では数学的、あるいは機械的法則で運動を説明することにも関心を抱きました。確かにニュートンの世界観は宇宙の万有引力の法則で説明され、数学的に論証される普遍的な機械的運動の原理で組み立てられる機械的、決定論的側面があります。一七世紀後半から一八世紀に入ると、ニュートンのエーテル概念は神の意志から離れ、引力の可能的原因ではなく真の原因になり、自然を内側から動かす内在的、活動的原理と同一視されるようになりました。その結果、一元論的な機械的、決定論的世界観がニュートンの自然概念を基にして主張され、確立されるようになりました。ニュートンが万有引力を物質に内在する性質と同一視していると一八世紀の人々は解釈したのです。

ニュートンがエーテル概念を万有引力の可能的原因として、神の意志に従属するものと理解しましたが、同時に、数学的、あるいは機械的法則で運動を説明することにも関心を抱いたのです。このニュートンの機械的自然観をウェスレーはどのように解釈したのでしょうか。ニュートンが万有引力を物質に内在する性質と同一視していると一八世紀の人々は彼をそのように解釈しましたが、これと同じ様に、ウェスレーもニュートンをそのように解釈し、その機械的、決定論的世界観を批判します。

> ニュートン卿は「太陽、月、全ての天体は自分で動き、互いに引き合っている」と確かに主張している。引き合っている（*gravitate*）！　それは一体どういう意味であろうか。「つまりそれは、全ての諸物体はそれ自身の内に内包している物質の量にしたがって、互いに引き合っている」。
> （*BE*, 3:93, 傍点原著）

ウェスレーは説明的、数学的方法による機械的宇宙観に批判的です。その理由は、メカニズムの内的構造、つまり、重力、引力、衝撃などの物体の諸力の内的構造がどのような仕組みになっているのか、人間には知り得ないからです。ウェスレーが理解したように、「万有引力は宇宙に遍在する微細なエーテル状のものに起因するとニュートン卿は考えて」（*Survey*, 3:340）いますが、ウェスレーは物質の本性を問います。ニュートンのエーテル概念は神の意思に服し、物体の運動はそれ自身の内に運動能力が備わるゆえの運動ではなく、神がその運動の真の原因ではないのかとウェスレーはニュートンに聞きます。もしニュートンが万有引力を物質の性質に由来すると答える場合、「ニュートン卿の微細な物質」（*Works*, 13:491）の内部組成を仮説などで探求してはならないとウェスレーは言います。「いかなる力で、いかなる自然的、機械的力で物質がエーテルの流動体の中で支えられているのか、誰にも知られていない。あなたはこの事実を否定できない。でも理性的探究者を満足させるいかなる説明もない」（*BE*, 2:380）のです。ウェスレーは説明的、数学的方法ではなく、経験的、記述的方法を用いるのです。

ウェスレーが物体の真の原因者に関して人間の不可知論・相対性を語る場合、ニュートンの一元論的傾向の自然観に危惧の念を抱きます。当時の科学理解に精通したウェスレーは機械的な自然理解を単純に批判しませんが（*Survey*, 3:322–355）、彼が否定したのは機械的、決定論的世界観を打ち立て、それで神のみ手の業を追放し、必然性の世界を確立する自然理解です。つまり、ニュートンが神のみ手の業と機械的自然観の共存関係を述べ、ウェスレーもこの共存関係を認めますが、当時の人々は後者のみの世界を理解し、その結果、説明的・数学的方法論を適用したのです。しかし、もし共存関係を認めるならば、そこで用いられる方法論は記述的・経験的方法論が採用されます。

ここの問題は、この二つの考え方の共存関係を理解できるかどうかです。機械的自然観を最初に提唱した近代思想家はデカルトですが、自然から神の手を全く除去したデカルトの自然観をパスカルが批判したのは良く知られています。「デカルトを赦すことはできない。彼はその哲学体系の中でできれば神なしにすませたいと考えたはずである。だが、世界の運動の最初のきっかけを神に与えないわけにはいかなかったのだ[82]」。他方、ボイルもパスカルもニュートンと同様、機械論者であったと同時に、神の摂理の業を認めます[83]。問題は、この二つの考え方は矛盾しないかどうかです。相互に矛盾するようにみえるこの二つの考えがいかに共存するのかです。

この共存関係は人間の体と諸臓器の関係でたとえられるかもしれません[84]。心臓や肝臓、腎臓等の諸臓器は（諸臓器の個数を一つと仮定）それぞれの固有の法則に従って機能を果たしています（だからこそ臓器移植が可能）。しかしこれらの諸臓器がそれぞれの機能を果たすためには体に繋がっている限りです（拒否反応を超えて臓器移植が成功する場合も同じ）。ならば各臓器は体に支えられて初めてそれぞれの働きをなします。それぞれの臓器は己自身の生命を生きていますが、同時に、体から、つまり、全体の生命から切り離されて生きていくことはできません（自分の顔は鏡での表現で、顔を対象化できず）。つまり、各臓器はそれぞれ固有の法則をもって己自身の生命を生きながら、同時に、一つの大きな全体の生命によって支えられ、生かされています。空間を神の身体にたとえる世界観と機械論的自然観との関係は体と諸臓器との共存関係にたとえられるかもしれません。

ウェスレーはエーテル概念にしばしば触れ、ニュートンはエーテル概念に万有引力の可能的原因を求めたと述べます。ニュートンの自然理解には神の遍在思想と機械的自然観の両面が含まれ、両者の思想がニュートンに共存していたとウェスレーは理解します。前者の考えをもう少し述べると、ニュートンは宇宙での神の摂理のみ業を認め、空間を神の「感覚体」と述べます。もちろん、ニュートンはこの世界を神の身体そのものと類似すると捉えますが、他の全ての属性にもまして神の遍在を強調し、空間を神の身体に類比させます。それによって神は自然に生起する全ての事柄を感知し、それに即応しながら常に自然に自らの意志を発現させているとニュートンは考えます。

ニュートン、ウェスレーはこの世界を神の身体だと捉えませんが、他の全ての属性にもまして神の遍在を強調する両者は宇宙を神の身体に類比させます。つまり、ウェスレーがニュートンの遍在思想から学んだ一つのことは神を実体ではなく働きのカテゴリーと捉えたことです。アリストテレス形而上学の信望者ウェスレーは国教会の神学者たちと共に神を実体的に、つまり、静的存在者と理解します。それ自体で存在し、それぞれの現象から超出する超越的な神理解、主観・客観構造で捉えられる神理解です。主観・客観構図とは人間が主体として存在し、この主体の外に客体として神を対象化し、神を認識する構図です。ウェスレーは国教会の神学者と共にこの有神論的神理解を一つの立場として生涯主張しますが、それと共に、ニュートンの遍在思想にあらわれる神理解、個々の現象に直接働き、その現象を存在させる神のみ業を神の本質とする動的、内在的神理解をニュートンから学んだのです。

この神理解は主観・客観構造で対象的に把握できません。体と諸臓器の共存関係を述べましたが、諸臓器は体全体の大きな生命で支えられ、生かされていますが、同時に、諸臓器は体を対象化できないのです（自分の顔は鏡での表現で、顔そのものの表現ではないので、顔を対象化できません)。もし体が対象化されると、諸臓器は死を意味します。対象化も客観化もできない神理解がウェスレー固有の宗教理解の根源的考え方で、「知覚しうる聖霊」の教理にその考え方が端的に示され、その結果、主観・客観構造に基づくアリストテレスの伝統に基本的に立つ国教会神学者との論争にウェスレーは必然的に導かれたのです。

聖霊理解に関しウェスレーは国教会指導者と論争に関係し、後者の指導者たちは聖霊の働きを心に知覚されない仕方で働き、その意味で、人間の理性活動を通して倫理的に知れる、知覚されない働きと捉えます。彼らは神を実体的存在者の側面のみに光を当て、主観・客観構造で神を語ります。神は聖書から理性的推論で客観的に、それゆえ、間接的に知ることができます。神は超越的な静的、実体的存在者です。この神を確信的に語れる場所は理性的に推論された、客観的規範としての倫理の世界で、国教会の神学者たちは聖霊の働きを理性的、倫理的次元で理解しました。これに対し、ウェスレーは実体的神理解と作用的神理解とを区別し、前者を国教会の人々と同様に理性的、倫理的対象にしますが、後者に関し、ウェスレーは神からの赦しを受け、神の子とされることを心の内的変化、つまり愛、喜び、平和という人間の意識、知覚、自覚で知ることのできる聖霊の働き、すなわち、人間の魂で知覚される神の働きを強調します。人間の存在の根底に、生命そのものの神の働きを人間は見、聞き、味わい、感じ、知覚することです。神から生まれた人は「今や全てが目であり、耳であり、感覚であり、知覚である」(*BE,* 4:113) ことがウェスレーの基本的主張です。

ウェスレーがニュートンの『プリンキピア』を原文(ラテン語)で読んだと先ほど述べましたが、原文で読んだのかどうか、事実は不明です。ある研究者によると、ウェスレーはニュートンの『プリンキピア』よりも『視覚論』を学んでいたのではないかと語ります。[85] それは『プリンキピア』が『数学的自然哲学』と訳されているように、ニュートンが一連の結果をもたらす数学に関心があったとすれば、『視覚論』は実験とデータの集積を寄せ集め、科学的探究の実践的適用に関心を向けたのです。ウェスレーは『視覚論』で次のように語ります。

一人の著者によって探求され、描かれた素晴らしい理論、一体化される表現の構造の中に入り込むあらゆる種類の色、つまり、光はニュートン卿の栄光を確立するのに充分で、この偉大な人間の驚くべき賢明さを永遠に褒めたたえることです。

(*Survey*. 5.82)

ロックとニュートンはどのような関係にあったのでしょうか。ニュートンが残した万有引力の真の原因は何なのか、という深刻な問いにロックも悩み、その結果、人間の理解を超える仕方で神が物質に力を注ぎこんでいるとの結論に達し、重力の真の原因を神の手に帰しました。(86) ニュートンの『プリンキピア』はロックの『人間知性論』より三年早く出版されましたが、前者の後者への重要な影響は見られません。(87) 特にロックはニュートンの影響を受けて、自分の思索に修正を加え、変更を加えている痕跡は見られません。ロックはニュートンの数学による証明方法に好意的ではなく、数学はロックにとって独自の方法論ではなかったのです。科学方法論に関しロックは数学による自然理解より、観察、実験に表れる現象を重視し、それを記述するベーコンの伝統に立ち、また、この伝統に立つボイルの生徒であり、シドナムの良き理解者でした。ロックは仮説や数学的方法による自然の内部構造の説明にそれほど興味を示さなかったのです。このロックの態度はニュートンとの出会いを通しても変わりませんでした。ウェスレーもニュートンに対し、ロックと同様な態度を示したのでしょう。

(6) 博物学

ウェスレーは『神の創造的知恵』を編纂しましたが、ウェスレー研究者を驚かせた一つの話題は、一九世紀後半の科学者たちが『神の創造的知恵』から、ウェスレーは進化論者であることを発見し、二〇世紀前半でも「進化論者ウェスレー」などとする講演や研究発表で同様のウェスレー解釈を公言しました。一九世紀後半、ある研究者は「ダーウィンが進化論に貢献した作品を出版する八四年前に、……メソジストの創立者が進化論の全体的理論と種の起源を作品にした」[88]と雑誌で述べたのです。この驚くべき主張が一九二〇年代何人かの研究者によって取り上げられ、進化論を受け入れた先人としてウェスレーが話題の中心になりました。

ウェスレーが進化論を提唱したとの示唆は、当時の科学の思想的基盤であった「存在の秩序」から彼が引用した表現に基づく誤解でした。その引用はボネの作品、『自然考察』での一節「猿から人間に上昇させていく」(*Survey*, 4:102) という表現で、この表現で人間は「存在の秩序」で猿より高度の存在、つまり、ウェスレーは時間ではなく、存在の質による人間の上昇を述べたのです。しかしウェスレーがこの表現で「徐々なる種の発展」を描いたと進化論者たちが彼を誤解し、彼を進化論者と捉えたのです。ダーウィンとウェスレーとの中心的相違点は、前者が種の保存を自然の選択と適者生存に置きましたが、後者は神の意志に置いたのです（『ウェスレー』二四四―二五〇、二六三―二六四頁）。ウェスレーが生前中、進化論的関心をいかに否定していたかをまず説明しておきます。その前に、博物学の説明をしましょう。

博物学は英語で history と訳されます。この history は「歴史」という意味に止まらず、「物語（story）」、あるいは「記述」を示す言葉でした（ベーコンの方法論は「自然誌」[natural history] で、ウェスレーがその表現を使用したことを思いだしましょう）。地球上に存在する多種多様な事物（動物、食物、鉱物等）を一つずつ取りあげ、それを記述する、自然についての包括的な記述を意味しました。「自然誌」という概念はすでに古典ローマ時代にありましたが、それがヨーロッパで、特にルネサンスの時期、大航海時代に到来し、それと共に未知の動食鉱物への関心を再燃させました。フック（一六三五―一七〇三年）は化石を通して世界の歴史的変遷に関心をもちました。海棲生物のものと思われる化石が高い山の地層や大陸の奥地の地層から発掘されることで、地球が過去の歴史で大変化を何度も被ってきたことにフックは気づきます。現在の地球の状態は地球創世当初からずっと同じではなかったのです。地球の歴史的変遷に気づいたフックは、この地球の状態の変化に応じて生物界にも大きな変遷があったはずだと推論します。つまり、環境の変化は生物の機能や形態を変えたのではないか、と彼は考えます。環境の大変化は生物変化をもたらしたのではないかと語るフックの考えはダーウィンの進化論を準備したのです。

ダーウィンはガラパゴス諸島に生育する生物のありように関心をもちました。同種の生物であっても各島に生育する生物間にその形態や機能に少々の変化があり、しかもその変化は各島々の固有の環境に見事に合致します。この事実を通して、生物の器官や身体的構造上の特徴はその種の置かれた環境によく適合することを彼は知ります。さらに種は環境の変化で変化することを発見します。環境への適応が新しい種を生む一つの重要な要因なのです。この考えが進化論を成立させる一つの概念、「自然選択（natural selection）」説です。

アリストテレスは種を不変的な固定概念で捉え、生物界に位階的秩序を定めました。生物はそれぞれの位階の中で機能を果たし、環境が生物を選択するのではありません。生物の各器官の形態や機能は想像を絶するほどに長い歴史的時間の経過で、それぞれ置かれた環境に適応して変化するのではなく、むしろ反対に環境にふさわしい形態と機能をもつ生物がその環境に置かれています。人間はこの位階構造の頂上に他の生物から切り離される存在として君臨し、人間は他の生物と同じ起源から生まれ、同じようなメカニズムで変化してきた生物界の一つの種、ヒトではないのです。こうしてアリストテレスによれば種は生命的位階構造を不変的に構成し、伝統的キリスト教も種の不変性を説き、神はご自分の計画に従った目的を生物界に置き、この目的達成にふさわしく機能や形態や存在様式が規定されたのです。

しかし一八世紀になると、生物がどのように存在するようになったのか、生物の成立過程を説明する博物学者が現れました。たとえば、フランスの博物主義者ビュフォン（一七〇七―八八年）と、英国の博物主義者ニーダム（一七一三―八一年）です。ビュフォンは全ての自然科学者と同様観察データを重視し、できるだけ多くの事実を集めます。しかしその目的は神によって生物界に置かれた普遍的自然構造を読みとることではなく、それぞれの生物がそれ自体の内に潜在する力でいかに発生してきたのか、その自然が発展する過程を説明することでした。ビュフォンの博物学の目的は生物界に神の意志や計画を読みとるのではなく、大きなタイムスケールで把握される生物の発展的過程です。生物の発生をそれ自体の内に基づかせ、生物の分類を試みるビュフォンに対して、ウェスレーは「説明しようと意図している」とビュフォンを厳しく批判します。説明的、数学的方法、つまり、形而上学的方法を好まないウェスレーにとって、生物の発展過程の内的構造を明らかにすることは知の限界を超えることで、許されません。「人間はそのことを説明する義務は全くない」（*Works*, 13:453）とウェスレーは語ります。

ウェスレーはビュフォンと同様のコメントをニーダムにも向けます。ニーダムは生物の自然発生と新種の可能性を説きます。ウェスレーによると、ニーダムは種の相違の起源を、粒子が「真に持っている現実的力（a real active force in matter）」に基づき、この粒子の集合、離散に基づいて種が決定され、生物は自然に発生するとします。生物の起源や発生を生物それ自体の内に宿す機械的原理で説明するニーダムに対し、ウェスレーは「全く余地のないほどに愚かなことで」あり、「私の全哲学をすっかり混乱させてしまった」（*BE*, 21:159, *Survey*, 5:67）と語ります。生物の起源、発生に関するウェスレーの哲学はアリストテレス、また、伝統的キリスト教のそれでした。種の新生も消滅もなく、神が創造の行為で種をこの世に誕生させて以来、全く変わらずに存在し、新しい種が歴史的に生成されることはないのです。種は他の種に変化することはなく、他の種と何の関係もない不変的、独自のものです。このような普遍的、実体的種は神の計画、目的に従い、環境に応じて置かれて、位階的秩序を構成します。ウェスレーは進化論の道備えになるビュフォンやニーダムの立場を認めず、それゆえ、一八世紀後半から一九世紀の自然科学者たちがウェスレーを進化論の先導者であったする誤解はウェスレー思想と全く関係のない話題でした。

神と自然との関係を「静的自然観」「動的自然観」で表現する場合があります[89]。前者はデカルトやライプニッツ（一六四七—一七一六年）の自然観です。神は創造に際し、物体に運動の第一原因を与えました。神は物体に運動の基本的原理を与え、その後は神の手を離れ、その運動原理に従って物体は運動をします。こうして自然は最初から神の介入による手直しの必要がないほどに完全な形で出来上がり、世の終わりまで自然は変化することなく動いていると語る、自然の変化を拒否する「静的」な自然観が主張されます。この「静的自然観」に対し、「動的自然観」とはニュートン、パスカル、クラーク等の自然観です。宇宙への神の働きを最初の創造の一点だけに限定するのを否定し、この世界には常時神の介入の手があると、神の遍在を主張するのが「動的自然観」です。実体的神理解ではなく、神の働きのカテゴリーとしての、作用的神理解です。生物の起源、発生との関係で言えば、アリストテレス、伝統的キリスト教の立場は「静的自然観」です。神は創造の際生物に整然たる秩序を与え、この秩序を守るためにふさわしい機能や形態を、神はそれぞれの生物に与えられ、博物学はこの神の与えた静的秩序、位階的秩序を解き明かすことです。

これに対し、「動的自然観」の立場に立つ博物学者は自然観の静的構造を探求し、この静的秩序を存在させる神の計画や意志を自然界に読みとることなく、遠大なタイムスケールで把握される生物の発展的過程に興味を持ちます。不変の種があり、しかもほぼ完全な個として極めて微小の形で既に存在し、それが自らの法則によって発生し、一個の個体が生まれるとの考えは否定されます。むしろ、現在の生物界での秩序を過去の歴史的展開の過程、世界の歴史的変遷の過程で把握することを主張します。

ウェスレーの基本的な形而上学世界はアリストテレスであり、伝統的キリスト教の立場です。その意味で、ウェスレーは「静的自然観」を知の枠組みとします。しかし彼はデカルト（そしてライプニッツ）の自然観に止まらず、その反対のビュフォンとニーダムの哲学をも批判し、ニュートン（そしてクラーク）の立場を承認します。それゆえ、ウェスレーの自然観によると、「静的自然観」や「動的自然観」の立場に立つ人々であれ、機械的必然性の世界観を確立し、神のみ手の業をこの世界から追放し、一元論的世界観を確立する人々にウェスレーは厳しい目を向けます。彼は生物の起源や発生等の問題を、生物それ自体の内に宿す物質の機械的原理という仮説で説明する一元論的科学理解、この理解を確立するために用いられる数学的方法論に疑いの目を向けます。見えざる神の動的み手で支配される世界は必然性と決定論に縛られておらず、実体的でない、作用的神理解であるとウェスレーは確信します。

(7) 神と自然理解

ウェスレーが生きてきた一八世紀の思想的状況は哲学、科学は言うに及ばず宗教界でも数学的論証方法が適用され、一元論的世界観が強調されます。宇宙は自然法則に従い機械運動をなすとされ、神はこの世界の外に追放されます。また、必然性の世界では人間の自由意志は否定され、道徳生活が破壊されます。ウェスレーが特に嫌うのは宗教、哲学、科学の世界で数学的論証方法を適用することです。ウェスレーとブラウンの両者が形而上学的論証に基づく「数学的確かさ」を伴う宗教理解ではなく、人間の自由意志、主体的応答に基づく「倫理的確かさ」を伴う宗教理解を尊重する国教会穏健派の伝統に立っていたことを思い起こしましょう。宗教理解であれ、哲学や科学の理解であれ、ウェスレーは形而上学的、数学的性格の真理理解を拒否します。中世スコラ学の特徴である数学的合理主義は中世に限らず、一八世紀の知者たちによっても主張されたのです。その結果、宗教の世界で神のみ手の業、つまり、神の摂理が問題になったのです。

A　見えざる神のみ手

神と自然との関係はいかに、という問題に関する有名な論争が一八世紀に起こりました。それはニュートンの代弁者である国教会の神学者クラークと、ドイツの哲学者で特に数学的合理主義者であるライプニッツとの間の論争です。[90] ライプニッツによると、神は存在するが、この神の自然への介入は創造時の時だけと語ります。この全知全能なる神は世界を創造する時、ご自身の属性（神の知恵・完全など）に従って世界を完全に創造したので、世界を途中で修正し、作り直すことは全知全能の神を否定し、不完全なる神を主張することになります。神が全知全能であるならば、宇宙は出発点から完全な形で出来上がっているはずなのです。

ライプニッツの考えは自然の比喩として中世後期から多用された「時計細工」の概念で説明できます。時計細工としての世界と細工者としての神の概念です。一度ねじを巻かれた時計は製作者の介入がなくとも規則に従って動きます。全知全能なる神は永遠から永遠にわたり、動かすことのできる充分な見通す力をもって時計にねじを巻いたので、途中で自らの時計を巻き直す必要はありません。神は時計造りで、世界は時計の如きものという「時計細工」の概念に通ずるライプニッツの考えに、クラークは厳しい批判を向け、この世界は神の介入なしに動き続ける偉大な機械なのだと語るライプニッツの考えを唯物論的、運命論的と決めつけます。クラークは今進行しつつある自然の中に神のみ手の摂理を見ようとします。遍在する神は常にどこにおいてもこの自然に働きかけ、人間に対してもこの摂理を明らかにしようとします。他方、ライプニッツは神の存在も神の属性も決して否定しません。また、彼は全知全能なる神の創造物としての自然という概念も承認します。しかし問題は神（の存在、属性）と自然との関係ではなく、神の摂理の手と自然との関係、つまり、この宇宙に神の摂理の働く余地が残されているかどうかの問題です。特に宇宙の構造が機械論的、決定論的に捉えられる場合、神はこの宇宙にいかに関わるのかが問題です。

ウェスレーはこの問題を熟知します。唯物論者と言われる人も神の存在、神の属性を認めるので、彼らも一種の信仰をもっているとウェスレーは説教「信仰について」（一七八八年）で述べ、次のように語ります「もしそのような信仰理解があるとすると、最も低い種類の信仰とは宇宙には物質以外の何ものも存在しないと信じる唯物論者（最近のケイムス卿のような人物）の信仰がある」（*BE*, 3:493）。ケイムス卿については後で説明します。また、他宗教者・イスラム教徒の救いを第一章で述べましたが、ウェスレーは晩年の上記説教（*BE*, 3:492–501）で信仰概念に含まれる種々の信仰理解を認め、この信仰理解の低い段階から言及します。先ず宇宙の中に物質以外の存在を認めない唯物論の信仰、次に神の存在と諸属性、終末での神の報酬、魂の不滅性を信じる理神論者の信仰、そして理神論者の信仰よりも上位に置かれる、イスラム教徒をも含む異教徒の信仰、その上位が旧約聖書を信じ、メシアの到来を待ち続けるユダヤ教徒の信仰、さらには洗礼者ヨハネの信仰、カトリックの信仰、そしてプロテスタントの信仰理解です。

唯物論者が信仰をもっているという点に私たちは驚きますが、さらに面白いのは、理神論者の信仰の上にイスラム教徒を含む異教徒の信仰が置かれ、そして、愛の実践が伴わず、救いと教義を同一視するならば（救いをもたらす信仰は教理を信じることである。つまり、気質・実践の伴わない教義と救いとを同一視する当時の神学的状況を批判するウェスレー。『メソジスト』二一七―二一八頁）、プロテスタント・カトリックの信仰は唯物論者の信仰に劣るとウェスレーが述べる点です。愛の実践という、倫理的活動を通して、ウェスレーは理性を重視する啓蒙主義精神の人々に救いを与え、キリスト教徒より異教徒に高い評価を与えます。プロテスタントの説教者はどのように考えるでしょうか。ウェスレーの考えを受け入れるでしょうか。ウェスレーは心の感性的宗教認識だけでなく、倫理的活動による理性的な人間の救いの恵みを全ての人類に語るのです。ウェスレーが世界の混乱ではなく、いかに世界の平和を願っていたかを私たちは知ります。

話を初めに戻すと、唯物論者は神のみ手の働きを否定します。なぜなら彼らは神の活動と自然の機械的運動とを同一視し、その結果、必然性に縛られた神の活動、つまり永遠から決定されている物質の運動に必然的に従う神の活動を主張するからです（*BE*, 3:498f.）。ウェスレーはこのような神理解をする哲学者としてスコットランドのカメス卿（一六九六―一七八二年）の名前を挙げます(91)。

カメス卿は心理学者のプリーストリーと同様、ニュートンが語る神の支配下にある物質という概念、つまり、受動的性質（物質の非活動性）という、伝統的な物質概念を否定し、宇宙に内在する力を物質それ自身に存在する性質と同一視します。(92) ウェスレーはカメス卿を「宇宙には物質以外の何ものも存在していないと信じる」(*BE*, 3:498) 無神論者と理解します (*BE*, 22:410f.; 23:214)。ウェスレーはこのカメス卿と同様の考えをライプニッツにも考えていたと言います。特にウェスレーはクラークとライプニッツとの間でなされた論争を興味深く読み、ライプニッツの一元論的な自然概念に対し、クラークと同様の批判を加えて、「彼は徹底的な運命論者である。つまり、彼があからさまに、腹蔵なく主張する事柄によると、神がこの時間の世界でなす事柄は全て永遠において決定的に決意されている事柄で、したがって、神が決定的に支配されている以上、よりよい善、より少ない悪等というものはこの自然界にはない」(*BE*, 22:451f.) と述べます。一元論的な自然概念を主張するカメス卿やライプニッツの立場は理神論者と同様で、実質的には神を棚上げにする自然観を展開したのです。ウェスレーは応答の教理を語ることで、人間の活動に神が積極的に応答するのです。

一八世紀に入ると、宇宙に浸透するエーテルが自然の活動原理と同一視されるようになり、その結果、機械的、決定論的自然観が広く受け入れられるようになります。宇宙の内部構造が仮説で数学的に定式化され、科学理論が主張されます。知的関心はむしろ経験の対象となる具体的、個別的現象であるよりも、むしろこの現象を超える宇宙の本質理解に向けられ、その結果、理神論的、汎神論的自然観だけではなく、無神論的自然観の主張になります。そしてこの理解は自然を二元論的にではなく、一元論的に捉える形而上学的、数学的方法で捉えられます。この方法に基づいて主張される理神論的、汎神論的、さらに無神論的理解は自然科学の領域だけでなく、心理学、生理学、博物学、さらには倫理学、宗教の世界等、様々な領域にまで深く影響を及ぼしました。ウェスレーの生きた一八世紀は神を棚上げにする、形而上学的に粉飾された科学理解の優勢な時代でした。相異なる二項の共存を思想的構造とするウェスレーが記述的、経験的方法論と説明的、数学的方法論の内、いずれの方法論を自分のそれとしたかは既に明記した通りです。

ハチソン(一六七四―一七三七年)はニュートンの運動原理を共有し、「微細な物質であるエーテル、あるいは電気火花」（*BE*, 3:93）で物体は運動すると考えました。しかしハチソンはニュートンの可能的原因としてのエーテル概念をさらに発展させ、万有引力の真の原因としてのエーテルを主張したのです。「万有引力はエーテルが空間に浸透する『遍在する流動体』によって引き起こされた[93]」のです。ハチソンはニュートンが認める「真空の存在（the existence of vacum）」を否定します。天文学者で、数学者でもあったキール（一六七一―一七二一年）もまた真空の存在を否定し[94]、さらにニュートンの万有引力の理論を「徹底的に発展させ[95]」、数学的方法で粒子間相互の引き合う力を天体運動にまで適用します。特にハチソンとキールが共に真空の存在を否定したのは彼らの物質理解にあります。つまり、物質は宇宙に浸透する活動的、内在的力そのものと理解され、その結果、物質と空間が同一化されることで、真空の存在が否定され、決定論的世界観が確立されたのです。

ウェスレーは機械的構造の内部を知ることはできない、人間の知の限界を認識することで、ハチソンの機械的宇宙観に批判を加えます。また、数学的計算で太陽の距離を算出するキールの方法に対して、ウェスレーは観察と実験で確かめられる具体的なデータの証拠に欠如し、それゆえ蓋然的確かさではない、論証的確かさが伴わないと批判します（*Works*, 13:394–399. cf. *BE*, 2:568–586）。

ハチソン、キールに対するウェスレー批判はロックが経験主義に基づいて決定論的世界観を批判したのと同様、ウェスレーは科学的方法論として数学的、説明的方法論を好まなかったのです。但し、ウェスレーは、ニュートンはハチソンと同様に、機械的、決定的自然観を主張していたと理解しますが（*Works*, 13:490f.）、ニュートンとハチソンの両者の相違を認めないウェスレーのニュートン理解は一面的であったでしょう。ハチソンの思想は唯物論に繋がりますが、ニュートンのエーテル概念は重力の可能的原因として神の意志に従属する活動原理として理解されていたのです。

機械的、決定論的自然観は真空の存在を否定しながら論じられることが多くありました。万有引力の真の原因を物質に内在する性質と同一視し、この内在的、活動的物質が神の摂理のみ手の業に依存することなく、それ自身の力で宇宙間に浸透するならば、真空の存在は否定されます。ニュートンは真空の存在を肯定しますが、ニュートン自身の理論を越えて展開したハチソンやキールはその存在を否定し、ライプニッツもクラークとの論争で「真空が拡がっていればいるほど、それだけ一層、神はご自分の知恵と力とを行使する機会をもつようになる。したがって、幾つかある理由の一つとして、私は真空の存在を否定する」(96)、あるいは、「神の意志は存在しているものの中にこそ働く」(97)とも語ります。

神と空間の問題は一七・一八世紀の科学、哲学、宗教の諸領域で討論された重要な議論の一つです。もしニュートンが理解したように、この空間に永遠性と無限性という神秘的性格が与えられると仮定すると、この空間は神と共に、神による創造以前から永遠に存在していたのか、という問題が生じます。あるいは空間と物質との関係、そして、それにまつわる真空(物質の欠如する空間)の存在の問題も議論の対象になります。もし物質が無限の空間に充満し、したがって、空虚の存在はないとすると、無限で、永遠なるものと考えられるこの物質は、創造された初めの時をもっていたのか、という問題が生まれます。あるいは霊的存在である神が空間と物質が同一視される宇宙にいかに交わり、関わりをもつことができるのか、という問題も生まれます。なぜなら存在者が活動できるためにはそこに存在しなければならない、ということが当時の一般的概念だったからです。特にハチソン、キール、あるいはライプニッツの考えで見られるように、一七世紀後半より支配的になった物質の考え方、つまり、宇宙に浸透する活動的、内在的力そのものとされる物質と空間とが同一視されると、真空の存在が否定され、決定論的世界観の確立が準備されます。その場合、絶対空間と神の存在の関係はどのようになるのか。あるいは真空の存在を否定し、物質に満ちた宇宙に神はどのように存在し、摂理のみ業を展開できるのか。このように空間の概念は哲学、宗教との関連で非常に重要な、一八世紀の知的議論の一つの主題であったのです。

ウェスレーは空間の概念が当時の議論の主要な一つであることを熟知します。「現在の哲学で、空間はいつも第一に取りあげられる主題である」(*Survey*, 3:342, 傍点原著)。ウェスレーは当時の科学状況によく精通し、真空の存在を単純に否定せず、しかも他方では、真空を否定する考え方にもある真理を認めます。当時一般に考えられた、宇宙に浸透する電気を物質の一概念とすれば、真空の存在は否定されます。ウェスレーは語ります。「宇宙に空虚な空間のような存在があるかどうか、哲学者たちの間で今日に至るまで議論されている。そして今日一般に認められていることは、あらゆる空間は物質で充満している、ということである」(*BE*, 4:43f.)。しかしウェスレーがこの真空の存在を否定する場合、それは次のような場合に限ります。それは物質の伝統的な概念である非活動性を認め、さらに自然の唯一の主導者として神の意志と力を認める場合です。「哲学者たちが真空の存在を否定する際、それによって彼らの意味している事柄が、神の存在しえない空間はない、つまり、無限空間のあらゆる点で神が充満している、ということであるならば、確かに何の疑念の余地もないであろう」(*BE*, 2:569)。しかしウェスレーは続けて、もし物質の概念が活動的、内在的力として理解され、その力が自然に内在し、しかもこの物質が空間と同一視されるならば、神の摂理の働きを述べる宗教的真理は挑戦を受けることになると彼は考えます。

ウェスレーは原理的に空虚の存在を認めますが、その理由を原子論的立場で語ります。真空あるいは空虚という概念は、もともとギリシアの原子論の立場に由来します。それ以上浸透を許さないような堅固な粒子としての原子が運動をするために、余地として何ものも存在しない空虚が存在しなければならない。原子論とは原子が自由に運動する空間として、原子が存在していないことを認める立場、空虚な空間の存在を認める立場です(現代の科学技術によって本当の真空状態を作り出すことは困難)。「何ものをも存在しない」が「存在する」と主張したのがレウキッポスやデモクリトスです。ウェスレーはこの原子論の物質の定義を受け入れ、真空の存在を肯定します。「真空が存在するということは以下のことから明白である。もし宇宙が物質で満ちていたら、世界に運動ということはありえなくなるからだ。なぜなら物体の運動を可能ならせるためには、各々の粒子が他の物体の運動のための場所を空虚にしておくことが必要だからである」(*Survey*, 4:4)。この立場から、ウェスレーは真空の存在を否定するハチソンを批判します。

私は今なお思うに、ハチソンの全体系は聖書の立場によって全く支持されないばかりでなく、解決しがたい困難がつきまとっている。ある程度の拡がった真空（vacuum disseminatum）が存在しないならば、運動の法則は否定されてしまう。もし宇宙が物質で充満し、しかもその物質は不可侵的であるとするならば、運動は全く不可能であるから。（*BE*, 21:143）

『人間知性論』で（Ⅱ、ⅩⅡ、二二―二四頁）、ロックは真空の存在の可能性について簡単に触れます。その可能性の論拠としてロックが考えたことは、神は物体を無に帰することができ、その結果、真空が創造されます。あるいは、人間は物体の欠如する空間を考えることができる、という視点です。ウェスレーは真空の存在の可能性に関するロックの議論の全ての個所を抜粋します。その理由の一つは神の摂理の働きをこの世界から追放しようとする理神論者への批判でしょうか。

B　自然への神概念

神は自然とどのような関係にあるのか、そのような問題への答えとして有神論（theism）と汎神論（patheism）、無神論（atheism）、そして汎在神論[98]（panentheism）があります。この考え方を説明しましょう。

哲学者スピノザ（一六三二―七七年）の有名なスローガンに「神即自然」という表現があります。神は創造時に自然界に厳密な秩序を与えましたが、創造後、世界は神のみ手を離れ、この秩序通りに働きます。では神はこの世界にいかに関わるのでしょうか。神がなお存在するならば、神は自然の「外」にあるのではなく、自然そのものだと考えなければなりません。その結果、神は自分の造った自然の外に出られなくなり、自然の中に閉じ込められます。「神即自然」とは文字通り、自然こそ神だとするスローガンを意味し、このスピノザの思想を汎神論と呼びます。神と自然との質的断絶を否定し、神と自然とを同一視し、その意味で神は自然に遍在すると語ります。

他方、自然の創造者、しかも自然から超越し、超越的に自然を支配し、自然に内在しない神理解が有神論です。そこでスピノザの思想を徹底的に推し進める立場が一八世紀に表れます。それが無神論です。神という実体と自然という実体は単に一つの実体にすぎないと主張するスピノザに対し、それではなぜ神という実体を想定しなければならないのか、自然の実体だけで充分ではないか、と断言するのが無神論者です。ここで神の棚上げが完成します。これに対し創造の一点に神のみ手の働きを認めるのが理神論者たちです。神の遍在を特に重視するニュートンは無神論的自然観だけでなく理神論的自然観をも否定します。神の創造の働きは創造の最初に限定されず、この世界の終わりまで、永続的に継続するからです。

簡単に要約すると、多くの国教会神学者たちが考える神理解は有神論で、この有神論は神を理性的対象として、対象化された神ですが、この神はこの世を無限に超越する形で支配する存在者です。理神論は創造時の一点のみに神の働きを限定し、創造後の自然は自らの法則に従い、運行すると語る、有神論と同じ超越的神を説きます。他方、汎神論は神の働きと自然の法則とを同一視し、自然から超越しない、自然の内に働く内在の神を説きます。この立場をさらに発展させ、自然法則そのものを神の働きと同一化させることで、「神即自然」ではなく「自然即神」を断言したのが無神論者です。神と自然との関係に関し、これらと別の理解があります。それは「汎在神論」です。

有神論で見られる、二元論的（神と自然との分離関係）な超越的神の立場を述べますが、同時に、汎神論の一元論的（神と自然との同一関係）な内在的神の立場を述べるのが汎在神論です。万物を無限に超越する神が、同時に、万物の根源として、万物に内在、遍在する神です。汎在神論は単なる超越でも、単なる内在でもない、徹底的に人間の世界に内在的でありつつ、同時にこの内在性を突破する超越的な神を説きます。神と自然との関係で有神論の立場は二元論的（「二」）、汎神論と無神論は一元論的（「一」）とするならば、汎在神論のそれは二元論的であると同時に、一元論的、つまり、「一」でも「二」でもない、「一が二であり、二が一である」神です。ニュートンの遍在思想はこれらの内のどの立場に最も近いのか、その問いに対し、ニュートンは決定論的、機械的世界観の確立を勧めた、と同時に、この世界を神の身体如きものと考えるニュートンの思想は結論として汎在神論の立場に近かったと思われます。

ウェスレーは神と自然との共存を神と自然との一元論的関係（汎神論、無神論、汎神論的神秘主義）でも、神と自然の二元論的（有神論）関係でもなく、神と自然とを一元論的と同時に二元論的関係、つまり、神と自然との共存関係を考えたのではないでしょうか。このニュートン、そしてウェスレーの宇宙観をもう少し考えてみましょう。

主・客構造の相対的概念を唯一の現実とするのが理神論者、無神論者、反対に、主・客構造の絶対的概念を主張したのが汎神論的神秘主義者です。この神秘主義者の考えを説明すると、神と自然はまさに一つの実体だと語るスピノザの考えに、それならば、自然の実体だけで充分と語るのが無神論者、反対に、どうして自然の実体を想定する必要があるのか、神だけで充分で、自然の実体を神の実体に解消しようとする人々が汎神論的神秘主義者です。

この神秘主義者の自然観をウェスレーに教えた人が完全思想の探求者、ローです。ローは自然のみならず物質も神と同様に永遠かつ無限なる神的、霊的実在だと主張します。この考えは、ローの教師、ドイツ神秘主義者ベーメ（一五七五―一六二四年）の思想で、ベーメはローを通して一七・一八世紀の英国に影響をもたらしました。[99]またニュートンの神学的宇宙理解がこのベーメから継承した思想であるとローは理解しますが、[100]ニュートン科学にベーメが影響を与えたとする考えをウェスレーは否定し（*Works*, 9:468f.; 13:427）、自然、物質、神を同一視するベーメ、あるいは英国でのベーメの代弁者、ローの思想を批判します。特にウェスレーはアリストテレスの思想枠の実体—属性のカテゴリーに訴えます（*Works*, 9:467–471; 510f.; 12:435f.）（このカテゴリーによると、存在するものは実体か属性であり、もし実体であれば、造られたものか、永遠から存在していたものであり、また造られたものであるならば、物質的なものか、精神的なもの。存在するものでこのカテゴリーに属さないものはない）。ウェスレーはこのアリストテレスの形而上学の権威に訴え、自然、物質、神との同一性を主張する彼らを批判します。彼らの思想は究極的には全てが神のあらわれであり、物の世界は消失します。ウェスレーはこの汎神論的神秘主義の自然観を認めません。自然を離れて神に出会うことはできませんが、神と自然とは決して同一ではなく、ウェスレーはこの神秘主義的自然観をニュートンの遍在思想の帰結と理解しません（*Works*, 9:469）。確かにニュートンは自然を神の「感覚体」と呼び、遍在する神の摂理で自然は現実に導かれると言いますが、この世界が神の身体そのものと考えません。ニュートンの遍在思想は少なくともウェスレーにとって、神と自然との同一関係でも分離関係でもなかったのです。

ウェスレーによると、ベーメやローは神が宇宙に存在するその仕方を説明しようとした結果、彼らは自然、物質、神との同一視、という人間の知を超えた、形而上学的神秘主義を発展させてしまったのです。神は宇宙の到る所に存在するのは確かですが、神は無限空間にどのように存在するのか、そのことを説明することは不可能です。粒子仮説で理解したように、神が宇宙に遍在するその「仕方」を問うことは人間の知の限界を超えています。ウェスレーは一七八四年の説教でこのように語ります。

なんと驚くべきほど、人間は神について知らないことか。神の性質、本質的な属性の一部に関してさえ、何と人間は知らないことか。神の遍在に関しどのような概念を人間はもちうるのか。ここに、あそこに神がどのように存在し、また無限なる空間に神がどのように存在するのか、一体誰が理解することが出来ようか。

（*BE*, 2:569f.）

ニュートンは空間を神の身体との類比で捉え、どんな時にもどんな所にも遍く存在すると主張しますが、この遍在思想はケンブリッジ・プラトニスト、特にモーアの影響であると言われます[101]（ニュートンはケンブリッジ大学のトリニティ・カレッジで学び、またケンブリッジの教授として教鞭をとる）。遍在の概念が特にプラトン主義者たちに好まれることから理解されるように、神がいかにこの宇宙に遍在するのかの問題は神秘をどのように理解するのかの問題です。理神論者の理解、汎神論的神秘主義者のそれ、ウェスレーのそれがそれぞれに異なるのは、彼らの神秘理解が異なるからです。カメス卿、ライプニッツによる理神論的あるいは無神論的神秘主義は神と自然の内在的力を同一視させることで、究極的には神を世界から追放し、自然そのものを神とする一元論的な自然主義的神秘主義です。これに対し、ベーメ、ローによって展開される汎神論的神秘主義とは、究極的には全てが神となり、物の世界が消失する一元論的な精神主義的神秘主義になります。

経験科学、経験哲学に深く培われたウェスレーは神秘的世界との出会いを、具体的な事物を通して初めて可能になると捉え、もの・自己の消失を通して神と合一する、汎神論的神秘主義を否定します。しかしこの汎神論的神秘主義と理神論的、あるいは無神論的それとはその本質で一致するでしょう。後者は自然、ものの世界に究極的に神が吸収されていく、自然・ものの世界と神との一体性を主張するのに対し、前者は反対に自然・ものの世界が究極的に神に吸収されていく、自然・ものの世界と神との合体を説きます。これらの理解に対し、遍在する神の摂理思想はニュートン、そしてウェスレーにとって世界事象の否定でも、それらの精神化・神格化でもない、自然・ものと共に、それらを通して出会える世界です。自然・ものとの一体化関係だけでも断絶関係だけでもない、「一が二であり、二が一である」ような世界事象との共存性の主張がウェスレーの説く神秘的な世界です。

C　一本の草花の美しさ

ニュートンが神の摂理思想と機械的自然観とを共存させ、私たちはこの共存関係の在り方を人間の体と諸臓器との関係で考えましたが、同様に、ニュートンは絶対時間と絶対空間を並べ、『プリンキピア』で語ります。

絶対的な、真の、そして数学的な時間はおのずから、また、それ自身の本性から、他の何者にも関わりなく一様に流れるもので、別名、持続と呼ばれる。相対的な、見かけ上の、そして通常の時間は、運動というものによって測られる持続ある感覚的、外的な（正確であれ、あるいは不均一なものであれ）測度であり、普通には真の時間の代わりに用いられる。すなわち、一時間、一日、一カ月、一年といったたぐいである。(102)

他のものと一切関係なく、それ自身で一様に流れる純粋な時間、つまり、絶対時間とは単なる物理的実在と考えられることが多いです。この絶対時間は相対的時間で実在物と独立に存在する実在的時間と考えられます。しかし絶対時間は実在的実体としてではなく、存在者が存在する前提として捉えられています。つまり、絶対空間だけでなく絶対時間も神ご自身の存在のあらわれと考えられ、絶対空間も絶対時間も神を離れて考えられず、神の存在と密接不離な関係として、全ての自然現象を生起せしめるものとされます。(103) ここでも時間での世界と神との関係は「一」でも「二」でもなく、「一が二であり、二が一である」と言えるでしょう。

このような考えを抱くニュートンは理神論的、無神論的、汎神論的自然観を否定します。世界の歴史は運動論と延長論によって原理的に描けるとし、神による創造の瞬間以降、歴史は完全に機械的、決定論的に現在に至るまで経過していると語るデカルトの世界観はニュートンには受け入れられません。ニュートンにとって世界の歴史、人類の歴史は常に見えざる神のみ手によって導かれています。神の意志は創造の瞬間だけでなく、今日に至るまで、全世界に響き渡っている。自然誌とは自然だけでなく、歴史においても絶えず働いている見えざる神の動的なみ手を認め、それを記していくのです。

ウェスレーが宗教概念で絶対時間と相対時間の両者を承認し、その共存関係を主張したことをここで述べておきましょう。ウェスレーは「永遠の今（eternal now）」としての絶対時間概念を承認します（*BE,* 2:420、*Survey,* 3:332–355）。過去も現在も未来も一つのもの、今として存在します。この絶対時間概念は当然のこと伝統的なキリスト教の時間概念です。この時間概念は、人間が生きるこの世の相対時間概念と質的に全く異なる無時間性です。そしてこの時間性こそ永遠です。しかし、永遠と時間との質的相違が混同され、永遠の時間化が語られ、しかも永遠を決定論という形で時間化する思想が歴史上表れます。それが予定論です。

事実、全ての時が今として現れる、永遠の今という考えは宗教的真理で、この世の相対的時間性の固有性に目覚め、その真理性をどれほど強調したとしても、この永遠の今という考えはキリスト教界に臨在します。この伝統的宗教概念の永遠観は人間や歴史に絶望し、この世のいかなるものにも解決の糸口を見出せず、不安と恐怖に取り囲まれ、罪の現実に囚われる人間の厳粛な事実に由来します。しかしそれと同時に、この時間概念がこの世の相対的時間を軽視、あるいは無視し、この世と無関係に形而上学的、決定論的世界を構築するならば、問題が生まれます。

ウェスレーの両親、サムエルとスザンナは神の主権性と人間の自由の両立性を強く擁護し、その影響も加わり、予定論はウェスレーが一七二五年以降、晩年に至るまで、一貫して同意できない考えでした。ウェスレーは母に手紙を書き、母は息子の考えに同意し、神の予知論（foreknowledge）を認めるべきだと言います。つまり、人間が神の与えておられる恵みを受け入れるか、拒否するかをあらかじめ知っている神はその人間の判断に従って、その人間を救いと滅びに予定します。神の予知論に従い、予定論を考えれば、神の自由なる恵みと人間の自由とは結合されるとウェスレーは母に語ります（*BE,* 25:175f, 179f.; *Works,* 10:204–259）。

しかし、この予知理解は本質的に人間の自由を否定すると野呂は言います。本質的に自由なる人間の行動を神はいかに前もって知りうるのであろうか（『生涯と神学』三五三―三五四頁）。ウェスレーはこの問題に悩み、使徒言行録一五章一八節の「神のみ業は永遠の昔から神に知られています」を基に、神は人間の将来の出来事に無知であり得ないと考えます。しかしウェスレーは人間の自由を守るために、神は将来の出来事をあえて知ることを選ばないと、神の知識に制限を加えませんでした。神の予知と人間の自由とはどのような関係にあるのか、と問われると、「私は知らないと明快に答えざるを得ない」（*BE*, 26:517）と言います。しかしこれ以上の答えをウェスレーから求めることは無理だったのでしょうか。この彼の発言は彼の神学構造の二重性からずれています。人間が恵みに応答しなければ、神は人間に働き続けられないとウェスレーは神の働きに制限を加えたことを記述しましたが、この場合、彼は神の知識に制限を加えなかったのでしょうか。少なくとも「私は知らない」との上記の答えにはその方向性が示されています。

国教会の『三九箇条』の第一七条には選びの中に入れられた人々の、また選びの外に排除された人々の、人間の主体的応答性が考慮されていません。しかし、ウェスレーが一七八四年に米国のメソジスト会員のために、この『三九箇条』を『二五箇条』に修正した時、この一七条を『二五条』に入れず、削除しました。ウェスレーはたとえ神の予知と人間の自由との整合性を理解できなかったとしても、神の予知ではなく、人間の自由を許さない棄却の教理を許す第一七条を最終的に削除することを決断したのです。人間の自由意志と無関係に、永遠の世界で既にある者の救い、滅びが決定されると語る予定論を否定し、人間が救われるのか救われないかは人間の自由と関係すると述べます。東方からの自由理解の影響です。

「神には予知も後知もない。神にとって全ての事柄は永遠から永遠に至るまで、現在として知られる」（*BE*, 2:420）。時間を生きる人間と全く無関係に、その人間の運命が永遠の世界で決定されると予定論者は言います。一切の事柄は決定論的に進行し、決定論的思考形態は時間への無関心を生み、人間の自由と責任という、歴史に生きる人間の主体性（人間の思考能力など）を喪失させます。まさにウェスレーの生きた一八世紀の思想的状況はこの決定論的思考形態が宗教界だけでなく自然界、生理学、博物学のあらゆる知的分野で勢力を持ち、機械的自然観、決定論的人間の運命理解が説かれたのです。

ウェスレーはこの「永遠の今」という絶対的時間概念と共に、相対的時間概念も語ります。一方で「永遠の今」という主・客構造を超えた絶対的時間と共に、他方で人間の経験の対象、主・客構図での相対的時間概念が語られます。では、この二つの時間概念をウェスレーはどのように捉えたのでしょうか。この点で「二が一であり、一は二である」とするニュートンの、そしてウェスレーの宇宙観を想い起こしましょう。

ニュートンは神の感覚体の絶対空間を全ての相対的現象を生起せしめる場と理解します。この空間理解を時間理解に当てはめて考えると、全ての時間的、空間的出来事は神の内部の出来事のあらわれです。絶対時間・空間のエネルギーで相対的な時間・空間が存在します。人間の時間的、空間的経験を根拠づけるものが絶対的存在です。しかしこのことは相対的な時間、空間の出来事の固有性が絶対的なものの中に飲み込まれることではありません。身体の諸臓器と体のあり方の関係を既に説明したように、相対的で固有な働きは現象面でありながら、その深い所で全ての現象をあらしめている絶対的存在によって生起します。主・客構図の相対的概念のみを唯一の現実としたのが理神論者、無神論者、反対に主・客構図の絶対的概念のみを主張したのが汎神論的神秘主義者でありましたが、この時代状況の中で、ウェスレーは相対的概念と共に絶対的概念をも主張したのです。実体的神理解と同時に、神の働きのカテゴリーとしての、作用的神理解の二重性です。

ウェスレーは神の問題を、相対的時間を離れて形而上学的に発展させる予定論を厳しく批判します。彼は一七七三年の説教「予定論について（On Predestination）」（*BE*, 415-421）でカルヴァン主義者の決定論的な予定論に対して予知論を展開します。人間の自由意志と無関係に、永遠の世界で既にある者の救い・滅びが決定されるとする予定論を否定し、人間が救われるか救われないのかは自由意志と関係する（誰がこの自由意志をもってキリストを信じるようになるか、神はあらかじめ予知されているが）と主張するウェスレーの予知論は、相対的な時間の世界に生きる人間の自由と責任を守ろうとします。神は一瞬にして永遠から永遠にわたって全ての事柄を知っておられますが、同時に、この神がご自分を人間にあらわされる時、人間の主体性を重んじ、人間にご自分を理解されるように語ります。「人間が語るような仕方でご自分について語る」（*BE*, 2:421）神ご自身なのです。人間と世界との関係を飛び越えて形而上学的世界を抽象的に探究しても、神の意志は充分に理解されません。神の永遠性、不変性、全能性などの宗教概念が予定論の教理の中で相対的な世界から離れて形而上学的に展開される時、ウェスレーはそのように解釈される概念に批判的にならざるを得ません。一七八九年の説教「神の存在の唯一性」で神の永遠の概念について人間は「巧妙な形而上学的諸説に、自分自身を巻き込ませること」（*Works*, 10:476）のないように充分に気をつけなければなりません。ウェスレーは二つの時間存在の共存を強調します。

あらゆる手段によって時間の観念と永遠の観念とが結び付けられるならば、何と素晴らしいことであるか。一方の観念が他方の観念を思い浮かべることなくして心に生じることがないほどに、両者の観念がしっかりと結びつけられていなければならない。人間の最も高い知恵によって、目に見える世界の観念と目に見えない世界の観念とを、また一時的な世界の観念と永遠なる世界の観念とを、また死すべき存在の観念と不滅なる存在の観念とを結び付けることである。

（*Works*, 6:230）

神と自然との関係に関してもウェスレーは形而上学的理解を好みません。『神の存在と属性の評価』でクラークは時間と空間の概念を絶対的なものと捉え、それ自身でいかなるものにも依存せず、永遠に無限に存在する実体なるものと捉え、それによって神の存在を論証します。絶対的空間・時間は絶対的に存在し、永遠、かつ遍在する神の存在はそこから必然的に生まれてきます。

（既に明らかにしたように）自存するということは、宇宙において絶対的必然性において存在することである。さてこの必然性はそれ自体において絶対的であり、いかなる外的なものに依存することなく存在しているので、いつも、いかなる所においても絶えず存在していることは明白である。……それゆえ、その本性において絶対的必然性において存在するものは永遠なる者であり、かつ無限者であるに違いない。[104]（傍点原著）

クラークが述べるように、空間、時間の絶対的概念は神の遍在という宗教表現であり、ウェスレーはこの概念を一概に否定しません。しかし、クラークの場合、この概念に数学的推論方法が用いられ、人間の経験できる日常生活から全く離れたところで論じられます。[105]その結果、クラークの立場は二元論・一元論的立場を説くニュートンよりも、一元論的立場を語る汎神論に近いと思われます。ウェスレーはこのクラークの主張に対し、「宗教の主題に関して数学的方法を用いること」は「誤謬と不満足」以外の何ものでもないと言います（*Letters*, 3:104）。ウェスレーの基本的方法論がここでも明言されます。彼はむしろ神の存在と属性に関する知識を、自然との関わりで求め、それを確信します。宇宙の秩序、統一、美しさの探求がミクロの世界、マクロの世界で実証され、そのことで神の力・知恵・善等の知識が与えられるのです。

種々の実験、観察であらゆる存在が低次から高次の存在へと間隙なく、諸段階を通って徐々に変遷し、この科学的知識で宇宙の偉大な調和、一つの目的を持って互いに精巧に織りなす宇宙全体の構造が知られ、それで神の存在への確信を深くします。神の存在をはじめ神の完全性、永遠性、全知性、全能性、知恵は「外的事象によって、つまり、神的宇宙の秩序で明白に論証され」（*BE*, 1:580f.）、また、「被造物の存在は論証的に神の存在を示している」（*BE*, 11:268, 傍点原著）。まさに『神の創造的知恵』で語られるウェスレーの自然への賛美・祝福が聞こえます。この視点から、ウェスレーは形而上学的理論で展開するクラークの主著を厳しく批判します。「人間は神の観念も、神の存在そのものの十分な証言も、被造物に示される神の顕現から離れて理解できません。最も小さな植物一本の木の方がクラーク博士の……『神の存在と属性の論証』の全体よりも、神の存在を現すためははるかに説得力があります」(*Letters,* 3:105)。ウェスレーは『神の存在と属性の評価』を形而上学的思索よりも、「最も小さな植物一本の木」の存在の美しさから見事に評価します。この驚きの感覚を学ぶために人間は自然に謙虚になり、人間認識の相対性をウェスレーは『神の創造的知恵』の序文で語ります。

私たちが『神の創造的知恵』を読み終えた時、何を知るでしょうか。ほとんど何も知ることができないでしょう。……ある時点で、人間は自然のあらゆる側面で説明できない事柄で取り込まれていることを示され、人間の高慢を謙遜にし、他の面で、自然は偉大なる創造者の驚くべき力、知恵、善性を示し、人間の心を温め、人間に驚きと愛と称賛を与え、人間は自然に仕えるのです。(*Survey,* 1:VIIf.)

「神は二冊の書物を書いた。一つは聖書であり、もう一つは自然です」とはガリレイの言葉です[106]。自然は神が書いた二冊目の本で、この書物を丹念に一ページ、一ページを読んでいけば、神の計画、神の意志を知ることができます。自然の中に書かれる神の言葉を読むことが、自然を探求する唯一の動機だと、ガリレイの次の言葉は端的に示しています。「神の言葉は聖書の中に展開されている。それと全く等しく、自然の中にも展開されている。神は自らの姿を、聖書の中に著わし給うのと全く同様に自然のなかにもあらわしています[107]」。自然と聖書とは神の書いた二つの偉大な書物であるとの考えは、ガリレイにとどまらずベーコン、ボイル、ニュートン等、一六・一七世紀に生きた人々の前提です。ウェスレーもまさにそのような人々の一人です。彼らの自然研究は常に、例外なく、「神の栄光のため」という唯一の目的で支えられ、知の営みは神の創造行為の神秘を説き明かすこと、つまり、多様な自然現象の背後に隠される神のご計画の一端に触れ、神のみ業を讃美することです。自然という書物の中に書かれる神の言葉を真剣に読むことが、近代自然科学の台頭をもたらします。「自然誌」とは自然の中に働く、見えざる神のみ手を通して神の言葉を読み取ることです。知とはまさにこのような動的な神の働きに基づいて成立するのです。

ベーコンが述べた「知は力なり」という概念を説明しました。確かに、この概念は人間に利用され、人間に支配される自然、つまり、科学と技術との提携、化学技術を原理的に可能にしました。またガリレイは前述した「神は二冊の書物を書いた。一つは聖書であり、もう一つは自然である」に続けて、「神は数学の言葉で自然という書物を書いた」と述べます。この点でベーコンの「知は力なり」とガリレイの数量化された世界理解は（ベーコンはロックと共に世界を数学的に秩序づけることに関心を抱かない）近代科学文明の運命を先取りしていたと言えます。しかし「知は力なり」という概念は現代のように単なる世俗的、功利的なものではなく、その背後には常に「神の栄光のため」という大目的がありました。ベーコンが否定した知、つまり、学問はスコラ哲学で、この哲学はアリストテレスのような権威、もしくはそれを基にする注釈を学問の本質としなかったのです。自然での神のくすしきみ業の顕現、また、この生き生きした自然を通して新たな信仰を生み出す、そのような自然の素晴らしき力を見失った形而上学的知識体系がスコラ哲学でした。自然という書物の中に神の言葉を読みとろうとしたガリレイも、このスコラ哲学の知識理解に批判を向けたでしょう。ベーコンの語る「知は力なり」の「力」とは単に世俗的、功利主義的社会を形成する能力としての「力」つまり技術ではなく、自然探求で神の自然支配を肌で感じ、そこに信仰と神の賛美を可能にする、生命力のある、力にあふれる知識を意味したのです。

ウェスレーが一九年間をかけて編纂した自然科学の書物に精力を向けたのは、まさに自然の書物の中に神の言葉を読みとり、自然支配を肌で感じさせる神のみ業の賛美があります。ウェスレーは神の存在と働きを自然界に現れる一本の草花で知ろうとします。生きとし生けるものの存在によって新たな信仰と神のみ業への賛美をウェスレーは歌いあげるのです。彼が神を語る時、常に被造物と共に、被造物を通して語るのです。形而上学的神は常に相対的、個別的、具体的経験の世界との関係で思考の対象になります。ウェスレーが神の存在に触れる時、歴史的に議論される論証で神の存在を証明することはなく、生き生きとする自然を通して新たな信仰を語り、そのような自然の素晴らしさを通して自然での神のくすしき業、神の存在の顕現を語り続けたのです。野呂はウェスレーが神の存在証明をロックの理性的方法で語っていると前述しましたが、そうではなく、神の存在を自然界の美しさで語るのです。

ウェスレーが自然世界を探求する中心的関心事は、聖書で開示される信仰を説明し、神の知恵と力、善の知恵を深めることです（*Works,* 14:300）。『神の創造的知恵』によると、彼の自然研究は一つの目的に仕えます。つまり、「神の力、知恵、善という神の見えない事柄を示すこと」（*Survey,* 1:iii）を掲げています。目に見えない世界は単に力、知恵、善なる神の属性以上の神ご自身を現していますが、彼の自然研究は宇宙秩序・美しさを通して目に見えない神の知恵・力・善等の知識が与えられることにあったのです。

3　自由と機械的世界観

ウェスレーを解釈する際の重要な鍵となる教理は確証とキリスト者の完全だと野呂は言います（『生涯と神学』二〇七―二〇八頁、しかし、ウェスレーは設定する一定の教理的立場を語らない）。野呂はウェスレーの実存論的神学・決断的自己理解の視点からウェスレーのキリスト者の完全を解釈します。ウェスレーは自分の体験論を実存的に解釈し、信仰義認を繰り返すことでキリスト者の完全を形成し、キリスト者の完全を今、この瞬間ごとに、愛を求める実存的決断を語り、創作的な愛の実現のため自己形成を促し（個人的聖なる生活）、この主体的な個人の自由こそがウェスレーの実存論的解釈であり、神の類似性・神化などを目指して人間の継続する成長を東方が求める完全理解を野呂は否定します。しかし筆者は体験的な宗教・信仰の確かさと東方的な解釈の両者をウェスレー固有の理解とします。

野呂によると、ウェスレーのキリスト者の完全は堕落前のアダムが維持した、知的な絶対的完全ではなく、「絶えざる成長を許さない程度の完全はない」と述べ、成長を包む未完成の完全で、瞬間的にもキリストから離れて実現できる完全ではないと言います。ここに完全者でさえ、堕落し、滅びうると考える、実存的人間の本質理解がウェスレー思想に隠されていると野呂は言います。この完全は過失のなくなった完全ではなく、完全の恵みが与えられた瞬間以降、人間はもはや故意に罪を犯さなくなるほどの自己のあり方に到達します。人間の決断の全てが過ちを除いて、汚れのない者への状態に到達する、キリスト者の完全です。これは決断という視点から考えられる人間理解であり、環境・遺伝などから人間を捉える見方ではないのです。

野呂が語る決断の神学はウェスレーの罪理解に対応します。ウェスレーは罪を故意の罪だけに限定し、故意に犯さなかった罪を罪と捉えず、過失と理解します。そしてウェスレー自身の罪理解を土台に野呂は決断の神学を確立し、過失のなくなった完全ではなく、故意に罪を犯さない自己の在り方の実現を求めることです。野呂は次のように述べます。

人間体験の具体相は、精神（決断）と身体（環境・遺伝・その他の自然条件）の次元的区別を許容しながらも、精神から身体への方向と、身体から精神への方向との両方の影響の交錯なのである。……キリスト教が原罪と呼んでいるものは、うまれながらにして人間一人一人が罪への傾向を背負ってきているという事情を指しているが、キリスト教はこれを精神の問題として捕えてきた。身体の中に原罪が宿っていて、それがそこから精神へ影響するのではない。精神の問題なのであるから、これは自由とからみついて、しかも、生まれながらのものであるがゆえに、人間の自由による責任ではない。これはまさに、不条理という以外に言いようがないものである。しかし、自分の自由の中に巣くい、絡みついているこの原罪の誘いを、人間はその自由において承諾することも、退けることもできる。ウェスレーの完全論は、その原罪の誘いを退ける人間の自由の強さが極限まで達した状況を指しているのである。人間が、その自由によって自分の中に巣くう原罪を正しく管理している状態こそ、キリスト者の完全なのである。……教理としてこれ（ウェスレーのキリスト者の完全）を主張したことは、自分自身や環境や自然を愛に満ちた自由で支配し、管理しようとする姿勢、歴史を創作しようとする姿勢を表現したものと言えよう。そして、キリスト者の完全の教理がウェスレー神学の主要な構成要素であるという事実は、この神学のもつ激しい歴史創作的な情熱を思わせるといってよい。

（『生涯と神学』四七九―四八〇頁）

野呂は精神と身体の両者の影響の交錯を認めながら、決断の神学の視点から、身体の精神への影響より精神の身体への影響を重視します。そして自由な精神に原罪が宿るので、自由は原罪に責任がなく、原罪の誘いを拒否できる自由のゆえに、ウェスレーは自由に固有な解釈を与えます。野呂が「自分自身や環境や自然」を超える自由、と語るように、人間の精神的、肉体的な様々な問題（障碍など）や自然環境が原因を与える様々な要因（CO2排出問題）など、これらの原罪の誘いを正しく管理し、この誘いを退ける人間の極限的力こそがウェスレーの語るキリスト者の完全、「激しい歴史創作的な情熱」と野呂は言います。

ここで私たちは第一にウェスレーが精神と身体との関係を、第二に自由の概念をどのように考えていたかを見ておきましょう。

(1)精神と身体

野呂は精神と身体の交錯を認め、しかも精神の身体への影響を重視しますが、筆者はウェスレーがこの影響と同時に、身体の精神への影響にも多くの関心を向けたと考えます。ウェスレーが自己表現をいろいろと示す時、その表現を野呂が決断の神学から批判することがあります。たとえば、ウェスレーが一七四七年に出版した『根源的治療法』を「ウェスレーが出版した書物の内、もっとも奇妙なものであろう。……こんなものまで出版したウェスレーに、やはり我々は貧しき人々への愛と、一八世紀の理性の時代の息吹を感じるのである」(『生涯と神学』六二四頁)と六行の文で野呂は『根源的治療法』の説明を終えます。野呂はこの治療法を読んだのでしょう。野呂は「我々は貧しき人々への愛と、一八世紀の理性の時代の息吹を感じる」と説明し、当時の貧困者の社会状況を述べますが、貧困に満ちた社会の現状をウェスレーがいかに歩んだのか、そのメスを入れていません。どうして野呂はウェスレーの治療活動の内容と病人に対する対応を取り扱わないのでしょうか。また、野呂は「一八世紀の理性の時代の息吹を感じる」と述べますが、野呂が実際に検討する精神と肉体との問題を二〇世紀の科学・哲学・文学者の思想内容から言及し、一八世紀に生存した時代的な学者たちの意見にほとんど触れず、二〇世紀の決断の視点からウェスレーの治療的理解を批判します。『根源的治療法』の作品は「もっとも奇妙なもの」と語る野呂の発言に様々な問題が隠されていることを少し述べておきましょう。

人々の健康と健康維持のために薬学を学び、これを宣教活動の中心的使命にすることが当時の政府が伝道の道を歩む司祭候補者に求め、肉体と魂の両者が相互に救われることを彼らの牧会課題とさせ、そのための学業が大学でなされました。ウェスレーは多くの説教者に医学的知恵を学ばせ、説教者が種々の会を訪れる時、ウェスレーの指示に従い、トマス・ア・ケンピスの『キリストにならいて』(精神的健康書)と健康指導書『根源的治療法』(肉体的治癒書)の二冊を持たせ、説教だけでなく、日頃から医療と健康の肉体的助言を会員に伝えるよう、説教者たちを指導し、ある説教者が医学的視点で誤りを犯したため、説教者に説教停止を彼は伝えました(*BE*, 26:465)。ウェスレーが彼らに要求したのは霊的指導だけでなく、自然治癒と健康の助言を与えることでした。ウェスレー兄弟がオックスフォード大学で司祭になるために学んだ必須科目の一つに健康維持のための医学(physick)が存在し、ジョージアでも解剖学と外科を集中的に学びました。彼は説教集で健康維持のための薬だけでなく、正しいダイエット方法や運動療法のバランスのとれた治療法、あるいは、適切な睡眠時間、食事節制や散歩・乗馬時間、家庭生活での清潔さ、さらに、たばこと酒の対処方法の訓練など、自分が健康であるための漸次的聖化の訓練を伝えます（『民衆』一三七―一七九頁）。

神は全ての人間の健康に関心を持ち、人間の繁栄を全ての次元で望み、勿論、人間だけでなく、全被造物の繁栄をも望みます。神は人間の魂の健康と同時に肉体の健康にも関心を持ち、同時に、一八世紀では英国司祭の任務に霊的配慮だけでなく、肉体的配慮にも責任が与えられたので、健康配慮は司祭の職務の一つで、神が人間全体を配慮するのと同様、司祭も人々の健康維持を考え、ウェスレーは健康配慮の意義を民衆に語り、それに従う生活をするように述べます。神が人間全体（魂と肉体）を配慮するならば、司祭も人間全体を配慮すべきで、魂と肉体の両者に仕えるために、ウェスレーは宣教で肉体の健康維持を会員に伝えたのです。

ウェスレーは霊性と肉体の分離を否定しましたが、この点で弟チャールズは病気の治療よりも、神が人間に与える、病気による人間の聖化を求め、霊性と肉体の分離を肯定します。兄が書いた四〇〇冊余りの出版物の中で、最も多くの版を重ねた一冊はウェスレーの説教集や讃美歌集ではなく、『根源的治療法』（生前二三版、死後一五版）でした。医者シドナムの臨床実験に基づいて書かれた自然治癒書はウェスレーが編纂した著作の中で最も大事な書物でした。その意味で、ウェスレーは精神の働きだけでなく（この点のみを野呂は強調）、肉体の働きの意義も宣教の中心的課題にしたのです。ウェスレーは無料診療所や病人訪問活動などの地域支援活動に大きな貢献を果たしましたが、野呂がこの活動に関心を示さないのは、野呂が身体より精神、人間の決断の働きでウェスレー神学を解釈したからです（『ウェスレー』五三―五五頁）。では、ウェスレーが生理学的に精神と肉体との関係をどのように捉えていたのか、考えてみましょう。

キリスト教を土壌とする科学が開花したのは近世であり、その理由は思想（学者）と実証的態度（職人）とが結合したからです。中世の科学は理論体系で、科学者は実際に物を扱うことが少なかったのです。たとえば医師は理論家ですが、解剖は重視されません。現代的に言うと、外科医の仕事は理論体系の真実を確認することで、死体を直接に扱う者は卑しむべき職種の職人だとされました。したがって、一三世紀頃から権威とされた理論体系を実際に確認する意味で解剖は行われるようになり、しかも実際の執刀者は知識層の医師というよりは、職人層の「理髪医」（外科医の前身）にありました。しかしこのような環境を変えたのがルネサンスの芸術家たちでした。

ダ・ヴィンチ（一四五二―一五一九年）は三〇体以上の死体解剖を実際に行い、人体の内部構造を徹底的に観察しました。ダ・ヴィンチは人体を客観的対象として冷徹な眼で分解・分析し、人体解剖図を作成します。この人体図解は知識層の医者たちの間に大きな影響を与え、さらに、人間を自然科学的研究対象とする、ダ・ヴィンチの考え方を本当の意味で歴史上最初に実現させたのがデカルトです。デカルトは心身二元論を説き、身体を生命の欠如した、石ころ同然の単なる「もの」としました。身体は物質からなる構成物で、機械的に運動します。それは丁度世界（宇宙）が時計の比喩で理解されるように、人体を機械の構造という視点から学ぶ、という意味で機械的生命観と捉えます。

この近代生理学は人体だけではなく生命現象、意識現象、心理現象などの全てを「もの」に、生命的含蓄の全くない無機的な分子に、分子の離合集散に還元する、今日の大脳生理学の道を開きます。人間を対象化、客体化し、病気とは物質系の故障にすぎず、それゆえ、故障部分は臓器移植であれ、機械による代行であれ、取り出して代替え品で埋め合わせればよいとする道備えをします。このように「検査結果が大切」と語る現代医学の基本的枠組みを形成したのが一六・一七世紀の近代科学、特にその機械的世界観でした。人間や生命全体を含め、人間全体を一つの機械とみることで科学的研究の対象とし、人間の体を働かす必然的法則を発見しようとします。全ての現象は因果的に分析され、必然的法則で決定され、生起します。心的現象も数学的対象とされ、固有の働きを為さない心は機械的物質の構成物とされます。人体、生命体を含め、人間そのものがあたかも精巧な機械時計のように把握されるのです。必然的、決定論的世界観の確立です。

ベーコン、ロックの経験哲学の伝統に立つウェスレーはスコラ自然哲学を批判するだけでなく、一八世紀に影響を与えた粒子仮説による知覚現象の生理的、機械的自然科学をも拒否します。心理学、生理学、博物学などの一八世紀の自然科学思想は機械的、決定論的思考方法を強調し、デカルトの思考に従い、人体は機械構造の視点から機械的世界観を構築し、生命現象、意識現象、心理現象などの全ては生命的含蓄を欠如させる無機的な「もの」になりました。ウェスレーが親しんだ当時の学者たち、たとえば、以下で述べるハートリーやプリーストリーなどの研究者は同様の考えを展開し、心を機械的製作品と考え、心の固有の働きを否定した彼らの意見をウェスレーは批判します。魂の働きをあたかも生理学的、機械的運動の結果に過ぎず、固有の働きをしないと理解する当時の社会に対し、ウェスレーが人間の自由と責任をいかに重視したかを後で述べましょう。

ニュートンは一方で遍在する神の摂理を認めますが、他方では機械的世界観の確立にも進み、数学的、機械的法則で運動を説明することに関心を向けました。ウェスレーはニュートンの遍在思想に強く惹かれましたが、ロックと同様、数学的、機械的世界観に批判的でした。しかしニュートンの数学的、機械的法則による自然理解は時代に大きな影響を与え、一八世紀中葉に至るまでに、自然は自然それ自体に内在する力で機械的に自己を展開する、と語るニュートンの機械的説明が自然科学以外の分野でも適用され、発展したのです。

ウェスレーが親しんだ当時の学者たちも同様の考えを展開します。たとえば、心理学者のハートリーはニュートンの運動理論とエーテル概念を生理学的に脳の振動に適用し、また、ニュートンの光学理論を感覚、観念連合の理論に適用することで自分の認識論を確立します。あらゆる感覚、観念、感情、判断は外的事物からの感覚的印象で神経内に引き起こされる脳振動に起因すると考えます。そこでハートリーは認識論を外界からの印象で引き起こされる生理学的、機械的な観念連合に基礎づけます。確かに彼は感覚と観念を精神的産物と見なし、観念を脳振動の結果に過ぎない、と判断しません。しかしハートリーはロックの語る知識の二起源説、つまり、感覚の観念と反省の観念（思考による心の直接的対象）の内、後者を否定します。そしてハートリーは知識の起源を感覚観念のみに限定し、ニュートンの運動理論、光学理論を用いて機械的な観念連合を説き、その上で認識論を打ち立てました(108)。

解剖学や生理学に関心を抱いたウェスレーは（ジョージアでフランスの医者から解剖学と外科を集中的に学び、この方面での知識習得は *BE,* 9:275f 等参照）『根源的治療法』（一七四七年）を著わし、人間の健康維持のため生理学を学び、ハートリーの生理学的知覚・知識理解に共鳴し、ハートリーの主著『人間について』に多くの真理を認めます。

そして確かにそれ（『人間について』）を心静かに読み、熟考する者に明らかになるように、この書物は多くの真理を含んでいる。なぜなら、記憶のみならずあらゆる心の働きが体の諸器官に、特に脳に依存することを誰も否定できないからです。たとえば（しばしば経験するように）後頭部に一撃をくらうと、理性が取り去られ、瞬時にして感覚と反省を失うことになる。あるいは体の内を流れる精気（spirits）に不規則が起こると、深淵な哲学者は直ちに精神に異常をきたす。同様に人間が認めなければならないことは、思考能力そのものが余りにも多く頭脳に依存するので、人間の判断も思考能力と同様に脳に多く依存することである。更に認めなければならないことは、人間の感覚、反省、判断と同様、人間の判断からごく自然に生まれる人間の意志や感情も究極的には脳の細胞に依存している。

（*Works,* 10:469f.）

ウェスレーは一方ではハートリーの主著に同意しますが、他方では、全ての現象を機械的必然性で解釈するハートリーの立場に、ウェスレーはロックの知識の二起源説（感覚と反省の観念）を肯定し、そのことでハートリーと明確な一戦を引きます。ハートリーは自然理解を心の働きの機械的な過程と判断し、固有の魂の理解を否定し、数学的、形而上学的博識を提示したとウェスレーは彼を批判します。

このように、人間の諸機能が脳の神経の振動に依存することは「理性的に否定することのできない」(*Works*, 10:458)真理だと、ウェスレーはハートリーと共に認めます。ウェスレーは生理学的知覚理解の多くの真理性をハートリーと共に認めますが、しかし他方、その理解が数学的方法で理論化され、全ての現象が機械的、一元的に解釈され、魂の働きが「もの」と理解される時、ハートリー批判に目を向けます。ウェスレーは心の働きを機械的、数学的方法で説明を試みるハートリーの立場と明確に一線を引きます。「ユークリッドの命題で論じられるのと同様に、数学的推論と不可分の仕方で論じられる事柄から」一体何が証明されるのか。この立場は究極的には「脳の振動を受け取り続けることで反省の観念は感覚の観念に解消されていく」(*Works*, 10:478)ことになります。ハートリーは独自の働きをなす魂の働きを単なるメカニックな過程(心の働きを機械的なプロセス)の結果と捉え(これは当時の機械的、数学的方法による魂の解釈)、それはあたかも精巧な機械時計の働きと同様だとウェスレーは考えます。しかしウェスレーは人間の知りうる経験の領域を超える事柄(どのようなプロセスで意識が心の内に生ずるのか等)を思弁的、形而上学的に詮索し、その結果、決定論的世界観を構築することに興味を示さないため、ハートリーの自然理解を「最も虚飾に満ちた数学的、形而上学的博識」(*Works*, 10:476)と批判します。

ハートリーは自分の観念連合の理論をロックから受け継いだと言います[109]。しかし数学的理論で展開するハートリーの機械的観念連合はロックの立場をはるかに超えています。ロックによると、観念が組み合わされるのは単に偶然の結果で、二つの観念が結合される時、その結合は印象の強さ、習慣、教育などで形成されるのです。誤った観念が結合されると、人間の思想、行動に間違った影響をもたらします。この危険を避けるために、ロックはこの観念連合に関する章を『人間知性論』の第四部で書き加えました(*Essays*, II, 33, 1-18)。ウェスレーはこの観念連合に関する章の全てを抜粋し、ハートリーと異なり、ロックの知識の二起源説を認めるのです(次項記述)。

ハートリーの弟子で、電気学者でもあったプリーストリーはハートリーの立場をさらに一歩進めて知覚、思想、観念などの心的活動を脳の神経運動と同一視し、必然性の世界を打ち立て、さらには、神はこの必然的な宇宙の外には出られないと考えます。[110] プリーストリーはニュートンの語る神の支配下に置かれるエーテルの受動的概念を否定し、物質概念を自然内に内在する力と同一視し、その結果、神の働きを自然の秩序の内在的働きに閉じ込め、必然性に縛られる神の働きを主張します。[111] ウェスレーが電気実験に興味を持ち（*BE*, 20:195）、患者への治療器具を設計したので、プリーストリーが電気実験などに関し観察データをよく集め、自然を理解し、その点でウェスレーは彼を高く評価しますが、同時に、観察データに数学的原理を応用し、科学理論を打ち立てるプリーストリーにウェスレーは反対します。「もし人間は理論を構築しようとするならば、人間は何も知り得ない。その時、人間は実りのない探求の中にはまり込み、道を失ってしまう」（*BE*, 22:117）。数学的、機械的方法を用いて精神現象を説明し、魂の働きをあたかも生理学的、機械的プロセスの結果に過ぎないとし、魂の固有な働きを認めないプリーストリーの自然理解をウェスレーは数学的、形而上学的理解だと非難します。

当時の生理学的知覚理解に精通したウェスレーは身体面が精神面に及ぼす影響を前提にします。魂と身体との本質的結合のゆえに、脳での血の不規則な流れ、神経の乱れた振動などは思考に影響を及ぼし、その結果、意志、感情面でその跡を残します。人間はいかなる人でもこの身体の構造の欠陥に服し、そこから多くの失敗や過ちが精神面でも生じます。「混乱した把握」、「誤った判断」、「正しくない推論」は「混乱する頭脳（多かれ少なかれ全ての人間の頭脳がそうであるように）」に起因し、その結果、「無数の過ち」と「行動面での過ち」をもたらします（*BE*, 4:165）。身体に生き続ける限り、全ての人間は多くの不完全性に服し、失敗から自由になり得ません。ウェスレーは一七六二年の説教「彷徨う思い（Wandering Thoughts）」で、いかなるキリスト者も身体のメカニズムを通して「無数の意志に基づかない観念連合」で、彷徨う思いから解放されることはなく、「身体によって引き起こされるこれらの事柄からの解放を願う事は、実際としては、人間がこの肉体からの解放を願う事に他ならない。さもなければ、不可能と不条理を願う事である」（*BE*, 2:135f.）と述べます。

身体と結合するゆえに、魂が不均衡になる人間の状況を考慮し、ウェスレーは罪の定義を示します。創造時に完全であったアダムに与えられた律法から考察すると、いかなる失敗、過ち、弱点もこの律法を犯すゆえに罪であり、その意味でこの地上に罪からの救いはありえません。しかしウェスレーは身体の魂への圧迫のゆえに生ずる、これらの律法違反を厳密な意味で罪と呼びません。彼は人間の意志を超えて犯す過失の罪と意志的に犯すゆえ意の罪とを区別し、故意の罪を本来的な意味で罪と定義します（*Letters*, 5:255, 322）。

ウェスレーはこの罪の定義を示すことでキリスト者の完全の教理を発展させます。いかに完全にされたキリスト者であっても、地上で過失などの罪から解放されることはあり得ません。「よく整った身体器官の欠如」が知性に影響を与え、知性の働きを弱めるので、完全なキリスト者といえども「時には必然的に良くないことを考えたり、話したり、行為したり」（*Letters*, 4:167）します。現在の人間状況にある限り、人間は自分たちの意志を超えて、メカニックに引き起こされる無益な、悪い思いや行為から全く自由になれません。それを望むことは創造時のアダムの時か、あるいは死後の時以外に不可能です。これを期待することは「不条理」で、「完全の教理を世界から追放する最も効果的（疑いもなく）方法」で、「実質的に完全の教理を否定すること」です。キリスト者の完全は「無数の神経障碍者にも妥当する」完全の教えなのです（*Letters*, 4:188）。ウェスレーは完全理解を精神的側面だけでなく、身体的側面でも強烈に強調します。精神と身体の二重性から成立するキリスト者の完全理解です。

ウェスレーは人間の生理学的現実を明確にしますが、同時に、ウェスレーが完全論との関係で「無数の神経障碍者にも妥当する」生理学的理解をいかに重視していたか再確認しておきましょう。

生理学的視点で解釈される心の働きに多くの真理を認めるウェスレーは人間の意志を超えて働く生理学的領域を受け入れ、この領域を支配する完全理解を求めません。ウェスレーは完全を自由なる意識に基づく心の働き、つまり、愛の上に基礎づけます。全身全霊で神と人を愛し、思いも言葉も行為もこの愛で支配される、愛における完全です。もちろん、愛するという心の働きも生理学的支配から逃れることはできず、心と身体の結合のゆえに生ずる過失、失敗から愛といえども自由ではありません。弱点・過失に満ちた「愛の完全」をウェスレーは述べます。彼は生理学的領域をもコントロールできる、愛の完全を主張せず、「過失、あるいは、肉体の朽ちゆく状態から必然的に生ずるどのような弱点であれ、これらの過失、弱点は全く愛に反しない。もちろん、聖書的意味でも罪ではない」（*Works*, 11:396）と語ります。

野呂は人間の自由で原罪の誘いを正しく管理し、この誘いを退ける人間の極限的力こそがウェスレーの語るキリスト者の完全、個人の「激しい歴史創作的な情熱」を語り、人間の意志による罪理解の克服、つまり、精神的罪理解の克服から野呂はキリスト者の完全を検討します。しかし同時に、ウェスレーは「無数の神経障碍者にも妥当する」生理学的完全理解、つまり、人間の自由では罪を克服できない「無数の神経障碍者」、従って、「歴史創作的な情熱」から落ちこぼれる神経障碍者の完全、精神が及ぼす肉体面だけでなく、肉体が精神面に及ぼす完全理解をも強調し、この考えから地域支援活動の共同体的拠点を形成したのです。つまり、野呂は肉体に対する精神の働きの固有性を強調し、肉体が精神に及ぼす影響を決定的事項とはせず、その意味で、この考えに言及しない野呂のキリスト者の完全理解は不充分だと言えるでしょう。ウェスレーの生理学的人間理解を少し見ておきましょう。

ウェスレーは精神と身体との結合のあり方を生理学的視点から検討し、身体面の精神面への影響を見てきましたが、ウェスレーはこの影響の結果生ずる様々な事柄の過ち、過失を罪と理解しました。この罪理解にはハートリー、プリーストリーなどに見られる当時の生理学的な決定論的人間理解が、つまり身体面の精神面に及ぼす深刻な人間観が反映され、ウェスレーはこの生理学的人間理解に知的真理を認めます。人間の主体性を強調することは人間が自由な行動者になり得ない生理学的影響下での人間の現実を軽視し、無視してはならないとウェスレーは語ります。しかし野呂は決断という次元から完全論を解釈し、キリスト者の完全を「激しい歴史創作的な情熱」と判断し、魂から身体への働きかけ・決断を強調した結果、生理学的影響下で生きる者を人間の決断の領域外にします。すなわち、ウェスレーのキリスト者の完全とは環境、遺伝、その他の自然条件を含む身体的・障碍的側面を人間の自由による自己管理下に置く、それが野呂の完全理解です（『生涯と神学』四七〇―四七一、四七八―四八〇頁）。

しかしこの解釈と共にウェスレーのキリスト者の完全理解にはもう一つの側面があります。生理学的限界で犯す過失を本来の罪と呼ばないウェスレーの意図は、特に歴史的状況を考慮する時、魂の身体への影響だけでなく、身体の魂への深刻な影響をも考えていたのではないでしょうか。人間と身体との不可避的結合性、つまり、人間の霊性の問題だけでなく、人間の身体性の問題も同様に、ウェスレー自身が真に関心を持つ宣教の主題でした。ウェスレーの完全論は主体的自由なる人間理解と共に生理学的不条理下にある人間理解、つまり、「無数の神経障碍者にも妥当する」生理学的完全理解をも含みます。精神とは身体に隷属しない自由なる側面と同時に、身体で規定される不条理的側面との、人間の二重性を示します。ウェスレーが罪を故意の罪と過失の罪とに区別した一つの理由は時代的状況から判断して彼が生理学的、あるいは不条理なる人間理解に深刻な現実を見、身体面が精神面に及ぼす結果生ずる過ちを罪と呼ばないとウェスレーが決心したのではないでしょうか。彼のキリスト者の完全とは人間の能動性と受動性、人間の自由と定め、精神と身体の両項を含む人間のあり方、それゆえ、「無数の神経障碍者」を罪と呼ばないことで（自分が罪人であることに深刻に悩む障碍者）、それらの人々と共に生きる地域支援活動をウェスレーが強調したのではないでしょうか。これに対し、野呂の解釈はウェスレーの二重性の内、一項のみを主張する不充分な完全理解と言えるでしょう。

(2) 人間の自由

経験世界との出会い以前に真理が知性にあり、感覚体験に理性的秩序を与えることで心は真理に到達できると理性主義者は言います。もし人間が理性的に確信するならば、人間は自然に行動できると彼らは述べます。倫理を形成するために人間がなすことは理性的指示を与えることです。ウェスレーはこのような理性的指示の必要性を認めますが、理性的指示だけでは人間を隣人愛に導くのは不適切だと言います。その理由は、人間の意思が応答する手段であることを理性主義者は認めないからです。具体的に言うと、もし子どもが人間によって人格的に愛された経験がなければ、理性的指示の説明だけで子どもは他者を愛せないのです。愛の体験に欠如する子どもを愛に導きたいのであれば、子どもたちに愛を受け取る機会を創造しなければなりません。子どもたちの意思が「情感（affection）」された時にのみ、子どもは人間を愛する傾向へと初めて導かれます。この感性的な「情感」の道徳心理学でウェスレーが強調するのは神学的には神の愛（人間的には親の愛）です。情感と気質との関係を少し述べましょう。

情感は人間の行動の原点ですが、この情感は愛への行為を自分の内に発動させる源ではなく、神の愛を体験し、この愛に応答することで初めて情感は目覚まされ、自覚し、成長します。それゆえ、情感が神によって目覚まされた時にのみ、情感は人間を聖なる愛の行為へと導き、気質の本質を生み出します。前期のウェスレーは人間生活の「情感的」次元を聖なる生活の障害であることを述べ、聖書朗読・説教・祈りなどの恵みの手段を通して信仰生活を理性的に求め、神と隣人愛が理性的原理に一致することを確信しました。若きウェスレーは理性的義務を求める敬虔の業を尊重し、また、当時の国教会の指導者たちは道徳の根源をプラトンに求め、自己決断のための能力として理性支配を主張し、人間生活のための感情的次元を道徳の最大の障害物として取り除き、情感を理性の支配下に置きました。この「習慣化される理性支配」の時代思想で、ウェスレーは神学を展開しました。

しかし一七三八年以降のウェスレーは前期から生涯貫いた理性支配に加え、聖霊によって十字架の愛が心に直接証され、神の愛を人間は直接に情感できると言います（*BE*, 1:432–434; 2:192; 4:169–176）。そして神の愛への応答として、神と隣人への情感が人間に目覚めるのです。若きウェスレーは神を愛する人間の「感情」によって聖なる行為をなしうると確信しますが、一七三八年以降は神が赦し、愛してくださるという神の「情感」によって人間は隣人愛に招かれると彼は述べます。このように、聖なる行為を行うために、若き時代のウェスレーは神を愛する人間の感情の大切さを語りますが、一七三八年以降は神が人間を赦し、人間を愛する神の「感情」をウェスレーは神学の核心にしました。つまり、彼の生涯に亘る、神を愛する人間の「感情」（「習慣化される理性支配」）と中期以降の人間を愛する神の「感情」（習慣化される情感支配）を聖なる行為の二つの源泉（理性的行為と情感的行為）をウェスレーは一七三八年以降語りました（『ウェスレー』一二一―一七八頁）。

ウェスレーはオックスフォード時代、経験主義による倫理思想の思想的発展に関わります。国教会神学を支配するプラトンの道徳心理学と直接に対峙する経験主義によると、理性は行動の条件や結果を明確に説明できますが、人間がなぜその行動に参加したのか、その説明が不可能です。人間は体験的に情感されない限り、行動に赴くことは出来ないと経験論者は伝えます。具体的に言うと、隣人を愛することがいかに正しいかをどれほど理性的に説得しても、人間をそのように導くには不充分です（理性的な国教会の人々は隣人愛を充分に行っていないとウェスレーは説教で指摘）。人間が隣人を愛するように導けるのは自分自身が愛される体験を受けて初めて可能です。私たちも一般の人間社会でこのことを理解できます。この立場を正当化するために、経験論の倫理思想は人間の「意志」を再定義します。

経験主義者は意思を情感と同一視し、全ての人間行為の背後に、応答に導く情感を述べます。意志が一般に人間行為の源泉と考えられていますが、この同一視で、人間が行為できる前に情感される必要があります。情感は単に「感情」ではなく、人間行動の背後に隠れる、行動をもたらす傾向です。そして情感は単なる知的同意を意味せず、理性だけで人間を行動に導く充分な動機となりません。ウェスレーが聖なる行為の二つの源泉を理性的行為と情感的行為と理解したように、情感は人生の理性的次元を統合します。究極的に言えば、人間が行為できるのは全体的傾向（情感と理性）がある場合だけです。この全体的傾向が人間を応答に目覚めさせるのです。「習慣化される全体的情感（気質）」です。神の愛に由来する情感は「キリスト教を真に構成する魂の性向」（*BE,* 1:651）と呼ばれ、一時的性格のものではなく、継続する性向、習慣化しうる性向になって、神と隣人を愛し、この情感が習慣化するほどまでに成長する性向を気質（temper）と呼びます（『救済論』七四―七五頁、『メソジスト』四四、一四四―一四六頁。一章の注68参照）。

プラトンの倫理思想は意志の自発的行為を生得的な貯蔵庫（生得思想）、つまり、経験的世界との出会い以前の生得思想に起因させると経験論者は述べます。しかし経験論によると、プラトンの意志理解とは異なり、意志は全ての人間が持つ情感のセット（情感と理性との統合）と同一視し、隣人愛に導くこれらの情感は本質的に応答的に理解されます。情感は人間を愛に導く自立的源泉になれず、人間は自らの力で他人を愛せないのですが、情感自身が情感された時にのみ人間は行動に導かれます。ウェスレーは理性主義者が説く、理性的自己決定をもたらす機能としての意志の概念を経験主義の伝統で拒否し、自由と意志は同義語ではなく、本質的に全く異なる魂の特性だと主張し（*BE,* 4:23f.）、意志を情感と理性の統合、即ち、全ての人間行為の背後にある応答的に行為づける傾向と呼びます。

ウェスレーがエドワーズの体験論を拒否したのは、エドワーズが神による情感の瞬間的注入を主張したからです（『メソジスト』一四七―一五一、一八六―一八九頁）。ウェスレー神学の中心的な主題のひとつは神に応答する恵みと理解したので、エドワーズの神からの一方的な情感論とこれに基づく予定論を拒否せざるを得ません。エドワーズによると、選ばれた者の誕生は回心の時、聖霊で心に注入される聖なる習性・性向が与えられるので、義認以前に人間が何かをなす必要はなく、義認以降は注入で聖なる習性・性向が人間に自然に流れ出るので、ウェスレーが説く、恵みの手段で人間が応答的に種を成長させ、気質を形成させる必要をエドワーズは認めません。義認以前は自分の聖のあり方に全く無力で、応答する必要はなく、義認以降も神への応答は全く不要とエドワーズは語り、予定論という神の奇跡的な働きを願うことを人々に求めたのです。

ウェスレーは経験主義者ヒュームと同様に人間意思に基づく情感の役割を展開しますが（『メソジスト』一四二—一四四頁）、ヒュームはあらゆる人間の倫理義務観念を肉体的感情の機能とします。ウェスレーは倫理的知識の起源を霊的感覚に置きますが、ヒュームは身体的感覚に限定するため、頭脳の生理学的決定論を展開するために自由を拒否します。ウェスレーはヒュームを批判するため、自由を「意思」と注意深く区別します。ウェスレーにとって自由とは欲望やある特定の性向を行為する能力（あるいは、行為を拒否する能力）です。このウェスレーの成熟した倫理的心理学がエドワーズやヒュームの神学・哲学的決定論を批判させます。ウェスレーは意志以外に人間の機能として「自由」の異なった機能を重視し、意志（つまり、応答的情感）が行為に導く性向を与えますが、自由はある特定の性向を行うために応答・拒否できる限定付きの応答的能力です。人間は愛を生み出すことはできませんが、応答する愛を窒息死させる自由をもっています。

ウェスレーは聖なる気質を大事にしますが、それは彼がキリスト者の聖化の総体として愛と気質を同一化したからです。「神の真実な愛からキリスト者の恵み、真実な聖なる、幸福な気質が直接に生まれてきます。これらの気質から会話の統一と聖性が流れてきます」（*Works*, 9:309, cf. *BE*, 11:45; 3:313）。自由が与えられれば、人間の成長は応答的協調性をもたらし、自由が否定されれば、人間は神の恵み深い力づけを否定し、もみ消すこともできます。人間の応答的対応が彼の成熟した心理学を哲学的・神学的決定論から自由にします。あらゆる人間の倫理的義務観念を肉体的感情の機能とし、心を単なる「知覚の束」と解釈することで、人間の自由を軽視するヒュームの決定論的立場をウェスレーは無視できません。経験の対象となる内的証拠を土台にするヒュームの信仰理解、情感を中心に認識論を展開するエドワーズの思索者たちにウェスレーが同意する情感理解がありますが、しかし、自由を意志から区別し、欲望や性向を行為する能力（あるいは、行為を拒否する能力）を自由とし、習慣や教育でこの能力を高め、責任ある主体的な人間、また、人間の自己形成に責任を取るウェスレーの成熟した倫理的心理学がこの二人の思索家の神学的・哲学的決定論や予定論を批判させます。人間が行動できるのは情感と理性の統合である全体的性向にあります。

ウェスレーが応答的な全体的情感に倫理的意志力を基礎付けることはエドワーズと同様の情感的な倫理的立場をとりますが、同時に、行為への情感の影響を不可欠と捉えると、人間の自由を軽視する予定論者のエドワーズや感覚主義者のヒュームを思い起こさせます。下記で述べますが、ウェスレーがヒュームと異なるのは、前者が人間能力の中に意思以外に「自由」という異なる機能があり、自由を「意思」と注意深く区別することでした。この考えは神の像を構成する人間機能の一覧表、つまり、悟性・意志・自由に表現されています。この機能で注意すべきことは、ウェスレーは意志を当時の使用方法である、理性の自己決定の人間機能と捉えず、意志を情感と同一視したことです。意志は一般に人間の行為の源泉と考えられますが、人間が行為する前に情感されなければなりません。情感は愛を自分で生み出せませんが、人間の外からの現実体験（神の愛）に応答することで目覚まされ、成長します。ウェスレーが特に重視した点は、聖霊で心に与えられる、人間に対する神の恵み深い愛を人間が体験し、それに応答する時にのみ、神と他者を愛する情感に目覚まされ、成長していきます（*BE*, 9:39; 11:70, 106; 1:274; 4:67）。

野呂神学は決断の神学であり、義認信仰に人間が決断的に関与する時、聖化の道が与えられます。それゆえ、「ウェスレーの回心の経験が、本質的にはけっして感情的なものでないことが分かる」（『生涯と神学』五三九頁）と野呂は言います。野呂は決断を強調するため、心理学的認識と知識の一体性を認めず、啓示体験は心理学的ではなく神学的な体験だと言います（『ウェスレー』二二四―二二八頁）。野呂が好まないアルダスゲイト体験の情感的真理学・認識論です。では、悟性、意志、自由の関係をもう少し考えてみましょう。

神の像として創造された人間の本性は悟性、意志、自由から成立します。悟性の働きは意志を正しく導くことで、悟性と意志は切り離せません。前期のウェスレーは意志を悟性と同一視しましたが、中期以降になると、彼は意志の本性的性格を情感との関係で理解します（*BE*, 2:439, 474f.; 4:22, 294f.）。人間の選択や行動の真の決定者は理性的なものに加えて情感的なもの、すなわち、愛・喜び・平和・希望などの情感的本性であり、情感が与えられて意志は機能します。意志を究極的に決定づける情感は愛であり、この愛の情感を原初のアダムは備えていました。「彼〔アダム〕の魂全体を覆っていたものは愛であった。……彼の魂のあらゆる瞬間は愛であった。魂はそれ以外の気分を知らなかった。愛は彼の生ける心であった」（*BE*, 4:294f.）（ウェスレーが「聖なる生活」を生涯語り、異教徒などの救いを主張したのはこのアダム理解にある）。悟性によって導かれる意志を情感で選択や行動に向かわせる能力とするならば、自由とは実際にそれを行わせる能力です。どれほど悟性と意志の意義が重要であったとしても、自由の欠如した悟性や意志は充分に働かず、創造の目的は達せられません（*BE*, 2:475）。創造時の人間はこの自由のゆえにいかなる外的強制にも服することはなく、主体的人間として悟性、意志を働かせ、自分の行動に責任を持ちます。人間は理性的、情感的存在ですが、自由なる存在であることを離れた理性的、情感的存在は本来の人間ではないとウェスレーは言います。このように、彼は意志以外に人間の機能として「自由」という異なる機能を重視します。ではウェスレーが人間の自由をいかに強調したかを前項との関係で述べてみましょう。

ウェスレーはプリーストリーの生理学的知覚理解の真理性を一方で認めますが、他方、外界の刺激で支配されない、魂の固有な働きも認めます。そして、感覚、知覚、思想、観念などを脳の刺激と同一視する傾向のハートリー、その同一化を遂行するプリーストリーは魂の働きを単なるメカニックな過程の結果としますが（魂の固有なる働きの否定）、ウェスレーは当時の思想傾向を厳しく批判します。スコットランドの哲学者カメス卿は一七五一年に『自由と必然性に関して』を著わし、そこで彼は外界の刺激に支配されない魂の固有な働きを否定し、全ての働きを精巧に作られた一片の時計細工のようなもので、人間の自由は単なる幻想に過ぎないと主張します。この歴史的状況でウェスレーは特に『必然性に関する諸論』（一七七四年、*Works*, 10:457–474）と『必然性について』（*Works*, 10:474–480）を出版し、そこで心理学や宇宙観を語り、カメス卿にも多く言及し、人間現象が時計細工の様に解釈される場合、人間の自由と責任は単なる幻想に過ぎなくなると解釈する一八世紀の時代を批判します。

ウェスレーはハートリー、プリーストリーに向けたのと同様の批判をカメス卿にも向けます。カメス卿によると、心の働きは「血と精気（spirit）の運動に依存し、それを変えることは残念ながらできない」（*BE*, 4:151）と言います。しかしこのような考え方は結局「全ての事柄は悲惨な必然性によって支配されている」（*BE*, 3:499）とウェスレーは断じます。この状況でウェスレーは啓蒙主義の基本的テーマに従い、人間の自由や責任、あるいは、倫理的主体性、聖化をどのように理解したら良いのかです。

この歴史的状況でウェスレーはロックの『人間知性論』の「力能について」の個所（*Essays*, II, XXI, 5–29, 48–63）を抜粋します。この個所はウェスレーが作成した一〇三頁の抜粋中、三七頁を占め、抜粋全体の三分の一以上の頁数です。『人間知性論』の第二巻、二一章の五節から二九節によると、力能の観念はある心の働きや身体の運動を始めたり、持続したり、停止させたりする変化を心が知覚する時に与えられます。またあることを考えたり、考えるのを止めたり、あるいは、身体のある部分を静止させたり動かしたりする、この心の力能は意志と呼ばれます。これに対し自由の観念はこの意志に従って、意志通りに行ったり停止したりする力能の観念です。従って、行動を行う、停止する、のどちらも行動者（agents）の力能にない時、行動者は自由ではなく、必然性の下にあり、それゆえ、意志が自由であるかどうかの質問は道理に合わず、正しい質問は人間が自由であるかどうかです。たとえある行動をしたり、しなかったりする意志する力能を行動者が心の中に持っていても、その意志に従う行動が行動者に伴うかどうかで、その行動者が自由であるかどうかを判明します。自由であることは行動を支配する力を人間が持っていることです。

また『人間知性論』の第二巻、二一章の四七節から五三節によると、自由は確かに実際になしうる力に依存しますが、しかしこのことは欲望の動くままに何事でもなしうる力を意味しません。為そう・止めようとすることは真実な、善なる道に至るかどうかを明瞭に判明するまで行動を差し控えることで、それゆえ、為す・止めることは自由を拘束・減少させることではなく、かえって自由の真の目的、根源なのです。

一八世紀の自然科学は機械的、決定論的自然観を展開し、人間の諸機能や知覚・観念・思想なども外界の刺激に基づく脳の振動で決定され、人間の自由が否定されます。人間の魂の働きを否定する歴史的状況下で生きたウェスレーはロックの「力能について」の考えに注目し、その個所の多くを抜粋しました。ウェスレーは人間の自由と倫理的責任を重視するゆえに、人間の行動が普遍的に決定され、外的なるものの原理で必然的に規定される立場を受け入れません。彼は悟性、意志、自由という神の像を構成する人間性の典型的な諸機能のリストで意志と情感との関係を明白にします。ロックと同様、ウェスレーも自由と意志は異なると捉えます。『必然性に関する諸論』でウェスレーは必然性を主張するエドワーズの立場を批判します。

ウェスレーと同じように、習慣化される全体的情感（情感とは人間行動の背後にある隠れた性向）を語るエドワーズは必然性を説きます（『メソジスト』一四七―一五一、一八六―一八九頁）。エドワーズによると、選ばれた者に神から新しい情感が与えられ、人間の意志もこの情感に支配され、必然性の下で神の意志に従い、あれこれと行動を為し、倫理的責任の外にあります。このエドワーズに対し、意志と自由とは「全く異なった性質のもの」であり、「この区別を無視した点に、エドワーズの全ての誤りの直接の原因があるように思われる」（*Works*, 10:467）とウェスレーは批判します。意志と自由を同一視する英国当時の決定論的時代の中で、選択する自由の意義が人間から奪われる状況に対し、ウェスレーはロックと共に自由を意志から区別し、倫理主体としての人間観を国教会の人々に示したのです。ウェスレーは説教「人間とは」（一七八八年）で次のように語ります。

一般に自由と呼ばれる人間の特性について私は思い巡らしている。自由という事が非常にしばしば意志と混同されている。しかし自由と意志とは全く異なっています。しかし自由とは意志の一つの働きではなく、魂の固有な働きです。自由は心のあらゆる機能に働きかけるだけでなく、身体の運動に関しても同様です。自由とは自己を規定することのできる力です。確かに人間の自由はあらゆる思い、想像をも支配できるほどに自由ではないですが、一般に人間の言葉、行動面で人間の自由は支配力を持ちます。話をしたりしなかったり、行ったり行わなかったり、このことをしたり反対のことをしたりする点で、私は実に自由です。この自由であることの確かなことは、私が存在していることの確かなことと同様です。

(*BE*, 4:23f.)

ウェスレーが意志と自由の両者の関係を語るのは、彼が経験主義の伝統で理性的自己決定を示す概念としての意志理解を否定するためです。意志と自由を区別するウェスレーは決定論や機械論を唱える歴史的状況下でロックの「力能について」の箇所に注目し、その個所の多くを抜粋し、彼の一生の課題、人間の自由と倫理的責任を重視します。神と隣人への愛の行為は神の愛を体験することで初めて覚醒しますが、神の愛に応答する、応答しない、その最終的責任は国教会が語る人間の理性にではなく、自由が決定するのです。先行の恵みを与える神は人間を強制できず、また、愛の行為が聖なる気質から生まれ、習慣化される情感が人間の行為に「自由」を与えるとウェスレーは言います。そうであれば、私たちが熱烈に愛する作曲者の曲目を演奏する時、私たちが自由であるのは、訓練された実践に由来する自由があるからです（完全なる愛とキリスト者の自由は *Letters*, 5:203 で同一化）。

ウェスレーは一七・一八世紀の科学的議論に多大の関心を持ちました。キリスト教思想時代で展開されたその議論は（たとえばニュートンの自然理解、空間理解であっても）、神学議論と深く関わっていたのです。ニュートンを通してウェスレー思想の特徴は論理学者として現実を静止的実体と捉えるが、同時に、認識論的に活動的エネルギー（あるいは、実体的神理解と同時に、作用的神理解、さらには静的自然理解と同時に、動的自然理解）と捉え、前者は国教会と同様の考えですが、後者のエネルギー（作用的神理解、動的自然理解）を認識論的に強調したのです。そのため、前者の思想は当時の多くの人々と共通した考えでしたが、後者は当時ではあまり展開されなかったウェスレー固有の認識論的思想であったと言えるでしょう。認識論による彼固有の思想形態は「はじめに」で述べたように、二項の矛盾する両極の「同時存在性という共存形態」を暗示していたと言えるでしょう。そこにウェスレー独特の思想形態があったのです。

さて私たちが次に検討したいことはウェスレーの哲学的な認識論です。感覚の教理で展開するウェスレーの認識論が彼の自然科学理解によっていかに支えられていたかを知り、ウェスレーの哲学的認識論が彼の宗教認識論にどのように展開されているかを学ぶことがウェスレーの思想構造を知るために重要です。私たちはまず、当時の一七・一八世紀の英国で論じられた認識論、特にロック、ブラウン、マルブランシュの議論に光を当て、考察してみましょう。

第三章　ウェスレーと哲学的認識論

ウェスレーが生まれた翌年にロック（一六三二―一七〇四年）は死去しました。ウェスレーは確かにロックによって知識の問題を取り扱う理論的洞察が与えられましたが、さらにロック哲学から感覚の教理を展開したブラウン（一六六五頃―一七三五年）の哲学をも高く評価します。しかしロック、ブラウンが共に批判するニコラス・マルブランシュ（一六三八―一七一五年）などの哲学者にもウェスレーは影響されました。ウェスレーの哲学的認識に彼らの認識論がどのように反映されているのでしょうか。ウェスレーの認識論がひいては彼の神学理解が理解されるためには、ウェスレーとこれらの哲学者たちとの微妙な複雑な関係を解明することが必要です。当時の英国で論じられた認識論にまつわる哲学議論、特に、ロック、ブラウン、マルブランシュの思想に光を当てながら考察してみましょう。ロックの認識論から話を始めましょう。

第一節　ロックの認識論

哲学史で知られるように、ロックは生得知識（innate knowledge）の教理を批判し、この教理を語ることで、魂に内在する理性が知識を構成すると考えた当時の国教会の人々に批判を向けます。国教会の人々は既に述べたように、アリストテレスの伝統、あるいは、プラトンの伝統に立つ人でも、理性を知識の基盤とします。人間の感覚経験は粒子仮説のゆえに、また錯覚等の感覚データの相対的真理のゆえに、真理探究に不適切な資料と彼らは考えます。知覚は外界の刺激で人間の内に起こされ、それで対象の認識が与えられると彼らは考えません。むしろ、知覚の働きは既に記述したように、実体概念、同一性概念、あるいは因果概念など、全ての人々の内に生得的に知られる理性原理に働き、対象に関する確実な知識を与えます。彼らは心理学的でない、理性的知覚理解を主張します。多くの国教会の人々は生得知識の教理を受け入れ、理性的対象認識を堅持します。そして当時の自然哲学の世界だけでなく、宗教界でも広く受け入れられた生得知識の教理をロックは『人間知性論』の第一部で攻撃したのです。

1　認識論

ロックが生得知識の教理を否定した一つの理由は、心によって知覚・理解されず、真理が魂に刻印されると語る主張がこの教理に含まれているからです。心で意識されることなく、心に無意識の観念が与えられることは、ほとんど「矛盾して」おり、「知的なことではない」（*Essay*, I:2:5）のです。無意識に獲得される観念はありません。ロックは生得知識を否定し、明白な意識的知覚の伴わない生得の理性的原理で世界を説明する人々を批判します。そしてこの攻撃は経験から離れて、知覚の性格を理性的に捉える「当時の独断的形而上学(1)」の根底を揺るがすことになりました。

国教会の神学者スティリングフリート、リー、クラークにとって、認識の成立根拠は概念的真理です。知覚の性格は具体的な感覚対象を把握する際に働く感覚機能ではなく、形而上学的な理性原理を洞察するところで働く理性的知覚です。ロックにとって意識、知覚とは理性的真理を把握する機能ではありません。心によって直接知覚される意識が認識にとって基本であり、この意識に基礎づけられる知覚が観念内容だとする立場がロックの「観念」の本質的定義で、しかもロックの認識論の基本です。彼にとって知覚する意識行為は、必ずそこにその対象に関する心理的意識内容が伴います。「観念を持つことと知覚とは同一の事柄」で、人間の観念は「心の内にある実際の知覚以外のもの」（*Essay*, II:1:9; II:10:2）ではないのです。知覚する意識行為と、この行為で心の内に与えられる心理内容は知識を得る道として強調されます。この知覚行為と心理内容の共存を語る意識理論がロックの認識論の特徴をなしたのです(2)。

ロックの経験哲学に影響を受けたウェスレーは認識論に深い関心を寄せる神学者でした。私たちは神から罪の赦しを受け、神の子であるとの確証体験をどのように知るのでしょうか。ウェスレーはアルダスゲイトで「私は心が不思議に温まるのを感じる」（*BE*, 18:250）体験を持ちました。この体験で彼は赦され、神の子であることを知ります（*BE*, 1:432–434; 2:192; 4:169–176）。認識論の問題です。この場合、知識を基礎づける証拠が問題になります。ウェスレーはこの認識論を聖霊論との関係で捉えます。人間の霊的五感（魂の目・聴覚・鼻・嗅覚・味覚）が聖霊の働きで目覚め、それによって罪人を義とし、神の子とされる認識を直接に知るのです。しかも、この神認識は身体的五感（肉体の目・聴覚・鼻・味覚・嗅覚）と同様に、論証的確かさを伴い、理性認識を不要とする、知覚できる確証です。

ウェスレーはこの霊的認識をアルダスゲイトで与えられ、独自の宗教認識論を展開します。眠っている魂の霊的感覚が聖霊の働きで目覚め、自分は神の子とされ、神と和解することを直接的に知るのです。ウェスレーは神との直接的交わりの認識起源を「霊的感覚（spiritual sense）」に置き、この感覚で与えられる愛・喜び・平和の感性を「聖霊の実」と呼び、人間は聖霊の直接的な証で聖霊の実を知覚できるのです。

ウェスレーの生きた一八世紀の人々は認識論に深い関心を寄せ、ウェスレーの固有な宗教思想もまさに認識論と密接に展開されました。ウェスレーはアルダスゲイト体験で聖霊体験による認識論を形成したのです。彼は身体的感覚証言を通常の身体的認識（physical sense）の基盤と捉え、この感覚で与えられる知識は「直接的、即事的で、また、直感的であり、最も高度な確かさを担い」、さらには、「理性による如何なる証明も必要としない」と記します（*Survey*, 5:193）。もし感覚証言の妥当性が「少しでも疑われ、あるいは論証が少しでも必要とされるならば、私たちは無限に懐疑に陥ってしまい、いかなる事柄に対しても少しの確かさも持てなくなってしまう」（*Survey*, 5:194）のです。ウェスレーのこの考え方は前述した国教会の神学者たちと全く異なります。そしてウェスレーはこのロックの語る身体的認識論による知識の確かさを受け入れ、この身体的認識論と比論的に（つまり、身体的感覚が知識の起源で、理性による提言は不要で、知識の確かさは蓋然的でなく論証的）、この身体的知識と同様の性質が霊的認識にも与えられます。ウェスレーは霊的認識論を展開し（この霊的感覚証言をマルブランシュより）、身体的認識と同様に、霊的認識による宗教知識も理性の証明を必要とせず、最も確かな知識が与えられると語ります。

ウェスレーは魂による霊的感覚の教理を神学的に展開します。魂に最も深く印象を与えるのは理性認識ではなく感性の働きです。心の目・耳などの霊的感覚機能で直接与えられる知識が最も確かな知識です。ウェスレーは二種類の感覚機能を述べます。身体的感覚と霊的感覚です。一般的に言えば、神の存在の知識は前者の身体的機能で得られる身体的感覚証言に、因果律等の理性作用を加えて知られます。しかしこのように身体的感覚証言に理性証言を加えることで得られる間接的、理性的宗教知識は心に直接与えられる、明晰判明な知覚と確かさを伴う知識（実存的知識）ではありません。しかし身体的五感を通して与えられる身体的感覚証言と同様に、霊的五感で与えられる霊的感覚証言も直接的、感性的宗教知識で、理性作用も理性による保証も必要としない知識、この知識に伴う確かさは身体的五感と同様、知覚できる最も確実な論証的知識です。

人間が再生する時、聖霊で信仰者の目や耳が眠った状態から「開示され（unlocking）」ますが、不信仰者にはそのような霊的感覚が眠りから目覚めないため、神の事柄を知ることができません。ウェスレーは新生児の例えを通して信仰者の霊的誕生と自然的誕生の出来事を比論的に説明します（*BE*, 1:431-443）。自然界の対象物が身体的五感に直接刺激を送ることで知覚が生まれ、その感覚証言で自然に関する確実な知識が与えられます。これと同様に、神は聖霊を通して私たちの魂に直接働きかけ、魂の知覚が生まれ、その魂の感覚証言で神に関する確実な証言が与えられます。この世に生を享ける以前の胎児は五感を持ち、空気や光などに取り囲まれながら、何も見ることも聞くこともできません（現代は異なる解釈が提供されている）。胎児の感覚器官が胎内にあるからです。しかし胎児がこの世に誕生するや否や、胎児の感覚は目覚め、目は光を、耳は音を聞くために開かれ、胎児は全てのものを感じるようになります。

同じことが霊的世界でも起こります。人間は神から生まれる以前、霊的五感が与えられていますが、神は世界を支配しているにも拘わらず、人間は神の事柄のいかなる内的知識も知覚もありません。人間の霊的感覚が胎内で閉じられているからです。しかし人間がこの世に生まれるのと同様、神から生まれるや否や、人間の目と耳が「開示され」、それで霊的視覚・聴覚の感覚が開示され、人間は神の赦しの愛や神の子などの神の事柄を直接に知覚し、神の様々な約束を霊的感覚で聴き、神のみ言葉の多くを味覚的に知ります。ウェスレーは他の説教で述べるように、人間が新生の誕生を与えられた時、神は聖霊で人間の霊的感覚を開示し、信仰者の目を開け、確証の確かさを与え、神を見る力を人間に与えます。「信仰者の耳が開かれ、今や神の内的声を聞くことができ」、「良き人間よ。今あなたの罪は赦されている、行きなさい、もう罪を犯さないように」(*BE* 2:192f.) と人間は神の内的な声を聞くことができます。そしてウェスレーは間接的、理性的宗教知識ではなく、この直接的、感性的知識を本来の固有なキリスト教理解であることを明確にしました。

ウェスレーはオックスフォード時代に九〇〇冊ほどの読書をし、生涯で四〇〇冊以上を出版しました。ウェスレーの知の圧倒的深さに私たちは驚きますが、彼の学問的思索はどうだったのでしょうか。認識論を考えると、ウェスレーは経験主義のロックに大変影響されました。アリストテレスの形而上学が英国思想を支配していた時、『人間知性論』を書いたロックの認識論は大きな波紋を投げかけ、この思索で形而上学的認識論から心理学的認識論への思想的飛躍が起こります。ウェスレーはロックの生得観念の否定と、感覚と反省の観念というロックの知識二起源説を承認し、ウェスレー自身の固有な宗教理解を展開しました。事実、ロックは生得知識を否定し、知識の起源を観念に基礎づけ、観念を感覚と反省の二つの観念に置き、前者を感覚で得られる心の直接的対象、後者を思考による心の直接的対象と呼び、全ての知識は観念で得られ、観念による認識論がロックの基本的立場です。人間知識の対象は「観念」で、観念は外的世界の「知覚」、心の働きの「知覚」のいずれかで、ロックの認識論の特徴は観念と知覚とを同一視する心理学的対象認識でした。しかし一八世紀の多くの哲学者・神学者たちはロックの反省の観念を否定します。ウェスレーはこの観念を肯定しますが、ブラウンは否定したのです(後述)。

ウェスレーは一七二八年以来、ロック哲学やその要約書、批判書に親しみ、一七三二年にはロック研究者として名の知れるウィン編纂の『人間知性論』を読み、[3] 同時に、ロックを批判する文章にも関心を向け、国教会の司祭リーの『懐疑主義批判』[4] やコークの司教、ブラウンの『人間悟性の方法』などを読みました。ウェスレーはロックの『人間知性論』の再版に触れ、「この書物がこれほどの短期間に多くの版を重ねたことを私は今よく理解できる」（*AM*, 5:26）と言及するように、この書物は一六年間に四回の再版を行ないました。ウェスレーは一三二頁に亘り、この書物の第二部の抜粋を一七七八年に作成し、毎月出版の『アルミニアン誌』（一七七八―九一年）に発表したのです。

ロックの認識論に深い影響を受けたウェスレーがロックから学んだ自然界の認識論をどのように宗教界の認識論に導いたのか、それを論証するのが筆者の米国の卒論テーマでした。自然界に由来するロックの身体的認識論から信仰などの宗教的認識論をいかに引き出せるのかを論証することでした。この論証をするように勧めたのが野呂でした。

もし、自然界の認識論が宗教認識論と同じ認識方法ではなく、異なると判断される場合、どのようにウェスレーとロックの両者の関係は理解されるべきかが問題になります。そして筆者は米国の博士論文で、自然界と宗教界の認識方法は異なると判断し、身体的五感が身体的認識の起源である点でウェスレーはロックの影響を受けましたが、宗教認識の起源を霊的五感に置き、この五感が神認識を与える直接的意識の対象と捉え、神と魂との直接的な関係を説き、この思想をフランスの哲学者、マルブランシュから学んだことを卒論で述べました。つまり、ウェスレーはロックの身体的認識論と比論的に、宗教的認識論をマルブランシュに求めたことを筆者は米国で論証したのです（「比論的」との表現はロックが身体的認識論で考察した、理性ではなく感覚が知識の起源で、知識の確かさは論証的で、理性的保証の必要のない知識を意味）。ウェスレーは身体的認識論で魂と身体との密接不離の関係を説くアリストテレス伝統の継承者（ロック、ブラウンもこの伝統）でしたが、宗教認識論では、魂と身体の両者の断絶を説くプラトンの伝統に立ち（ロック、ブラウンは共にこの伝統を拒否）、神からの啓示は身体的感覚ではなく、霊的感覚、即ち、魂・心を通して人間の意識に直接与えられることで、ウェスレーは固有の宗教認識論を展開したのです。そしてマルブランシュを彼の宗教認識論の指導者とすることで、筆者と野呂との見解に相違が生まれました。

ウェスレーは本書の裏表紙にあるリンカーン・カレッジで二三歳の一七二六年に特別研究員（fellow）に選ばれ、論理学などを教えていましたが、ウェスレーはアリストテレス形而上学の信奉者で、古典論理学の熱烈な支持者でした。真理は人間の認識に依存せず、三段論法の演繹的推論で確定し、理性はこの真理を形而上学的に把握します。ウェスレーはアリストテレス論理学の代表的指導者サンダーソン（一五八七―一六六三年）やオードリッチ（一六四七―一七一〇年）を尊敬し、彼らは英国でアリストテレス論理学の普及に大いなる貢献をなし、[5]ウェスレーが通った大学の学部長であったオードリッチの作品、『論理学綱要』をウェスレーは一七五〇年に翻訳し、一七五六年に出版された第二版の付録に、『司教サンダーソンから抜粋された、論理学の用い方』を加え、第三班は一七九〇年に、第四版は一八一一年、第五版は一八三六年にそれぞれ出されました。[6]また、ロックの友人で、かつ、ロックの影響を受け、英国の知的世界から大きな反応を得た形而上学者ル・クレー[7]（一六五七―一七三六年）と讃美歌作詞者として著名な会衆派牧師ウォッツ（一六七四―一七四八年）の論理学的作品にも親しみました。ウェスレーは前者の作品を一七二七年と一七三三年に学び、[8]ウォッツの作品に対し、一八七一年にコメントをします。「ウォッツの作品はあまり良いものではない。しかしこれ以上良い作品を見出すことはできないであろう」（*Letters*, 3:163; 7:82）。

特に注意すべき点はル・クレーもウォッツも共にロック認識論から多くの影響を受けましたが、伝統的論理学に対するロック批判の影響は少なく、三段論法による論理学形式を尊重したのです。[9]ウェスレーは論理学による真理把握を生涯主張し、古典論理学を軽視するロックを厳しく批判し（*AM*, 7:316）、形而上学と認識論を統合しました。問題はこの両者の関係です。ウェスレーは認識論的に確証を救いにとって本質的と明言しますが、同時に、ウェスレーは形而上学的・論理的に人間の霊の証を救いにとって必要不可欠と理解しなかったのです。確証は救いにとって本質的でないとする彼の論理的発言は、救われている自覚を知の基盤とする彼の認識論的発言と矛盾しないでしょうか。この点でウェスレーとブラウンとの関係を一言述べておきましょう。

2　論理学と理性の宗教

ウェスレーはロックの経験主義から深い影響を受けましたが、同時にロックの同調者であり、同時に、批判者でもあったコーク司教、ブラウンからも深い示唆を受けました。若きウェスレーはブラウンの主著『人間悟性の方法』（一七二八年）を座右の書とし、ロックと同様、彼からも深い哲学的示唆を受け、一七三〇年には一〇三頁に亘る抜粋集を作り、一七七七年にこの抜粋集を『神の創造的知恵』（五版）で出版しました。第一章でブラウンのウェスレーへの影響を少し既述しましたが、論理学の件も述べておきましょう。

ウェスレーはロックとブラウンの哲学を等しく尊敬しましたが、一七五六年にブラウンをロックより評価しました。「私は説教者と共に、最近コーク司教になった人の優れた作品『人間悟性の方法』を読み始めました。この作品に書かれている事柄は、多くの点でロックの作品より遥かに明確で思慮深い」（*BE*, 21:83）と『日誌』で語ります。どうしてウェスレーはこのように解釈したのでしょうか。

ウェスレーのロック批判の中心点はロックの論理学理解です。ロックは当時でも強い影響力を持ったアリストテレスの伝統を無視できません。[10] ロックは三段論法を完全に否定せず、全ての推論は帰納的で、確実なる知識は経験で与えられることも否定します。しかしロックは三段論法の形式に「全ての正しい推論は帰されるであろう」ことを認めますが、三段論法を「知識を獲得する唯一の正しい道具であり、手段」であることを否定します（*Essay*, IV:17:4）。ロックはさらに演繹的方法と帰納的方法との大きな相違を認め、あるいは、真理探究の際、その真理を教え込む方法と、経験的に真理を獲得する方法の違いを語ります（*Essay*, IV:7:11）。ロックが関心を抱く方法は、真理を個々の具体的事物の観察で導き出す方法で、既に確立された真理から知識を推論する方法ではなかったので、伝統的な論理学を批判したのです。三段論法による推論は「新しい事柄を発見する方法ではなく、ただ私たちが既に持っている古い事柄を並べ直す方法です」（*Essay*, IV:17:6）。

ロックは確率や明白な命題を認めます。しかし彼がこれらを承認するのはそれらが生得知識（人間が生まれながら持つ知識）、あるいは伝統で権威が与えられているからではなく、それらが心で真であると知覚されるからです。たとえば「人間は人間である」という命題が真だと知るのは、主語である「人間」という観念と、述語である「人間」という観念が一致することを心が知覚するからです。知識は普遍的確かさから引き出されるものではなく、諸観念を比較し、諸観念間に存在する関係を心が知覚することで、得られます。この主張は明らかに伝統的論理学からの離反を示唆します。[11]

帰納的方法に関心を持つロックは本質の概念を再定義します。彼は事物の分類を唯名的本質（nominal essence, 観察の対象になる事物の諸性質の集合）によって行い、実在的本質（この本質で事物は分類）による分類を好まないのです。観察され、知覚される感覚データに基づいて事物を分類する前者の方法をロックは承認し、人間に観察も知覚もされない概念に基づいて事物を分類する後者の方法を承認しなかったのです。彼は実在的本質の存在を認める一方、その本質理解の不可能性のゆえに、事物の分類を実在的本質に基礎づけません。[12]

またロックは同一性の問題に関しても、形而上学的な実体的同一性（substantial identity）よりも、意識や記憶に基づく人格的同一性（personal identity）を強調します（*Essay*, II:27:15, 27:26）。人格の同一性を認識させるのは、現代の裁判所でもしばしば語られるように、意識です。ロックは言います。「眠っているソクラテスと起きているソクラテスは同一人物ではない」（*Essay*, II:27:19）。ある人が同一人物であることの根拠は同一性ではなく、人間がある行動や経験を憶えている、記憶の同一性に置かれます。

もちろん一般的に言えば、人格と人間とはロックが認めるように同じ事柄を表します。また、人格的同一性は実体的同一性を離れて存在することもありません。ただ、人間の知の限界のゆえに、この二つの概念を区別する必要があるとロックは言います。[13] さらにまた、ロックがこの二つの概念を区別する理由は、「人格」という言葉で同一性の概念に責任という概念を含ませたかったのです。人格は過去の行為を思いだし、意識することで、その過去の行為に責任を取る主体になります。その反対に裁判例で見られるように、たとえば、脳に損傷を受けたため意識を失った身体が犯す事柄に、その責任をその人間に追求することは可能なことでしょうか。ロックによると、自由な意識的行為に対してのみ、人間は責任が問われます。しかし、脳に損傷を受けた人の場合には否です。これは実体的同一性の概念を否定しませんが、この概念と意識・記憶に基づく人格の同一性の概念とを区別し、後者の概念に自己同一性の基盤を置いたのです。

伝統的論理学の信奉者ウェスレーはロックを厳しく批判します。ロックの古典論理学批判は古典論理学へのロックの不正確な知識、それに基づく偏見と悪意に起因するとウェスレーは言います。ウェスレーは正しい知識に導く推論方法として国教会の指導者と同様に、三段論法を採用します。論理学の規則に従い事物の正しい、明白な理解が与えられます。個々の事物の全体的配列は既に決定され、論理学的規則に従い、その個々の事物を把握し、ロックが主張するように、観念を比較し、観念の関係を知覚することで事物の知識は得られないのです。知識を観念関係の知覚に置くロックをウェスレーは批判し、この点でウェスレーはロックより自分と同じ古典論理学の信望者ブラウンの立場に立ちます。ウェスレーは論理学に対するロックの行為は「奇妙な発見によって、三段論法の代わりに観念を対置することです。しかしブラウン司教は〔ロックの混乱した不適切な悟性の定義を〕徹底的に否定した」(AM, 7:316) と述べます。この点で、後で述べる三位一体理解をも含め、先ほど述べた一七五六年のウェスレーの『日誌』の引用は理解されます。

ウェスレーは当然の如くロックの分類概念、同一性概念を批判します。たとえ、種の混合を示唆する怪獣(monster) が存在するとしても (この可能性は実在的本質よりも唯名的本質による分類を主張する人々、たとえばロックの一つの論拠になったことは *Essay*, III:3:17 参照)、この怪獣の存在の可能性に対し、ウェスレーの確信は動揺しません。「(怪獣の例に見られるように) たとえいかなる例外があろうとも、このことは決して一般的規則を無効にしない」(*AM*, 7:255)。また自己同一性を人格の概念に置くロックをウェスレーは批判します。『眠っているソクラテスと目覚めているソクラテスは同一人物ではない』。私はいかなる意味でもこれを認めることはできない」(*AM*, 5:30)。むしろウェスレーはロックと反対に、実際に何もしていないのに自分がしたと幻想をもつ人間の存在を挙げ、同一性を人間の意識、記憶を超えたところに基礎づけたのです[14](*Survey*, 6:594)。熱狂主義批判への対応です。

明らかなことは、ロック氏によれば「意識は人格同一性を作る」。即ち、私が同一人物であると知ることは、私を同一人物にする。これ以上愚かな考えは今まであったであろうか。私が存在していることを知ることが私を存在させるのか。私が存在していることを知る以前に私は存在している。注意して欲しい。ここで言及されている以前とは、時間の秩序を指しているのではなく、思考の秩序を指しているのである。

(*AM*, 6:592, 傍点原著)

ウェスレーが実験、観察で新しい真理が発見されると考えず、真理は既に確定され、理性作用でその真理に到達できると考えたのですが、この論理学的真理理解(「思考の秩序」)と感覚証言の論証的確かさ(「時間の秩序」)との関係をウェスレーがどのように理解したかをこの章の最後の四節で検討します。別表現で言えば、アリストテレスの伝統に立ち、理性的に把握される宗教知識の尊重という、国教会の遺産を受け継いだウェスレーは理性で獲得される知識を決して軽視しなかったこと、つまり、彼はこの形而上学の伝統で知識論を展開する一方で、経験哲学の伝統から、彼はもう一つの伝統、感性的認識論を展開したのです。そしてウェスレーはこの両者の思考から導き出される証言、理性証言と感覚証言とはお互いに一致することを述べます。形而上学と経験哲学の知識がどのように統合するかが問題です。最後の四節で述べる結論は、形而上学的な相対的概念(知の限界)を明瞭な感覚証言で理解することがウェスレーの統合理解の構造です。上記引用箇所の意味は、形而上学的な「思考の秩序」（私が存在すること）を経験的な「時間の秩序」（私の存在の知識）でウェスレーは理性と感性との統合を示したことを、この章の最後の節で述べたいです。ここの項目を終える前に、実体理解と実在的本質に触れておきます。

中世ヨーロッパ世界を支配したアリストテレスの哲学はその支配力を一七・一八世紀の哲学界まで及ぼしていました。物質世界も精神世界も実体の概念を離れて理解することはできません[15]。物質の感覚的性質、心のいろいろな働きはこの実体によって支え・保たれていると考えられ、確実な知識を得るためには、人間の意識に依存することなく、それ自体で存在する実体概念の明白な理解が求められます。しかし一七世紀の科学革命の衝撃で、一七・一八世紀の国教会の神学者や形而上学者は世界の根底を理解できない、とする不可知論（相対的認識）を承認します。神は永遠から永遠にわたってどのように存在するのか、あるいは、神はどのように無限に全てを知っているのか、などの形而上学的思弁の世界に関し、知り得ないことを彼らは端的に認めます。そして宗教世界の本質内容を理解できないように、物質世界の本質内容、たとえば物質の諸部分がどのように結合するのかも理解できません。しかし彼らはこのような世界の本質内容を中世のように、思弁的に探究する代わり、実体の本質内容ではなく、実体の存在を理性的に承認し、それで確実な世界の知識は得られると確信します。

ウェスレーも彼らと同様、実体理解を述べます。ウェスレーは新しい科学によく精通し、物質の内部構造を理解することが不可能であることを承認します。しかし彼もまた、彼らと同様に実体の存在を受け入れます。確かに物質は絶えざる変化に置かれていますが、このことは物質が究極的に消滅すること（したがって地球の破滅）を意味しません。「物質は無限に異なった形体に変化するであろうが、実体は一つの同じものとしてとどまり続けるであろう」（*BE*, 2:362. *Works*, 7:474–485; *Survey*, 5:221 の参照）。実体の存在を確信するゆえに、ウェスレーは地上の身体と実体的に同一の復活の体を信じます。審判の日、「全ての人間は自分自身の体をもって復活するであろう。確かに身体の外側の部分は、現在の人間にとっては想像もつかないほどに変化しているであろうが」（*BE*, 1:358, 傍点原著）と語ります。[16]

実体概念と並んで、アリストテレスの形而上学の重要な概念の一つに実在的本質（real essence）があります。実体の概念が物質の感覚的諸性質を支えるものと考えられていますが、実在的本質は実体の内に存在し、事物の分類（classification）をもたらすと考えられます。そしてウェスレーは実体の存在のみならず、実在的本質（その内部的性質は不可知）の存在を認めます。ウェスレーはロックと同様、実体と実在的本質の概念を世界の根底だと捉えます。ロックの言葉を引用しながら、ウェスレーは述べます。

「人間という言葉は実体において統合されている属性の完全なる観念以外の、何ものをも意味しない。そして、人間が一般的に想定しているように、この観念は事物を表彰し、事物は実在的本質を持ち、この実在的本質に事物の属性は依存している」。私も同様にこのことを想定している。また常識をもっている人なら皆、同様に想定するであろう。

（*AM*, 7:314, 傍点原著）

ウェスレーはさらにロックの言葉を引用しながら、自分の立場を述べます。「実在的本質が意味することは、個々の事物を成り立たせる真の内部構成であり、この内部構成を人間は知りえない」と語るロックの見解に対し、ウェスレーは答えます。「確かに人間は実在的本質の内容を知りえないが、その本質は存在する」（*AM*, 7:314）。ウェスレーはロック、あるいは同時代の人々と同様に、実体、実在的本質の存在を確信しますが、それらの本質を理解できないと言います。物質世界の本質のみならず、霊的世界の本質そのものに関しても、直接的な知覚や把握をもつことはできません。

実体の存在を固く信じるウェスレーはロックと同様、感覚証言で世界を完全に知ることができると考えません。世界は現象界にあらわれる以上の世界です。本質の世界に関する確実な知識を得るためには、対象の知覚で到達することのできない、実体の存在に関する明白な理解が必要です。なぜなら、対象の物質は人間の意識、知覚で存在し、非存在になり、あるいはその物質の性質が変わったりすることはないからです。世界の存在は人間の感覚、知覚、意識で左右されません。この点で、ウェスレーは観念の外にある世界を観念の世界と混同し、あるいは、前者を後者に解消することに厳しい目を光らせます。物質の性質は物体の中にあるとウェスレーは捉えます。ロックもそのように考えますが、ロックは時々事物の中に観念を自覚すると発言し、観念と物体とを不明確な仕方で混同します。ロック自身もこれに気づき、その発言の意味内容を説明します。観念が「事物それ自身の内にあると言う時、その意味は人間の内に観念をもたらす物質の性質が物質の内にあるということである」(*Essay*, II:8:8) と釈明します。しかしウェスレーは決して観念と外界の世界の物質的性質との混同を容認しません。「単純観念は実体の内に共存している」と語るロックを彼は非難します。「否。観念は心にのみに存在する」(*AM*, 7:256, 傍点原著)。

ウェスレーは観念と外界の世界との関係に関し、観念と事物との完全なる同一化を求め、客観的な物質世界の否定にまで展開したバークレー(一六八五—一七五三年)の哲学を厳しく非難します。ロックは確かにバークレーに大きな影響を残しましたが、ロック哲学をバークレー、ヒュームから理解するのは誤りです。ウェスレーはバークレーの基本的原理、「存在することは知覚されることである(esse est percipi)」を承認しません。母スザンナと息子との間で交わされた多くの往復書簡が示すように、息子は信仰問題だけでなく、神学や哲学の諸問題を母親に相談することで理解の助けを得ました。既に一七二五年、母宛の手紙で息子は知覚、あるいは観念は事物のそのもので、事物は心を離れては存在しない、とする考えを否定します。「あらゆる感覚的性質は観念であり、観念は心の内にしか存在しない。即ち、あらゆる感覚的性質は思考における心の対象で、心の上に写し出されている外界の対象に関する像は心以外のどこにも存在しない」(*Letters*, 1:25) と語る人をウェスレーは否定します。世界は人間の知覚、意識を超えて存在し、人間の知覚で感覚的性質をいくら集めても、その集合で世界は構成されないのです。「あなたが知覚と知覚された事物とを混同しない限り」（*Works*, 10:471）決して懐疑論に陥ることはないのです。

さらに、精神的実体を否定し、心を単なる「知覚の束（bundle of perception）」としたヒュームへのウェスレー批判はバークレーに対するのと同様、厳しかったです。ウェスレーは次のように述べます。ヒュームはバークレーの表現では「つまらない哲学者（a minute philosopher）」であり、また、普遍的真理、客観的倫理真理を「最も横柄に軽蔑する者」であり、カメス卿と同様、決定論的世界観を主張する哲学者であるとします（*BE*, 22:321; 4:151）。「ディヴィビッド・ヒューム氏は……人間の心を知っていたのか。虫やかぶと虫と同様、知ってはいな（*BE*, 4:158）かったのではないかとウェスレーは述べます。彼はロックとバークレー、ヒュームとを同列に並べなかったことを既に述べましたが、ロックは形而上学的世界の存在を信じ、この点でウェスレーはバークレーやヒュームと異なり、ロックを高く評価したのです。

3　生得知識と観念

既に記述したように、チリングワースやティロットソン、スティリングフリートなどの国教会穏健派の指導者は生得知識を認めます。人間が生まれると同時に理性（生得知識）が人間に与えられ、人間本性に生得知識が存在します。この理性は「神が全ての人間の心に書き記している」[17]とチリングワースは述べ、ティロットソンは次のように言います。この理性は「生まれると同時に人間の内に植えられ」、「人間の本性に深く根づいて」[18]います。「人間知識の確かさは観念に基づかず、理性の証言にある」[19]とスティリングフリートも述べます。この理性の有効性を疑うことであれば、人間は宗教知識の可能性を断念しなければならないと彼らは言います。

国教会の指導者は理性を知識の基盤と捉える点で理性的な宗教理解を主張します。実体概念、同一性概念、因果概念など、全ての人々に生得的に与えられる理性原理で初めて知覚の働きは成立します。心理学的でない、理性的知覚理解を国教会の人々は主張し、感覚経験、それに基づく観念は真理探究に不適切だと批判し、彼らの多くの指導者は生得知識の教理を受け入れ、理性的対象認識を主張したのです。

人間の五感で理解される現象界は偶有的、つまり、不確かであると斥けられ、この現象界の向こう側の、確実な理性的世界が語られます。スティリングフリートの知覚概念は感覚観念の性格を備えた概念ではなく、事物の根底は実体で支えられる、理性的真理を直観する概念です。「知識の確かさは感覚ではもたらされない。事物の本質を理解する最も確かな道は明晰判明の心の知覚によってである[20]」。

国教会の司祭で、ロックを批判した哲学者リーは生得知識を批判しますが、スティリングフリートと同じ意見を持ちます。心の内に潜在する配列に従って、知覚はバラバラな（unformulate）外的印象を統合し、知識をもたらします。魂そのものが外界からの「あらゆる種々の運動を知覚し、これらの種々の知覚を統合[21]」（傍点原著）します。感覚的な性質の機能を備えた知覚の働きは、このバラバラな外界からの印象を受け取るためにのみ必要で、この感覚的知覚で知識は与えられません。確かな知識が成立するためには、この不統合の印象を感覚的知覚で受け入れ、この受容されたものを心の内に潜在する理性的原理で知覚し、確かな知識が得られます。リーは特に推論の根底をなす命題の形式を強調します。諸真理は「心が同一性、あるいは、同一性の否定を知覚するまで、人間に知られないし、確かでもない[22]」（傍点原著）。知識は魂、つまり、理性による明晰判明な知覚で与えられます。確かな知識をもたらす知覚の働きは感覚的ではなく、理性的なのです。

神の存在証明に対する国交会穏健派の人々の反応を私たちは既に見てきました。彼らは論証的方法で神の存在を導きださなかったのですが、その理由は彼らが生得知識を主張したからです。ティロットソンの基本的な考え方によると、神の存在、属性に関する知識は「生まれながらにして心に刻印され[23]」る生得知識から与えられ、スティリングフリートも同様に、被造世界の自然の完全なる姿を熟考する時、因果律を適応してその第一原因にまで遡り神の存在を証明するのではなく、心の中にある完全なる神、という観念が自然に生まれてきます。このようにして、「無限なる存在者がご自身を人間に知らせる。人間がこの無限者を考えることができるようになる最初の道は、無限者が自分の不滅の性格を人間の魂に刻印することによってである(24)」と生得知識に基づく神の存在を語り、論証的な神の存在証明を行わなかったのです。他方、一八世紀の国教会の哲学者、リーは生得知識を受け入れず、感覚証言に理性証言（因果律）を加えることで、神を信じない者に神の存在を証明できるとしました。神を信じない人々を説得させるのは、生得知識ではなく、論証であるとリーは確信します。ウェスレーは生得知識をどのように考えたのでしょうか。

ウェスレーは一七世紀の国教会神学者と異なり、リーと同様に、生得知識を否定しますが、神の存在を証明しなかった点で彼らに同意し、リーに批判的です。ウェスレーは国教会の語る生得理解を排除し、同時に、彼らの神の存在証明の拒否に同意を示します。また、彼はリーの主張する理性に知識の起源を置く考えを拒否し、ロックの語る論証的確信を伴う感覚証言に訴えます。その意味で、ウェスレーはロックの経験論に賛同し、神の存在を生得知識ではなく自然世界の美しさで語ります。前著で繰り返し述べたように（『ウェスレー』二五四―二七五頁）、編纂された『神の創造的知恵』でウェスレーは自然界を探求する中心的関心事を、自然界に示される神の知恵と力、善の知恵を深めること、編纂書の言葉を借りれば、「神の力、知恵、善という神の見えない事柄を示すこと」（*Survey*, I.iii）でした。

ロックが語る主著『人間知性論』は四部から成立しますが、第一部が生得知識を批判する文章です。ブラウンもこの批判を継承しますが、当時の国教会神学者たちは生得的な知識の性格を理性的に捉え、知識の成立の根拠は何であるかの問いに、彼らは人間の生まれながらの生得知識・理性に訴えます。チリングワースもティロットソン、スティリングフリートなどの国教会の指導者も人間が生まれると同時に理性が人間に与えられ、理性が人間本性に存在すると言います。国教会の指導者は理性を知識の基盤と捉えることで理性的考えを主張し、実体概念、同一性概念、因果概念など、全ての人々に生得的に与えられる理性原理で初めて知覚の働きは成立すると語ります。

当時の哲学の世界だけでなく、宗教界でも広く受け入れられた生得知識の教理をロックは攻撃し、理性的、哲学的な知覚理解より、心に実際に知覚される観念を知識の重要な証言、科学的な知覚理解に関心を持ち、知識の重要な証言として実験、観察データを重視します。生得知識を土台に、理性的認識論を展開する当時の英国の神学者、哲学者に対し、ロックが生得知識を批判したことはサタンの怒りを彼らに与えました。「生得知識の否定はサタンのそそのかしのように思われた。その結果、宗教も道徳も混乱し、伝統の権威も疑われた」[25]。ロックは生得知識を次のように批判します。

> いったい、知性にはいくつかの生得原理、あるいは原生思念、いわば人間の心に捺印された文字があって、霊魂はそもそも生まれる初めにこれを受け取ってこの世に携えてくるというのは、ある人々の間で確立された説である。が、もし私が、人々は本来自然のいろいろな機能を使うだけで、すこしも生得の印銘の助けを借りずに、人々のもつ一切の真知へ到達でき、そういった本源的な思念ないし原理がなくとも絶対確実性へ到達できることを（……）明示しさえすれば、先入見にとらわれない読者は、そうした想定が虚偽であることを充分に納得するであろう。（*Essay*, I:1:1）

生得知識を否定するロックは知識の起源を理性ではなく観念に基礎づけ、観念を感覚の観念と反省の観念の二つに置きます。感覚と反省の観念という知識の二起源説を説いたロックは、感覚で得られる心の直接的対象を感覚観念、思考による心の直接的対象を反省観念と呼びます。「人間が考える時、知性の対象になる全ての事柄」

（*Essay*, I:I, 8）です。思考や知覚した直接的心の対象を除外して知覚することは不可能です。いずれの観念にも単純観念（simple idea）と複合観念（complex idea）があり、前者は感覚や反省の観念であっても、心で受動的に受け取られますが、後者は人間の種々の構成要素から成立します。理性が単純観念の集合体を集積した後に、単純観念を繰り返し比較し、統合しながら無限なる多様性に発展させ、新しい複合観念を作り出せます。たとえば神の複合観念は「存在と持続、知識と力、歓喜と幸福、又その他の諸性質と力」（*Essay*, II:23, 33）などの諸観念を無限に拡大し、それを組み合わせて構成されます。全ての知識は観念で得られ、観念による認識論がロックの基本的立場です。人間知識の対象は「観念」で、観念は外的世界の「知覚」、心の働きの「知覚」のいずれかで、ロックは知覚を当時の多くの人々が理解した理性的行為と捉えないで、心理的対象把握を伴う行為と理解しました。ロックの認識論の特徴は観念と知覚とを同一視する心理学的対象認識です。

観念による認識論がロックの基本的立場ですが、この認識論は対象を観念という、心の直接的な対象現象に限定することで対象を知る、心理学的な認識論です。心と対象が間接的関係の理性ではなく、心で直接知覚される、直接的関係として把握される心理学的、感性的感覚で、この感覚で知識の基本的性格を学ぶことがロックの認識論です。ロックが生得知識の教理を否定した一つの理由は、心で知覚される対象以外の仕方で対象を知ろうとする主張がこの教理にあるからです。心で意識されず、心に無意識に与えられる生得観念をロックは認めません。ロックは生得知識を否定し、直接的な明白な意識的知覚の伴わない生得の理性原理で世界を認識する人々を批判し、その結果、知覚の性格を理性的に捉え、知識を構成する当時の国教会指導者の思想的根底を揺るがしました。ロックにとって意識、知覚とは理性的真理を把握する機能ではなく、心で直接知覚される観念であり、心理的現象です。知覚する意識行為は必ずそこにその対象に関する心理的意識内容を伴います（ウェスレーの表現で言えば、聖霊の証には心の内的変化［心理的現象］を自覚する、人間自身の霊の確証の共存）。知覚する意識行為と、この行為で心に与えられる心理的内容が知識を得るロックの認識論で、この認識論からウェスレーは聖霊論の捉え方を学んだのです（聖霊が人間の心に直接働きかけ、魂が心の内的変化を知覚し、人間が赦され、神の子とされる確かな知識の供与）。ウェスレーとロックとの関係を問う前に、ロックの理性原理を説明しましょう。

観念によるロックの認識論は多くの反響を呼びました。もし心に直接感じられる証言が認識の起源であれば、心の外の物質の世界をどのように理解するかです。ロックの認識論は対象それ自体を知覚するのか、それとも心理的表象としての観念のみを知覚するのかです。理性認識で導き出される実体の存在を前提にしないで、対象に関する確実な知識は得られるのか、という形而上学的批判です。

スティリングフリートによると、観念に基づく認識論は心の外にある事物そのもの、つまり、世界を成立させる実体の確実な知識を得ることはできないのです。もしこの確かな実体概念が与えられないと、その認識の結末は全くの不可知論になります。では事物の確かな知識はどこから得られるのか。事物の知識の「確かさは観念そのものに由来するのではなく、理性の証言からである[26]」とスティリングフリートは答えます。その理由は、理性のみが実体の存在を世界の基盤として前提できるからです。しかし知識の源泉である感覚と反省の観念から、どのように実体に関する確実な知識を得ることができるのか、スティリングフリートはロックに問います。

この批判に対しロックは誠実に答えます。「究極的には感覚と反省の内に基礎づけられている」が、しかしその実体の観念は感覚と反省の二つの源泉から直接与えられないことをロックは認めます。「実体という一般観念が感覚と反省によって生ずる、あるいはその観念は感覚と反省に基づく単純観念であると私は述べたことはない[27]」と弁明します。リーもまたロックの知識論を攻撃します。特にリーはロックの反省の働きを、感覚で与えられた証言を内省する内観（introspection）の働きと同一視し、反省の観念が知識を得る固有な一つの新しい起源であることを否定します。反省の力によって感覚で得られる知識以上の知識は望めないので、実体などの超経験的概念はこの反省で得ることは不可能で、この点でリーはロックを感覚論者であると解釈します[28]。

ロックは反省観念と感覚観念との関係で、前者は後者にその起源をもちます。感覚で心に観念が与えられない限り、心はいかなる働きもなしえません。しかしロックは両者の明白な区別も主張します。反省の観念は「全く心の内にあり」「心の外にある外的な対象と何ら関係を」持っていないのです（*Essay*, II:1:4）。従って、反省の働きは感覚経験にその起源をもちますが、反省作用は感覚データに縛られず、感覚データを超えて独自に働き、新しい知識の源泉になります。人間思考の反省作用で実体の存在を措定する心理学的行為、つまり、実体の観念を想定できます。この反省の働きで実体などの超経験的概念の知識が獲得されるのです。この意味で、経験という概念の内容は反省観念を含むとするならば、感覚観念と反省観念の両者から成るロックの経験概念は感覚主義者の語る経験概念ではなく、形而上学的な内容をも含む概念と言えます(29)。

ロックが反省観念を感覚観念とは別の一つの知識の源泉としたのは、たとえば実体の概念に対し、単に伝統の権威に依拠してそれを導きだすのではなく、その概念を人間が直接心に持つ観念に限定し、心理的に導きだす試みの表れです。心で意識されることなく、心に無意識の観念が与えられること、無意識に獲得される観念は知識の起源になりません。

直接的、心理的内容を伴う意識をあらゆる知識の基盤とするロックは、このような意識を物質的実体だけではなく、精神的実体、さらには神に関する知識をもたらす基盤と捉えます。精神的実体の複合観念を得るには思考、知覚、記憶などの心の働きから得られる単純観念を非物質的実体に結合させることです。「人間が非物質的実体に関して持つ知識は物質的実体に関して持つ知識と同様、全く明白な知覚であり、概念」（*Essay*, II:23:15）で、神の複合観念については先ほど述べた通りです。

ロックが反省観念を感覚観念とは別の一つの知識の源泉としたのは、物質的、精神的実体や神に関する議論を形而上学的、理性的議論で論証するためではなく、むしろそれらの議論を意識的、心理的知覚で成立する複合観念で理解することを試みたのです。ロックは議論を認識論的関心に限定します。世界の本質的性格を理性的に説明し、哲学的に不可知論に陥らないようにすることよりも、むしろ心に明白かつ自覚的に知覚される観念の分析で、世界を記述することにロックは興味を向けたのです。観念を認識論の決定的な原理と捉えることで、ロックは心理的世界理解を伴う意識的知覚理論を展開したのです。あらゆる知識の源泉を経験に置き、この経験は心の直接的な対象である観念（感覚と反省の観念）から成立し、観念に基づくロックの認識論は理性的にではなく、心理的に基礎を置いた認識論です。

ロックは知識の基本的性格のみならず、知識の確かさをも理性的ではなく心理的に強調します。ロックは自身の観念に基づく認識論とスティリングフリートの理性に基づく認識論とを比較し、後者は実体─属性の思想構造で現実を理解し、そこに知識の確かさを置くのに対し、前者は心の直接的、意識的対象理解で心理的な観念に知識の確かさを置きます。ロックはスティリングフリートに応えます。

あなたが承認しているように、物体の感覚的属性から物体の実体が存在しているという、確かな知識に人間は到達します。しかしこの確かさは思考する心によってもたらされた心の直接の対象に基づくものではない、とあなたは言う。あなたによれば、この確かさは「感覚を通して心に直接与えられる対象を理性によって演繹することによって」与えられるのである。しかし、もしあなたが知識の確かさを推論の帰結に基礎づける時、その確かさは心の直接的な対象によるものではないと証明できるならば、確かさは観念によってではなく、推論の帰結によって与えられると考えてよいであろう。しかし私はあなたが次のことを証明してくれない限りそうは思わない。はたして心は思考したり、推論したり、知ったりするための直接的な対象以外の所で思考したり、推論したり、知ることができるのだろうか。そしてあなたのご存知の通り、心の直接的な対象を私は観念と呼んでいる(30)。

ロックは知識を論理的確かさの上に基礎づけません。ロックはスティリングフリートの問いに答えます。もし

「私が知識の確かさを仮定、帰結の中に、あるいは、三段論法の中に置いていない、とあなたが言うならば、私はそのような事柄に知識の確かさをおいていないことを認める」[31]。一般的な知識の性格と確かさに関するロックのこの立場は、まさにウェスレーの基本的な宗教理解です。ウェスレーは一方で論理学者であったのでロックを批判し、スミスなどの国教会神学者と共に理性的思考方法を認めますが、他方、アルダスゲイト体験でウェスレーは自分の基本的な宗教理解をロックとマルブランシュの認識論に基礎づけ、国教会の人々との論争に組み込まれたのです。

ロックは主著『人間知性論』の第二部で理性ではなく感覚を知識の基本証言とする心理学的認識論を主張しましたが、第四部で合理的宗教理解をデカルトの影響下で論じます。この思考方法は『人間知性論』出版五年後に匿名で出された宗教書『キリスト教の合理性』（一六九五年）でも理解されます。ある研究者はこの書物に関し、「『人間知性論』で論じられた認識論的原理ではなく、常識と平明さという視点から」展開されていると述べます[32]。しかも一八世紀の学者たちはロックのこの合理的宗教理解を高く評価したと他の研究者も述べます。「大切なことはロックが最終的に人々に受け入れられた立場はデカルトの合理論でした。……そして一七世紀末に至りロックの合理主義は人々に歓迎され、一八世紀の初頭には合理主義が完全に勝利を占めた」[33]のです。この宗教書は『人間知性論』の第二部で論じられる認識論的原理ではなく、デカルトの影響下で理性を基本証言とする合理的宗教理解です。一八世紀の人々が受け入れたのは『人間知性論』の第二部ではなく第四部でした。つまり、ロックは知識の起源を体験に置きますが、観察が知識を成立させると語らず、複合観念を説くロックは同一性原理や実体概念を適用し、神の観念を形成します。従って、ロックは知識の起源を経験に置き、複合観念の土台である単純観念を感覚証言の起源を置き、知識を論じる生得知識の誤用を否定しました。ロックの経験論とはロックが経験を超える理性認識を攻撃したことではなく、知識の起源の感覚証言と知識の本質的性格とを別次元で捉えたことです[34]。次の様にも言えるでしょう。

ロックは理性原理（同一性・実体概念等）を否定しません。ロックが経験主義者だということは彼が超経験的知識を攻撃したのでも、観察によって知識が成立するとも主張しません。それゆえ、彼が生得知識を否定する時、理性的な生得原理の真理を否定したというよりも、感覚証言に注意、関心を払わないで知識を論じることを可能にさせる生得知識の誤用を否定したと言えます。その意味でロックの生得知識攻撃は知識論ではなく、「方法論[35]」の視点からの批判で、また「直接的であるよりも間接的[36]」批判です。しかしそれにも拘らず、生得知識を批判するロックは理性と感覚との関係を適切に説明しておらず、「もし批判者の論議をもっと真剣に受け取っていたならば、ロックは経験と理性の関係を組織的に明確化しえたであろう[37]」と指摘されます。一言追加すると、ウェスレーが神の存在証明を行ったと語り、その根拠をロックの引用箇所から野呂は導き出しますが、この引用箇所は合理的宗教理解を説く『人間知性論』の第四部で（そこでロックが神の存在証明を行う。『生涯と神学』二四四頁。なお、野呂の決断の神学は理性的。『ウェスレー』二三―二四頁）、ウェスレーは第二部以外の個所を抜粋しなかったのです。

ウェスレーは実に多読の人であり、自然科学の書物だけでなく、哲学的作品にも生涯興味を抱きました。当時、教養ある者や知的関心の旺盛な者であれば、誰でもロック哲学に興味を覚えます。知性旺盛な母スザンナはロック哲学に親しみ、ロックの道徳論、教育論に深く影響されました。ウェスレーが一七二五年以降ロックの主著『人間知性論』に関心を持ち、様々なロックの要約書・批判書にも目を通し、ロックの理性尊重の立場を高く評価します。一七八一年の説教で、あの偉大な理性の士ロックは『人間知性論』のある章で理性を過小評価することもなく、また反対に過大評価もせずに、理性に対してむしろ妥当な態度を取り続けているとウェスレーは述べます（*BE*, 4:588f.）。この一七八一年のロックへの評価は「知を過小評価することよりも、むしろ過大評価してしまうことに危険を感じる」（*Letters*, 5:184）とウェスレー自身が悩んだ一七七〇年の体験と深く関係します。

そしてウェスレーは一三二頁にわたる『人間知性論』（四部構成）の第二部の抜粋集を毎月出版の「アルミニ

アン誌」（一七八七―九一年）に作成し、この抜粋を序文で「神への深い畏れと神の言葉への深い思いが書物全体に表れている」（*AM*, 5:27）と書き、次の言葉で編纂を終えます。「この作品全体を注意深く検討した結果、結論として私は次のことを述べたい。つまり、幾つかの誤りが見られるが（しかしこのいずれの誤りも重大なものではないが）、この書物は理性と言語を習得した偉大な人間によって書かれ、しかも明快な主張を持って多くの優れた真理を提言している」（*AM*, 7:316）のです。

さて、ウェスレーは『人間知性論』第二部の抜粋集を作成しましたが、ロックの第一部の生得知識批判の個所を抜粋しませんでした。しかしウェスレーはこの第一部の意義を高く評価し、ロックの生得知識否定が当時の知的世界にどれほど大きな衝撃を与えたのか、よく理解できると述べます。生得知識拒否とは知識の起源を人間の理性の外に置くことです。

> 私の考えによると、「生得原理をわたしたちは持っていない」とする考えは、充分に説明されており、いかなる強力な批判からも免れている。そしてこの基盤の上に全ての事柄が基礎づけられるべきだが、特に当時の哲学界、宗教界においては、この生得知識の否定は全くの躓きであったということを、はっきりと示す必要があった。（*AM*, 5:30）

ロックは観念が与えられる以前の人間の心を「白紙」と呼び、ブラウンは（ウェスレーではない）この個所を次のように語ります。

> 誕生に際し人間の記憶は全く白紙（*tabura rasa*）である。……物質的な事柄であれ非物質的な事柄であれ、そのような事物に関するいかなる生得観念も人間は備えていない。またいかなる感覚にもその起源を持たな

いような、全く純粋な知的観念、概念を構成する能力を人間は持ち合わせていない。

（*Precedure*, 382f. 傍点原著）

ウェスレーもロックと同様、誕生直後の人間を説教で「無神論者」と描きます。

「神の生まれながらの観念」はどの国籍であろうと、どの地域であっても、全ての人間に、共通に存在していると言われているが、そのようなことはない。なぜなら、人間は生まれながらにして、野獣が持っている程の神の観念さえ持っていないからだ。生まれながらの人間は神を知ることも、神への恐れを持つことも全くなく、自分の考えに神は存在していないからだ。その後、（たとえ神の恵み、また、人間の反省、あるいは教育によって）変化がなされるとしても、人間は本質的に無神論者に過ぎない。（*BE*, 3:350. *BE*, 2:571も参照）

生まれながらの人間は神に関し、いかなる知覚、観念、概念を持たないとウェスレーは語り、説教で次のように述べます。二人の幼児がいかなる宗教も教えられず、誕生後同じ状態で育てられてきたならば、「彼らは宗教を全く持たず、野獣以上の神の観念もな」（*BE*, 2:177f.）いのです。また、「無限なる者が自分の不滅の性格を人間の魂に刻印すること」で神を知れると語ったスティリングフリートなどの人々の言葉を頭においてウェスレーは説教で人々に語ります。「（ある人々が想像しているように、）もし神が全ての人間の魂にご自分の観念を押印したとするならば、たとえば、私たちがこれらの幾つかを考え、神の他の属性など考えることができるが、神が人間の魂にご自身の誤った、不完全な観念をお与えになることを私たちには考えられないので、人間の魂に押印された観念は存在しなかったし、今も存在しないことを人間は知っている」（*BE*, 2:570f.）。

確かに思いを巡らせば、何の疑惑もなく全ての人間が同意する、単純明白な命題がいくつかあります。たとえば、ウェスレーは両親への服従を考えます。「長年にわたって議論されていたことは、人間の心に生得原理が存在しているかどうかであった。もし生得的に与えられている道徳原理があるとするならば、『われわれは両親を尊敬すべきである』という原理が、そのような原理の一つとして第一に全ての人々に承認されるであろう」(*BE*, 3:361f.)。しかしこのような明白な概念でさえ、それを知るのは生得的ではなく、感覚を通して学んだためです。幼児が人間社会から完全に隔離され育てられたら、この幼児は話すことができません。それと同様、もし人間が宗教に関し何も教えられず成長すれば、その人は神に関するいかなる知識も持ちえません。神に関する生得知識を承認する余地をウェスレーは持ちません。もし神がご自分の姿を人間に押印する場合、完全なる姿を人間に示しますが、どの人間もそのような押印された観念を見いだす者はいないのです。

ウェスレーはケンブリッジ・プラトニストから大きな影響を受けましたが、彼らは感覚観念を知識論から追放し、その代わりに生得観念を主張し、この生得観念を知識基盤の理性原理と相即関係に置きます。しかしウェスレーは彼らの作品を『キリスト教文庫』に抜粋する時、彼らの作品で言及される生得観念の思想を削除します。[38]彼は説教「信仰の諸発見について」(一七八八年)で生得知識を否定し、知識の起源を感覚に置きます。

長い世紀に渡り思慮ある人々によって受け入れられてきた立場は、Nihil est in intellectu quod non fuit prius in sensus です。即ち、「最初にある種の感覚で知覚されなかったものが悟性にある、ということはない」。私たちが一般に持つ全ての知識はその起源を感覚に持ちます。従って、ある感覚を欠く人は誰であれ、その感覚で得られる対象に関する知識、観念を持てません。例えば、視力を持たない人は、光や色などの知識や概念を持つことは全然できない。確かに最近ある人々は、いかなる感覚にもよらず、悟性の働きと共に与えられる生得観念を私たちが持つことを証明しようとします。しかし、このことに関して非常に優れた思慮を持ち、教養を備えた人々によって徹底的に議論されている。そして全ての公平無私な人々が認めるように、ある事柄はあまりにも明白で明晰なことで、私たちの悟性を用いれば、直ちにその事柄を知る者があるが、しかしそのような事柄の知識でさえ生得的なものではなく、ある種の感覚にその起源を持っている。

(*BE*, 4:29)

ウェスレーはロック、ブラウンと共に、知覚と外界の刺激との因果関係を承認し(*Survey*, 1:144)、心に直接知覚される具体的感覚証言の妥当性を確信し、観念という語を用い、感覚観念をあらゆる知識の起源とみなします。

私たちの感覚はそれによって人間のあらゆる知識が基礎づけられる観念の唯一の源である。ある種の観念なしに私たちは如何なる知識を持つことはできない。そして私たちの感覚なしでいかなる観念を持つことはできない。

(*Survey*, 5:172)

ウェスレーは生得知識を否定し、知識の起源を理性ではなく、感覚に置きます。この意味でウェスレーはロック、ブラウンと共にアリストテレスの伝統に立ちます。また、生得知識原理は知識の起源に止まらず知識の性格、確かさをも理性的に捉え、感覚的なものへの懐疑・不信を表明しますが、上記三人は生得知識を批判する点で一致します。特に、彼らは知識の起源を人間の観念ではなく理性に置く人々に生得知識批判を向け、ウェスレー自身も彼固有の宗教理解を確立するためにこの批判を継続します。信仰を霊的体験と捉えたように、魂・心の開示と共に、罪の赦しを受け、神の子とされることを愛し、喜び、平和になる知覚体験が心で感じられる点で知識が成立する、と断言したのがウェスレーの聖霊の証理解でした。理性の保障、証明は必要ありません。感覚観念を知識の基盤とみなすことで、彼はロックの生得知識の否定を高く評価します。

ウェスレーは生得知識を否定し、知識の起源を人間の理性の外に置きます。そして彼は外から来る情報を受け取る人間の器官を感覚と捉えます。但し、物質世界は身体的五感で直接認識できるのと同様、霊的世界は霊的五感で直接に知られます。ウェスレーは身体の五感とまさしく平行する霊的感覚の存在を信じ、この霊的感覚を宗教世界の知識を得る最もふさわしい感覚とします。ウェスレーは本来的・固有な宗教知識を、この霊的感覚に直接基礎づけ、そこで与えられる霊的感覚証言は理性からの推論など必要としない、心に直接与えられる宗教知識で、この宗教知識は身体的知識と同様に論証的確かさを伴います。ウェスレー固有の宗教理解の特徴は人間の霊の確証の論証的確かさ（罪の赦しを受け、神の子とされる確かさ）を伴い、固有の信仰理解・聖霊理解でこの確かさが与えられ、したがって、救われることを疑ったり、知らなかったりすることはないと彼は弟チャールズに述べます。心・魂が開示されることで内的情感（affection）が直接に知覚され、論証的確かさを伴う宗教知識が生まれます。ロック、ブラウンが感覚証言の真理性を確信したのと同様、ウェスレーも身体的五感で知覚される感覚証言の確かさだけでなく、確証理解で示されるように、霊的証言の論証的確かさも霊的五感で深く確信します。ウェスレーはロックの認識論を宗教認識に比論的に使用します。しかし、理性的に解釈される信仰理解・聖霊理解にこのような確かさは伴わないと国教会はウェスレーを批判します。

ウェスレーは神の働きを直接的な魂への働きとみるプラトンの伝統に注目し、宗教知識の起源をアリストテレス伝統の身体的五感に限定する人々（ロック、ブラウン等）を批判します。ウェスレーはこの世の世界と神の世界という二元論を措定し、それぞれの世界理解に相応しい感覚の性質を明言します。彼は宗教知識の起源を霊的感覚に基礎づけ、自分の宗教認識論を、経験哲学の認識論と比論的に展開します。つまり、生得観念を否定し、感覚証言を知識の基盤とし、理性による推論・証明は不要で、この感覚証言で与えられる知識は心に直接与えられる論証的確かさで、蓋然的確かさではないのです。ロックが人間の心を「白紙」と呼び、外界の刺激が肉体の五感を打つことで白紙の心に自然の知覚が生じうるように、無神論者の心に、聖霊の働きが魂の感覚を打つことで神認識が生まれます。

ウェスレーは自分の人生最後の説教「信仰について」(一七九一年)で霊的感覚を身体的五感と「全く異なった性質の感覚」で、神のみ霊によって開かれる「いわば新しい感覚」と呼びます(*BE,* 4:192, 200)。肉体と霊の二元論の世界です。この新しい霊的感覚証言は人間を神への知覚に導きます。一七九〇年の説教で霊的証言なしで私たちは「神に関するいかなる知覚も、あるいは、ぼんやりした観念さえも持つことはできない」のです(*BE,* 4:172)。感覚証言で与えられる神に関する知識は私たちの意識に直接提示され、理性によるいかなる推論も証明も不必要です。宗教知識は「即自的・直接的で、理性の反省作用や論証の結果ではない。……いかなる推論に先んじて」(*BE,* 1:289)存在すると彼は説教で伝えます。霊的感覚で知られる神の世界に確かさが伴い、霊的感覚の知識は目に見えない永遠の世界に関する全き確信であり、それに対し、理性による宗教知識はぼんやりとした推量にしかすぎないのです。その理由は、形而上学的方法論で得られる知識の確かさが蓋然性に過ぎないからです(*Works,* 12:394–399; 14:242)。

ロックとブラウンによると、神が存在し、神が何を行ったのか、人間は知ることができます。もし人間がこの知識に従い行動するならば、彼らは倫理的に健全な生活を送れます。この考えは国教会の基本的な捉え方です。ウェスレーもこの考えを理性的知識とし、宗教知識の一要素とします。しかし同時に、この理性的知識は人間に確信(実存的知識)を与えることが出来ないため、彼はマルブランシュの霊的認識論に目を向け、理性的な間接的方法ではない、心に直接的、感覚的に与えられる霊的知識を求めたのです。

神の働きを直接的な魂への働きとみるプラトンの伝統に注目したウェスレーは宗教知識の起源を身体的五感に限定するロックやブラウン、国教会の人々を批判します。魂と肉体との密接不離な関係を説くアリストテレスの伝統で、あらゆる知識の起源は肉体の五感に土台を持ち、理性の抽象作用で間接的な宗教知識を主張します。ウェスレーを批判する人々はこのアリストテレスの伝統に立ち、神が魂に直接働きかけ、魂に知覚される内的証言を宗教知識の基盤と考えません(*Letters,* 5:363)。ロックもブラウンもこの伝統に立つことで、プラトンの伝統に立つマルブランシュを批判し、多くの国教会神学者と同様に、理性の推論による間接的宗教知識を強調し、さらに、ブラウンは心理学的な宗教理解を語るロックの反省概念をも否定し、この心理学の概念の代わりに、国教会と同様に、理性の論理を主張したことを後述します。これに対しウェスレーはロックの知識二起源説を受け入れ（*AM*, 5:30）、心理学的認識論に同意を示し、理性を超える体験の次元に心を開きました。

ウェスレーは形而上的な神を語る時、被造物と共に、被造物を通して語ります。形而上学的神は常に相対的、個別的、具体的経験の世界との関係でのみ思考の対象になります。この視点からウェスレーは外界からの印象を受け取るのに必要な鋭い感覚を知識獲得のために必要であることを、ロックと共に認めます。ウェスレーは『人間知性論』でロックが述べる「知覚について」（Of Perception）の個所を注目し、この個所を抜粋します（*Essay*, II:9:11–15）。この個所によると、知覚は心の働きの第一番目の機能を果たし、あらゆる知識に至るための第一歩です。したがって、もし人間が他の被造物より優れた感覚を備えていないならば、人間と他の被造物との間に相違はなくなってしまいます。

> それゆえ、知覚は知識に至る第一歩、かつ初段階であり、また知識構成に必要な資料の入り口となるので、人間であれ、他の被造物であれ、備えている感覚が少なければ少ないほど、感覚によって作られる印象もそれだけ少なく、かつ鈍くなる。そして感覚証言を資料として働く理性能力もそれだけ鈍くなり、知識からも遠ざかってしまう。この現象がある人々に見られる。
>
> （*AM*, 5:146; *Essay*, II:9:5, 傍点原著）

引用文の「ある人々」とは無神論者などでしょう。無神論者が神の存在を認め損なうのは、彼らが充分な感覚資料を展開していないからです。彼らには確かに感覚機能が与えられていますが、その機能を開示しようとはせず、そのため、宇宙の壮大な調和、自然が精巧に織りなす美しさを知覚するほどに、鋭い感覚の機能が欠如し、宇宙の創造者、神の偉大なる計画、無尽蔵な善なる意志を見損うのです。彼らは自然を見つめ・聞き・味わい・感じ取る鋭い感覚を欠如させます。また感覚で知覚される観念が少ない場合、理性に働く余地が残されていないのです。無神論者の心には「感覚が欠けるので、反省する能力も同様に欠如している。無神論者の頭には（それがどのような頭であれ）いかなる資料、いかなる種類の感覚の観念も備わっていないので、その資料に基づいて働く反省能力を少しも生み出すことはできない」（*BE*, 4:170）と一七九〇年の説教で伝えます。このために無神論者は神の存在を認めることはできず、神に関する知識を得るためには創造された世界を感じ取る明白な知覚・感覚が必要です。ウェスレーは『牧師への提言』で「感覚が欠けているならば、彼らは悟性に欠陥を持つことになり、彼らの理解能力は低く浅く、彼らの理解度は鈍く、混乱する」（*Works*, 10:481）と説教者たちに語りかけます。音楽、芸術、自然科学を含む諸科学の知を読み、熟読することが牧師にとっていかに大切であるか、ウェスレーは語り続けたのです。

ウェスレーはベーコン、ロック、ブラウンなどが説く経験主義の伝統に立ち、抽象的、理論的知識より具体的、身体的知識を大事にします。この感覚証言が充分に備えられて初めて理性が働き、神の存在を語ることができます。神の存在証明にアンセルムスの本体論的証明、トマスの宇宙論的証明などがあることを前述しましたが、ウェスレーは本体論的証明であれ、宇宙的証明であれ、神の存在を論証で証明することに興味を示さなかったのです。国教会の神学者も宗教世界の本質的性格を論証で知ることを求めず、啓示知識も自然認識も共に神の恵みの内にある認識と語るブラウンの宗教理解を私たちは見てきました。それゆえ、ウェスレーの神の存在認識は啓示認識と比べると意味をなさないと考えるウィリアムズの結論は誤りであることを述べました。ウェスレーは神の存在を論証的方法によって、また、生得原理でも語らず、現象界に示される具体的事物の鋭い感覚・知覚で認識します。ウェスレーは人間・世界の根底を支える存在者と無関係に、また切り離して、形而上学的神を思弁的、抽象的に捉えません。むしろ神によって支えられ、生かされ、神のみ業の跡を見ることのできる被造物をウェスレーは具体的、感覚的事物によって語ります。自然は機械的、決定論的仕方で静的に秩序づけられてはおらず、自然に直接介入する、神の動的な見えざるみ手の働きで全ての生命体を維持しています。自然の中にこの働きを感じ、それを記すことがベーコン、ウェスレー等が用いる「自然誌」の方法でした。

第二節　ブラウンの認識論

ロックの『人間知性論』はケンブリッジ大学、オックスフォード大学で賛否両論を持って広く読まれ、かつ議論されました。アイルランドのダブリン大学でさえ、一六九二年頃には既に『人間知性論』はテキストとして全学生に与えられていました。

ブラウンはアイルランドの思想的指導者であり、ダブリンのトリニティー・カレッジで学び、同カレッジの学長（一六九九―一七〇九年）の要職を務めました。彼が学長を務めていた一七〇〇年にはバークレーが同カレッジに入学し、後年類比論（analogy）の教理でブラウンはバークレーと論争を交えました。ブラウンは学長を辞任した後、一七一〇年にコークとロスの主教に任ぜられます。このカレッジのカリキュラムに『人間知性論』が組み込まれ、ブラウンはロック哲学、特にその経験哲学に深く影響され、その影響下で認識論を構成し、その方法論を主著『人間悟性の方法』（一七二八年）で展開しました。

ウェスレーは司教ブラウンの主著『人間悟性の方法』の抜粋集を作成し、一七七七年に『神の創造的知恵』の第五版に掲載し、ブラウンの主著を彼の座右の書と捉えました（*Letters*, 1:56, 58, 76）。若きウェスレーはロックからと同様に、ロックの感覚的認識論に強い影響を受けたブラウンからも神学的示唆を受け、特に、ブラウンの論理学理解と三位一体論に関する示唆に賛同を示しました。ブラウンの論理学理解を既に言及しましたので、三位一体理解を後で検討します。

本書で、ウェスレーはブラウンの『人間悟性の方法』の引用を抜粋しますが、今までと同様、今後も、ウェスレー自身が翻訳した『人間悟性の方法』を引用する場合、その箇所を *Survey* と明記し、ウェスレーが抜粋しなかったブラウン自身の『人間悟性の方法』の場合、*Procedure* と明記します。

なお、ウェスレーがロックの『人間知性論』を自分の雑誌に抜粋する時、ロックの引用箇所を変更しませんでしたが、ウェスレーはある点でブラウンと異なった考え方をしましたので、ブラウンの『人間悟性の方法』を抜粋する時、その引用箇所の内容を変更しました。また、この変更の他にもブラウンの用語、文章をウェスレーは変えています。たとえば、「想像」(imagination) という言葉を「記憶」(memory) という表現に以下の個所で変えています (*Survey*, vol. 5, 172, 188, 190, 193 [*Procedure*, 55, 155, 202, 214])。このウェスレーの変更は彼の心理学知識理解、特に熱狂主義と誤解されることのない宗教への関心を示しているのでしょうか。

1　感覚観念

ブラウンは主著『人間悟性の方法』でロックの経験哲学の認識論にいかに影響されたかを示しています。ブラウンはベーコン、ロックと共に経験哲学の伝統に立ち、五感で知覚される感覚証言の妥当性を確信し、記述的・経験的方法を主張します。ブラウンは主著で述べます。

人間の自然に関する真の正しい知識の全ては完全に経験的 (experimental) に与えられる。この主張がどんなに奇妙に聞こえようとも、この事は自然の法則での第一の根本的かつ完全なる前提である。自然現象を説明するために、例えばなぜ草は緑なのか、雪は白なのか、火は物を燃やすのか、寒さは物を凍らせるのかを説明するために、純粋な思弁的理由を与えることは、人間の悟性の範囲内にはない。……観察と経験によってそのような結果が表れているという事を人間が知るのみであって、もしなぜという理由を、あるいはどのように原因がこれらの結果を生み出したのかを問うならば、人間は途方に暮れてしまう。なぜなら人間の推理は頼りにならないもので、せいぜいのところ蓋然的な推理にしかすぎないからである。

(*Procedure*, 205f., 傍点原著)

ブラウンはロックの経験主義、特に感覚理解に深い影響を受けました。ブラウンは知覚の本質を粒子仮説や機械原理で説明せず、また、物質の第一・第二性質の区別を哲学的に主張せず (*Procedure*, 120f.)、前述したように、生得知識も否定します (*Procedure*, 382f.)。たとえば、人間が実在する外界の対象を認識する時、それは外界の対象それ自身の直接的理解ではなく、粒子が人間の感覚器官に刺激を与えることで、心に知覚される感覚証言、つまり、感覚観念を強調したのです。

外界の対象で自分の内に引き起こされる動きを知覚する何ものかが、自分自身の内にあるのを人々は気づくであろう。たとえば、外界の対象が人間の感覚に作用を及ぼしている間、人間が見たり、聞いたり、味わったり、臭いをかいだり、あるいは感じたりするのだが、その時、人間はまた外界の対象の変化に即して種々の知覚が心にあるのを見出すのである。

(*Survey*, 5:175f., 傍点原著)

ブラウンは生得知識を否定し、ロックと共に感覚が知識の土台であることを確信します。「最初にある種の感覚で知覚されなかったものが悟性にある、ということはない (Nihil est in intellectu quod non fuit prius in sensus)」

との基本的な経験主義の立場をブラウンは「異論なく普遍的に真実」(*Procedure*, 55, 382)だと言います。彼は感覚で得られる知識を心に直接与えられる明瞭な証言と捉え、感覚証言をあらゆる知識の唯一の基盤とします。

人間の感覚は、それによって人間のあらゆる知識が基礎づけられる観念の唯一の根源である。ある種の観念なくして人間はいかなる知識をも持つことはできない。そして人間の感覚なしでいかなる観念をも持つことはできない。(*Survey*, 5:172)

ブラウンは生得知識を否定し、感覚観念を知識の起源と捉え、人間のあらゆる知識を身体的五感で直接に知覚できる感覚証言に起源をもたせ、この感覚的知識は「直接的であり、即自的で、また直観的であり、最も高度な確かさを担って」おり、さらには、「理性による如何なる証明も必要としない」と理解します(*Survey*, 5:193, *Procedure*, 214f.)。もし感覚証言の妥当性が「少しでも疑われ、あるいは論証が少しでも必要とされるならば、人間は無限に懐疑に陥ってしまい、いかなる事柄に対しても少しの確かさも持てなくなってしまうでしょう」(*Survey*, 5:194, *Procedure*, 216)。こうして、ブラウンはロックと共に感覚観念を心に直接与えられる明瞭な証言と捉え、その真理性を理性で推論、証明、論証する必要はないとし、その感覚証言に論証的確かさが伴います。そして形而上学的神理解は個々の具体的な観察できるデータから離れて、形而上学的に展開される、従来の国教会の人々に見られた宗教理解とは異なる立場をとりました。

ウェスレーはブラウンの抜粋書を通して上記に述べたことをメソジスト会員に伝えます。感覚証言は「直接的、即時的、かつ直観的であって、最高の確かさを担」い、外界の対象はこの感覚証言、つまり、観念を通してのみ知ることができる。観念による認識方法を説くウェスレーはこの観念を「人間が知りうる対象の知覚であり、対象に接近できる唯一の方法」(*Survey*, 5:174, *Procedure*, 60)だと言います。そしてこの感覚証言、つまり、観念の性質が「直接的、即時的、かつ直観的」であることとは、心と物質的対象とが観念で直接に結ばれていることです。「外界からの感覚の印象が……何ものにも介在されることなく」(*Survey*, 5:182, *Procedure*, 103) 心に伝達されます。そして、感覚で知覚される観念、内的知覚、意識には「理性による如何なる証明も必要としない」とウェスレーは明言します。

このようにウェスレーとブラウンは知識の土台である観念、知覚、意識の働きをスティリングフリート、リー、クラークがなしたように、理性的にではなく、感覚的に捉えます。そしてウェスレー、ブラウンは感覚観念による認識論を主張し、いかなる疑惑も許さない最も確実な確かさが伴う感覚証言を知識の基盤と理解します。この知識は物質的対象と心との直接的な関係で知られ、理性原理で間接的に獲得されることはありません。全ての知識はその起源を感覚観念に持つのです。しかしウェスレーはブラウンと異なり身体的感覚証言による身体的認識論の性格を霊的感覚証言による霊的認識論に直接適用します。霊的認識論はブラウン、ロックの哲学に存在しないからです。

ウェスレーが語る固有な宗教理解に、感覚証言に基礎づけられる知識に最高の確かさ、論証的確かさ(demonstrative conviction) が伴うと述べ、ウェスレーが展開する固有の信仰理解、聖霊理解にこの確かさが随伴すると語られます。それゆえ、救われていることを疑ったり、知らなかったりすることはないとウェスレーが述べたことを前述しました。理性的に解釈される信仰理解・聖霊理解にはこのような確かさが伴わないのですが、ウェスレーが述べるように、心が開示され、照明されることで心に内的変化が直接的に知覚され、そこに論証的確かさを伴う宗教知識・実存的知識が生起するのです。

2　三位一体の教理

国教会の神学者たちは三位一体の秘義を理性的に把握不能で、啓示を受け取らなければならないと言います。三位一体のような、理性で把握不能な教義をチリングワースは次のように語ります。この教義の「意味は不明瞭で、……その三位一体の在り方も不明瞭で、人間の理性では把握不能である」[39]。しかしチリングワースはこの教義を心から信じると言います。その理由は何でしょうか。彼によると、この超理性的教義への理性的同意は教会の伝統です。普遍的教会の伝統に支えられ、三位一体を信ずることは合理的で理性に矛盾せず、何らかの個人的確信でこの教えを否定することは理性的な人々を納得させることはできないからです[40]。

ウェスレーはロック、ブラウンから、感覚証言があらゆる知識の唯一の認識であることを学びます。ではウェスレーはこの認識論を用いてどのように宗教理解を展開したのでしょうか。勿論、主観・客観構造による形而上学的神理解と、霊的感覚証言によるウェスレーの固有な宗教理解は異なることをこれから説明します。主観・客観構図とは人間が主体として存在し、この人間主体の外に客体として神を対象化し、この神を認識する構図です。

ウェスレーはブラウンの認識論から、宗教知識がこの世界、つまり、この具体的な日常生活の経験世界から離れて、思弁的に展開されるべきではないと言います。形而上学的な宗教知識は身体的五感で知覚される具体的、明白な感覚証言を通して与えられます（他方、ウェスレーの固有な宗教理解は身体的五感ではなく、霊的五感で与えられる直接的な宗教理解）。この身体的証言は一般の物質世界の知識だけではなく、形而上学的な宗教世界の知識の起源でもあります。人間の感覚経験を離れて人間は神を理解できませんが、同時に身体的感覚の直接的な対象になり得ない神、この神に至る道としてブラウンは類比論の教理を展開します。勿論、ウェスレーは神を魂や心によって霊的感覚で直接知ることをプラトンの伝統で語りますが、このウェスレーの宗教理解はアリストテレス伝統に立つブラウンやロックの宗教理解に一切無縁です。

ティリッヒは論文「宗教哲学の二つの道」で人間が神に至る道を語ります[41]。第一は存在論的（ontological）道で、他は宇宙論的（cosmological）道です。存在論的道では、神は対象化できるような客体ではなく、主観・客観構図で捉えられない神です。神は無制約的なもの（the Unconditioned）、つまり、あらゆる存在者を存在させる存在そのもの（Being itself）で、主観と客観が分離する以前の現実で、人間はその存在を意識します。主観と客観の同一性こそが神です。それゆえ、神と人間との間に本質的な分離はないのです。自己を見つけることは同時に神を見つけることで、人間の自己疎外が克服できます。神は主観と客観の同一性なので、人間は神を直接に知ることができ、しかも絶対的確実さで知ることができます。また同じ理由で、神は疑惑の対象になり得ません。神を疑うことは心理的に可能でも論理的には不可能です。自己の深みで神を直接知るこの存在論的道で、この知識の確かさを保証する、いかなる外的権威（聖書、伝統、理性等の権威）を必要としません。直接的神理解を述べるこの道は当然の如く神秘的な体験です。この神秘性とは存在そのものに参与する主観と客観との同一性の体験を現します。神は魂そのものに最も深く内在し、神と魂との間に異質性、疎外の状況は存在せず、両者は一致します。主観・客観構造を超えた、無制約的なるものの直接的宗教理解で視覚（vision）、経験（experience）、という言葉よりも意識（consciousness）の方が適切だとティリッヒは言います。今述べた前述の二つの表現は見るものと見られるもの、知るものと知られるものという二極構造の響きがあるからです。このように、神を直接的、神秘的に、しかも疑いをはさむ余地のないような仕方で確かさを与えるこの第一の道が存在論的と呼ばれます。そしてこの道はアウグスティヌス、ボナヴェントゥラなどの属する一三世紀フランシスコ学派の人々に代表されていると言われます。

しかし、西欧の歴史でこの存在論的道は段々軽視され、それに代わってアクイナスが語る、知識の起源を身体的感覚に置く認識論が強調されます。そうであれば、感覚世界は人間の宗教の直接的認識の対象になりません。神は見知らぬ一者（a stranger）として人間にあらわれます。神と人間との関係は本質的に互いに無縁であるため、どれほど親しくなっても人間は神に関していかなる確かさを持てません。神に至る道は理性的認識による、直接的でない、間接的方法に依存するからです。たとえば、人間の心の中にある無限なる存在という観念から、この観念をもたらす存在・神を間接的に推論し、また心の外にある外界の存在の第一原因として神の存在を前提します。感覚証言に理性的原理を加えることで、宗教世界が間接的に推論されます。しかしこれで得られる宗教知識は人間に確かさを与えません。無限なる神が有限なる人間に直接把握されることは不可能だからです。この人間の不確かさは権威（教会、啓示、理性等）で補われ、完成されます。権威に服して与えられる信仰で知は完成されます。知は信仰、そして信仰に由来する倫理で完成されます。人間理性の把握を超える見知らぬ存在の知識は啓示に服する同意としての信仰と、それに由来する倫理で完成されます。存在論的な第一の道では、知る者と知られる者との一致が前提され、宗教知識は理性的推論的でも倫理的でもないのです。神に至る道でのティリッヒ自身の論理は第一の道を土台にし、第一の道で把握される無制約的なものを第二の道で確認することです。つまり、人間の究極的関心事である無制約的なもののあらわれを身体的、現実生活の証言で確認することです。

ウェスレーが二つの知識形態を主張したことを繰り返し述べてきました。ティリッヒの用語を借りるならば、この点でウェスレーは第一の存在論的道と第二の宇宙論的道の両形態を主張したと言って良いでしょう。国教会の伝統に立つ神学者、哲学者だけでなく、理神論者、汎神論者、ロック、ブラウンも基本的に第二の宇宙論的道を語ります。神が人間の魂そのものに最も深く、かつ直接的に内在することを彼らは否定します。彼らにとって神は主観・客観構図で捉えられる理性的・倫理的対象で、この二極構図が出現する以前にあらわれるウェスレーのアルダスゲイト体験での理解を彼らは否定します。それゆえ、宗教知識の確かさは常に理性的・倫理的、あるいは、聖書、教会の権威で与えられると彼らは言います。この考え方がウェスレーと論争を交えたスミス、国教会の立場です。

他方、ウェスレーはアリストテレスの伝統に立つスミスやロック、ブラウンの立場を一つの宗教知識のあり方として認めます。しかし同時に、ウェスレーは次項で述べる、プラトンの伝統に立つマルブランシュの影響を受け、スミスとは全く質的に異なる新しい宗教知識を主張します。この立場からウェスレーはスミスだけでなく、国教会の人々との論争にも関わることになります。ウェスレーはアルダスゲイト体験から宗教の本質を自覚する内在的、直接的宗教知識を主張したのです。この感性的な宗教知識形態を主張するウェスレーは実存的な意味の論証的確かさを伴い、与えられている宗教知識への疑いは不可能です。宗教知識の本質的性格は内的に知覚されることです。ウェスレーのこの宗教理解をスミスは「知覚しうる聖霊」の教理と呼びます。知覚できる神の恵み、聖霊の働き、それに基づく開示され、照明される魂を述べる感性的信仰理解こそがウェスレーの本来的な宗教理解の特徴です。

ブラウンの類比論の教理（この内実はティリッヒの第二の宇宙論的方法）に戻りましょう。ブラウンは人間から神、物質的世界から非物質的世界、あるいは、有限から無限、時間性から永遠性に至る道を類比論で語ります。しかし、ロックの影響下で具体的感覚証言を知識の基盤とし、形而上学的な思弁の世界を放逐するブラウンの考え方はロック以前の国教会神学者と異なります。個々の具体的な世界から抽象化される概念で展開するスコラ神学者、またこのスコラ学に心を寄せる、いわゆるカロリング朝神学者の類比論の教理とブラウンとは異なります。[42] ティロットソンは神と人間とを同一性（identity）の関係で捉え、人間を把握する概念はそのまま神の属性にも当てはまると理解しますが、ブラウンは類比論の教理を対応（corespondence）の関係で理解します。[43] 人間が捉える概念は確かに一面で神と類似しますが、他面で類似しません。この連続性と非連続性を同時に主張するのがブラウンの立場です。ブラウンは認識論に従い感覚経験を知識の土台とし、抽象概念を厳格に排除することで、神と事象との同一性の関係のみを強調するスコラ学、またこの伝統に立つ一七・一八世紀国教会神学者と異なる類比論の教理を展開します。そこでカールス司教のローはティロットソンを弁護し、ブラウンを批判します。[44] 神と世界との真の差異性をブラウンはどうして説いたのでしょうか。

ブラウンの『人間悟性の方法』によると（ウェスレーが『神の創造的知恵』でブラウンの主著を抜粋しない個所）、

人間は魂と身体との結合のゆえに、物質世界を離れて純粋に精神的なものを直接に理解できません。「身体は魂にとって単なる道具でないように、その逆も真である」(*Procedure*, 153)。それゆえ、本質的に霊的である「天的な対象との直接的、かつ、親密なる交わり」(*Procedure*, 96) は身体的人間に不可能です。このブラウンの基本的な認識論によると、宗教世界は人間の心に直接的な対象になりません。形而上学的に、あるいは啓示体験でも、身体的な日常生活の世界から区別される神との直接的・親密なる交わりは不可能です。感覚証言による物体への人間の知識は直接的で明瞭で、その知識は確実で、いかなる理性の証明も不要ですが、神的な事柄への人間の知識には直接的で明瞭な観念・知覚・意識等を伴うことはありません。「神的告知はいかなる新しい知覚の能力を人間に与えることはない」(*Procedure*, 473, 傍点原著) のです。いかなる意味でも宗教世界を直接に知れる立場をブラウンは否定します (内的知覚の観念で神の働きを直接知れると語るのがウェスレー)。ブラウンはこの点で、彼以前の国教会の人々と同様に、神の本質的性格に関する不可知論を唱えます (ウェスレーも形而上学的神理解で不可知論を承認)。

> 非物質的存在に関し、また事物それ自身の真の本質的性格に関して、人間は光や色の点で生まれながらの目の見えない者と同じなのである。……人間は感覚から非物質的存在の観念を持つことはできない。また人間は非物質的存在に関し全く感覚の観念に依存しないで、純粋に精神的である観念を持つこともできない。非物質的存在の真の本性的性格のどの一部分であろうとも、それを理解できるいかなる閃光も輝きも人間は持てない。したがって非物質的存在に関して人間は不明瞭な、漠然とした知覚さえも、もっとはっきり言えば、いかなる知覚も持つことはできないのである。 (*Procedure*, 127, 傍点原著)

では、ウェスレーが抜粋したブラウンの『人間悟性の方法』から、ブラウンが三位一体の教理など、形而上学的な神をどのように展開しているかを見ておきましょう。形而上学の神に関する知識はその起源を生得知識にもちません。「人間は生得観念を持つ機会はない」（*Survey*, 5:179, *Procedure*, 90）のです。神がご自身について人間に示される方法は、人間の心に書き記すことではなく、一般事象を通してです。感覚に起源を持たない純粋に知的な宗教知識はないのです。それゆえ、神に関する知識は一般認識と同様、感覚にその起源を持ちます。「感覚の証言は……人間的な知識であれ、神的知識であれ、全ての知識の基盤である」（*Survey*, 5:194, *Procedure*, 216）。「感覚の観念は、どれほど抽象的な知識であっても、その知識の基盤であり、資料である（そこから超自然的世界の理解が与えられる）」（*Survey*, 5:178, *Procedure*, 87, 傍点原著）。感覚証言が理性の働く「資料」であり、理性がこの感覚証言から形而上学的神の知識を学ぶのです。感覚証言を離れるならば、神の知識は不可能です。「なぜならば、人間は感覚から全く抽象された対象の概念も観念も持つことがない」（*Survey*, 5:189f., *Procedure*, 198f.）からです。具体的感覚証言こそがご自分を人間に示す神であり、この証言を無限に超越する神ご自身の本質理解は人間に理解不可能です。

三位一体の教理を理解する場合、日常生活で明白な概念をもつ父・子・霊の類比論から知的に理解されるべきで、三位一体の神ご自身の内でこの三つの位格が実際にどのように存在するのかを問うべきではありません。「このような三位一体と同じような関係が、人間の良く知っている日常生活の中で見出されないならば、三位一体の教理を人間が理解することは全然できない」（*Survey*, 5:214f., *Procedure*, 302f.）。それゆえ、ウェスレーは体験できる宗教的次元から離れ、人間の知的限界を超える哲学的な三位一体の説明を不必要とし、三位一体、人格という用語を使用することさえ強制してはいけないと言います。これらの用語を使用しなかったセルヴェトスを火刑にしたカルヴァンをウェスレーは批判します（*BE*, 2:376–379）。

神とキリストとの関係に関する「超自然的出生問題、また言語に絶する両者の共存の仕方」（*Survey*, 5:201, *Procedure*, 259f.）について、形而上学的理解は不要です。宗教言語が人間の経験世界を超えて形而上学的に解釈される時、その言語は意図する意味内容を見失っています。ウェスレーはブラウンと共に宗教言語を知的に理解しなければならないと言います。

神はご自分の啓示を直接伝えるものとして人間をお選びになっているので、神はご自分を低くして人間の言語、観念、概念、……等をお用いになる。このことは当然のこと、神はご自分を人間の如く自然な考え方、話し方にふさわしい仕方で啓示される。したがって、明白でも知的でもない教理を信ずることは人間に求められていない。

(*Survey*, 5:208, *Procedure*, 283f.)

三位一体の教理を、現実に経験できる世界との関係で捉えるブラウンの宗教理解をウェスレーは確認します。一七七五年の説教「三位一体について(On the Trinity)」で、また一七七七年の手紙で、ウェスレーはブラウンの名前に言及し、三位一体の理解の仕方をブラウンから学びます。

ブラウンは記述的、経験的方法で(本書の記述との関係で言えば、粒子仮説を通して外界の対象がどのように心に情報をもたらすのか、その仕方にウェスレーは関心を持たず)宗教理解に接近します。三位一体の教理で言えば、人間が理解できることは父、子、聖霊がどのように一であるのかであり、神の本質に関する形而上学的説明は不可能です。もしどういう仕方で神が三位一体であるのかを説明すると、人間はこの世から超出し、形而上学的思弁の世界に迷い出てしまいます。人間が信ずるのは神が三位一体という事実であって、その在り方の説明ではないのです。つまり、どのように三が一であるのかの本質理解ではなく、「三が一である」という事実です。この事実とはブラウンにとって類比論となる経験的事実です。信仰の対象、三位一体の事実とは、人間の日常生活の経験との関わりで三位一体を知的に理解することです。この関わり以外の領域で神がどのように三が一であるのかを思弁的に、つまり、形而上学的に問うことは(これはブラウン以前の国教会の人々の立場)人間の知的限界を超えることです。ウェスレーは抜粋します。

礼拝の対象として、神は一人しかいないことを人間に確信させ、父・子・聖霊なる神については明白な聖書の語り方に従って考え、語らせることで充分である。そしてその一と三という理解しえない神の本質のあり方について、人間の信仰の偉大なる著者である神ご自身に任せるのである。キリストは神のただ一人のみ子であることを人間は確信を持って信じ、理解しえない出生の在り方についてては、神の真実に任せるのである。……繰り返して言うが、自分自身や他人が理解しえない事柄で悩ませられることなく、明白に理解し得る限りのものを信じるのである。その時に啓示を与える神の全目的は成就する。

（*Survey*, 5:209f., *Procedure*, 285–287）

一七七五年の説教「三位一体について」でウェスレーは「あの良き立派な人、ペーター・ブラウン博士は、ある時期コークの司教をしていたが、彼が語るところによると、聖書は人間に神秘主義的な事柄を信じるように求めていません。聖書が人間に求めていることは、神が三位一体の事実であり、そのあり方ではない」（*BE*, 2:383, 傍点原著）のです。この説教でウェスレーはこの教理を弁護するために人間の知の限界に言及します。粒子仮説でも述べたように、一般の事柄でも人間の理解しえない多くのことがあります。太陽がどのように円運動をしているのか、光線が太陽からどのように放出されるのか、地球がどのように支えられているのか、あるいは身体と魂がどのように結びついているのか、人間には理解できません。このような一般的現象の本質的理解が人間に求められていないように、父・子・聖霊の関係を理解するために、形而上学的説明は不要です。一七七一年の手紙でウェスレーは再びブラウンの三位一体の理解にふれ、「人間はこの教理に関し、『いかなる神秘を信じる』ことも求められていないと語るブラウン司教の言葉は注目に値する。神秘は『三が一である』という事実の中にあるのではなく、『どのようにして三が一であるかを説明しようとすることの中に』ある」（*Letters*, 5:270）と記します。国教会の人々は中世の人々と異なり、神の本質的性格に関する形而上学的説明を断念し、伝統の権威などに依拠し、三位一体の教理を承認します。教会の伝統に立ち、ロックの経験主義に影響されたブラウンはこの教会の伝統を一歩推し進め、三位一体の教理を人間の日常生活との関わりで捉えたのです。

三位一体は当時の宗教界を困惑させた教理です。父・子・聖霊の関係をどのように知的に、意味ある仕方で語ることができるのか。子が父と等しいこと、子の先在性、あるいは神の三位性などをどのように理解したらよいのか。しかしこれらの問題に対し、ウェスレーは形而上学的説明に関心を持ちません。この立場から、彼はウォッツの三位一体の教理理解を批判します。

ウォッツによると、子なる神は父なる神より生を受けているので父なる神に従属し、下位なる神です。子なる神の劣性の問題を解決するために、ウォッツは形而上学的推論を展開し、その結果、キリストの先在とキリストの人的魂の先在とを同一視します(45)。しかしこれらの「巧妙な形而上学的議論」はキリストと父なる神との同質性を損なうとウェスレーは述べます。そして彼は「栄光に満ちたキリストの人生が、世が始まる以前に存在したとするウォッツ博士の幻想を全く信じることはできない」（*BE*, 2:478）と言います。特にウェスレーが当惑した形而上学概念は「キリストの人生と父の神性との結合」を説明するために用いられた「魂の先在」という概念です（*Works*, 13:431）。なぜなら、キリストの栄光に満ちた人生という概念は、キリストの贖罪の業を単なる比喩とし、キリスト教の本質的な考えの贖罪の業を破壊してしまいます。三位の一体性を形而上学的に説明しようとする者は誰でも、「キリストの神性の否定」（*BE*, 2:588）に帰着します。三位一体の教理など、教理解釈で教会を長い間煩わせてきた問題に関し、ウェスレーは一七八八年にベンソンに手紙を書きます。

教会を煩わせてきた論争の多くの原因は、神が啓示された事柄に人々が満足せず、啓示されていない事柄を人々が知ろうとしたことにある。そこでジョセフよ、このことを忘れないで欲しい。神が明白に啓示されていない事柄に関して奇妙な、長たらしい形而上学的説明をすることがないように。あなたであれ、私であれ、この問題にどのように対応すべきなのか。私は一瞬たりともこの事を説明しようとは思わないし、説明しないであろう。啓示されている事柄のみを信じ、それ以上のことは信じない。私は啓示の内容を説明しようとは思わない。それは不可能である。

（*Letters*, 8:89, 傍点原著）

経験主義に生きるウェスレーはブラウンと共に説明的方法を形而上学的であると断定します。ウェスレーの自然科学の方法論は形而上学的、生理学的、あるいは仮説などで事象の本質を説明する説明的、数学的方法論ではなく、ベーコン、ロック、シドナム、ブラウンが展開する記述的、経験的方法論で、この方法で捉えられない事柄を知るために、形而上学的思弁を巡らすことに興味を持ちません。神や人間の本質的性格や働きの説明は不可能です。この説明を試みる哲学者をウェスレーは形而上学・思弁哲学者と呼び、経験哲学や自然哲学から区別します。

ブラウンの影響でウェスレーは心と直接的な関係にある（その意味で最も確実な知識をもたらす）身体的感覚証言でどのように形而上学的対象の神を理解するのかを見てきました。もちろん、形而上学的神を直接に知ることはできません。身体的感覚経験は人間にとって直接的な経験で、この経験は身体的知識の基盤ですが、形而上学的神でも人間の身体的感覚経験を離れて理解できません。しかし、エレグコス（確信）の信仰理解で記述されるように、ウェスレーは神の認識論的知の獲得方法でマルブランシュに影響され、人間の意識にあらわれる内的出来事を知覚し、霊的感覚証言を記述し、それで可能になる心理的記述方法を主張します。心が開示、照明され、心の目が明らかにされ（心理的認識）、それと同時に、神の事柄を直接に知覚し（神の証）、この心理学的（実存的）意識経験を離れたところで、客観的に知を問い、説明する必要はないのです。

3　反省観念と理性探求

では人間は直接理解できない宗教世界の知識をどのように得ることができるのでしょうか。この点でブラウンは国教会の人々と同様に、理性の方法による間接的な宗教知識を主張し、この知識の確かさを啓示に基礎づけます（この段落の引用はブラウン自身の発言で、ウェスレーはこのブラウンの考えに批判的であったので、これらの個所を抜粋せず）。実体概念の本質理解は不可能ですが、その概念の世界とその存在を理性的に承認する国教会の人々の確信と同様、「理解しえない事柄の世界と存在を理性的に承認することは、福音信仰の本質から除外されてはならない。なぜなら福音信仰は理解しえない事柄に間接的にかつ究極的に依存しているから」（*Procedure*, 58, 傍点原著）とブラウンは語ります。彼は啓示知識の確かさを土台にし、この理解しえない存在の知識に人間はどのように到達できるのかを問い、その答えを感覚証言に理性的推論を加えることだと発言します。感覚観念は神的知識を含め、あらゆる知識の基礎で、この第一次資料としての感覚証言に理性の推論を加えることで、初めて、「宗教世界を理解する新しい基礎と第二次の資料群」（*Procedure*, 448, 傍点原著）が与えられます。

ブラウンが神に関して理性的知識を探求する方法は形而上学的、あるいは感覚的に神を直接理解する方法ではなく、明晰判明に人間が持つ観念としての感覚証言を充分に考慮し、その後、その証言に神的世界と比論になる事柄を見つけ、それに理性的推論を加えることで、間接的に神に関する知を求めます。間接的な理性宗教知識形態は感覚証言が与えられた「後の第二の考慮で得られる。宗教的信仰の正しい理解は直接に即座に理解され、把握されるものとの関わりで明白に語り尽されなければならない」（*Procedure*, 59, 傍点原著）。したがって、人間の話す宗教言語も必ずその起源を人間が明瞭かつ直接、具体的に持つ感覚証言に見出し、その後、第二に理性の働きで宗教世界を指し示すのです。

ブラウンは宗教知識を理性の確かさに基礎づけ、間接的な推論的宗教知識を主張します。いかなる方法でも神は人間理解の直接的な対象になりません。この点でブラウンは国教会の人々と同様、ウェスレーの語る直接的な宗教知識の獲得を不可能と判断し、間接的理性宗教知識を主張したのです。

ブラウンはロックと同様に、感覚的立場に立ち、厳格に感覚理論を展開しますが、ロックが演繹的方法と帰納的方法、実定的（real）本質と唯名的（nominal）本質、実体的自己同一と意識的な自己同一を区別し、後者の意義を強調しましたが、ブラウンはこのロックの論理的立場を批判し、論理学者であったウェスレーはブラウンのロックへの論理学的批判を受け入れ、ブラウンを支持したことを前述しました。しかしブラウンは唯名的本質と意識的な自己同一の立場を反省の観念で語るロックの考えを否定し、感覚の観念だけを強調したのです。つまり、ロックが説く感覚と反省の観念という知識の二起源説の内、ブラウンは心理学者のハートリーなどと同様に、感覚観念のみを主張し、反省観念を否定したのです。その結果、ブラウンは感覚証言の真理性を確信し、その真理性を理性で証明、論証する必要はなく、感覚証言の知識に最高の確かさを与え、感覚証言の真理性に関し一点の疑惑をも許さない感覚主義者であったとブラウンは評価されます。ある研究者は「ロック哲学の一面である感覚主義的側面を綿密に展開させ[46]」たのがブラウンの立場であり、他の研究者は「経験主義を主張する点でロックの経験哲学の立場と類似している[47]」ためだと述べます。ウェスレーが認めた反省観念をどうしてブラウンは否定したのでしょうか。

ブラウンは心理的に解釈されるロックの観念に基づく認識論を徹底的に否定し、霊的感覚を認めません。ブラウンは宗教知識を理性的に基礎づけ、間接的宗教知識を主張します。宗教知識は決して心の直接的対象になりません。そこでブラウンは観念を事物のイメージと定義し（*Procedure*, 58f., 64）、リーと同様、ロックの反省概念を否定します。実体概念を反省の観念で導き出すロックに対し、ブラウンは述べます。「物体の実体概念と全く同様に精神の実体概念についても、同様の明断判明な観念を人間が持っているという主張は暴言であり非知性的発言」（*Procedure*, 122）です。ブラウンは反省観念という言葉を、いかなる内容をも持たない「乱暴な言葉」「無意味な音」（*Procedure*, 64, 178, 412）と呼びます。ロック哲学の根底を流れる「感覚観念と反省観念の両者が、同じように全ての知識の起源であり根源であるとする立場は、一つの大きな根本的誤りである」（*Procedure*, 64）。ブラウンは反省の観念の代わりに、感覚証言に働く理性の観念を対置します。理性が感覚観念に働く本質的な働きです。

ある人々はこれらの知識の起源となる感覚の観念を、この観念を考慮する心の働きと混同している。その結果、彼らは奇妙にもこれらの心の働きを新しい一組の知識の起源となる観念と考えている。この考えはなんと恐ろしいバカげた考え方であろうか。……そしてこの新しい一組の観念は愚かにも反省の観念という言葉で表わされている。……もし彼らが明白な言葉で観念を感覚の観念と理性の観念とに区別していたならば……全ての問題は解決するであろう。なぜならばその場合、理性が観念に働く心の働きであることを、全ての人が理解できるからである。（*Procedure*, 178, 傍点原著）

ウェスレーはブラウンの主著『人間悟性の方法』で、ブラウンがロックの反省の観念を厳しく批判しているのを熟知し、またリーのロック批判にも精通していましたが、ウェスレーはこの反省の観念を知識の一起源と認めます。

私たちの全ての観念が感覚と反省の両観念から成立するとの主張は、〔『人間知性論』の〕第二部で充分に証明されている。どうして人々は「思考における心の全ての対象を、観念と呼ぶロックの考えに反感を持つのであろうか」。（*AM*, 5:30, 傍点原著）

ウェスレーは反省の観念を否定する人々に疑問を抱きます。ウェスレーにとってもロックにとっても心の意識の直接の対象は観念です。そして知識はこの観念に基づき、したがって、観念なくして知識は不可能です。

「観念なくして考える」ということは全く意味のないことである。心に与えられているものは、それが何であれ、観念である。したがって、観念が存在しないことは全く考えられないことである。見たり、感じたり、喜んだり、悲しんだり、楽しんだり、苦しんだりすることはみな観念である。したがって観念が存在しないということは感覚、あるいは理性が存在しないということを意味している。（*AM*, 5:30）

観念とは心の種々の働き（思考・知覚・情感・記憶等）の直接的な対象です。ロックと同様、ウェスレーも思考、知覚の対象となる全ての事柄を観念と呼びます。したがって、観念を外界の対象に関する像（image）と同一視し、それで、宗教世界に観念に基づく認識論の導入を排除する一八世紀当初の時代傾向に[48]ウェスレーは同意しません。彼はブラウンか、あるいは観念と像を同一視する他の人々の誰かを頭において語ります。「……氏は確かに観念という言葉を理解していない。彼は誤って観念を像と理解して」（*Letters*, 6:229）います。ウェスレーは心理的知識理解に反対する人々と歩調を合わせなかったのです。

ウェスレーが反省の観念を承認したことは、彼がロックの複合観念に同意したことではありません。観念は「一種類以上の観念に分解されることはありえない」（*Survey*, 5:181, *Procedure*, 99）と語るブラウンの感覚主義の立場にウェスレーは同意します。ロックによると、人間はまず経験で、たとえば茶色、固い、長方形などの単純観念が与えられます。次にこれらの観念を心が一つにすることで机という複合観念を得ます。それに対し、ウェスレーとブラウンによると、人間が対象を知覚する時、単純観念のみを持ちます。つまり、対象に関する全ての観念が一度に直ちに与えられるので、種々の観念が別々に与えられ、それらの観念の関係を知覚することで、対象に関する複合観念を人間は得るのではありません。ウェスレーとブラウンは述べます。「単純観念が一般に狭い意味で理解されている。なぜなら単純観念は対象のもつ音、匂い、味、色、感触の性格のみならず、対象の全ての観念をも含むからである。しかし人間の感覚に直ちに衝撃を与える全てのものが単純観念である。一つの対象に持つ観念を、いくつもの観念に分けることはできない」(*Survey*, 5:181, *Procedure*, 99f.)。ウェスレーはこの点でロックよりもブラウンの感覚主義的立場により近く立ち、その意味で、ウェスレーは体験理解をロックから学んだと野呂は言いますが、実はロックではなくブラウンからウェスレーは学んだとする筆者の考えは前述した通りです。

また、ロックの神の複合観念の訴えを批判するブラウンにウェスレーは同意し、この点でもウェスレーの体験理解はロックよりブラウンの影響下にありました。ロックによると、「存在や持続、知識や力、喜びや幸福」など、人間のもつ観念を無限に引き延ばすことで、神の複合観念が作られます。ブラウンがこのロックの複合観念を批判する個所をウェスレーは抜粋します。このような神概念は「人間世界の内に何の基盤をも持つことなく、人間自身の想像の所産である偶像をグロテスクに描き続けることに他ならない」(*Survey*, 5:177, *Procedure*, 85) のです。

ウェスレーはロックの複合観念を認めません。神理解は人間の有限なる心の働きで到達できる観念の複合ではないのです。ウェスレーにとって宗教知識に至る観念は人間の内に起源を有するのではなく、神が世界や人間の魂に直接語りかけ、それで与えられる世界現象や内的知覚証言によるのです。人間に身体の感覚と同様に、魂・心の感覚があり、この霊的感覚に神が聖霊で語りかけることで、直接的な宗教理解が人間に与えられます。ウェスレーは聖霊の証で示したように、この魂・心の感覚に語りかけられ、与えられる心理的な宗教理解を提言します。ウェスレーが反省の観念を承認したのは、この心理的宗教理解を可能にする観念の捉え方があったのではないでしょうか。反省の観念はウェスレーにとって身体ではない、魂・心の感覚証言で与えられる霊的知識の観念です。経験主義者ロックは心理学の開祖で、心を客観的対象として眺め、心を分析、記述することで心理学の道を開きました。ロックと同様、ウェスレーも神が心に啓示し、そこで与えられる観念、知覚を記述します。ウェスレーは理性的、倫理的領域だけではなく、宗教体験の心理学的解釈に宗教理解の本質を見、心理学と神学とを密接不離な関係を述べ、そのために反省の観念を承認したのではないでしょうか。

ウェスレーは認識論の基本的枠組みをロックから学んだことを私たちは理解します。ロックの認識論とは生得知識の否定、理性ではなく感覚に基づく知識形成の主張、そして感性的、心理学的認識論です（実存論的ではありません）。しかしロックの語るこの認識論は基本的に知識の起源を身体的五感に置くアリストテレスの伝統です。それゆえに、この伝統で与えられる直接的物資理解は得られますが、形而上学的神理解は類比論で間接的に与えられます。この伝統に立ちながら、同時に、ウェスレーは身体的でなく霊的感覚に知識の起源を語るプラトンの伝統にも立ち、自分の固有な直接的宗教理解を哲学的に論証します。身体的認識論と比論的に、霊的感覚に知識の起源を置けば、ロックの認識論は理性証言の不要、論証的確かさなど、身体的知識の本質的性格がそのまま宗教理解に適用され、ウェスレーの宗教認識論は体系づけられます。ウェスレーとブラウンとの類似・相違点を述べれば、前者が後者から日常生活との関係で形而上学的神を知的に理解することを学びましたが、相違点では、内的、感性的魂の救いという心理学的な関係で神を直接に魂で学ぶことを前者が強調し、後者がそれを否定したことです。

では、ウェスレーは霊的感覚の教理をどこで発見したのでしょうか。それはマルブランシュの哲学からです。

第三節　マルブランシュ

ウェスレーの基本的立場は直接的な宗教理解です。直接性とは知る主体と知られる客体という、主・客に分離する以前の、主・客が一つになる場であらわになる宗教理解です。この世界は言葉で対象化、客観化できない現実です。言葉以前、言語化以前、あるいは概念以前の世界です。確かに、リーはロックを批判し、感覚現象に理性化を遂行しなければ、バラバラの、知覚できない感覚にしかすぎないと語るのは正しいです。言葉で初めて知覚が成立すると語るリーの主張は正しいです。しかし直接性の世界は言葉で主観・客観に分離される以前の現実に関わります。一般に経験、直観という時、それらは二極構図で成立します。「私が……を経験する」「私が……を直観する」という仕方です。それに対し直接性の世界に主観も客観もない現実です。あるのは主観即客観、客観即主観という出来事です（もちろん、主観は主観、客観は客観であって、同じものではない）。しかし、この直接性の世界を人に語り、伝えるためにはどうしても言葉で主観と客観とに分節せざるを得ません。先ず主観があり、それとは別に客観があり、そして客観が主観に働き、主観がそれを知覚するという主観・客観構図でこの直接性の世界を語らざるを得ません。その意味でウェスレーが直接的宗教理解を言葉で表現する時、聖霊で外から刺激、印象が魂に与えられ、それで霊的感覚が開示され、そこに神的世界が照明されると語る、二極構図の表現になります。しかし、ウェスレーの本来の宗教理解は主客分離以前の場で出会う現実理解です。ウェスレーの基本的宗教理解は確証の教理にあり、この教理理解が国教会神学者との争点でした。この教理内容は神の証が魂に直接与えられ、心の内的変化で罪の赦しの体験を受け、「アッバ、父よ」と呼ぶ神の子である人間自身の証、主・

客構造を超える聖霊の証の体験です。ウェスレーが「み霊の証とは魂での内的印象（impression）のことである」（*BE,* 1:296）と語る通りです。魂に深く刻み込まれる印象が、彼の認識論の基本的性格です。

しかしスティリングフリートをはじめとし、国教会の伝統に立つ人々は知識の性格と確かさを理性的なものに置き、感覚的証に対し懐疑、不信を示します。スティリングフリートが「感覚を通して与えられる印象」を知識の性格と確かさから除外したことを私たちは既に見た通りです。ウェスレーも印象による認識の相対性に熟知していましたが、彼の固有な宗教理解は外（神）から魂に印象が与えられ、知の成立を語る主観・客観という構図ではなく、この構図を超えた宗教理解です。そこで、この構図を超える場で成立する知をどのような言葉で表現したら良いのかウェスレー自身が戸惑っています。死ぬ一〇年前の一七八一年の手紙で彼は次のように書きます。「あなたが覚えているように、私は印象という言葉にこだわっていない。私は再び述べましょう。もし誰かがよりよい表現を考えて頂いたら、その人に感謝しましょう。例えば『開示（discovery）』『顕示（manifestation）』『深い感覚（deep sense）』、あるいは他のいかなる表現であろうとも」（*Letters,* 6:61）。このことは、印象という表現が主・客構図を超える神と人間との存在論的構図、つまり神理解と自己理解とが同時に成立する聖霊体験をウェスレーが述べたかったのではないかと考えられます。

ウェスレーはこの直接的宗教理解を展開するために、神と魂との直接的関係と、宗教知識の起源としての霊的感覚を語ります。神がご自身を人間に啓示される時、身体的感覚ではなく、霊的感覚を通して働き、この霊的感覚の魂に神ご自身が語りかけることで、神の啓示は人間意識に直接働きます。しかし、ウェスレーはこの直接的宗教理解を展開する時、彼は神と魂との直接的関係、あるいは、霊的感覚という概念をいかなる哲学的伝統から学んだのでしょうか。私たちはまずこれらの問題から考えてみましょう。

ウェスレーを批判する者は魂と身体との密接な関係を説くアリストテレスの伝統の保持者です。彼らは全ての知識の起源を身体的五感に基礎づけ、この感覚証言に理性的推論を加え、抽象作用で霊的世界の知識を主張します。知識への道は魂と身体との本質的な結合で規定され、従って、神が魂に直接証をなし、それで霊的世界に関する即自的な感覚意識が与えられる、との考え方を否定します。この立場がスミス、ブラウン等の哲学的立場です。

ブラウンは『人間悟性の方法』で次のように語ります。「人間の五感は野獣と共通する感覚であるが、この五感が（人間の知識であれ、神に関する知識であれ）、人間すべての知識を得るための基礎的唯一の観念の起源で、入口である」（*Procedure*, 55）。ウェスレーはこのブラウンの個所に、ある重要な変更を加えて『神の創造的知恵』で次のように抜粋します。「人間の感覚は観念の唯一の起源であり、この観念に基づいて人間全ての知識は与えられる」（*Survey*, 5:172）。ウェスレーは知識の根源的感覚を身体的感覚に限定しません。特に、宗教的理解で証される内的感覚は身体的五感にその起源をもちません。この点でケンブリッジ大学の教授であったルサフォースの立場をウェスレーは自分の手紙で言及します。「魂が身体と結び付けられている間、聖霊が身体的五感の諸官に働きかけても、内的感情を生み出さない」。もちろん、ウェスレーはこの立場に同意します。「この立場に異論を唱える人は大胆な人間であるに違いない。この立場があなたの確信する全てであるならば、人間は全く一致する」（*Letters*, 5:172）。なぜなら、物質世界での知識は外界の対象が身体的五感に刺激を与えることで与えられますが、神的世界の知識は聖霊が身体的五感に刺激を与えることで与えられないからです。身体的感覚ではなく、この身体的感覚とは全く性質の異なる霊的感覚に聖霊が働き、そこで与えられる内的感情にウェスレーは認識論的に宗教知識を語ります。この点で、ウェスレーは知識の起源を身体的五感に限定するアリストテレスの伝統ではなく、身体的感覚経験を否定するプラトンの伝統に目を向けます。ウェスレーが固有の宗教認識論を展開する時、知識の性格としてロックの認識論を土台に（アリストテレスの伝統）、かつ身体的でない霊的感覚理解を展開するプラトンの伝統に立ちます。では、マルブランシュの認識論を検討しましょう。

1　マルブランシュの認識論

経験哲学の伝統に立ち、ブラウンはロックと共に感覚から生まれる観念で外界の対象を理解し、外界の物体が人間の感覚観念の起源とする考えで両者は一致し、両者とも観念の起源を外的対象に由来させます。心の外にある対象が観念を人間の内にもたらす真の原因です。しかし、この観念による認識論、そしてそこに前提される知覚の表彰理論（観念を通してのみ事物は知られる）を受け入れますが、観念と外的対象との因果関係を全く否定する哲学者がいます。それがマルブランシュです。「全てのものを神の内に見る」と主張するマルブランシュは観念の起源に関し、ロック、ブラウンとは異なり、観念の起源を外的対象ではなく、神の内に見ます。

マルブランシュは認識論を主著『真理への探求（英語版一六四九年、*Treatise Concerning the Search after Truth*）』で展開します。ロックはマルブランシュへの批判を『全てのものを神の内に見るマルブランシュの意見を検討する』で語り、ブラウンも同様に告発します。「ある者たちが全てのものを神の内に見ると、熱狂的に空想しているが、しかし実際、人間は神を被造物で見、神的事柄は創られたものによって知られる」（*Procedure*, 112, 傍点原著）のです。マルブランシュはロック、ブラウンのみならず他の国教会の人々からも批判を受けましたが[49]、同時にロックの『人間知性論』の最初の哲学的批判者であり、英国のマルブランシュと呼ばれたノリスやバークレーにも影響を与えるほど[50]、当時の英国の知的世界に貴重な足跡を残しました（*Treatise*, III:2:1）。

ウェスレーはマルブランシュの主著『真理への探求』に精通し、霊的観念の起源をロックやブラウンが捉える外的対象ではなく、「全てのものを神の内に見る」認識論で展開します。ウェスレーはオックスフォード時代、多くの哲学的作品に熟知しましたが、この時期以降も同様で、たとえば、『聖職者への提言』でマルブランシュの主著を読者が読むべき本として取りあげ、読書リストとしてウェスレーは一七五六年にマルブランシュとブラウン（*Letters*, 3:163）、一七六四年にロックとブラウン、マルブランシュ（*Letters*, 4:249）、一七八一年と一七八四年にマルブランシュとロックを取りあげ（*Letters*, 7:82, 228）、生涯これらの三人の書物に言及します。アリストテレスの伝統に立つロックとブラウンは共にプラトンの伝統に立つマルブランシュの哲学を徹底的に批判したのです。ウェスレーは身体的感覚を説くアリストテレスとこの感覚を否定するプラトンの両伝統に立ちます。

ロックとブラウンは身体的認識論を展開し、この経験的認識論を土台に啓示上学的な神に関する認識論を理性的に展開しますが、ウェスレーは物体と神に関する認識起源を感覚論で展開し、物体では身体的五感での身体的認識論、神の世界では魂・心の五感での霊的認識論を二元論的に展開し、後者の霊的認識論でウェスレーは聖霊の働きを直接的な魂への働きと見るプラトンの伝統やマルブランシュの認識論で展開します。ウェスレーはこの世の世界と神の世界の二元論を措定し、それぞれの世界理解にふさわしい感覚の性質を提言します。そして彼はプラトンやマルブランシュの考えに従い、宗教知識の起源を霊的感覚（魂の目・耳……）に基礎づけ、宗教認識論を経験哲学の認識論と比論的に展開します。ロックに従い、感覚証言を知識の基盤とし、この感覚証言で与えられる知識は心に直接与えられる知識で、理性によるいかなる論証も必要がない、論証的な確かさを伴う知識です。この身体的認識論と比論的に、神は聖霊を通して人間の魂に直接働きかけ、それで魂の知覚が生まれ、この魂の感覚証言で神に関する確実な知識が与えられるのです。

マルブランシュは主著『真理への探求』でロック、ブランと同様、観念による認識論を展開します。「太陽を見る時、心の直接の対象は太陽ではなく魂に親密に結びついているもので、これを観念と呼ぶ。したがって、ある事物を知覚する際、観念という言葉で意味する事柄は魂の直接的な対象、あるいは魂に最も近くある対象を意味している」（*Treatise*, III:2:1）。しかし、マルブランシュはデカルトの弟子として、心と身体の二元論を承認します。思考は心の本質、延長（extension）は身体の本質です（*Treatise*, III:1:1）。そして彼はデカルトを超え、この二元論を厳密に受け取り、精神現象と身体現象とのいかなる因果関係を認めません。延長がその本質である物体が延長しない心に影響を及ぼすことはあり得ないからです。「両者の間には何らの類似も存在しない」（*Treatise*, III:2:1）。この二元論のゆえに、マルブランシュは外界の対象が感覚に影響を及ぼし、心に印象を伝える経験主義的立場を否定し、そのため、彼は感覚証言を知識の起源とするアリストテレスの伝統に反対します（*Treatise*, III:2:2）。

それでは、人間が外界の対象を知ることになる観念はどこから与えられるのか。この問いに、マルブランシュは観念の起源は神であると答えます。神はご自身の本質である遍在で「魂と固く結ばれており」、また、「魂に密接に臨在」している。神はご自身の意志に従い「被造物を写す」観念、つまり、創造者としてあらゆる外界の対象の原形（archetypes）を所有する「神の内にある」観念を「魂に啓示する」。神との親密な交わりのゆえに、心はその事物の観念を見ることができ、それによって事物の認識が成立します（*Treatise*, III:2:6）。人間が外界の対象を見るたびごとに、神は人間の心に観念を啓示し、この神の内に居住する観念を通してのみ、心は外界の知識を得ます。「私たちは全ての事物を神の内に見る」のです。

マルブランシュは世界を不変的な永遠なるものと捉え、数学で表される世界をその本質と理解します。この知的（intelligible）世界は完全に明瞭な不変の観念、つまり、神に居住し、永遠かつ不変なる真理から成立する世界であり、感覚証言にまつわるあらゆる誤謬から自由です。彼は物質世界の知識を誤謬の可能性のある感覚経験ではなく、数学的に把握できる明晰判明な不変的観念に置きます（*Treatise*, III:2:6）。ところで、人間が外界の対象を知覚する時、観念と共にある種の感覚証言も与えられます。観念は魂が神と結合しているゆえに、魂を通して神が人間に与えますが、感覚証言は人間が身体と結合するゆえに、身体を通して人間に与えられます。しかも心と身体の二元論を主張するマルブランシュは観念の起源のみならず、感覚の起源も外的対象にではなく、神に置きます。人間が対象を知覚する度に、神が観念と感覚とを人間に与えるのです。

感覚的事物を知覚する時、二つの事柄が人間の知覚で起こる。つまり、感覚と純粋観念である。感覚は魂の様態（modification）であり、神がその感覚を人間の心にもたらしたのである。感覚と共に人間に与えられる観念に関して言えば、その観念は神にある。神はその観念を人間に啓示することを望むがゆえに、人間はその観念を見るのである。外的対象が知覚される時、神は感覚を観念に結合させているのである。

（*Treatise*, III:2:6）

感覚証言は観念のように数学的明瞭さで与えられません。物体の本質は数学的延長、つまり、「知性の明晰判明な観念」（*Treatise*, I:12）から成立しますが、心の本質は思考にあります。しかもその思考は数式で表すことのできない「内的感情あるいは内的意識（internal sentiment or consciousness）によってのみ知」られます（*Treatise*, III:1:1）。魂は心の変化を直感的に感じ取る意識のみで知られます。「人間は心の変化を感じること（what we feel passing within us）のみで、魂について知りうる」（*Treatise*, III:2:7）のです。感覚は魂を知るための確かな証言であり、魂に最も深い持続する印象を与えるもの、それが感覚です。「魂を深く動かしたり捉えたりするものは、純粋な知性によって知覚される事柄ではなく、反対に、感覚的な事物で触れられた時である」（*Treatise*, III:1:12）。内的感覚を通して人間は魂を直接に知ります。見たり、聞いたり、味わったり、感じたりする感覚で、人間は心で起こるものを直接的、感覚的に知ります。もし内的感覚が心に与えられていないならば、人間は魂に関して全く無知であり、確実な知識を持てません。言葉はこの感覚経験に代わって、魂に知識を与えることはできません。「魂に関する知識は思考によってのみ、即ち、心に起こった変化を自覚することによって（by being inwardly conscious of what passes in his mind）のみ知られる」（*Treatise*, III:1:1）のです。人間は魂を内的感覚、知覚、意識で知ることで、この魂の理解を通して、対象に関する知識が与えられるのです。ウェスレーが反省の観念を認める一因がここにもあったのでしょうか。

神は感覚、観念のみならず、全ての現象の真の原因者です。そこでマルブランシュはいわゆる物体間の因果関係、あるいは、物体と精神との因果関係を、論理的なものと理解せず、神の意志がそこで働く単なる機会（occasion）と見なします。どのような変化も、直接の原因が神の意志でないものはないのです。物体それ自身の運動も、ある物体が他の物体を動かす運動も、あるいは、心が身体の一部分を動かす運動も、全ての運動の直接の真の原因は神です（*Treatise*, III:2:3）。マルブランシュのこの機会主義（occasionalism）の教理はその神学的意味合いを除けば、ヒュームの因果律に大きな影響を与え、先駆的思想になったと思われます[51]。あらゆる現象の背後に神を前提することで、現象の理解が可能なのだと主張するマルブランシュにとって、現象を理解するためには、まず神が現象に直接参与することを知ることが必要です。個々の具体的なものを感覚的に経験し、知覚し、意識するのは常にその背後に永遠なる不変的神を直接に知覚し、意識している時のみです。

神を離れては何も存在しない。神から離れて何かある個々の事物を考えることができると考えるかもしれない。しかしこれは誤りである。……神の存在を考慮しなければ、一瞬たりとも人間は存在しえない。たとえ何も考えていないと信じている時でさえ、神の存在という無限定な、一般観念の中に人間は置かれている。……この神の存在の中にあって、初めて人間は個々の事物を知覚する。（*Treatise*, III:2:8）

事物の知覚が成立するためには、事物を直接支える世界の把握が必要だとマルブランシュは言います。知識成立のための基本的証言は、世界の根底に生命なる神を直接に把握する意識です。従って、間接的に把握される神の意識は否定されます。感覚的事物の存在から、その第一原因者としての神を想定し、また、心的状態を分析し演繹的に神を推論する方法は否定されます。物資的、心理的存在を通して神を理解するのではなく、反対に第一に、直接に神が把握され、それで初めて個々の事物が理解されます。この点でマルブランシュはアリストテレス、あるいはデカルトの哲学的伝統に共通して流れる考え方に批判を向けるのです。

ロック、リー、ブラウン等の哲学者が属するアリストテレスの伝統で、あるいはクラークのような哲学者が属するデカルトの伝統で、「存在の類比論」が示す如く、神は主観・客観構図で捉えられます。神はあらゆる現象の背後に隠れ、あらゆる事物の第一原因者です。ロック、ブラウンなどの主張のように、最高の知性的な原因者・神が世界で人間が観察できる諸現象から論理的に推論されます。この理解で神と被造物との関係は間接的です。神が直接に世界に参与しないで、論理的な関係を語るアリストテレスの伝統をマルブランシュは攻撃します。彼にとって神は被造物から理性的に推論されず、まさに正反対の事柄です。それは無限の概念が論理的に、有限の概念に先在するのと同じです。

> 人間は無限の観念を持っているのみならず、有限の観念に先立って無限の観念をもっているのである。なぜなら無限の存在者は、その存在が無限か有限かと考える人間によって生まれるのではなく、存在そのものを考えることで与えられるからである。……あらゆる個々の観念は無限なる一般的観念に参与しているに過ぎない。それは丁度、神がご自分の存在を被造物から導き出すのではなく、被造物がその存在を神から引き出すのと同じようにである。
>
> (*Treatise*, III:2:4)

マルブランシュはまた、デカルトの生得観念を否定します。世界を理解するためには、永遠の普遍的知識が第一に心に啓示されるべきです。生得観念の方法、つまり、有限な心の働きで存在そのものを理解することはできません。理性的、推論的原理に基づいて、有限の働きを行う心が把握する世界は、有限な世界理解でしかありません。普遍的知識が直接、神によって啓示されるべきで、有限な心での分析方法で間接的に存在に到達するのは誤った方法です。この点でマルブランシュの悟性理解はデカルトよりアウグスティヌスの伝統により近いと言われます[52]。マルブランシュにとって魂の働きは「全く受動的で、いかなる活動もしない」(*Treatise*, III:1:1) のです。魂の働きは神によって啓示されたものを受け取り、それを内的に自覚することです。心に啓示される世界は人間の意識に直接示される世界です。心の直接的な対象、心に最も深く親密に、直接に臨在するのは観念で、さらには観念を啓示する神ご自身です[53]。「私たちは全ての事物を神の内に見る」のです。

マルブランシュはアリストテレスの伝統で前提される実体、本質、因果律体系の世界理解を批判します。アリストテレスの伝統では、存在する全ての事物に存在の根拠を与えるのが実体であり、それぞれの事物に一定の性質を与え、類を形成するのが本質、そしてそれぞれの本質に従って事物間の因果関係が成立します。因果律の支配する世界とは、まさにそれ自身で存在し、自分自身の内に閉じられ、固定された世界です。因果の糸で結ばれ、巨大な因果律体系をなしている世界は、事物に対する神の介入の余地を残さないのです。この二元論的世界観をマルブランシュは批判します。

マルブランシュは、この世界から超絶する神の荘厳なる意志に優位な立場を与える二元論的世界の代わりに、一元論の世界を提唱します。この世に存在する全ての事物はそれ自体の中でそれぞれ存在すべき根拠があって存在するのではないのです。それぞれの本質に従って事物が作用し、巨大な因果律体系の秩序を成立するのでもないのです。神の外にはいかなる実体、本質、因果律も存在しないとマルブランシュは言います。存在する全ての事物の存在根拠は神の内にあり、神はあらゆる存在者の内に直接参与し、その根源になります。確かに事物が存在し、事物は作用しています。しかしある物がある物として存在するのは、神が各瞬間にそれをそのように導いているからで、またある物がある作用を示すのは、実はそのように見えているに過ぎないのです。なぜなら、その物自体には作用する力はなく、神がその作用の真の原因であるからです (神を棚上げにすれば、全ての自然現象を心理的な習慣に置くヒュームの立場の出現)。

マルブランシュの新しい視点は存在者を実体、本質、因果律の世界に閉じ込め、神をこの存在者から無限に離れる静的な、客観的超越者と捉える考え方から、神と存在者との関係を直接的なものとし、存在者に直接参与する動的内在者としての神に変更した点です。現象界の存在者は全て神のあらわれなのです。この理解は当然のことアリストテレス、デカルトの形而上学と衝突します[54]。因果律等の理性原理で主観・客観構図で捉えられる神は被造物との直接的関係を持たず、それ自体で存在する神です。それに対し、マルブランシュは神と被造物との共存関係を語り、被造物を語る時、常に神と共に語り、神を通して語るのです。

2　ウェスレー

ウェスレーがマルブランシュと共通した認識論は三点あります。第一が神と世界との関係、つまり、神を事物の中ではなく、反対に神の内に全ての事物を見ること。第二が魂の認識を神の啓示する感覚証言に基礎づけること。魂の状態は知的にではなく、内的感情・意識で最も確実に知られるとしたこと。第三が心身二元論の徹底的主張です。ウェスレーの宗教理解の固有な認識を生み出す第一の点から述べましょう。

(1)神と世界

神は存在物を存在させる根底で（神をこの世との関係での推論ではなく、神の内にこの世の全てを見る）、全ての事物は神に直接支えられるとマルブランシュは言います。神は自然世界に直接参与し、自然界を根底から支える存在で、自然に遍在する神は自然界と同一ではないが、同時に、自然界と切り離して考えられない存在です。この存在を離れて、いかなる生命の存在も考えられません。神は全てのものを包み込む場と言え、体と諸臓器の関係で言えば、体の働きをします。「私たちは全ての事物を神の内に見る」のです。しかし、アリストテレスの伝統で神はこの世を超越する存在として客観的な対象と理解され、理性的、倫理的に考えられます。

当時の科学の世界では、物質の性格は本質的に受動的、非活動的で、物質自身が物質運動の真の原因とは考えられず、神が物質世界を支える究極的原因とされます。物体は外から力が加わらなければ動かないのです。しかし問題は、神がどのように世界の運動に関わるかです。ティロットソン、スティリングフリート、リー、ブラウンなどの国教会の人々は、物質がそれ自身の運動の原因になれないので、その原因者として神を理性的に捉えます。但し、この神は世界に直接参与し、宇宙に遍在する仕方で世界を支え、運動の真の原因となる神ではありません。アリストテレスの伝統に立ち、神は論理的にこの世の真の原因者であるとする、神とこの世界との間接的関係を主張します。

これに対し、プラトンの伝統では（アウグスティヌス、モーア、ニュートン、マルブランシュの伝統）、神とこの世界との直接的関係を主張し、特に、神の遍在思想を強調します。モーアに影響されたニュートンは空間を「神の感覚体」と呼び、全ての物質の存在・運動は神の直接的支配下で維持され、行われると語ります。神の身体的空間で全ての現象が生起しますが、この宇宙観は同時に世界が神の身体であるとの汎神論的宇宙観を意味しません。マルブランシュによれば、現象界の事物は神の「原型」にかたどって造られ、この原型は神の内にあります。ウェスレーも神を信じない合理的人間に向かって、神は「あらゆる徳の本質的泉であり、偉大なる原型である（the original fountain, the great archetype of all virtue）」（*BE*, 11:269）と前述しました。神を倫理、そして世界の「泉、原型（archetype）」と考えるウェスレーはプラトンの概念から、そしてマルブランシュを通して理解したのではないでしょうか。現象界はこの現象界の構造を原型的に規定する神の内的世界で直接生起します。宇宙空間は原型をその内に宿す神の身体であり、全ての現象はこの原型にかたどって生起する、神の内部の出来事です。

武藤一雄はマルブランシュの思想を「万有在神論（Panentheimus――これは別名「汎在神論」とも呼ばれる）」であると言います[55]。この思想「汎在神論」はスピノザに見られる「神即自然」という汎神論ではなく、また国教会や理神論者たちの説く、この世から超越し、この世に直接関与しない有神論でもありません。汎在神論とは世界に内在する絶対者であると同時に、この世界と同一視されない、超越する絶対者を説きます。汎在神論の神は超越的であると同時に内在的です。神と世界とのあり方を汎神論では一元論的、有神論では二元論的と理解すれば、汎在神論は一元論と二元論が同時に共存します。マルブランシュに限らず、ニュートン、ウェスレーも汎在神論的思想を抱いていたのではないでしょうか（汎在論的思想と言ったのはウェスレーが本来的な固有の宗教理解だけでなく、客観的に超越的なる神の存在、つまり、理性的、倫理的対象としての神を前提にしているためである）。

スピノザの「神即自然」の思想を否定したウェスレーはニュートンと共に神の偏在を神の本質的属性と捉え、神の外でいかなる出来事も生起しないと考えます。ウェスレーはニュートンの「神の感覚体」としての宇宙理解に賛同し、神と世界との関係を因果律の原理で説明する国教会のスミスに対しウェスレーは答えます。「私が文字通り、しかも固く信じていることは、『神なくして私たちは何もできないことです』。『神のエネルギーがそこに生起しない』限り、私たちは考えることも語ることも、手や目を動かすこともできない」（*BE*, 26:19）のです。第一章で述べたように、東方の神概念は神の本質と神のエネルギーから成立し、神の本質は人間が応答できない神の超絶性を示しますが、神のエネルギーはこの世に現臨する神ご自身のあらわれを意味します。一般に西方は神の本質と属性を区別し、静的な、閉じられた因果律の関係でこの区別を説明しますが、東方のエネルギーとはそのような論理的な構造の属性ではなく、神ご自身そのものを示し、しかも本質とエネルギーの区別は神の知られざる部分と知られる部分との、分離された二つの部分を意味せず、神の存在の二つの異なった様態と理解されます。神はこの二つの存在様態で神ご自身なのです。神はご自身をエネルギーで全的に啓示されつつ、同時に本質においては全く知られざる方です。このように東方の神のエネルギーとは人間生活に現臨する非創造的恵み理解を示し、この恵みは人間と世界の内に内在し、一切を存在させる神との一体的関係を示し、人間が、また世界が神との交わりに直接に関与します。神のエネルギーで人間と世界が神に直接開かれ、ウェスレーは神を、あらゆる存在者をあらしめる存在的活力、宇宙に遍在する生命のエネルギーと捉える時、静止的、実体的な存在理解と異なる存在理解に彼は関心を向けたのです。

ペトロの手紙二、一章四節に話を移します。非創造的恵みだけでなく、神化も神のエネルギーへの参与に由来します。東方世界が神化を強調したのが上記聖書の「神の本性にあずからせていただく」にあります[56]。この神の本性とは神の本質（ウーシア）ではなく、神の働き（エネルゲイア）ですが、人間はこの神的本性の参与者として神との結合へ呼ばれ、神的本性である神の生命・光・栄光を分有（impart）するために人間は創造されたのです。堕落後も恵みとして遍在する神的エネルゲイアに参与・応答し、成長・発展を通して人間は神を学び、神化するのです。神のエネルゲイアとの交わりに人間が開かれること、それが東方の人間論の土台です。ではこの聖書個所・神化に言及する前に、神的本性や神の光についてまず述べてみましょう。

聖霊の働きによる神と人間との交わりをウェスレーは『マカリオスの説教』やスクーガル（一六五〇—七八年）の『魂における神の生命（*The Life of God in the Soul of Man*）』で精通していました。ウェスレーはマカリオスの抜粋集に付け加えた序文で、マカリオスの主題は「心と魂での真の神の生命（the real life of God in the heart and soul）」であると記し（*CL*, 1:71）、神的本性に参与することは人間の魂に働く神の生命に預かることなのです。また、ウェスレーはスクーガルの上記書物を一七三二年に読み、その抜粋集を一七七四年に出版しますが（*BE*, 19:97, fn. 35）、スクーガルの宗教の定義をそのまま抜粋します。「真の宗教とは魂と神との結合、神的本性に真に参与することである。使徒の表現で言えば、私たちの内に形成されたキリストである。……一言で表すならば、真の宗教とは神的生命のことである」[57]（傍点原著）。原初のアダムが体験したこの神的本性との交わり、神との結合、「深い、親密な、破られることのない神との結合」（*BE*, 2:440）、それは人間が神の像として創造された目的です。従って、堕落後の人間の救いとはまず信仰によって「創造時に与えられていた神的本性を回復すること」（*BE*, 11:106）で、神への参与で永遠の内に生き、「永遠の享受者」（*BE*, 2:361）になることです（*BE*, 3:361;

4:25; *Works*, 6:195f.)。神的本性に参与し、完全であった原初のアダム（信仰は必要なし）は当然のこと、神的本性の永遠性・不死性・神の栄光を享受すべく人間は創造されたのです。そのためにアダムは「肉体的、精神的にいかなる悲しみも痛みもなかった。……これらすべての王冠として彼は不可死とされた」(*BE*, 2:440) のです。死ではなく、神の永遠性、栄光を享受すべく創造されたことが原初の人間の創造目的・存在理由だと語るウェスレーの救済論は西方の法的な罪理解よりも東方の神化の理解に近いです[58]（このアダム理解から異教徒の救いが語られる）。西方も東方もキリスト者生活の究極的ゴールとして神との結合を強調しますが、東方はこの信仰を神的生命・光への参与での神化という形で示すのに対し、西方は神との結合を信頼としての信仰と来世でのその実現を強調したのです。神との一致・交わりをキリスト者の完全として探究したことを強調したウェスレーはこの点で東方の「神性・人性の参与」版の影響下にあったのです。

ウェスレーは神との結合、神的生命との交わりを栄光という言葉で、マカリオスやエフライムなどの東方の霊性の深い影響を受けました。堕落後の人間の究極的宿命は信仰による神との結合で、神の像を担い、神の栄光に参与し、神の栄光を示すことです (*BE*, 4:307f; *Works*, 9:444)。しかもこの栄光は終末論的であると同時に、現実生活でも味わえる栄光です。「ある程度、天国は魂に開かれている。救いを体験した者は誰であれ、天使の前で断言できる。永遠の命が獲得された。栄光が地上で始まった」(*BE*, 1:224)。ウェスレー神学の特徴は神と人間、永遠と時間、天と地等の相矛盾するものの共存にあることを既述しましたが、この共存の存在論的基盤が神の像としてのアダム理解にあったのです。

ウェスレー神学の中核にアダムが神的本性を享受したと語るテーマが鳴り響いています。彼はスクーガルと同様「宗教とは何か」という問いを立て、それに自ら答えます。「インマヌエル、神我らと共に、神我らの内にいますということである。何と天と地上が結びつけられていることか。死すべきものと不滅なるものとの言葉に言い表せない結合」(*BE*, 4:118) なのです。そして信仰で神的本性に参与する人は「キリストとの生きた結合を日に日に深く感ずる」とマカリオスの序文でウェスレーは語り（*CL*, 1:7）、そのような形で有限なるものが無限の世界に開かれています。キリスト教の真の性格、人間の真なる宿命とはこの神的生命に参与・応答し、キリストとの結合を深め、神を知り、神の像を回復することなのです。

第一章でウェスレーの説教「神から生まれた者たちの偉大な特権」（一七四八年）に触れましたが、神から生まれた者たちとは「神からの生命の息、神の恵み深い聖霊の感化を絶えず魂で受け取り、また、絶えずその息・感化を神に返し、そのようにして神を信じ、愛し、魂に絶えず霊を送られる神の働きかけ（action）を信仰によって知覚し、一種の霊的応答（a kind of spiritual re-action）によってその受けている恵みを、絶え間のない愛と讃美と祈りにおいて返す」（*BE*, 1:435f.）者たちで、「神的生命が魂に留まるためには、この魂（何と呼ばれようと）の応答が絶対に必要である」（*BE*, 1:442）とウェスレーは言います。神の働きかけがなければ人間の応答は無理ですが、人間の応答がなければ神の働きかけも止んでしまう、その意味で神が人間に留まり、人間も神に留まるとの、神と人間とのダイナミックな関係を強調することはまさに神と人間との二重性、「神性・人性の参与」版です。神と人間との生命的呼応を通して、人間は神の類似性へと成長していきます。

ウェスレーは説教「新生（The New Birth）」（一七六〇年）で言います。「いわば、神は絶えず人間の魂に霊を吹きかけ、魂は神に霊を吹き返している。神の恵みは人間の心へと降り、祈りと讃美は天上に昇っていく。この神と人間との交わりは父と子の交わり、ある種の霊的呼吸（a kind of spiritual respiration）を通して、神の生命は魂に留まります。そして神の子たちは「『キリストの満ち満ちた徳の高さ』に到達するまで、成長していく」（*BE*, 2:193）のです。神の生命の聖霊が魂に吹きかけられ、その霊を吹き返しながら、神の像の回復・神の類似性へと人間は向かいます。神と人間は関係の内にある相互関係で、神への参与を離れれば失われてしまう二重構造の生命です。その意味でこの恵みは東方と同様、創造された恵みではなく、非創造的恵み、神のエネルゲイアの恵みです。

筆者の米国卒論「ウェスレーの認識論」（一九八〇年）を批判した研究者にマシューズがいます。彼は一九八六年の卒業論文でウェスレーの認識論は、筆者の、霊的感覚経験という超越性を説くマルブランシュ（プラトンの伝統）ではなく、人間に知的に理解される認識論、つまり、ロック（アリストテレス）の伝統であると語り、筆者を批判しました。[59] ある時、マシューズからメールがあり、ウェスレーは霊的体験を述べているが、マルブランシュの機会主義の考えを受け入れなかったであろう、その意味でロックの認識論が中心であると言いました。人々に分かりやすい神学を求めたウェスレーはマルブランシュではなく、ロックであるとマシューズは言います（『ウェスレー』二八一頁、注3参照。なお、筆者の卒論を評価する研究者も参照。『救済論』二五五―二五七頁、注25）。マルブランシュの機会主義をウェスレーが受け入れなかったと語るマシューズの筆者への批判は、もし東方の非創造的恵み理解や神のエネルギー、作用的神理解の考えをウェスレーが継承したのであれば、誤りでしょう。神と世界との関係を因果律の原理で説明する国教会のスミスに対し、ウェスレーがどのように反応したのかを再び思いだしてみましょう。「私が文字通り、しかも固く信じていることは、『神なくして私たちは何もできないことです』。『神のエネルギーがそこに生起しない』限り、私たちは考えることも語ることも、手や目を動かすこともできない」（*BE*, 26:19）のです。東方の非創造的恵み・神のエネルギー理解・神の作用（≠実体）的理解をウェスレーが神学の根底にしていたのです。神化の話に戻りましょう。

ウェスレーは確かに神化や非創造的恵みの言葉を用いません。また、神のエネルゲイア・非創造的恵みの用法自体は一四世紀の正教神学者パラマスが展開した概念で、神化という概念を西方は人間が神になること、汎神論だと厳しく批判しましたが、ウェスレーはパラマスの著作を熟知した形跡はなく、また、パラマスや新神学者シメオンなどの後期ビザンチン神学者たちの著作をウェスレーは知りません（この著作は一八世紀西方で知られていない）。しかしこのことは、彼がこれらの言葉や概念を知らなかった、また、彼の神学に無縁であった、ということではないのです。なぜなら、これらのテーマは種々の表現で初期ギリシア神学者やマカリオスの東方の作品に流れていたからです[60]。
ウェスレーが『マカリオスの説教』を抜粋した時、神化という言葉が哲学的表現であったため、この言葉を聖化と言い換えて、抜粋したことを述べました。ウェスレーはマカリオスの恵み理解に生涯影響されましたが[61]、彼は初代ギリシア教父やマカリオスとの対話で聖化・完全理解を展開したのです。ウェスレーは神化という表現を熟知し、ギリシア教父の作品を通して、彼も間接的であったとしても神化の思想に精通していたと言えるでしょう。

シメオンやパラマス等の後期ビザンチン神学者たちによって展開された思想は種々の未熟な表現を通してギリシア教父やマカリオスに知られ、彼らの思想を熟知したのがウェスレーです。その意味で、正教の神学者ハラカスヤ両者ともウェスレーの聖化の教理は東方の神化版であると言い[62]、ある研究者は体験の重視という視点からウェスレーの霊性とシメオンの神学との関係を論じ[63]、他の研究者もウェスレーの恵み・自由意志の理解をパラマスとの関係で解釈し、ウェスレーが神的エネルゲイアとか非創造的恵みという言葉を用いなかったのは、ウェスレーが民衆の神学者で、硬い表現を避けるためであると言います[64]。ウェスレーが一七三八年五月二四日の朝、読んだ聖書の個所がペトロの手紙二、一章四節で、この個所が東方の神化のテキスト版であったことをアルダスゲイト体験当日のウェスレーに深く刻み込まれたのは確かで（*BE*, 1:150, fn. 105）、神性・人性の参与による神的本性の回復とそれに伴う神の永遠性・栄光の享受という主題はアルダスゲイト後も一貫して彼の神学の固有なる性格を規定したのです。ウェスレーの完全理解には神との本性的一致に向かう、限りない成長・発展という東方特有の神化・類似性の考えと類似するダイナミックな理解が一つの柱として存在したのです。その意味でもキリスト者の完全を強調する野呂の決断の神学はウェスレーの東方的解釈を無視していると言ってよいでしょう（『ウェスレー』三一七―四三頁）。

ペトロの手紙二、一章四節の話から本論に戻します。確かに、神は確かに被造物と同一ではありませんが、同時に、両者は別々でもありません。問題は、神なしで被造物は存在しないと語る場合、この神を実体的、静的に理解するのか、それとも働きとして動的に捉えるのか、ということです。もし前者であれば、神と被造物の関係は間接的で、被造物と無関係にそれ自体で存在する神が措定され、「私たちは神を全ての事物の中に見る」と語るアリストテレスの命題が説かれます。他方、もし後者であれば、神と被造物との関係は直接的で、被造物から切り離される神を考えることができない、その意味で、プラトン的に「私たちは全ての事物を神の内に見る」と主張されます。主観と客観とを同時にあらしめる根底としての神理解、つまり、神と被造物との関係は同一でも分離でもない、一元論的、同時に、二元論的な関係を主張し、この汎在神論の立場がウェスレーの基本的な宗教理解の核心で、この立場をマルブランシュの形而上学からウェスレーは学んだのではないでしょうか。

ウェスレーはプラトン、アウグスティヌスの影響、あるいはニュートン、マルブランシュの影響で、神を、存在者を直接あらしめ、包み込むエネルギーと捉え、自然界の出来事の真の創造者であるとします。存在的エネルギーとしての神は主観・客観構造の対象となり得ない、あらゆるものを生かす動的、内在的な存在と把握されます。主・客構図があらわれる以前に、「人間は全ての事物を神の内に見」、この現実のあらわれを具体的に、日常生活との二極構造で言葉に表す時、「人間は神を全ての事物の内に見る」という認識論が成立します。これがウェスレーの語る宗教思想の内容そのものではなかったのでしょうか。そして、以下で述べる、エレグコスとしての信仰の本質的定義はウェスレーの、まさに汎在神論的立場をその内容としている、と言えないでしょうか(『ウェスレー』三九―四一、一二三六頁)。

⑵魂の認識

ウェスレーに固有な宗教認識を与えたマルブランシュの第二点を述べましょう。ウェスレーは魂の認識方法で、魂の認識起源を神の与える感覚（≠理性）証言に置きました（魂の状態は内的感性・意識で理解）。マルブランシュによると、魂の認識に至る最も確かな道は神によって直接啓示される感覚証言です。魂は「心の内で変化を感じること（what we feel passing within us）」、あるいは、「心の内で起こる変化を自覚すること（by being inwardly conscious of what passes in his mind）」で知るとマルブランシュが語ったことを前述しました。魂は「内的感情、あるいは内的意識」で知られます。心の中で起こる変化を私たちが見たり、聞いたり、味わったり、感じたりする内的感覚・感性・知覚・意識で魂を知ることができる、最も確実な方法です。

ウェスレーは魂に関するこのマルブランシュの認識論を、彼自身の固有な宗教理解に適用したのではないでしょうか。既述したように、ウェスレーはマルブランシュと同様の認識論を語ります。知覚する聖霊の働きとは聖霊ご自身を知覚することではなく、聖霊の働きで魂の内に生起する聖霊の実の知覚、つまり、喜び・平和・愛の内的変化の知覚です。信仰とは愛・喜び・平和を内的感性として心に直接知覚する魂の認識方法です。聖霊の働きで霊的感覚が目覚め、聖霊の実を知覚することで聖霊の証が与えられ、それと同時に、自らの霊的感覚証言による魂の理解で神を直接に知るのです。神の霊の証と人間自身の霊の証、信仰の本質と信仰の確証は相即不離の関係です[65]。

ウェスレーは魂に関するこのマルブランシュの認識論を次項目でも理解するように、自分の固有な宗教理解に適用したと言えるでしょう。霊的感覚証言による魂の理解で神を直接に知ることができます。魂の理解と神理解とは相即の関係で、固有の宗教理解として展開されるウェスレーの神は実体的神理解ではなく、一切の内に内在し、一切を存在させる聖霊の働きとしての神理解、作用的神理解、「私たちは全ての事物を神の内に見る」確信を示したと言えるでしょう。

スミスをはじめとする国教会の人々は聖霊の働きを、心に知覚されないような仕方で活動する働きと捉えます。彼らは神を実体的存在者としての側面にのみ光を当て、主観・客観構図で神を語ります。神は聖書から理性的推論で客観的に、それゆえ、間接的に知ります。神は人間にも動物などの被造物にも直接関わらない、超越的なる静的、実体的存在者です。この神を語る場所は理性的に推論され、客観的規範として倫理の世界です。彼らは知覚できる聖霊の働きを内的意識・感性ではなく理性的、倫理次元で理解したのです。

他方、ウェスレーは実体的神理解と作用的神理解を区別し、前者を国教会の人々と同様に理性的、倫理的対象として、受け入れましたが、後者を宗教理解の本質的事柄と理解します。ウェスレーは国教会と同様に、存在者を実体、本質、因果律の世界で理解し、神を人間や動物などの存在者から無限に離れる静的な、客観的存在と捉えますが、他方、神と存在者との関係を直接的なものと理解し、存在する全ての事物の存在根拠を神の内に置きます。神はあらゆる存在者に直接参与しますが、事物が作用するのは、神が各瞬間にそれを可能にするからで、ある物がある作用を示すのは、実はそのように見えているに過ぎないのです。事実、その物自体には作用する力がなく、神がその作用の真の原因だからです。現象界の存在者の存在方法は神の現れの表現です。この意味で、ウェスレーの二つの知識理解はティリッヒの存在論的、宇宙論的道に類似します。

ウェスレーは愛、喜び、平和という人間の意識、知覚できる感覚証言を示す聖霊の働き、つまり、人間の魂に内在する神の働きを強調します。ウェスレーは聖霊理解を「知覚できる聖霊」の教理と呼ぶスミスに対し、「まさにそのことのために私は働いている」とウェスレーは明言します。また、聖霊で心の内に与えられる「内的感情（inward feeling）とは何か」とのスミス、あるいは他の批判者たちの問いに対し、「感情とは内的に自覚することです（by feeling I mean being inwardly conscious of）」（*Letters*, 5:364）とウェスレーは答え、自己の存在の根底に生命そのものである神の働きを私たちは見、聞き、味わい、感じ、知覚すると述べます。このウェスレーの応答理解は魂の認識方法でのマルブランシュの思考と同じです。霊的感覚証言による魂の理解で神を直接知ります。神の霊の証は人間自身の霊の証で知られます。神から生まれる人は「今や全てが目であり、耳であり、感覚であり、知覚である」（*BE*, 4:113）と主張することがウェスレーの基本的な立場です。彼は固有な宗教理解として神を実体理解ではなく、スミスへの返答にあるように、一切の内に内在し、一切を存在させる聖霊の働きとしての神、作用的神理解、「私たちは全てのものを神の内に見る」存在理解を確信したのです。

ウェスレーが信仰の本質定義を書く時、彼は好んで「見る」という表現を用います。「視覚（vision）」はプラトン、アウグスティヌスの伝統で好んで用いられる表現で、ウェスレーも神においてすべての事物を「知る」と言わずに、「見る」と語ります。マルブランシュも同様です。スミスとの往復書簡でウェスレーは自分の固有な宗教理解を表現します。その際、身体的五感ではなく、魂の目という、霊的五感で知覚される証言に知識を基礎づけるアウグスティヌスの『告白』に触れながら、ウェスレーは自分自身の信仰理解をこの世の光ではなく、天の光・天の真理・永遠なる主、つまり、霊的感覚に基礎づけます（*BE*, 26:168f.）。しかしスミスはウェスレーに反論します。アウグスティヌスは「極端と断言してよいほどの人間、かつ、衝動的な性格の持ち主であり、信仰をもつ前の彼は身持ちの悪い放蕩者でした。それ故信仰を持ち、聖人になった時にはまだ軽薄者であり、有頂天の状態にあった。……アウグスティヌスからの引用は……何の意味もなさない」（*BE*, 26:186f.）。宗教知識の性質を理性的ではなく感性的に定義するウェスレーはアリストテレスの伝統ではなくプラトン、アウグスティヌスの伝統から影響を受けていたと言ってよいでしょう。

ところで、神を見るというウェスレーの信仰の本質的定義に、見るものと見られるものという主観・客観構図が前提されているのかどうかです。一般的にいって、この言葉にはそのような対立が前提されています。ウェスレーの場合どうでしょうか。

ウェスレーは説教「聖書における救いの道」（一七六五年）で信仰の本質をエレグコス（確信）と定義し（次項説明）、さらに、信仰を「一般的信仰概念」と「特別な信仰概念」とに区別し、前者の概念を次のように語ります。

信仰は神に関して、また、神の事柄に関する超自然的確認（supernatural *evidence*）、あるいは魂に開示された一種の霊的光（supernatural *light*）を意味すると同時に、それを見る超自然的視力、あるいは知覚である（a supernatural *sight* or perception）。（*BE*, 2:160, 傍点原著）

ここでウェスレーは信仰を二重に定義し、信仰とは魂に開示される「霊的光」であると同時に、この光に照らされて神や神の事柄を論証的確かさで直接見ることのできる「超自然的視力、知覚」（「あなたの罪は赦され、神の子とされる」）と語ります。神は聖霊の働きで人間の心を「開き」、人間の魂の目を「照明する」ことで、神の事柄（罪の赦しと神の子の証）を直接見ることのできる確かさが与えられます。この人間の魂の目が「開かれ、また、照明されること（*opened* and *enlightened*）」（*BE*, 2:161, 傍点原著）は神が人間に聖霊を与えることで与えられます。神と人間との区別を前提としますが、この信仰体験、つまり、見神体験はそのような主観・客観構造を前提としないのではないでしょうか。

ウェスレーが信仰の定義で特に好んで用いる表現は「見る」ことだと述べましたが、彼は「神を見ることは信仰の本質そのもので、信仰の不可避的な特性として愛と従順が伴います」（*Letters*, 3:160）と語ります。神がキリストの十字架で人間を無条件に赦されることを人間が心の目で見ること、それは信仰の本質だとウェスレーは言うのです。同様に、彼は見る信仰に二重の定義を与えます。信仰とは神を「知覚する機能そのものであると同時に神、あるいは神の事柄を知覚する行為です。従って、『神を見る』という表現は多分神を見る行為と機能の両者を意味するでしょう」（*Letters*, 3:174）とウェスレーは手紙で語ります。この「両者」とは同時性のことではないでしょうか。神を見る、ということと、魂の感覚機能で神が見られることの同時性、つまり、主・客を超越した一体性の出来事こそが見神体験である、と語るのがウェスレーではないでしょうか。

魂の目が開示され、心が照明され、まさにこの内的意識を自覚し、知覚すること自体、神を知る知識と同一の事柄だとされています。ここには少なくても、野呂が語るような、人間がまず主体として存在し、この主体の外に客体として神を対象化し、神を認識しようとする構造は意図されていません（『ウェスレー』四〇―四二、一三六、二七八頁、注7）。まずあるのは聖霊体験の出来事であり、この出来事で開示、照明された魂と神を知る知識とに同時に開けることとです。野呂は開示、照明された魂の次元を否定し、決断に変更します。

信仰において超越的側面と内在的側面が一つの出来事だとウェスレーは語るのでしょう。聖霊の光で心が開かれ、心が照らされることを信仰だとウェスレーは言うのです。信仰とは冷たい理性的思惟でも倫理的事柄でもなく、明るみに照らし出される心の働きです。上記説教でウェスレーはパウロの手紙を引用し、照らされる心の目を語ります。「『闇から光が輝き出よ』と命じられた神は、わたしたちの心の内に輝いて、イエス・キリストの御顔に輝く神の栄光を悟る光を与えてくださいました」（二コリント四・六）。神は聖霊の働きで私たちの心を照らして下さった。それによって私たちは心の目が「開かれ、また、照明されて」、神の事柄を直接に見ることができるとウェスレーは述べます。聖霊の働きで魂の目が開示されると共に照明され、視力、知覚が啓かれます。神から生まれる者はまさに人間全体が開示される感覚器官そのものとなり、啓かれた知覚行為そのものとなります。魂の目の開示と照明と、神を知る知識に開けることを同一の出来事とする信仰理解がウェスレーのエレグコスとしての本質定義なのです。

ウェスレーは説教「キリストの到来の目的」（一七八一年）で「直観（intuition）」という概念に触れます。この概念は堕落する以前のアダムに天使のように真理を識別することを可能にしますが、直観とは、見るものと見られるものとの対立を超える深い一体性に基づく真理把握です。では、堕落後の人間は神の和解の事柄をどのように知れるのでしょうか。ウェスレーは次のように答えます。

神は私たちの悟性の目を開く（open）のみならず、照明して（enlighten）下さる。神は光を闇から輝かし、この世の神が私たちの心を覆っている、そのヴェイルを取り去って下さる。そこで私たちは初めて（神の和解の出来事を）理性の推論ではなく、一種の直観によって直接的に見るのです。（*BE*, 2:481, 傍点原著）

魂の目が開示され、心が照明される、この信仰体験は、同時に、堕落後の人間を覆う罪の支配力が破れ、御子が人間の中にあらわれる、和解の出来事でもあります。神が聖霊の働きで人間の心を開示し、照らされた心と共に御子が魂にあらわとなり、御子を通して神を直感的に見ることができます。見ることと見られることを主・客構図で捉える「理性の推論（a chain of reasoning）」はこの真理把握に到達できないのです。神の和解の出来事と新しい人間の誕生が同時に起こることを、信仰で、理性的ではなく直観的に見る、とウェスレーは語ります。その際、神は静的な、実体的、かつ客観的対象として理解されるよりも動的、内在的にあらゆる存在を根底的に支え、生命を照らし出す神の働きとして理解されていると言えるでしょう。そしてウェスレーは確証の教理という、彼の中心的な宗教理解で、現実を実体的に捉えるアリストテレスの伝統よりも、むしろ、全ての現象を神の内的世界の直接的顕現形態とし、身体的世界にとどまらず心的、霊的世界をも含む「全ての事物を神の内に見る」マルブランシュの思想から学んだ、と考えられます。特に、神の啓示による内的感覚、知覚、感覚を通して魂に関する最も確実な認識が与えられると語るマルブランシュの認識論は、魂の開示と照明というウェスレー固有の宗教理解に大きな示唆を与えたと言えるでしょう。

(3) 心身二元論

ウェスレーがマルブランシュと共通に語る認識論の第三点は心身二元論の徹底的主張です（魂と肉体との二元論）。マルブランシュは師のデカルト以上に心身二元論を説き、神と世界とを結ぶいかなる道も存在せず、この二つの世界にいかなる類比論もないと語ります。マルブランシュはこの視点よりデカルトの生得観念を否定します。では自然界の認識はどのように可能でしょうか。この問いにマルブランシュは答えます。それは魂の感覚で、神がこの感覚に観念を直接啓示することで自然界の認識が成立するのです。他方、アリストテレスの伝統に基本的に立つ国教会神学者たちやロック、ブラウンは魂と肉体との本質的結合を説き、自然界の認識にとどまらず、精神的、神的世界の認識もその起源を身体的感覚の証言に置きます。そうであれば、神的世界は自然界との類比論で語られるだけで、いかなる方法でも身体的世界と無関係な、身体的世界と離れて、神的世界に直接至る道は無いのです。

ウェスレーは神とこの世界に関する認識論でマルブランシュと同様に、心身（魂と肉体）の厳密な二元論を語ります。ウェスレーは本来的宗教知識を神と魂との直接的関係に基礎づけ、類比論の教理を否定します。

> もし神がご自身を私に啓示してくださらないなら、どのように私は神を知れるでしょうか。類比論によってでしょうか。あるいは比例によってですか。大変良い考えです。しかし一体どこにその比例を見出すことができましょうか。被造物はその比例を創造者のどこに持っていますか。有限と無限との間に、一体比例は存在するのでしょうか。
>
> （*BE*, 11:268, 傍点原著）

トマスは類比論という語よりも「比例（proportio）」という語を用いますが、いずれにせよ、中世のスコラ学者たちだけでなく、一七世紀国教会の人々、さらにブラウンも自然科学の世界で神と被造物との間に類似性を見ました。そしてウェスレー自身も形而上学的対象の神に至る道として推論方法を認めました。この知識形態と共に、ウェスレーは主観・客観構図を超える神理解に関心を向け、この神理解に類比論関係は存在しないと語ります。彼はまさに固有の宗教理解を説く時、類比論関係の不適切性、及び生得知識の否定を語ります。生来無神論者としてこの世に誕生する人間は先行の恵みや神の啓示を離れると、いかなる神の観念・知識を持つことができません。ウェスレーはロックの認識論に従い生得知識を否定し、全ての知識の起源を感覚に置きます。身体的知識の起源は身体的五感、そして宗教知識にふさわしい感覚は霊的感覚で、この霊的感覚は身体的感覚と同様、全ての人々に存在します。しかも身体的感覚は外界からの刺激を受けなければ開かないように、霊的感覚の開示も神から魂への直接的な働きかけ（そのためには人間の応答）が必要です。

身体的感覚と霊的感覚はそれぞれの世界の知識の起源であり、それぞれの感覚を通して明晰判明な確実なる直接的知識がそれぞれ直接に与えられます。「私たちの持つ全ての知識はその起源を感覚に持つ（ので）……感覚の欠如者はその感覚に対応する対象の知識や観念を持つことは全くできない」（*BE*, 4:29）。それゆえ、身体的感覚（肉体）と霊的感覚（魂）は徹底的な二元論です。身体的感覚は主観・客観構図を超克する霊的世界を知るのに適切な感覚ではありません。霊的五感は身体的五感とは「全く異なった性質の感覚」、「新しく開示された感覚」であり、神の霊によって開かれた「（いわゆる）新しい一組の感覚」（*BE*, 4:192, 200）です。したがって、身体的感覚は「目に見えない世界に関し、全くの情報を私たちに与えず」、また、「目に見えない世界と何の関わりを持つことはない」（*BE*, 4:50f.）のです。霊的感覚体験によってのみ、心に霊的世界に関する観念、意識が与えられます。このような霊的感覚体験を持たないで、神を直接に知る道は閉ざされます。霊的体験の欠如者は「霊的感覚に対応する対象の知識や観念を持つことは全くできない」（*BE*, 4:29）。そこで、「自分たちが概念を全く持つことのない事物の存在を、ある人が（経験によって）肯定すると、彼は直ちにそれらの人々を異常な人とレッテルを貼るでしょう」（*BE*, 4:58）。実際、ウェスレーはそのような熱狂主義者のレッテルを国教会から貼られました。身体的感覚（肉体）と霊的感覚（魂）の結合性を説く国教会の人々に、彼が両感覚の厳密な二元論を説いたためです。

ウェスレーはまた、神と魂の直接的交わりを主張するマルブランシュの立場を当時の科学議論に言及し、弁護します。物質の本性が非活動性・受動的であり、世界での現象の真の創造者が神であるならば、神が霊の出来事の真の原因であると考えて何の不都合があるのかと彼は問います。

そしてなぜこのような考え方があなたがたにとって信じられない事柄だと思うのだろうか。霊であり、全ての人間の霊の父である神はご自身をあなたの霊に啓示される。それは神の息そのもの、神の固有な息そのものではないのか。物質的事物がそれ自身をあなたの肉体の目に提示するという考えよりも、霊なる神がご自身を霊なるあなたの魂に証をするという考えの方が、より信じやすいのではないか。霊が霊に影響をもたらすという考えは、物質が物質に影響を与えるとする考え方よりも理性につまずきの事柄であろうか。この二つの考え方の内、前者の考え方の方がより知的ではないか。なぜなら、物質が他の物質に影響を与えるという考え方は、全く受動的な物質が行うことを前提としなければならず、従ってこの考えは極度に困難です。私たちは重力の現象であれ、引力の現象であれ、あるいはいかなる運動の現象であれ、その現象を理性的に説明するためには、その現象に神の指を仮定せざるを得ない。神のみが物質粒子の本質的性格の不動性を克服し、全ての現象を可能にするのである。 (*BE*, 11:269, 傍点原著)

身体的感覚と霊的感覚との二元論の主張、それに基づく類比論の教理の否定、そして神と霊的魂との直接的交わりの主張、これらの主張を基に展開するウェスレーの固有の宗教理解はその背後にプラトン、アウグスティヌスの伝統に立つマルブランシュの認識論の影響があったのです。

ウェスレーはニュートン、マルブランシュを通してプラトン、アウグスティヌスの伝統から直接的な現実理解、つまり、神と自然、神と魂との直接的交わりに基づく現実理解を学びます。そしてウェスレーはこの現実理解を英国経験論の土壌で、特に、身体的感覚証言の真理性を確信するロック、ブラウンの認識論、またロックの心理学的認識論を媒介にしながら、自分自身の固有な宗教理解を展開したのです。ウェスレーは生涯認識論に興味を持ち、彼の固有な宗教思想は認識論的関心に特徴づけることができます。彼の認識論的関心は一七四三年に出版された『理性と宗教の士への訴え』で明確に述べられています。少し長い文章ですが、重要と思われるので引用します。

人間の観念は生得的でなく起源的には全て人間の感覚に由来せざるを得ない（ので）、必然的に以下のことは確認されなければならない。つまり、人間は霊的対象の知識を得るためには、それにふさわしい感覚、つまり、霊的善・悪を識別する霊的感覚を持たねばならず、「自然的感覚」と呼ばれる感覚で、霊的事柄を識別することは全く不可能で、何の役にも立たない。特にそのように呼ばれているように、あなた方は聞く耳と見る目を持たねばならず、また身体的肉や血の感覚に依存することのない、あなた方の魂に開かれた、新しい諸感覚を持つ必要がある。それらはあたかもあなたの身体的感覚が目に見える事物の証言となるように、「目に見えない事物の証言」となり、目に見えない世界に至る道となり、霊的対象を識別し、内的な「目に見えず、耳にも聞こえない」ものの観念をあなた方の心に与える感覚です。

そしてあなた方がこれらの内的感覚を持つまで、あなた方の悟性の目が開かれるまで、あなた方は神的な事柄も、それらの観念を持つことも全くできない。なぜならばあなたがたの理性はその上に立つ基盤やその上で働く資料が与えられていないならば、理性は働き得ないから。従ってそれらの感覚が備えられて初めて、あなた方はそれらの証言について正しく判断し、推論を加えることができる。

ごくありふれた例を用いてこのことを説明しよう。もしあなた方が肉眼を持っていないならば、色に関する推論を加えることはできない。なぜなら他の感覚で受け取られる観念は全く異なった事物に関するものなので、あなたの耳であれ、他の感覚であれ、それらはあなたの持っていない目の感覚の欠如を補うことは出来ず、あるいは理性が働きうるような、目によって捉えられる資料もあなた方の心に備えることもできないからです。それと同様、もしあなた方が霊的目を持っていないならば、あなた方は霊的事柄に関して理性を働かすことはできない。なぜならば、肉的感覚によって受け取られる観念は、色の観念が音の観念とは異なる以上に、信仰や内的感覚によって受け取られる観念とは全く別種の観念である。というのは、色の観念であれ、音の観念であれ、これらの観念は外的な感覚で受け取られる同じ感覚的観念であり、それ故、同じ類の異なった種にしかすぎないのに対して、信仰の観念は外的感覚で得られる観念と全く異なる観念であるからである。従って、外的な感覚が内的感覚の欠如を補い、あるいは内的事柄に関して理性が働くように資料を理性に提供するということは考えられないことである。

（*BE*, II:56f. 傍点原著）

私たちは一七・一八世紀の哲学研究者たちの議論をとおして、ウェスレーが固有な宗教理解を形成した認識論を学んできました。ウェスレーはロックの身体的認識論を受け入れ、この議論と同様の宗教認識論をマルブランシュから展開しました。既に記述したように、ウェスレー思想の特徴は論理学者として現実を静止的実体と捉えますが、同時に、認識論的に活動的エネルギー（あるいは、実体的神理解と同時に、作用的神理解、さらには静的自然理解と同時に、動的自然理解）と捉え、前者は国教会と同様の考えですが、後者のエネルギー（作用的神理解、動的自然理解）を認識論的に強調し、後者を科学者のニュートンだけでなく、哲学者のマルブランシュからも学びました。但し、前者の思想は当時の多くの人々と共通した考えでしたが、後者は当時ではあまり展開されなかったウェスレー固有の認識論的思想でした。この後者の考えが二項の相矛盾する両極の「同時存在性という共存形態」を示していたと言えるでしょうか。ここにウェスレー独特の思想形態があったのです。この思想形態をウェスレーが宗教議論でどのように展開しているのかを見ておきましょう。

3　信仰の本質的定義

私たちは今マルブランシュの認識論とこの認識論を受け入れたウェスレーとの関係を見てきました。この関係をウェスレーの信仰概念の三点からもう少し理解してみたいと思います。

(1) エレグコスの信仰

ウェスレーは信仰の本質定義をエレグコス（確信）と捉えます。ではエレグコスとはどのような概念でしょうか。ウェスレーは聖霊の働きを知覚する霊的感覚や、知覚できる聖霊体験を展開するために、ヘブライ人への手紙一一章一節に書かれる信仰の定義を語ります。彼はこの聖句に示されたエレグコス（ἔλεγχος）というギリシア語をモラヴィア派との論争後の一七四〇年代以降、頻繁に用い始め、信仰の本質定義にしました。ヘブライ人への手紙一一章一節の聖句は『新約聖書注解』によると、「さて、信仰とは、望んでいる事がらを確信し、まだ見ていない事どもを確認することである」と書かれています（彼はこの表現を遅くとも一七四四年八月二四日までに用い［*BE*, 1:161］、一七四三年の論文「理性と宗教の師への訴え」で霊的感覚に基づいて哲学的認識論を展開）。

ウェスレーはこの『新約聖書注解』の注で次のように語ります。「『望んでいる事がらを確信し、まだ見ていない事どもを確認、また確信している』〔と書かれている〕。……神と神のことに関し……『まだ見ていない事どもを』信ずる者に神の超自然的な確認が示されるのです」（*Notes*, 841, 傍点原著）。彼はこの聖句で理解したのはギリシア語は神や神の事柄など、目に見えない事柄の「確認（evidence）」、「確信（conviction）」を意味し、論証的な確かさを伴う確信・確認を示しています。エレグコスは「目に見えない世界、また永遠なる世界に関する論証（demonstration）、論証的確信（demonstrative conviction）」（*BE*, 4:52）を人間に与え、あるいは、「信仰とは何であるのか。それは『目に見えない事の神的確認・確信』」（*BE*, 3:492; 1:230も参照）を伴い、霊的感覚で確かさが与えられる信仰理解です[66]。ウェスレーは信仰の本質的定義を次のように語ります。

さて信仰とは（聖書では神に由来すると言われるが）「まだ見ていない事実を確認すること」である。つまり、信仰とは肉体の目で、あるいは人間の自然の感覚や能力のいかなるものによっても知覚されることはなく、反対に目に見えない事柄を明確に、あるいは超自然的に確認することである。信仰とは人間的なものに基づかない神的証言で、それによって霊的人間は神や神の事柄を学ぶのである。肉体の五感が一般世界の知識にとって不可欠であるのと同様、霊的世界の知識にとっては神的証言が不可欠である。神から生まれた者は魂の霊的感覚によって満たされる者のことである。（*BE*, 11:46）

ウェスレーがロックに代表される経験主義的認識論に大きな影響を受けたことを述べてきましたが、上記引用の信仰の定義で、ウェスレーは神的知識の確かさを五感で与えられる自然界の認識の確かさと比論的に語ります。五感による身体的感覚が目に見える事物の確かな証言であるように、聖霊によって新しく生まれる魂の霊的感覚が神に関する論証的確信です。

つまり、ウェスレーはこの確かさ（確証、論証）を認識論的に説明します。霊的感覚証言は心に直接与えられる知識、理性などのいかなる証明も必要としない知識、いかなる懐疑をも含まない確かな知識です。自然界の対象物が身体的五感に直接刺激を送ることで知覚が生まれ、その感覚証言で自然に関する確実な知識が与えられるのと同様、神は聖霊を通して私たちの魂に直接働きかけ、そこに魂の知覚が生まれ、その魂の感覚証言で神に関する確実な確認・確信、つまり、論証的証言（実存的知識）が与えられます。ウェスレーがロックから学んだ身体的認識論をマルブランシュの宗教的認識論で述べると次のようになります。身体的認識論で学んだ、理性ではない感覚が知識の起源であり、理性による保障、証明は不要で、知識の確かさは蓋然的ではなく論証的であるという、この身体的認識論をウェスレーは比論的に宗教的認識論に直接適用するのです。

ウェスレーが文献でエレグコス（確信）の言語に初めて言及したのは米国でのモラヴィア派との対話ですが（*BE*, 18:532）、その後、弟チャールズの説教「眠れるものよ、目覚めなさい」（一七四二年）と兄の論文『理性と宗教の師への訴え』（一七四三年）でこの信仰理解が本格的に論じ始められました。後者の兄の文献からまず見ておきましょう。

この文献内容は既に他著で記述しましたので（『救済論』五九―六〇頁）、簡単に触れます（*BE*, 11:46f. を参照）。信仰とは「目に見えない、不可視な、超自然的な事柄の論証的確認で、肉体の目や私たちの肉体的感覚能力で知覚されません」。また信仰とは「霊的人間が神や神の事柄を識別する際の神の確認を意味します。身体的感覚が自然界にふさわしい感覚であるように、信仰は霊的世界にふさわしい感覚です。信仰とは神から生まれる全ての魂の霊的感覚です」。信仰とは「新しく生まれた魂の目であり、この目で全ての真実の信仰者は……イエス・キリストの御顔に輝く神の栄光の光を見、……神の子に呼ばれている」。信仰とは「新しく生まれた魂の耳であり、この耳で罪人は『神の子の声を聞き、生きる』」。あるいは、信仰とは「魂の味覚です。この味覚で信仰者は神の素晴らしい言葉を味わい、来るべく世の力を味わう」。さらに、信仰とは新生した「魂の感情で、この感情で……信仰者は神の存在と現臨を知覚し、……人間の心に注がれる神の愛を感じる」。人間の全ての霊的感覚が目覚め、神の事柄を直接に知覚し、見、聞き、感じ、味わうことができるのです。

ウェスレーはこのように認識論的に救済論の意義を展開し、聖霊の働きで自分の罪が赦され、自分は神の子とされ、それを知る特権を全てのキリスト者は期待できると述べます。この論文でウェスレーは霊的感覚で確実な宗教知識を明確にします。信仰とは神や神の事柄を識別する論証的確認・神の確信を意味し、神から生まれる全ての魂の霊的感覚の確かさです。同様に、信仰を「新しく生まれた魂の目・耳・味覚・感情」と定義し、それで罪人なる人間は神の栄光を見、神の子の声を聞き、自分に注がれる神の愛を知覚します。ウェスレーは信仰と霊的感覚とを同一視し、信仰を神と神の事柄を内的に知覚することだと述べます。

ウェスレーはオックスフォード大学で目・耳・舌などの感覚機能について学び、ロックやブラウンの経験哲学を通して一七二〇年代にこの感覚機能に精通していました。ウェスレーは一七三三年の説教「心の割礼」で次のように語ります。

信仰者の悟性の眼が開かれることで、信仰者は神から呼ばれていることを認識します。……その人は神の力の優れた偉大さを感じ、……揺るぎのない知的同意の信仰だけでなく、……人間の心に示されるキリスト啓示の信仰、即ち、罪人なる私のために神の愛・自由なる、無媒介の愛という神的証拠・確信を信仰によって与えられます。（*BE*, 1:405）

若きウェスレーは霊的感覚の開示を語る認識論を頭・理性で熟知していましたが、神の啓示を体験しなかった彼は宗教的認識論を展開できなかったのです。しかし一七三八年のアルダスゲイト体験以降、ウェスレーは熟知した霊的感覚の教理を自分の体験に従い展開し、神的証拠を見る・聴く感覚に止まらず、晩年には味覚・感情の感覚も含めました（*BE*, 4:172f.）。ロックの認識論と同様に、信仰は霊的感覚の魂で疑念の余地がないほどに、論証的確かさ（確証）を伴って、神の愛・平和・喜びを自覚し、知覚します。ウェスレーの救済論の特徴は聖霊の証しで、自分は罪が赦され、神の子であることの特権を全てのキリスト者が期待できることでした。これが「知覚する聖霊」の教理内容です。

チャールズの説教「眠れるものよ、目覚めなさい」を見ておきましょう。弟は一七四二年四月にオックスフォード大学でエフェソの信徒への手紙五章一四節を聖句とする説教を行い、弟の説教に同意した兄はこの説教を自分の説教集の第三番目に入れました。兄自身も一七三九年五月と八月に弟と同じタイトル・聖書個所で説教をしましたが（*BE*, 19:62）、兄の文献が現存しないので、弟の説教と比較はできません。しかし弟の文献を見ると、聖霊論と認識論、あるいは救済論と認識論の件で、兄と同じ考えを主張していました。

また、ウェスレーは一七六五年の説教「聖書における救いへの道」で信仰の本質をヘブライ人への手紙一一章一節で語り（*BE*, 1:146）、先行の恵みに応答しない者の霊的感覚の封鎖を次のように述べます。「罪に死んでいる者は霊的『善悪』を識別する感覚を持たないのは確かです。目を持っているが、何も見ていない。耳を持っているが、何も聴いていない。……従って、霊的感覚を持たない者は、霊的知識への入り口が閉じられている」（*BE*, 1:145f.）。チャールズによると、身体的感覚を持つ人は身体的知識を学びますが、霊的感覚の未体験者は霊的知識を得ることができず、宗教知識の獲得は困難です。この件で兄弟は同じ認識論者です。ウェスレーはヘブライ人への手紙一一章一節でエレグコスとして理解される信仰の定義を認識論的に展開しただけでなく、自然科学を認識する際にも重要な概念でした（『ウェスレー』二一三、二六四―二六五頁）。ウェスレーは最晩年の説教「視覚と信仰による歩き方」（一七八八年）、「信仰について」（一七八八年）、「信仰について」（一七九一年）でもこの定義を論じ（*BE*, 3:492; 4:52, 188）、最後の二編の説教は上記聖書個所を聖句とする説教で、特に一七九一年の説教は彼の人生最後の説教でした。ウェスレーは説教でヘブライ人への手紙一一章一節を一一回言及しますが（*BE*, 1:146, fn. 55）、高齢の彼は理性的同意と信頼の信仰という二つの信仰理解と比較し、ヘブルライ人への手紙一一章一節の聖句に基づく信仰理解をメソジストの中心的教理として強調したのです。

(2) 聖霊の証

ウェスレーは信仰の本質的定義を聖霊の証と捉え、「聖霊の証」と題する説教を一七四六年と一七六七年の二回行い、「この霊こそは、わたしたちが神の子供であることを、わたしたちの霊と一緒になって証ししてくださいます」（ローマ八・一六）を説教のテキストとして用い、「義認信仰に基づく確証理解」を述べたのです（一七六七年の説教で、彼は二〇年前に書いた同じ説教題の内容のいかなる変更も必要ないと［*BE,* 1:287］述べる）。神が聖霊の働きで人間に与える恵みを聖霊の証と呼びますが、ローマの信徒への手紙八章一六節の言葉にあるように、聖霊の証は常にそれを受け取る人間の霊の証と一つです。ウェスレーは神の霊の証（神に無条件で赦され、神の子とされる霊的証言）と人間自身の霊の証（この証言を愛し、喜び、平和になる聖霊の実の証）、つまり、信仰の本質と信仰の確証（聖霊の実の証）とを同一の出来事と明言します。「各自のキリスト者に自分が神の子であるという、神の霊の証しと、人間自身の霊の証しとの両方が存在します」（*BE,* 1:271）。もう少し述べると、下記です。

聖霊の証は信仰者の魂への内的印象（impression）です。これによって人間が神の子であることを人間の霊に聖霊が直接に語りかけるのです。問題点は聖霊の証が存在するかどうかではなく、聖霊の実を自覚しない直接的な証が存在するかどうかです。この聖霊の実の自覚に由来する直接的証が存在することを私たちは信じています。（*BE,* 1:296）

国教会はウェスレーと同様、聖霊の働きを認めます。しかし両者の相違は聖霊が人間の心に直接働いて、聖霊の実である愛・喜び・平和が聖霊の直接的働きで自覚されるかどうかです。ウェスレーは自覚されると語り、国教会は自覚されないと言います。「み霊の証とは魂における内的印象」と語るように、神が魂に語りかける霊的感覚証言がウェスレーの認識論の基本的性格です（死ぬ一〇年前、彼は印象という表現を『開示』『顕示』『深い感覚』等の他の表現に言い換えたことを前述）。

ウェスレーはキリスト者の霊的働きに深い関心を抱き、日常生活で与えられる聖霊の影響を聖書から「霊の結ぶ実」（ガラテヤ五・二二―二三）と表わしました。この働きの主たる趣旨をウェスレーは喜び、平和、愛と考え

（*BE*, 19:30）、この実を強調します。聖霊の実でウェスレーが最も大事にしたのは愛です（一テサロニケ二・一七、*BE*, 3:422）。人間への神の愛を人間が自覚することがキリスト者の生活の基本です。彼は神と隣人を愛することをキリスト者生活の中心とし、他のすべての気質、聖霊の実はこの愛との関係で生まれ、その居場所を持ちます。聖霊の導きによってイエスに従うことが真のキリスト者の姿で、それゆえ、自分は決して熱狂主義ではないことを知ってほしいと、ウェスレーは国教会の啓蒙主義者ミデルトンに一七四八年に告げます。

私は初代キリスト者の教えを非常に尊敬します。……その理由は彼らが真の、偽りのないキリスト教徒の姿を示しているからです。……私は今でも（いくつかの過ちはあるが）初代のキリスト者を尊敬しているのは、そのようなキリスト者が現在少ないからです。後の教会の歴史を見ても真のキリスト教徒は少なく、現代の多くのキリスト教徒の中でも同じです。どうかこのことに無関心にならず、理由は分からないが、この生き方をする者を熱狂主義者だと批判することに深く嘆いてほしい。

（*Works*, 10:79）

ウェスレーは生涯に亘り、イエスを倣う初代キリスト者の根源的な生き方を「真の宗教」と呼び、多くの英国キリスト者はこの生き方に乏しく、特に、この姿を継続するキリスト者は国教会内部で少なく（*BE*, 4:90）、この生き方を追求するメソジストは熱狂主義者ではないと語ります。ウェスレーはギリシア教父と東方の霊性に培われて、聖化・完全を法的ではなく、治癒的性格の救済論で解釈し、この生き方を神学の核心に据え、堕落した人間が神の像に回復することを願い、神と人とを愛する生活に再生することを真の宗教の目的とします。「真の宗教とは神の好意のみならず、神の像の内に回復することで、それによって、単に罪からの解放に止まらず神の充満に満ちあふれる者になることです」。信仰による義の体験で救いは完成されず、義認後の聖化・完全に至るプロセスという人間論的次元を彼は強調します。「宗教、即ち、イエス・キリストの宗教の正しい本質は何か」

とウェスレーが自ら立てた問いに「それは魂を癒すこと、罪に病んでいる者の魂を神が癒すことである」(*BE*, 2:184)と答えます。救いを治癒的に捉え、罪から解放され、回復された神の像に生きる者が初代のキリスト者であり、「真の宗教」の姿でした。

話を元に戻しますと、ウェスレーにとって、知覚する聖霊の働きとは人間が聖霊ご自身を知覚することではなく、聖霊の働きで魂の内に生起する聖霊の実、つまり、神から無条件の赦しを受け、神の子に招かれることを愛し、喜び、平和であることを感謝する、心の内的変化を知覚することです。信仰者は愛・喜び・平和を内的感性として心で直接に知覚し、心の底から愛・喜び・平和を感謝し、隣人・貧困者への愛に満ち溢れていく、この聖霊の実を知覚することです。聖霊の働きで心の霊的感覚が目覚め、聖霊の実を知覚することで聖霊の証が与えられます。聖霊の実を知覚しない聖霊の証(ローマ八・一六の「わたしたちの霊と一緒になって証し」する聖霊の証)はないのです。

ウェスレーは信仰を、神を知覚する機能と神の事柄を知覚する人間の行為と理解します。つまり、信仰とは十字架の神の愛の行為を人間が霊的感覚(心で見て、聞き、……)で知覚し、神の事柄(罪の赦しと神の子の信仰)を心の内的変化で知る人間の知覚行為です。神の働きは世界で働き、同時に、人間の内部でも働いています。全ての人間に先行の恵みの第一の働きで魂の感覚(眠った、潜在性の感覚)が与えられていますが(先行の恵みに応答しない最初の人間の段階で感覚は眠っている)、内外での神の働きに人間は気づきません。しかし更なる先行の恵みの第二の働きに人間が応答すれば、魂が目覚め、全ての情景は一変します。新しく生まれた者は魂が目覚め、開かれた感覚で神の事柄を直接に知覚します。聖霊の働きで魂の目が開示され、その目を通して神の世界に開かれます。国教会はロックの認識論を受け入れず、理性的証言を信仰の基礎としたので、ウェスレーの認識論的発言に多くの批判を向けたのです。

ウェスレーによると、前述したように、信仰の成立根底に受動的側面(神認識)と能動的側面(自己認識)があります。一方で、信仰とは聖霊の働きで開示される魂の感覚、知覚の機能で、その意味で信仰は聖霊の働きを受動的に受け入れることです。同時に、信仰とは自己の内側に働く神の行為、つまり、「あなたの罪は赦されている」、「あなたは神の子である」と語る神の行為を認識する人間の知覚行為で、これがウェスレーの確証の教理での聖霊の実の証です。信仰は人間の側から見れば人間の行為（確証）ですが、神の側から見れば聖霊の働きです。勿論、二つの側面から成立する信仰理解は聖霊体験を分析、分解すれば、そのように理解できることで、聖霊体験として二つの次元が一つの出来事になるその場で信仰が成立するのです。信仰理解の本質的性格は国教会が語る理性的・倫理的形態ではなく、内的意識に直接基づく感性的形態です（一章の表現を用いれば、主観・客観の二極構造、つまり、理性的・倫理的形態と、この構造を成立させる分別以前の、主客未分別以前の宗教体験、感性的形態）。魂の日の開示・照明と神を知る知識に開けることを同一の出来事とする信仰理解がウェスレーの基本的な信仰理解です。

ウェスレーは説教「聖書における救いの道」で信仰を「一般的信仰概念」と「特別な信仰概念」とに区別し、前者の概念の説明を先ほど述べました。後者の概念はどのような信仰理解でしょうか。

ウェスレーはこの概念の内容を神の和解の出来事と関連させながら上記説教で述べます。特別な「信仰とは『神がキリストにおいてご自身を世と和解して下さった』だけでなく、『キリストが私を愛し、私のために生命を与えて下さった』という神的な確認であり確信を意味する」（*BE*, 2:161, 傍点原著）。心が開かれ、照明されると共に世界に遍在し、働いている神の事柄に関する知識に開けてくることが「一般的概念」とするならば、心が開かれ、照明されると共にキリストが心の内に遍在し、働いていることがあらわとなり、神を知る知識に開けていくことが「特別な信仰概念」です。「一般的信仰概念」が一般の宗教認識に関わる概念であるとすれば、「特別な信仰概念」は自己の存在の根拠があらわとなる実存的、あるいは存在論的認識に関わります。人間が気づく、気づかないに拘わらず、キリストが人間の自己存在の根底そのものとする、人間の本質的あり方が全ての人間に潜在化しています。そこに光として聖霊が働き、心の開示、照明と共に、それまで眠っていた本来的自己が目覚めます。これは論証的確かさを伴う実存的、存在論的目覚めです。自己の根底としてキリストが現れることで、人間を覆った罪と死の支配力が破られ、本来的生の成就へと進みます。新生の誕生の出来事と神の和解の出来事が別々の出来事ではなく、一つの感性的出来事とされるのが「特別な信仰概念」の内容です。そしてウェスレーはこの「特別な信仰概念」を義認信仰と同一視することで、ルターと異なる義認論を説きます。

ウェスレーは一七四四年の会議で言います。「義とする信仰はキリストで世界と和解する神を超自然的、内的に感じ、見ることです（justifying faith is *a supernatural inward sense or sight* of God in Christ reconciling the world unto himself）」（*JW*, 137, 傍点原著）。さらに義とする信仰には「超自然的感覚、聖なる味覚（a supernatural sensation, *a divine taste*）」（*BE*, 1:223）が伴い、また、「義認信仰とはキリストが私を愛し、私のために命を与えて下さったことへの神のエレグコス（ἔλεγχος）です」（*Letters*, 3:160）とウェスレーは言います。救いの出来事をこのような感性的形態（霊的感覚に基づく信仰理解）で表現するウェスレーは義認理解でルターと異なります。ルターが義認体験で体験よりも義認の次元により強い光を当てたとすれば、ウェスレーは義認だけでなく、体験の次元（霊的感覚で霊的世界を見る人間の知覚行為としての信仰理解）にも同じ強さの光を当て、それを確証の教理と捉え、しかもこの感性的知識形態で論証的確かさが伴う確認、確信が与えられます。「義とする信仰には『キリストは私を愛し、私のためにご自分を献げられた』とする神の確認、確信」（*Letters*, 4:17. *Works*, 13:499 も参照）が伴うのです。

アルダスゲイトでのウェスレーの確信内容は自分が赦され、神の子であることをどのように知るかにありました。第一章で述べたように、米国でウェスレーはモラヴィア派のシュパンゲンベルグに出会い、「あなたが神の子である」と、神から直接的に与えられる証を持っているかどうか、その証を持って「イエス・キリストがあなたを救ったことを知って」いるか聞かれ、確証体験が欠如することを彼は知りました（*BE*, 18:146）。ウェスレーが聖霊の主題に特別な関心を向けたのは真理理解の判断基準として前期の彼が強調した誠実の強調から、シュパンゲンベルグ、その後のベーラーを通して教えられた聖霊の証に伴う証拠という、聖霊の証の教理です（『ウェスレー』一五〇―一五一頁）。

ウェスレーは神の子の証を神から直接に啓示される信仰と捉え、自分が神の子であることの確証・証拠は聖霊で人間に直接体験できる聖霊の実、愛・喜び・平和と理解します。本来の宗教知識の形態は理性的活動ではなく、知覚に基づく、内的な意識を常に伴う感性の働きです。神の働きかけで聖霊の証を霊的感覚で知ります。「み霊の証とは、魂における内的印象です」。さらに、神が私たちの罪を赦し、神の懐に入れて下さることを証言するために、「神の霊は直接魂に働きかけて影響を及ぼし、その作用は説明し難いですが、強力」（*BE*, 1:287）なので、私たちは「アッバ、父よ」と呼ぶことができ、この霊的世界に私たちを導く働きは理性的な「熟考や推論の結果ではなく、即座の、直接なものではないでしょうか。この霊は、それが与えられた瞬間、私たちの真実に関するどんな熟考よりも先に、否、それどころか、全くどんな推論より先に『アッバ、父よ』と呼ぶのです」（*BE*, 1:289）。霊的感覚証言は直接的、感性的宗教知識（実存的知識）であり、理性作用も理性による保証も必要ない霊的証言です。

(3)悟性の照明

第一章で述べたように、英国モラヴィア派は信仰と確証を同一視し、絶対基準を伴う信仰の充分なる確証（罪・疑い・恐れから自由になり、愛・喜び・平和が必ず伴う確証）を説き、この確証体験がなければ信仰は存在しないと主張します。確証を救いの前提条件にし、義認の条件をモラヴィア派は語ります。ウェスレーはアルダスゲイト体験直後しばらくの間、この絶対基準を満たす確証体験が自分に欠如することを知り、自分はキリスト者でないと告白し、心の葛藤に悩みましたが、国教会の伝統から信仰と確証を区別することを学び、モラヴィア派の確証体験を否定しました。モラヴィア派は信仰を単なる人間の自覚・知覚の心理的現象・確証体験に還元させ、絶対的基準を伴う充分なる確証を義認条件にする、心理学的な解釈の危険性に陥ったとウェスレーは確認します（*Letters*, 7:61）。そこでウェスレーはモラヴィア派の熱狂主義的な心理学的危険性を排除するため、「神の霊の証が事柄の性質上どうしても私たちの霊の証に先立たねばならない」（*BE*, 1:274）と言います（神の霊の証しは人間自身の霊の証し［確証］と同一の出来事とする考えがウェスレー本来の解釈で、野呂解釈と異なる。『ウェスレー』二二四—二二八頁を参照）。

聖霊の証は人間の霊の確証より先立ち、前者の先行的時間性を述べ、確証で人間に与えられる心理的現象より先に、聖霊の証が人間に与えられます。神が人間にまず与えるのは聖霊の証で、次に人間の霊の確証が与えられ、その逆ではありません。もしモラヴィア派のように、人間の霊の証で与えられる人間の知覚認識・心理的解釈が人間の救いの条件になる場合、つまり、義認の条件を確証の前提条件にする考えをウェスレーは否定したのです。それゆえ、モラヴィア派のように、聖霊の実を先ず語る聖霊の証ではなく、聖霊を体験することが初期メソジストの定義に重要な標となります。魂に深い印象を与えるのは理性的認識ではなく霊的認識です。魂の目・耳などの霊的感覚に直接与えられる知識が最も確実な知識です。聖霊による霊的感覚の「開示」が確証の可能性を人間に伝えます。「人間の耳が開かれ、今や神の内的声を聞くことができる。『しっかりしなさい。今やあなたの罪は赦されたのだ』」（マタイ九・二参照）。さらに彼は言います。

「行きなさい、もう罪を犯さないように」（ヨハネ八・一一）という神の内的声を聞くことができる。……信仰者は心で神の霊が与える恵みを感じ、内的に知覚する。「人知ではとうてい計り知ることのできない神の平安」を彼は感じ、自覚します。彼は「言葉に尽くせない輝きに充ちた」喜びを神の中に感じるのです。（*BE*, 2:192f.）

人間の霊に聖霊の直接的証が可能であるのは、人間に啓示を知覚できる能力が備わっているからです。この能力は理性的能力か、感性的能力のいずれかです。国教会の基本的立場は理性的認識で、ウェスレーもこの立場を認めます。ウェスレーによると、魂が神を愛し、感謝し、喜ぶ時、魂は直接神からの啓示を知覚します。魂が神を愛し、感謝し、喜んでいるかどうか疑う必要はありません。ウェスレーは国教会と同様に、この表現を理性的に三段論法で説明します。「今神を愛し、謙遜の喜び、聖なる喜びと従順なる愛で神を感謝し、喜ぶ者は神の子である。しかし私はこのように神を愛し、感謝し、喜んでいる。従って、私は神の子である」(*BE*, 1:275f.)。「私が神の子である」ことを聖書に照らし、理性能力で人間は知れます。この認識は人間の魂に語りかける聖霊の証の理性的認識で、国教会も同じ認識を主張します。この理性証言の確認方法でウェスレーと国教会との間に相違はありません。相違点は感性的認識方法です。

理性証言で自分の救いの状態を知る間接的・理性的宗教知識形態は明晰判明なる「直接的な」知覚と確かさを伴う知識ではないとウェスレーは言います(この間接的、理性宗教知識形態に良き働きが加わることで信仰が完成することを国教会は主張。この信仰形態はウェスレーの第一の思想形態「聖なる生活」と同一)。理性的思惟ではなく、聖霊ご自身の「魂への内的印象」による認識方法、心に直接に与えられる内的意識の知覚が論証的確かさを伴う知識を与えます(理性・蓋然的知識ではなく、実存的知識)。ウェスレーは直接的な聖霊の働きで人間が神の恵みを確信することを語ります。

今落ち着いて苦痛のない状態にあることをあなたはどのように知るようになるのか。直接にそれを意識しているのではないか。同じような直接的な意識で、……自分が愛し、喜び、神を楽しんでいるかどうかを、あなたは感じないわけにいかない。同じ直接的な意識で、自分が隣人を自分自身のように愛しているかどう

かを……あなたは疑いもなく自分の心の中で知っている。（*BE*, 1:273）

人間の霊に直接語る聖霊の証とは赦しの愛を人間の内的自覚に与え、「あなたは神の子である」との和解の出来事を人間に証します。

聖霊が人間に証するのはしばしばでないとしても、外的言葉ではなく、内的言葉によってです。（神が時々するかもしれませんが）聖書の一ヶ所、また、数節の言葉を人間の心に神が語りかけることはないでしょう。しかし神が心に実際に語りかけるのは直接的な影響によって、またかなり強いが、説明のつかない働きで烈しい風と困難な波が和らぎ、温暖な静けさが到来し、人間の心はイエスの慰めに寄りかかり、神と和解し、人間全ての「不義が赦され、罪が覆われること」を罪人は明確に確信しています。（*BE*, 1:287）

ウェスレーは宗教の本質を倫理的理性行為・外的（倫理的）言葉ではなく、感性的な内的意識・自覚・知覚に置きますが（この考えはアルダスゲイトの宗教体験を反映し、聖霊体験、聖霊の証を展開）、国教会の指導者はこの考えを批判します。一七五九年、メソジスト教理を批判したダウンにウェスレーは手紙を書き、ダウンは信仰を「理性の証言に基づいて与えられる固い確信」と定義しますが、ウェスレーによると、信仰は「理性の証言」を排除しないが、この理性証言は「信仰の全体的基盤」にならないと答えます（*Letters*, 4:311）。ウェスレーは知覚される聖霊の働きの教理を主張しますが、この主張を批判するダウンの言葉が手紙に引用されます。

第四番目にあなたは主張します。「メソジスト教徒は恵みについて語る時、あたかも感覚的対象物が感覚に訴えるのと同様な仕方で、恵みも知覚されて心に伝えられると語る。しかし聖書によると、恵みは知覚されることなく、心に伝えられると語る。また私たちが恵みを持っているかどうかを確かめる唯一の方法は、私たちの内的感情を吟味することではなく、私たちの倫理的行為を検討することです」。(*Letters*, 4:331f.)

国教会は神の恵みを倫理的次元で捉え、私たちの良き働きを理性的に吟味することで、聖霊の働きを心に知覚されない形で間接的に倫理を通して知ると述べます（理性という概念を通して人間は知識を間接的に理解するので、理性的方法は知覚されない聖霊の働きを認めるが、心を通して直接に知られる知識、感覚を通して人間に理解される知り方ではなく、この直接的な知り方を可能にする知覚される聖霊の働きを認めない）。これに対し、ウェスレーは聖霊の働きを理性的次元と同時に、それ以上に知覚できる体験的出来事、愛、喜び、平和の知覚による出来事で捉えます。彼は理性的・倫理的知識とこの知識を与える聖霊の知覚できない働きを国教会と同様に認めますが（頭による理解のため、心で知覚できる聖霊の働きを認識しない国教会）、同時に、聖霊の知覚できる働きで、内的意識に直接基づく感性的知識を述べ、この体験的出来事以外で捉えられる宗教理解を基本的な宗教知識としません。

知識は間接的・理性的宗教知識だけなのか、それとも、直接的、感性的知識をも含むのかです。スミスや国教会によると、聖霊が働く時、私たちは良き働きを理性的に吟味し、聖霊の働きを間接的に心に知覚されない形で知るのです。聖霊の働きで人間が倫理的な良き働きに励んでいれば、聖霊の心への働きを倫理的生活の理性的吟味で人間は知ることができます（聖霊の働きを良き働きを仲介して知り、心の中では感性的に知覚されない）。しかしウェスレーによると、神は聖霊を通して私たちの心に直接働きかけ、それで魂の知覚（愛・喜び・平和）が生まれ、知覚が感覚証言を認識することで神に関する確かな知識が与えられるのです。ウェスレーは語ります。

私たちが恵みそのものを語る時、それは「感覚的対象物が身体的五感に訴えるのと同様に、恵みも知覚されて心に伝えられる」……勿論、恵みはしばしば「心に知覚されないような仕方で伝えられる」ことを私たちは疑わない。しかし恵みが常に知覚されないような仕方で伝えられ、かつ働くと語る聖書の個所を私たちは知らない。同様に、私たちは恵みが与えられていることを確証する一つの方法として、倫理的生活に言及することを私たちは認める。しかし私たちが安易に認めることのできないことは「このことを確証する唯一の方法は内的感情ではなく、倫理的行為に訴えることによる」ということです。私たちの信ずるところに従えば、反対に、愛、喜び、平和は内的に感じられるか、それとも、もし感じられないのであれば全くそれらは存在しないかです。人間が恵みに満たされるのは第一に、これらの実を感じることであり、そして第二に倫理的行為である、ということです。(*Letters*, 4:332)

国教会の伝統に立つ人々は聖書と理性が宗教にとって基本的な証言であると理解し、聖書は理性を通して宗教に関する知識を間接的に人間に与え、倫理的生活を通して充分な知識を与えます。この国教会の伝統に立ち、ウェスレーに補祭の按手を授けた教区司祭のポーターはウェスレーに問います。「聖書はキリスト者の生活にとって充分かつ完璧な法則です。その上一体何のために聖霊が必要なのか」。この批判に対しウェスレーは答えます。「悟性を明らかにし(to enlighten the understanding)、意志をそれに従わせるためです。それなくして、たとえ聖書がどれ程充分であれ、聖書はあなたの魂を救うことはないでしょう」(*Letters*, 4:43f.)。

ウェスレーがポーターを批判する場合、「悟性の照明」という彼の表現に注目すべきです。聖霊が魂に直接働きかけることで、悟性は照明され、明るみの中に置かれ、そこに神の事柄が明瞭に知覚されます。「啓蒙(enlightenment)」という語は本来「光を啓く(enlighten)」という意味で、聖霊で心からこの世の覆いが取り除かれ、真理の光が心に啓かれ、照らし出され、真理が心に知覚されるのです。ウェスレーはポーターやスミスと共に理性的聖書解釈を尊重します。ウェスレーは聖書に理性的推論を加えて、神の存在や倫理的原理などの宗教的真理を語ります。しかし彼はこの理性的聖書解釈と共に、霊的感覚を通して「悟性が明らかに」され、心が照明され、論証的確信に満ちた確かさを与える霊的出来事の体験を通して聖書が読まれないと、聖書は人々の魂を愛、喜び、平和等の実存的確信に導かないとウェスレーは断言します。前述した直観の概念に再び触れておきましょう。

ウェスレーは説教「キリストの到来の目的」（一七八一年）で神の和解の出来事を知るために直観（intuition）という概念に触れたことを前述しました。その時に引用したウェスレーの言葉を再度述べると、次のようになります。

> 神は私たちの悟性の目を開く（opens）のみならず、照明して（enlighten）下さる。神は光を闇から輝かし、この世の神が私たちの心を覆っている、そのヴェイルを取り去って下さる。そこで私たちは初めて（神の和解の出来事を）理性の推論ではなく、一種の直観によって直接的に見るのです。（*BE*, 2:481, 傍点原著）

ウェスレーは倫理的理性のみならず個人的な感性をも重視し、両者は相通じると考えます。彼は「あなたがたの悟りの目が照明されて（the eyes of your understanding being enlightend）」というエフェソの信徒への手紙一章一八節の聖書個所で「悟性の照明」を繰り返し言及し、『新約聖書注解』で次のように説明します。「『あなたがたの悟りの目が照明されて』、まさにこの照明によってのみ、人間は神の深遠な事柄を識別します。聖霊の働きであなたがたの悟りの目がまず開かれ、その後、照明されます。神の呼びかけの願いが何であるのかをあなたは知り」（*Notes*, 705, 傍点原著）、ウェスレーは自分の認識の根拠をこの聖書の個所にも求めます。神は直接私の悟性に語りかけて下さり、内的感性意識を与え、自分の宗教認識（実存的知識）の根拠に確信を抱きます。

ウェスレーはさらにもう一ヶ所、フィリピの信徒への手紙四章七節、「人間の悟性全てを支配する神の平安（a peace of God which passes all understanding）」に言及します。この聖書個所は前者の箇所と同様、聖霊で心が開示・照明され、神の平安で悟性が満たされることを述べます。彼は説教で「『人間の悟性全てを支配する』平安、つまり、この悟性は（単純に）理性的概念に過ぎないが、超自然的感覚、聖なる味覚が与えられ」（*BE*, 1:223）、神の事柄を感性的に知覚すると述べます。ウェスレーはこれらの聖書個所に言及しつつ、知覚できる感性的宗教知識を主張し、この宗教知識の普遍的妥当性を共同体の宗教体験で訴えます。「長年の間、私は『悟性を支配する神の平安がある』ことを説教してきた。この神の言葉が偽りであることを私に納得せしめるものが果たしてあるのだろうか。今日に至るまでの歴史で、この平安を得た者が一人もいなかったならば、また、今日これを証する者が一人もいないならば、私は二度とそれを説教しないでしょう」（*Works*, 11:405）。聖書はキリスト者の生活の完璧な法則でありますが、同時に、聖霊の働きは不必要だと語るポーターにウェスレーは聖霊の確証、自分の罪が赦され、神の子とされる論証的確かさ（実存的知識）が心に与えられるために聖書を読むのだと語ります。聖霊の働きで人間に救いの確かさが与えられるのです。「聖書は完璧な法則です（が）、その上一体何のために聖霊が必要なのか」と問うポーターに、人間が救われる確かさを知るために「神の確認と確信である」救い（*BE*, 1:230）、つまり、論証的な確かさを伴う確認・確信が必要だと彼は語ります。聖霊の働きで心に与えられる救いの確かさ（実存的知識）を求めた神学者がウェスレーなのでした。理性的な推論方法による知識（蓋然的確かさ）は実存的知識になり得ないのです。

第四節　ウェスレー思想の特徴

1　諸科学の総体的知識

ウェスレーは説教集や諸論文で哲学、科学、医学、また、心理学、倫理学、生理学、博物学などのテーマと自分の神学理解とを対話させ、彼の思索を深めたことを、私たちは見てきました。彼はこれらの諸テーマと離れた神学的学問を探求しません。私たちがキリスト教徒やユダヤ教徒であれば聖書が、イスラム教徒であればコーランが必読書であることは勿論です。この聖典を理解すれば充分だと考えるかもしれません。もし出来れば、それぞれの教派の伝統的な立場とこの立場が関わる社会的諸問題を少し知れば、それ以上学ぶ必要はない、と考えるかもしれません。その意味でウェスレーを知る場合、ルターやカルヴァン、あるいはピューリタンやカトリック、さらには敬虔主義者や神秘主義者との関係を知れば、それで充分だと私たちは想像しないでしょうか。しかし、ウェスレーを学ぶ際、神学の諸問題に限定し、その他の一般諸科学への関心を閉ざす時、ウェスレー神学は正しく理解されるでしょうか。

科学（science）は語源的にいえば知識、理論を示すscientia（知る、理解する）に由来し、哲学や神学と有機的な、一体化された全体的な知識体系を示し、個別科学の学問体系を意味しなかったのです。一六、一七世紀、また、一八世紀初頭の近代科学で自然科学が「自然神学」ではなく「自然哲学」と表記されたのは周知の通りです。ニュートンの『数学的諸原理』の原題は*Philosophiae Naturalis Principia Mathematica*、一九年間の歳月をかけて編纂したウェスレーの科学書『神の創造的知恵――自然哲学概論』の原題も*A Survey of the Wisdom of God in the Creation: or, A Compendium of Natural Philosophy*で、ウェスレーが愛読した科学集団の王立協会雑誌名は“The Philosophical Transactions”でした。自然科学と哲学、そして自然科学と神学とは密接不離な関係で論じられました。自然科学的知識はそのまま哲学的、神学的知識に繋がります。科学者たちの自然科学の目的・

動機は哲学的、神学的要請に基づきます。それゆえ、ウェスレーの説教集や諸文献でまさに科学的、哲学的議論が多く論じられ、私たちがそれらを読むと、説教集などとは思えない、驚きの感覚で一杯になるでしょう。

ウェスレーは知識を単独、個別にではなく、総合的に捉えます。ロックであれ、ニュートンであれ、時代の指導者として仰がれた当時の知的指導者たちは皆同時に哲学者、科学者、神学者です。哲学者のロックは同時に科学者、経済学者、政治哲学者、さらに宗教者、医者など、多重な活動を行う研究者でした。ニュートンも科学者、哲学者、神学者です。一七・一八世紀で神学、哲学、科学は各々独立、個別的に研究されず、相互に深い有機的関係で議論されました。諸科学の知識が有機的に一体化され、全体的な知の構造で、それぞれの議論がなされ、その時代を生きたのがウェスレーでした。彼が神学だけでなく哲学、科学、医学、政治、経済の領域でも発言したのはフーカー以降の国教会の思想的発想に基づく、時代の要請でした。

しかし一八世紀以降になると、聖俗革命で神抜きの学問が起こります。聖なる神が俗なる人間の革命で神によって統合された知識がバラバラになり、各項目を研究対象にする知識の世俗化が一九世紀に起こり、諸学問が各々独立・分離し、専門家集団が一九世紀後半から出現します。総合的知識を示すサイエンスは一九世紀後半から科学、物理学、生物学などの諸科学に細分化され、たとえば、音楽家（ミュージシャン）からピアニスト、ギタリスト、バイオリニストなどに個別化します。諸学問の知識全体が知の構造で、それぞれの議論がなされる歴史的状況で、神学、哲学、科学、医学、経済などの全体的知を重視するウェスレーは人生の総合的生き方を尊重しました。

日本で言うと、宮沢賢治がその例でしょう。(67) 宮沢は科学者、農業指導者、詩人、童話作家、音楽家だけでなく、多様な宗教的洞察（浄土真宗、日蓮宗、カトリック、プロテスタントへの深き洞察）に優れ、科学者、農業指導者、詩人だけの職業で社会的認可を得る専門的生き方を痛烈に批判しました。宮沢は様々な生き方（科学者、農業指導者、詩人等の総合的生き方）を自分自身で歩みたかったのですが、「雨ニモ負ケズ……」の詩にあるように、総合的生き方を果たせなかった賢治の悲しみが隠されています。神学、哲学、科学などの総合的生き方を歩んだウェスレーと同様、賢治も「あれかこれか」の確固とした一つの社会的立場を選ぶ生き方ではなく、様々な知識に開かれる多元的な価値観に胸を躍らせて生きていく試みをなしたのです。

ウェスレーは編著『神の創造的知恵・自然哲学概論』を『神の創造的知恵・自然神学概論』となぜ表記しなかったのでしょうか。「自然哲学」と「自然神学」はどのように異なったのでしょうか。一般的に言えば、「自然神学」は神学的反省で自然を体系・構築し、信仰者の信仰内容を豊かにし、そのために自然世界の現象に多く言及し、当然、無神論者を批判することが自然神学書の目的になります。他方、「自然哲学」は一般的には、自然世界の記述に多くの時間を捧げ、明白な神学的反省を終わりに短く書きますが、無神論者批判は書物の趣旨になりません。ウェスレーは自然哲学と記述し、自然世界が神の計画と知恵を示し、神の知恵、力、善が自然世界に見られることを大変喜びますが、無神論批判に全然触れません。しかし一八世紀から一九世紀後半の期間、自然世界の研究はますます世俗化され、神の創造に関する考えは減少し、その結果、タイトル名を自然哲学・自然神学から自然科学に変更するようになりました。ウェスレーの書いたタイトル名はこの変更期間の作品ですが、彼の自然哲学は世俗的な作品（自然科学）でも、無神論批判（自然神学）でもなく、自然界の驚き・神秘を描く自然哲学でした（『ウェスレー』二五七―二五九頁）。

一八世紀後半になると、哲学・神学を内に含み、人間の知的活動の全てを含む「知」としての「科学」理解は解体していきます。いままで「自然哲学」の総称下で呼ばれた自然科学の営みはたとえば「物理学」「生物学」などの個別の領域の学問として細分化され、また、従来「自然哲学者」と一括して呼ばれた者は「物理学者」「生物学者」「科学者」などの細分化された専門領域の学者になります。哲学、神学から分離し、自立の過程を歩み、個別科学として自然科学が成立したのは一九世紀半ばでした。この自立化の過程に伴い、自然科学の営みは「神の栄光のため」という従来の要素が希薄になり、自然法則の探求が科学者たちの唯一の営みになりました。

そこから経済性、快適さ、迅速性、有効性などの人間の欲望実現のために自然を利用し、かつ自然を支配する傾向を示し、そこから現代の宇宙破壊の危機をもたらす自然環境問題が生まれ、個別的に研究され、細分化される知識が総合的・全体的知を破壊する兆しになりました。生命倫理でも貧困問題でも同様の危機感が体感されます。私たちの教会は家族や地域での全体的秩序が崩れ、個別問題になった高齢化・虐待・少子化問題などをどのような全体的視点から検討するのでしょうか。

ウェスレーは「あれかこれか」の確固とした一つの立場を選ぶ生き方ではなく、様々な知識に開かれた多元的な価値観をウェスレー自身の固有な生き方とし、科学・哲学・神学の総合的な学問的探求だけでなく、日常生活の処方箋を説教集、手紙、書簡集で繰り返し論じました。一九世紀以降、全体的知の構造が崩れ始め、個別化・細分化の構造が進み、存在の意味が問われ始めた現代は日本の高齢者の孤立死などに見られるように、個人と家族・地域などとの協力関係による全体的知の再構造が求められ、そこに生活保護・高齢者・認知症・人間虐待などの解決の示唆が隠されています。ウェスレーは理性的な読書の達人で、説教者・指導者・会員たちに彼の出版した説教集・論集などを学ばせ、自律し、主体的・対話的な人間であれと勧める、優れた全体的教育者です（*Works*, 10:480–500; 13:87; *Letters*, 5:220f.; 6:125f.）。

同時に、ウェスレーは魂だけでなく、地域支援活動による隣人や動物との肉体的配慮を徹底的に行い、メソジスト会員を総動員して、苦しみの状態にある全ての病める者への愛と共感をメソジスト内に喚起させ、魂と体の両者の治癒・回復をメソジスト神学の心臓部としました。ウェスレーは説教で述べます。「病人の意味はベッドで寝ている者、厳密な意味で病気の者を意味しない。心であれ体であれ、善人であれ悪人であれ、さらに、神を恐れる人であれ恐れない人であれ、苦しみの状態にいる全ての者を私は病人と呼びたい」（*BE*, 3:387）。愛の説教者・実践者であると同時に、理性・学問の探求者で、新宗教や原理主義の同調者とは全く異なる「一書の人」でした。

ウェスレーは宇宙秩序の観察を通して知恵深い宇宙創造者を称え、神を賛美するために当時の科学的観察に基づいた多数の諸発見を記述しました。ベーコン、ニュートンであれ、一六、一七世紀の科学者たちは皆キリスト者で、彼らの科学的営みは神が世界に置かれた理性的法則を正しく知り、それによって知恵深い創造者なる神を称えます。彼らの自然探求は常に、例外なく、「神の栄光のため」という唯一の目的で支えられ、自然科学の営みは神の創造行為の神秘を解き明かすこと、つまり、多様な自然現象の背後に隠される神のご計画の一端に触れ、神のみ業を賛美することです。但し、自然科学が誕生したのは中世ではなく、近世でした。どうしてでしょうか。「知は力なり」はベーコンの有名な言葉です。アリストテレス以来の科学は本質的に具体的な日常生活から離れたところで、それ自身の内に宿す神秘的力で織りなす自然の運行を観るという、観照的なものです。自然を理解するとしても、自然を人間のために具体的に用い、ましてや自然を支配する考えは存在しません。中世の教養を担った「自由七科」(artis liberatis) は今日の大学の、いわゆる教養課程の基礎となりましたが、その内容はこのラテン語が示すように、手仕事や労働から自由な学問を意味します。中世社会では理論を扱う宗教指導者や知識人階級と、実際に物を扱う職人階級とを分離し、ルネサンスの市民社会の時期を迎えるまで、理論の世界と実証的実験の世界の両者を生きる人間は存在しなかったのです。具体的な日常生活で実験や観察を重視せず、形而上学的な性格の濃かったスコラ学の自然科学的知は、現実的に有効な知識になることが少なく、思弁的傾向が強かったのです。その意味でスコラ学は力を失った知の学問といえるでしょう。

これに対し、ベーコンをはじめとする近代科学の研究者たちは自分たちで自然にメスを入れ、自然を分析し、具体的な知識を得、それで逆に自然を利用し、自然を支配しようとする、人間に役立つ知識を得ました。「知は力なり」のベーコンの自然探求のスローガンは、あらゆる人間の向上のため、その知を利用する自然支配の理念を原理的に可能にし、このスローガンはやがて産業革命につながりました。自然を解剖し、支配しようとするベーコンの意義は、明らかに科学知識を日常生活に密着させ、役立つ知識にするもので、どのような理論体系や思弁よりも人間生活や生き方に深く関わる具体的な知識を重視したのです。

もちろん、ベーコンの「知は力なり」は自然破壊や公害問題などに見られる、人間の欲望を限りなく実現させる今日の、いわゆる科学技術を指向しません。「知は力なり」の「知」は人間の快、幸福、利益に役立つ知識というよりも、ウェスレーがしばしば語るように、宗教的な意味を持つ理念です。つまり、自然探求で与えられる知とは、人間生活に何ら変化をもたらさない知ではなく、神の存在を肌で感じさせ、新たな信仰に導き、神の栄光をほめ讃えさせるのに適切な、生き生きとする力を持つ知識という理念です。

私はあなたの業を無思慮に観察せず、日常的にその業を見過ごしていません。私はその業を真剣に、真面目に考えています。……この観察はその業を単に見ているだけではなく、又、出来る限りの、自然の直接的原因者を探しているのでもありません。私は自然の存在、依存、そして支配をあなたに、全ての存在の第一原因のあなたに求めています。自然を第一原因に求めることで、私は確信します。自然の存在と運動の第一原因の神が存在すること、神は唯一の存在で、最も力強く、知恵深く、全てのことを知り、支配し、維持される。これらのことを確信することで私はこれらの自然現象と全く一致するあなたの聖なる言葉に強くされ、同時に、私は真にあなたを尊敬し、畏敬し、賛美し、更にはあなたを礼拝し、仕え、従うのです。

(*Survey*, 5:197-199)

近代科学者たちの自然探求の目的は現代の私たちのそれとは異なり、宗教的・哲学的動機で為されました。自然現象の内に示される全知全能なる神の栄光を讃えることが近代科学者たちの動機ですが、この目的で観察、実験を試みました。しかし一九世紀後半に、自然科学は哲学、神学から分離し、自立の課程を歩み、個別科学としての自然科学が誕生し、この過程とともに、自然科学の営みは「神の栄光のため」という要素が希薄になり、

「個人の幸福のため」に移行していきました。自然界の秩序に置かれた、神の法則を探求する意識は弱まり、それに代わり、アプリオリに自然界に存在する自然法則の探求が科学者たちの営みの唯一の動機になったのです。神の意志、神の支配が棚上げされるに従い、自然を支配する自然法則を人間が理解し、理解するにとどまらず経済性、快適さ、迅速性、有効性などの人間の欲望実現のために自然を利用し、かつ支配への関心を示しました。そこには収奪や破壊を生み出す「進歩」「開発」「発展」の功利的、実用主義的自然観が生み出される危険があります。本来「知」としての科学は自然を支配する力（技術）と切り離されていましたが、「知は力なり」のベーコンのスローガンはベーコン自身の意図をはるかに超えて、「科学技術」の表現であるかのように、科学（知）と技術（力）との一体化を当然のことと受け取る風潮が現代の私たちにあり、この流れに対抗し、世界で様々な自然破壊防止対策の世界大会が行われているのが現代の情勢です。

それにしても知を具体的な日常生活との関わりで捉える「知は力なり」という理念は倫理的宗教生活の強調に良く示されています。宗教生活は実際生活の向上という倫理的次元で理解される実践的宗教知識です。ウェスレーは倫理的宗教知識だけでなく、科学知識の現実への有効性を強調するベーコンに従い、医療世界で実践的応用を適用し、現代の動物学者が述べるように、一八世紀西欧世界で自然破壊に戦う例外的学者としてウェスレーが特別扱いされているのです。また、この項目を終えるにあたり、万巻の書を愛し、知を過大評価する危険にあったウェスレーの、現在出版されている文献等にふれておきましょう。

ウェスレーは当時の博学的なトピックに関する文献を四〇〇冊ほども出版し、そのために一〇〇〇冊以上の書物を読み、その状況で彼は「一書の人」と自分を呼びました。ウェスレーは神学を当時のあらゆる諸科学との対話で思索・展開し、これらと無関係に論じる神学的営みは国教会神学者のウェスレーにありませんでした。彼は本書で述べた自然科学や哲学の諸問題を多くの説教集で論じ、貧困者への関わり方、お金の獲得・貯蓄・与えることの全体的意義、身近に存在する病人への配慮の方法、メソジストの教理・実践・規約・訓練などを徹底的に学び、それをメソジスト会員に体験させ、メソジスト内での教理論争、他教派との論争内容とその解決方法、さらには睡眠・運動・食事などの健康維持方法、人間の身体をまとう服装・装飾品への対応の仕方など、学問・教理論争の学問的学びと貧困者・病人支援の様々な日常生活での具体的知恵を伝える実践的訓練を多くの説教集にウェスレーは力強く語りました。説教集は説教者や会員を知的・実践的学問訓練を行うために特別に出版された書物です。ウェスレーもメソジストの会合に参加し、出版された説教集、論集、自然科学書、著名な人の作品などを共に読んだのです（*BE*, 21:173, 494; *Letters*, 3:173; 4:247–249; *Works*, 10:483f., 492; 12:261, 440; 13:54f., 87）。知的教養が不足すると言われた会員たちは学びと体験で、適切なキリスト者になったのではないでしょうか。私たちの教会はどうでしょうか。私たちは学問的・実践的に成長しているでしょうか。

勿論、これらの説教集や他論文の出版がウェスレー神学に新しい解釈学的鍵を与えたとか、彼の信仰や宣教の土台になった、ましてや、ウェスレーの真の像を示していることとは別の話です。これらの出版はウェスレー神学の解釈の幅で、幅が広ければ広いほど、彼の神学理解がそれだけ深くなります。彼は一つのテーマとして自然科学、哲学的伝統、政治経済、音楽など、しかも一七・一八世紀の時代に実際に生きた知識人の書物を取り上げ（野呂の語る、歴史上の著名人ではなく）、時代的文脈との対話で自分自身の神学を展開したのです。当時の諸科学を探求することはウェスレーの神学構成が何であるのかを学ぶのに必須なことです。私たちも現代の科学者や哲学者、医者などの人々の作品を読み、それとの対話で自分たちの考えを述べているでしょうか。

現在出版されている三四巻の『新ウェスレー全集』（*Bicentennial Edition of the Works of John Wesley*）があり、三四巻中一九巻が出版され、出版予定は一五巻あります（『民衆』二二一―二二二頁、但し、二〇一五年に『手紙』二七巻が出版）。この出版予定を本書との関係で述べると、一六巻の『神の創造的知恵・自然哲学概論』（大学の博士論文や種々の論文・雑誌、また、米国デューク大学の学生による資料研究の厳しい作業などを通して、この自然科学書がウェスレー神学の資料）、一七巻『医学論文』（自然的治癒書『根源的治療法』［一七四六年］やウェスレーの六篇の医学論文)、三三―三四巻はウェスレーが四〇〇冊余り出版したリストを掲げる『ウェスレー出版の目録』です。

筆者が米国に留学した契機はウェスレーとロックとの関係を調べることでした。それまでの研究はウェスレー著作のある個所や注、また、否定的な論文があるだけで、ウェスレーとロックとの両者の認識論を文献によって取りあげる研究者は一九八〇年以前に存在しなかったのです。そして一九八〇年に筆者の卒業論文「ウェスレーの認識論」が初めてこの世に提出されたのです。

この論文提出の一九八〇年代以降、ウェスレー研究者たちはウェスレーと哲学・科学・医学との諸問題を展開するようになりました。ある研究者は一九八四年に『ロック、ウェスレー、英国ロマンティシズムの原則』を書き、「ウェスレー神学はジョン・ロックの主著『人間知性論』の経験哲学と密接な関係を持ち、……ウェスレーは徹底的に哲学的であり、少なくても哲学的神学者であった」(Richard E. Brantley, *Lock, Wesley, and the Method of English Romanticism*, Florida, University Press of Florida, 1984, p. 1)と述べ、別の研究者マシューズは一九八六年の卒業論文でウェスレーの認識論はマルブランシュではなく、人間に知的に理解される認識論、つまり、ロックの伝統であると述べ、筆者の立場を批判したことを先ほど述べました。

また、二〇〇四年には当時の自然科学者たちの学問を探求することでウェスレーの『神の創造的知恵』を展開するフェルマンの卒業論文、「目に見えない事物の確信、ジョン・ウェスレーの自然哲学の使用方法」("The Evidence of Things Not Seen: John Wesley's Use of Natural Philosophy," (Drew University Ph. D. thesis, 2004)があります(勿論、「目に見えない事物の確信」とはヘブライ一一・一の言葉で、この言葉に基づいた自然科学の記述)。医学に関して言えば二〇〇八年に『内的・外的健康、環境、聖なる生活を含むジョン・ウェスレーの全体的医学概念』('*Inward and Outwartd Health,' John Wesley's Holistic Concept of Medical Science, the Environment and Holy Living*, edited by Deborah Madden (London: MPG Books, Cornwall, 2008)が出版され、ウェスレー全体の医学的立場が探求されています。

このように、一九八〇年以降、多くのメソジスト研究者は哲学、科学、医学などの種々の視点からウェスレーを論述し、『新ウェスレー全集』の出版予定にあるように、『神の創造的知恵』（第一六巻）や『根源的治療法』（第一七巻）、ウェスレーの医学論文（第一七巻）が出版される予定です。ウェスレーと哲学・科学・医学との密接な論及が現在のウェスレー研究者の関心の的になっていますが、本書もこの研究に寄与できる文献であれば、と願っています。

2　普遍（論理）性と個別性（認識）の統合

一二世紀の時代、実在論と唯名論との普遍論争以来、論じられた現代の一つの問題は西洋思想の抱える二元論の問題です。普遍は個物に先立つのか、それとも個物が普遍に先立つのか、この二元論です。探求される知識の対象は普遍的、一般的概念なのか、それとも個物なのか。そして、近代は近代科学、特にその原子論的思想の復活と共に個物の存在が確立され、存在するのは個物、個人であり、概念として抽象の彼岸にある存在は追求に値しないものとされました。「個物」「個人」を示すラテン語は individuum で、これはギリシア語の atom（原子）の訳で、両語とも「分割されえないもの」を意味します。ロックの政治思想はこの原子論的人間理解にあり、社会はこのような独立した一個の人間の集合体であり、社会の究極的単位の、固有な個人の権利は確立されなければならないと理解されました。

一七世紀以降の近代科学の方法論は、それ以上分割できないものにまで物質を分解し、分析する要素主義、あるいは還元主義（分析された要素は個別的なものに還元できる）を主張します。分析を基本的手段として、事物をバラバラな要素に徹底的に分解し、次にこの要素を組み合わせ、全体を理解します。この方法論で今日の近代科学は分子、原子から電子を見つけ、更に原子核、素粒子まで分析することで、物質の究極的要素は何か、またその性質はどのようなものかを徹底的に追求します。その結果、分子生物学などの領域で見られる大きな成功を収めました。しかし最近特に要素主義の限界、還元主義の問題点、すなわち、全体的構造との関係で個物を理解しなければならないことが指摘されます。

確かに一面で、全体は要素の連関であり、その意味で要素をしっかり見極めることが大事ですが、他面、全体が要素の働きを規定している側面があります。つまり、要素に先立つ全体という側面があり、要素の働きが全体に依存し、全体の配慮の中で一つ一つの要素の性質が規定される、いわゆる場の論理が注目されています。この事柄を一般的に言うならば、全体は個を必要とし、個も全体を必要とする、ことです。個と全体はそれぞれが存在するのに必要不可欠な存在です（本書の表現で言えば、諸臓器と体との関係）。これに対し、近代から現代にかけて西洋思想の特徴は特殊、個なるものが先か、それとも普遍、全体なるものが先か、という二元論を打ち立て、個物の立場、すなわち、要素還元主義に解決を求めたのです。

西洋医学と漢方の違いを考えてみると、現代、病院に行きますと、医者は検査結果を中心に今後の治療方針を患者に伝えます。確かに検査データは大切で、それで治療効果を得ることができます。しかし三時間待って、三分の診察時間では、患者の生き方や体に関する様々な疑問を医者に聞くことが困難です。「東洋医学は病人を癒し、西洋医学は病気を癒す」と言われます。西洋医学が肺、肝臓、胃などの寄せ集めから成立するのに対し、東洋医学は体を全体として理解し、その歪みを直す方法を試みます。器官の寄せ集めであれば、当然検査結果が重要ですが、患者は心の寄せ集めでもあります。ここから、近代医学は木を見て森を見ない、病気を見て患者全体を見ないと、批判が生まれ、悪く言えば、病気が治って、死去する場合があります。他方、東洋医学は全体を見るために局所を見落とすことがあり、治療には患者自身の問いと充分な検査が必要です。「病気の看護ではない。病人の看護である」、あるいは、「病気を見ずして、病人を見よ」と世間の人々の言葉が私たちの耳に届きます。西洋医学と東洋医学の両者の統合（体と諸臓器との相互関係）が今後の医学治療の方向性にあります。充分に患者の話を聞いて、それを取りあげながら、同時に、検査も充分に行う必要があります。この両者を充分に使いこなしていくことがこれからの医学療法の方向です。最近、cure と care を一つにしようという新しい考えが生まれ、身体を癒す cure は心の care と分離できないと言うのです。心身医療です。

話を元に戻すと、論理的思考方法には演繹法と帰納法があります。前者は普遍的、一般的真理から特殊的、個別的真理・法則を導出する推理方法です。この推理方法で前提される普遍的、一般的内容が認められる限り、演繹で導出される個々の特殊な内容も承認されます。この推理は完璧で確実性を常に伴いますが、その代償として、何ら新しい知識を与えません。この完璧な演繹によるその論理形式は数学的方法によく適合します。なぜなら数学も公理を認める限り、そこから導かれる定理を認めざるを得ないからです。

他方、帰納法は個別から普遍へと推理を進めますが、この推理方法に確実性が伴わないのです。それは有限の個の観察データから、確証されていない無限的個の事例に推理が飛躍するからです。つまり、X1、X2……という観察事実から「すべてのXは……である」と根拠もなく主張されます。この飛躍のゆえに、帰納法には確実性が欠如します。しかし、既知から未知に推理するこの方法に新しい発見が、新しい知が伴います。実体概念、本質概念を基本とする形而上学的認識論は演繹法をその基本的論理形式とします。他方、個々のデータを土台に出発する経験主義的認識論は帰納法と結びつきます。新しい知識と発見に多大の関心を払う経験主義者ロックは演繹法より帰納法を好みます。これに対し、論証的確かさと内的経験を重んじるウェスレーは両者の思惟形態を認めるのです。

アリストテレスの形而上学は一八世紀以前と同様、一八世紀でも英国の思想界を支配し、論理学でも同様でした。リンカーン・カレッジで学生に論理学を教えていた時も、ウェスレーはアリストテレスの論理学の信望者で、古典論理学の熱烈な支持者でした（『宗教思想』二九六—三二六頁）。真理は人間の認識に依存せず、三段論法の演繹的推論で確定し、理性は真理を形而上学的に把握します。三段論法と呼ばれる演繹的推論で既に確立される事実から真理は正しく推論され、この普遍から特殊を導きだす際の思惟のあり方、その道筋がこの演繹論理学で詳細にわたり論議されます。ウェスレーはアリストテレス論理学を英国当時の代表的著作で親しみ、リンカーン大学の監督、サンダーソンの『論理学概論』、オックスフォード大学の幾何学の教授ワリスの『論理学概要』、あるいはオックスフォードのクライト・チャーチの学部長、オードリッチの『論理学要項』などに精通し、サンダーソンとオードリッチの書物を抜粋したことを記述しました。ウェスレーは古典的論理学の信奉者として個々の具体的な現象を本質的に規定する普遍的真理の存在を認め、個々の事実は演繹的に推論されると考えたのです。

アリストテレスの形而上学を尊重したウェスレーは人間の感覚証言に現実の世界が解消されてはならないと考えます。ウェスレーは人間の知覚に依存しない世界の存在を固く信じ、この視点からバークレーを批判したことを述べました。多くのロック研究者によると、ロックは確かにバークレーに大きな影響を与えましたが、ロック哲学はバークレーからではなく、当時の科学世界から理解されるべきだと言います。ウェスレーはロックがこの形而上学の世界の存在を認めていたことを知っていましたが、彼のロック批判は論理学の問題でした。

ウェスレーのロック批判の中心点はロックの論理学です。ロックは演繹的方法（三段論法）と帰納的方法、実定的（real）本質と唯名的（nominal）本質、実体的自己同一と意識に基づく自己同一とを区別し、後者にロックの関心を集めました。しかしウェスレーはアリストテレスの古典的信望者として個々の具体的現象を本質的に規定する普遍的真理の存在を認め、この事実は演繹的に推論されると信じます。それゆえ、ウェスレーは実験、観察で新しい真理が発見されると考えません。真理は既に確定しており、理性作用でその真理に到達できると彼は考えます。

ウェスレーは新しい科学的探究の道を開いたベーコンを「世界的天才」（*Works*, 12:478）と呼びますが、同時にアリストテレスをも同様に呼びます（*Works*, 13:478）。アリストテレスは形而上学的理解と観察による自然理解との統合を模索しましたが、ベーコンはアリストテレスの自然理解を現代的に解明したとウェスレーは捉えます。あるいは自然哲学者のボネットは『自然考察』で伝統的な種の教理（神が自然界に置いた普遍的構造・秩序、実定的教理）を認めますが、同時に、この教理を人間は知的に認識できないので（人間の知の相対性）、この人間の未完の知を少しでも確認するために、人間は観察による自然分類方法（唯名的本質）を提唱し、ウェスレーはこのボネットの伝統的、かつ、個別的探求方法の両者を『神の創造的知恵』で抜粋しました。ウェスレーもボネットと同様、普遍性（普遍的構造・理性的論理）と個別性（個物の近代科学的・感覚的推論）の二重性を確信し、形而上学的理解の相対的知識を観察による自然理解で理解を深め、両者の一致の探求を確信します。普遍性が個別性で、理性証言が感覚証言で確認されることをウェスレーは求めたのです（個別性の発見で普遍的相対性を確認していく）。

この普遍性（古い真理・論理学）と個別性（新しい真理・感覚）の一致（普遍性・理性は個別性・感覚で確認されていく）を確信するウェスレーは聖書理解との関係でも、同様の立場をとります。たとえば、確証の教理はオリゲネスとクリュソストモスが述べた初代キリスト教が教える内容で、新しい教理ではないとウェスレーは述べますが（*Letters*, 2:96, 100, 105）、信仰義認もルターだけでなくクリュソストモスも主張したと明言します（*Letters*, 4:175）。普遍性と個別性の統合を信じるウェスレーは信仰義認の教理をこのように理解しますが、私たちはどのように考えるでしょうか。野呂は「この点でウェスレーは間違っていた」（『ウェスレー』三七五頁）と述べますが、普遍性と個別性をどのように捉えるかが問題です。

ウェスレーもブラウンも自然宗教を一つの宗教知識形態として認めていたと前述しました。また、聖書の啓示を認識すると同時に、聖書以外の書物に無関心な者は説教者として危険で、熱狂主義だとの烙印をウェスレーが押したことをも述べましたが、この思想の背後に、「神が一つであるので、神の働きも全ての時代で統一的です」（*BE*, 2:489）のウェスレーの言葉があります。彼は神の真理（宗教的知識）と諸学問の全体思想（自然的知識）との統合を指し示します。また、初代教父を愛するウェスレーは次の有名な言葉を語ります。「教理が新しければ、誤りであるに違いない。その理由は古い宗教が唯一の新しい宗教なのです。『最初から存在した』同じ教理でなければ、いかなる教理も正しくはありえない」のです（*BE*, 1:324, cf. *Letters*, 8:145）。この表現も先ほど述べたウェスレーの言葉内容と同じでしょう。また、前述したアリストテレスとベーコンの科学理解の一致（「世界的天才」）、ルターだけでなくクリュソストモスも信仰義認を主張したという点もこの理解から生まれてくるのでしょう。

ウェスレーもブラウンもこの視点から神学的作業を行い、そこに西方神学とは異なる、国教会に流れる東方的香りの神学理解を展開したのですが、その背後に、神はイエス・キリストを通して（つまり先行の恵みで）人間と和解し、この暗く、罪深い人間の心に良心を再び書き記したとウェスレーは述べます（*BE*, 2:7）。従って、この身体的・霊的感覚を用いれば、全ての人間の良心に、どの民族であっても、キリスト者でなくても、ある程度の善悪の知識は備えられ、そこに理性的宗教知識の基盤があり、この知識に即して生きるならば、どの人間でも救われるのです。さらに言うと、先行の恵みで霊的感覚が全ての人間に与えられ、この恵みで異教徒もキリストの贖いに出会える機会があるのでしょうか。先行の恵みに基づくウェスレーの人間理解は宗教改革者や日本基督教団の体質と、決定的な相違を与えていると考えて良いかもしれません。日本基督教団に属するメソジスト系の更新伝道所は教団にメソジストの伝統から何を語りかけているのでしょうか。ウェスレーが説教で、国教会の信徒は愛の働きに劣ると書きましたが、それと同様、教団はイエスの説く愛の宗教にどのように対応するのか、その場合の義認信仰と愛との関係は、あるいは、聖餐式に未信徒を招く儀式を先行の恵みからどのように語るのかなど、更新伝道会の責任が問われています。

ウェスレーは宗教の本質を内在的、霊的意識に基礎づけますが、同時に、この固有な宗教理解は深い所で超越的、客観的、さらには合理的、普遍的宗教理解と一致する、と彼は確信します。個人的な体験はこの体験を超える客観的普遍的なもので媒介されなければなりません。ウェスレーは宗教体験を知の一つの証言として強調しながらも、この個別的、特殊なる知識は全体的、普遍的知識に通じている、と考えたのです（ウェスレーは啓蒙主義精神の実である愛への生き方と確証体験の両者の生き方を救いの形態と捉える）。

ウェスレーの霊的宗教理解は国教会の伝統的宗教理解の、理性的、道徳宗教と深い所で一致するのです。一般的に、内面性を重んじる敬虔主義は教会の外面的制度や教義の批判にその出発点があります。主体的、個人的な心情を重んじ、信仰の絶対主義や権威的他律主義に対し、個人的自律性を尊重するのが敬謙主義の立場です。この一般理解からすれば、一七二五年から死に至るまで、多くのカトリックの神秘主義者たちを愛したウェスレーは敬虔主義を尊重し、彼らの意見を自分の神学的枠組みに取り入れます。但し、ウェスレーは国教会であれ、カトリックであれ、いずれの教会制度の在り方に対し、そのあり方を肯定し、国教会の下で様々な立場の生き方を肯定する寛容思想を強調したのです。この意味で、ウェスレーの新しい宗教理解はメソジストという新しい教派の誕生を生み出さなかったのです。

しかしそれ以上に、ウェスレーの敬虔主義は普遍的教会の信仰と相互媒介的に共存すると捉えられます。特殊性と普遍性との共存、また個別な、特殊なる体験は教会的、共同体的なものと深い所で一つとなる敬虔主義、これがウェスレーの立場です。メソジズムとは「新しい宗教ではなく……古代の宗教」であると述べた後、ウェスレーは次のように述べます。「この古い宗教は、……愛、つまり神の愛と全人類の愛以外の何ものでもない」(BE. 3:585)。敬虔主義がしばしば共同体的世界を喪失する心理的主観性の世界に埋没する傾向がありましたが、ウェスレーの敬虔主義は普遍性（愛）に通じる敬虔主義、ウェスレーの主張する特殊性（メソジズム）は共同体（国教会）に通じる特殊性です。

愛の実践を伴う理性的認識と心の感性で知られる霊的認識の両者は共に救われるとウェスレーは言います。一八世紀の啓蒙主義精神の理性証言とロックなどの新しい感覚証言との統合性をウェスレーは学問と宗教に求めたのです。実存的知識を伴わない理性認識に、実存的意味を与える感性的認識で理性的認識の意味構造を作り出すのです。

古典論理学の信奉者ウェスレーは一方ではアリストテレスの伝統で形而上学的な理性的認識、個々の具体的な現象を本質的に規定する普遍的真理、あるいは、三段論法を認め、他方では、近代科学の経験哲学の伝統から観察的な認識論・唯名的本質的傾向を学び、この両者の証言が一致することを国教会の伝統から、特にバソリン（一六五〇―一七〇五年）等を通して確信します。特別研究員であったウェスレーは他の教員がなしたように、学生たちに著名な学者の書物を読ませ、学生の学問を指導しましたが、ウェスレーは運動の法則、重力の法則などを書いた『バソリン物理学論集』から四一頁にわたる抜粋集を作成し、学問的探求として学生に準備し、(68)キングスウッド学校の授業でも使用されたのです。

今述べた理性証言と感覚の証言の一致を語ったのは自然科学者のバソリンで、ウェスレーはアリストテレスの科学理解を賞賛すると同時に、ベーコンやボイルなどの近代研究者の発見をも称賛し、近代科学者による発見は古代で既に知られた知識にいかなる新しい真理を加えることはないとウェスレーはバソリンの抜粋から学び、アリストテレスとベーコンの両者を賞賛し、両者の考えを承認しました。この考えがウェスレー自身の自然研究や神学の思考方法になり、彼が『神の創造的知恵』の五巻（一七七七年）に挿入した著作『現代に寄与する諸発見の起源を問う』（一七六九年）で科学者と古代人の両者が同一の考えを示したとデゥーテン（Louis Dutens）は述べます（*Survey*, 5:82-84, 99f.）。ウェスレーはコペルニクス、ガリレオ、ニュートンなどの自然哲学者による発見は、古代で既に知られた知識に何ら新しい真理を加えることはなかったと述べます。ウェスレーは知識論をアリストテレスとベーコンの二つの伝統で展開しながら、多くの哲学者、国教会神学者たちが展開する理性的、形而上学的な認識と同時に、むしろ当時では稀であった心理学的な対象認識にも強い関心を抱き、霊的感覚を基盤とする認識論を彼自身の宗教知識論と展開し、この両者の統合を探求したのです。

ウェスレーは理性的に把握される宗教知識の尊重という国教会の遺産を受け継ぎ、この形而上学的伝統の中で知識論を展開すると同時に、もう一つの伝統、すなわち、科学的、哲学的伝統の中で認識論を展開したのです。そして彼はこの両者の伝統から導き出される証言、つまり、理性証言と感覚証言はお互いに一致することを深く確信し、そのことをメソジスト内で確認しました。

一七四七年七月までに、ウェスレーは弟チャールズに義とする信仰に、明確な自覚的赦しの確証が常に随伴するかどうかを問います。赦しの自覚は全ての人間に可能で、真のキリスト者の共通の特権ですが、同時に、義とする信仰にこの自覚が本質的であることをウェスレーは否定します。モラヴィア派の影響で、絶対的な意味で、義とする信仰と人間の自覚とを結び付けた、アルダスゲイト体験直後の立場を聖書と体験に矛盾すると彼は言います（*BE*, 26:254f.）。ウェスレーは一七四七年以降、神に受け入れられると語る私たちの内的意識が、私たちが義とされ、救われることの前提条件ではないと述べます（確証体験の欠如者であっても、愛に生きる者は救われる）。この考えは聖書や体験に矛盾するだけでなく、論理的にも誤りです。「義とする信仰は赦しの感覚である、とする主張は理性に矛盾する、全く愚かしい考え方である。一体どうして罪の赦しを受けるとの感覚が、私たちが赦しを受け取る条件となり得るのか」（*Letters*, 2:109）。この考えは一七六八年の手紙でも示されます。「私は長年の間、受け入れられているという意識が、義とする信仰に本質的なことであると考えてこなかった」（*Letters*, 5:359, cf. *Letters*, 1:255; 2:108; 3:138, 162）。ウェスレーが自分の認識論の基本的立場の、聖霊の確証を否定したのは、彼が信奉するアリストテレス形而上学に由来したことを既述しました。これ以後ウェスレーは公の作品で、義とする信仰とこの信仰の確証とを注意深く区別し、後者を享受しないで前者を持てると主張し始めたのです（*BE*, 11:398f.; 9:375f.）。この信仰理解の背後に彼が厳しく批判したモラヴィア派の熱狂的な確証体験があったのです。

ウェスレーは一七四〇年頃までに、信仰と確証を同一視する完全なる確証を説き、聖化・完全を証する信仰を説いたモラヴィア派を否定し、自分自身の確証の教理を求めたのです。成熟した彼は、神の恵みの受領と、この赦しの明確なる確証を持つこととの絶対的関係を認めず、聖霊がキリスト者を義とするあり方に幅広い立場を承認します（*Letters*, 3:230, 7:298）。しかしこのことは、彼が確証そのものの重要性を否定したことではなく、彼の人生の終りでも真のキリスト者の共通の特権として、確証を説教で求めたのです（『ウェスレー』一七五―一七七頁）。

ウェスレーは形而上学と認識論の両者の伝統から引き出される証言、理性証言と感覚証言の一致を学生時代より確信し、この両者の二重性を強調し、知識論的には認識論を、形而上学的に論理学を大事にし、霊的五感を基盤とする認識論を彼自身の宗教認識論としたのです。真理は人間の認識に依存せず（人間の知の相対性）、普遍的真理の存在を認め、三段論法の演繹的推論で求めますが、同時に、個々の事実は帰納的に推論されるとウェスレーは考えます。霊的五感を基盤とする認識論を彼自身の宗教認識論の方法論とすると同時に、神の霊の証と人間自身の霊の確証は同一の出来事であるにも拘らず、人間自身の霊の証に対する神ご自身の霊の証の時間的先行性をウェスレーは強調し、理性証言と感覚証言との統合を確信したのです。

たとえば、ウェスレーはロックの影響を受けたル・クレーと会衆派牧師ウォッツの論理学に親近感を持ちます。彼らは確かにロックの認識論に影響されましたが、同時に、三段論法による論理学形式をも尊重したのです。人間の行動に対する情感の意義を強調し、理性だけで霊的生活を動機づけ、導くのは無理とするウォッツの叙述をウェスレーは知り、ウォッツの情感理解に同意し、一七六九年に抜粋集を作成し（*BE*, 22:171）、メソジストの民衆に読ませ、聖なる気質形成を語るウォッツの文章を抜粋しましたが（*AM*, 5［1782］: 200‒202, 587‒593, 648‒651）、他方、理性で情感を支配することを勧めるウォッツの叙述を削除しました。情感は判断の過ちに由来し、正しい判断形成に理性が決定的な役割を果たすと、理性原理をウォッツが主張したからです。貧困者を訪れる情感的賜物と自分を捨てる自己否定の自己訓練が伴わないと理性原理による生活の規制は不充分だとウェスレーはウォッツに反論します（*BE*, 3:387; 2:238‒250; 1:245f.）。ウェスレーがウォッツから学んだのは経験論の認識論で、認識論を超える、知的な倫理的心理学の強調ではありません。つまり、ウェスレーは理性的論理学と当時の人々に認識不足であった認識論の両者・二重性を対等に尊重したのです。

ウェスレーはこのように形而上学と認識論を統合し、感覚の教理に基づく宗教理解を聖書や伝統から推論される理性証言と一致することを絶えず例証します（*Letters*, 5:364, 366）。問題はこの両者の関係です。ウェスレーは論理学での真理把握を主張し、古典論理学を軽視するロックを批判しましたが、問題はこの形而上学と認識論との関係です。

ウェスレーは認識論的に確証を救いにとって本質的であると断言します。義認の確証（聖霊の働き）を知覚する霊的感覚で理解することが、彼の基本的認識論の確証の教理です。聖霊の証は常にそれを受け取る人間の霊の確証と一つで、神の霊の証と人間自身の霊の確証は同一の出来事です。従って、義とする信仰に私たちが受け入れられるとする明確な自覚的赦しの確証が聖霊の証に常に伴われなければなりません。しかし同時に、前述したように、信仰と確証を同一視し、確証が義認の条件だと語るモラヴィア派の熱狂主義的な心理学的危険性（信仰を単なる人間の自覚・知覚の心理的現象に還元）を批判したウェスレーは論理的に人間の霊の確証を義認条件としません（聖霊の証は人間自身の霊の確証より先立つ、先行的時間性の主張）。義認の確証は救いの条件になり得ないのです（前期のウェスレー、父サムエル、義認信仰を体験しない国教会徒、カトリック教徒、愛に励む異教徒も皆、救われる）。人間自身の確証を人間の救いの条件から外し、確証は救いの条件の本質ではない、とする彼の論理的発言と、内的証言、内的に救われる知覚を知の基盤とする彼の認識論の発言とをウェスレーは共存させます。ロックの場合、観念による認識論は対象の形而上学的説明よりも、心理学的説明に多くの関心を払ったため、対象の理性的認識を至上とする形而上学的伝統の権威を損なってしまうと、多くの批判が生まれたのです。しかしウェスレーは心理学的認識論と同時に伝統的な論理学の両者を同時に承認し、その両者を統合したのです。ウェスレーは知識論を二つの伝統で展開し、理性的、形而上学的な対象認識を科学的、心理学的な対象認識で確認していくのです。本論で触れなかった一点を付け加えておきたいのです。

ウェスレーに「思考の秩序（the order of thinking）」と「時間の秩序（the order of time）」いう二つの表現があります。既に述べたように、前者の意味によると、ウェスレーはアリストテレスの信望者として、基本的に神を実体的に捉え、静的な実体的存在者と理解します。神は人間の主観に先立ち、客観的に存在する対象で、人間の意識に絶対的に無関係で、それ自体で自存する現実であり、この考えをウェスレーは「思考の秩序」と呼びます。他方、後者の意味によると、ウェスレーはこの実体理解と共に動的な作用的神理解を同時に語ります。彼はニュートン、マルブランシュと共に神の本質として神の遍在、聖霊なる神の働きを強調します。ウェスレーは主観・客観二極構図で客観的に捉えられる神理解、即ち、「全てのものの内に見る」神理解だけでなく、この構図を超えたところで把握される神理解、「全てをその内に見る」神理解をも語ります。彼は後者を彼自身の固有な宗教理解とし、この理解を魂の開示と照明に基づく確証の教理で展開し、この現実理解を「思考の秩序」ではなく「時間の秩序」と呼びます。そしてウェスレーは事柄の本性上、「思考の秩序」は「時間の秩序」に先行・優先すると断言します。

確かに、ウェスレーは意識に依存せず、意識の外に存在する客観的現実を認めます。意識する、意識しない、を超えて存在する現実、人間の主観に先立つ神という理解です。しかし同時に、ウェスレーは意識に基づく直接的な宗教理解、確証の理解をキリスト教独自の考えと断言し、しかも、前者は後者に論理的な優先性を保持します。では前者と後者の関係はどうなのか、その問題に対し、本書で述べてきたことは、前者の普遍性（人間の相対的認識）を後者の個別性で確認することであると述べてきました。この問題を、現実と意識とは別々のものと語る「思考の秩序」と、現実と意識は一つだと語る「時間の秩序」との関係で考える場合、どのような関係になるでしょうか。

ウェスレーがロックの分類概念、同一性概念を否定したことを述べてきました。たとえ種の混合を示唆する怪獣が存在するとしても、人類の一般的規則は普遍的で、眠っているソクラテスと目覚めているソクラテスは同一人物であると、ウェスレーは同一性概念を人間の意識、記憶を超えたところに基礎づけ、次のように述べます(再引用)。

明らかなことは、ロック氏によれば「意識は人格同一性を作る。即ち、私が同一人物であると知ることは、私を同一人物にする。これ以上愚かな考えは今まであったであろうか。私が存在しているということを知ることが私を存在させるのか。私が存在していることを知る以前に私は存在している。注意して欲しい。ここで言及されている以前とは時間の秩序を指しているのではなく、思考の秩序を指しているのである。

(*Survey*, 6:592, 傍点原著)

この引用でウェスレーが「思考の秩序」と「時間の秩序」をどのように捉えていたのかが端的に示されています。思考の秩序とは時間の秩序に優先し、論理的に存在と意識とを峻別します(客観と主観の関係の不可逆性)。彼は意識とはなり得ない客観的、実体的存在を前提します。意識に依存せず、意識の外に存在する現実をウェスレーは思考の秩序と呼び、この秩序は時間の秩序に優先すると言います(優先・不可逆性)。他方、ロックは自分が存在している事実を人間はいかに知りうるのか、それを問います。意識を自覚することで自分の存在を知るあり方をロックは実体的存在の知り方より好み、ウェスレーはロックの捉え方を時間の秩序と呼びます。

確かにウェスレーが語るように、人間は生まれて死ぬまで、同じ人間だという側面があります。意識、記憶を喪失した私の存在は自分のものではなかったと言うわけにはいきません(責任問題を追及する裁判事例などを除いて)。私が私であるという自己同一性は確かに私の意識に依存しない普遍的側面があります(優越・不可逆性)。この側面が強調されると、実体という概念が用いられ、実体的同一性が強調されます。この意味でウェスレーのロック批判は正しいです。しかしそれと同時に、現実での、責任を問われる、多様な姿を示す側面は実体概念では説明できません。私が他ならぬこの「私」であるのはそれほど自明な事柄ではなく、むしろ自分の生きている人間的、社会的連関の中で明らかにされる側面があります。このような関係で意識と存在が一つだとして現れるあり方が時間の秩序ということでしょう。

既述したように、ウェスレーもロック両者とも「思考の秩序」と「時間の秩序」の両方を認め、しかも彼らの認識理解は「時間の秩序」にありました。ただ彼らの問題はこの二つの秩序の関係をどのように捉えるかにあります。ウェスレーは思考の秩序と時間の秩序との関係の不可逆性（思考は関係より先在的）を断言しますが、ロックはそれに戸惑います。意識と存在との関係は単なる分離、非連続の関係でも、その反対に、単なる同一、同化の関係でもないのです。意識と存在は別々のものでありながら、一つの事柄でもあります。そしてウェスレーは思考の秩序と時間の秩序との関係を不可逆とし、究極的な宗教知識を思考の秩序で発言し、この相対的認識に過ぎないこの思考の世界を時間の世界で確認する、固有な宗教理解を展開したのです（確証体験を欠如する者、つまり、僕の信仰者は確証体験者・子の信仰者に進むよう語るウェスレー）。

ウェスレーは人間の霊の確証に先立って神の霊の証が存在すると考えていたのでしょうか。それとも、この二つの証は同時に与えられると捉えていたのでしょうか。その答えは形而上学的世界では前者、認識論の世界では後者です。形而上学者としてウェスレーは「神の霊の証は事物の本性から言って、人間の霊の証に先んじなければならない」（*BE*, 1:274）と語ります。この発言は彼の宗教思想の神髄を流れる根本的思想です。この発言は「事物の本性から言って」（in the very natue of thing）の表現から形而上学的、論理的発言です。彼はこの論理的思考を好み、形而上学的思考は彼の著作の到る所で主旋律のように響き渡ります。論理的に原因は結果に先んじていなければならないと同様に、人間の霊的体験、意識、知覚はこれらをもたらす原因としての神の霊の証の先在的時間性を仮定しなければなりません。これが形而上学者としてのウェスレーの基本的立場です。義認と新生との関係でも彼は同様の立場を示します。

時間の秩序から言えば（in order of time）、両者の内いずれもが他に先立つことはありません。イエスの贖いを通して、神の恵みで人間が義とされる瞬間、人間はまた「霊から生まれる」（ヨハネ三・六）のである。しかし、いわゆる思考の秩序から言えば（in order of thinking）、義認は新生に先立つ。人間は最初に神の怒りが取り去られることを考え、それから神の霊が人間の心に働くことを考える。

（*BE*, 2:187）

この引用でウェスレーは自己同一性の問題に関し、人格の同一性を主張するロックを批判したのと同じ立場をとります。ウェスレーは思考の秩序と時間の秩序を区別し、論理的には思考の秩序（愛の倫理に生きる人間）、認識論的には時間の秩序（確証体験に生きる人間）だと述べます。思考の秩序と時間の秩序の区別を私たちは認めます。しかしウェスレーは確証の教理で主観と客観との同時性を語り、神の霊の証を常にそれを受け取る人間の霊の証との関係で捉え、義認と新生を聖霊の働きによる一つの出来事と理解します。認識論的には、神の霊の証は人間自身の霊の証しの外で理解されることではなく、この二つの証は一つの出来事の両面です。

ウェスレーは確証の教理に示される宗教理解を認識論的に固有な理解としますが、同時に、この認識論的世界と区別される形而上学的世界をも主張し、しかもこの区別を優劣関係、不可逆な関係だと述べます。つまり、この区別が認識論的ではなく、形而上学的に前提され、さらに時間の秩序に対する思考の秩序の先行性が説かれ、それがウェスレー神学の個性と理解されます。思考の秩序という論理的前後関係を語る世界が究極的な論理的な世界とされ、この世界に究極的真理が理解され、時間の秩序の認識論的真理理解でその究極的真理理解の未熟さを補充するのです。

本書で述べたことは、ウェスレーの宗教思想の主題は共存ということでした。客観と主観、超越と内在、啓示と理性、信仰（神学）と理性（哲学）、全体性（社会性）と個（実存性）、信仰と愛、西方神学と東方神学、宗教改革の精神と啓蒙主義精神など、矛盾し対立する二つの項の共存の主張です。国教会・神秘主義者・理神論者・熱狂主義者たちは現実を二つの項目から成立すると考えず、一元主義的な世界理解を示しました。その結果、彼らは一つの項目のみを強調し、他方の項目を固有なものと捉えず、軽視、あるいは無視しました。他方、ウェスレーは現実を二つの項目より成立することを確信し、二項目を統合することで世界を一元主義的に捉えません。彼は主観を排除し、客観のみで、あるいはその反対で現実を理解できると語りません。野呂が語るように、一方の項の欠落した、他方の項目のみによる世界理解はウェスレーの立場ではありません。彼の共存の主張とは、まさに相矛盾し、相対立する二つの項目から成立する世界理解であり、彼はこの考えのいずれか一方の項を軽視、無視すれば、本来的人間、世界の喪失に帰着せざるを得ないのです。

　ウェスレーが「思考の秩序」（愛の倫理）と「時間の秩序」（確証理解）の両者の固有性に目覚め、この両者の共存を認めたとすれば、その関係はどうであったのでしょうか。一方で、事実は人間の意識に依存せず、解消することもなく、意識と無関係に客観的に存在します。他方、意識の外にある事実がそれにも拘らず人間の意識によって把握されない限り、事実が存在することを知り得ないのも確かです。事実と意識は別々のもの（不可同）でありながら、同時に分離できない関係（不可分）です。事実と意識との関係は「二」（不可同）であると同時に「一」（不可分）、という構造です。ウェスレーは「二」の関係である「思考の秩序」と「一」の関係である「時間の秩序」の両方の世界に生きますが、この二つの関係を問えば、ウェスレーは答えるでしょう。認識に対する論理の優越・不可逆性の主張です。つまり、意識できない存在（相対的事実）を意識できる存在で確認することです。

　「はじめに」で書きましたように、ウェスレーの宗教思想の特徴は二つの項目の共存・二重性にあり、この思想構造の成立として三つのタイプに言及しました。第一は、二つの項が優劣に基づき、相互に補完し合うことで究極的に統一される「階層的」タイプ。第二は、二つの項がそれぞれ媒介されることなく、無媒介に併存し、相互に主張する、いわば「二重真理」のタイプ、第三は、二つの項が相互に媒介し、二つの項を二極的に分裂させ、優劣、主従の関係ではなく、かえって両者を同時・共存的に捉える「共存性」のタイプです。ウェスレーの場合、第一のタイプか第三のタイプかです。

私たちが理解したように、ウェスレーは理性（論理学）と感覚（認識論）の両者の関係を「階層的」タイプ、つまり、「二極構造の優劣関係、対応関係」で捉えました。自然哲学者、ボネットは伝統的な種の教理（普遍性）を認めると同時に、この教理を人間は知的に理解できないので（人間の知の相対性）、この人間の未熟の知に知識を増やすため、人間は観察による自然分類方法（個別性）を提唱し、ウェスレーはこのボネットの伝統的、かつ、個別的探求方法の両者を承認しました。この理性証言と感覚証言の一致を国教会の伝統からも学んでいたウェスレーは普遍性と個別性の二重性を確信し、普遍性は個別性で、理性証言（論理学）は感覚証言（認識論）で知識の未熟さの増加を求めたのです。感覚性・認識論による普遍的・論理学的相対性の知的未熟さの増加です。

この二項の関係は認識に対する論理の不可逆性・優位性を示しています。ウェスレーは一方で主観―客観構造を堅持し、神は人間の外に存在し、人間に倫理的要求を与える聖・正義・愛なる存在者として、二極構造で捉えます。しかし同時に、ウェスレーは認識論で、この二極構造を超えるところで成立する知に本来的宗教理解を基礎づけます。ウェスレーはニュートンやマルブランシュから現実を静止的実体（実体的神理解）よりも、活動的エネルギー（作用的神理解）と学びました。聖霊の証で語れば、ウェスレーは聖霊の証（神からの聖霊体験）と人間の霊の証（罪の赦しと神の子の喜び）の二重性を聖霊の証の本質的出来事と理解します。知られるもの（客観）と知るもの（主観）の認識を同時に体験し、エレグコスとしての信仰概念で「アッバ、父よ」と呼ぶのです。神と人間との一体的関係を与える聖霊の確証が与えられ、この宗教理解こそがキリスト教の独自性を示し、全てのキリスト者に与えられる特権だと断言します。現実をこのように理解することは二項の両者を同時・共存的に捉える「共存性」のタイプになります。問題は「階層的」タイプと「共存性」のタイプとの関係です。

ウェスレーが「思考の秩序」と「時間の秩序」との関係を不可逆にし、前者を究極的現実としたのは、彼が論理学の信奉者として、現実を実体的・理性的に理解したからです。この「階層的」タイプで聖霊の証を理解すると、聖霊の証が人間の主体的応答と無関係に外から与えられ、次にこの聖霊の証で私たちの霊の証が与えられ、それによって聖霊体験が起こるとウェスレーは語り、人間の証のみを義認条件にするモラヴィア派の聖霊理解との違いを明白にします。そのためにウェスレーは「神の霊の証が事柄の性質上どうしても私たちの霊の証に先立たねばならない」と語り、人間の霊の確証より聖霊の証が先立つ、先行的時間性を述べます。では聖霊の証を「共存性」のタイプで解釈すると、体験的出来事を通して聖霊の証と心理学的な人間の霊の証の同時共存性が語られ、この理解がウェスレー自身の確証の教理の本質理解となり、聖霊の証が人間の霊の証に時間的先行性を語る「階層的」タイプの理解と異なります。

自然科学の世界で語れば、ウェスレーが嫌う科学の方法論はそれ自体として存在する客観的真理とこの真理を認識する主観的真理とが一致することを説明する「説明的方法論」で、反対に、人間の意識体験への現れを記述することに徹する「記述的方法論」を好みました。ウェスレーの基本的宗教理解は神を対象化して認識することではなく、直接的な意識の領域で感性的に捉えられる事象の記述で神を語ります。彼の認識論では、神の霊の証が開示、照明され、本来的生を回復する人間の霊の証との関係で確証の教理は理解されます。

論理学は歴史的な思想形態で、ウェスレーはその堅持者ですが、ボネットと同様に、この論理学に対応する認識形態を主張します（「階層的」タイプ）。しかしウェスレーの認識論はロックと同様、一七・一八世紀がまだ許容しない、ウェスレー独自の宗教思想の認識であれば、この認識論こそがウェスレーが真に追求した宗教思想とは言えないでしょうか。ウェスレーはロックの論理学を徹底的に批判しましたが、それにも拘らず、『人間知性論』を編纂した時の結語として、ロックの考えに「幾つかの誤りが見られるが、しかしこのいずれの誤りも重大なものではないが」（AM, 7:316）と述べます。どうしてこのようなコメントを彼は提示したのでしょうか。また、ウェスレーの認識論は国教会で、彼を熱狂主義者と誤解させました。彼は国教会との論争で、国教会と同様の「階層的」タイプに同意しますが、同時に「共存性」のタイプの認識論を訴えたのです。ウェスレーは静的、実体的現実理解と動的、活動的現実理解の両者を語り、生涯主張した、不可逆な関係となる前者を主張するのと同時に、一七三八年以降の出来事で与えられた後者を彼は究極的現実と捉え、認識論を訴えたのです。ウェスレーに「我―汝」の人格的関係を成立させる聖霊論と、事実の本性を実体的に理解する哲学との間にズレが介在しました。聖霊論とこのズレに触れて、本書を終えましょう。

ウェスレーは聖霊の働きを罪の赦し（義認）と神の力（聖化）で語り、両者を対等に強調しましたが、国教会は聖霊の働きを神の力のみに限定しました。ウェスレーは人間に力を与える聖霊の働き（全生涯に亘るウェスレー、東方の治癒的働き、僕の信仰）と人間の罪を赦す聖霊の働き（一七三八年以降のウェスレー、西方の魂への働き、子の信仰）の両者を語り、罪の赦しと神の力、義認と聖化、プロテスタントの赦しと東方の癒しの両者を統合し、前者を土台に後者を展開しました（後者を軽視する宗教改革者）。人間の本性を癒し、キリスト者の完全に導く神の力、倫理的生活で理解される宗教知識と、倫理生活ではなく心に働く霊的体験で与えられる宗教知識、つまり、間接的な理性的道徳知識と心で体験され、論証的確かさで与えられる内的意識を伴う宗教的知識の両形態を主張したのです。そして彼は後者の考えを宗教本来の固有な宗教知識と捉え、前者の立場を生涯のメソジスト・国教会・東方・カトリックや創造時のアダムの生き方、あるいは、イスラム教徒などの異教徒の倫理的生活で検討しました。この意味でウェスレーは聖霊の働きを他教派・諸宗教と共に神の力の働きで生涯主張しましたが、確証を伴う信仰義認は一七三八年以降のウェスレー独自の認識論に由来したのです。

ウェスレーは一七三八年のアルダスゲイト体験で認識論を展開しました。彼がマルブランシュ思想から学んだことは、信仰とは魂の霊的感覚であるということです。神は魂の眼・耳・舌・味覚・嗅覚を通して直接に働き、魂に内的変化が起こり、その変化を知覚することで、私の罪は赦され、神の子とされる自己意識が与えられます。ウェスレーが国教会と論争した内容はこの宗教知識の確証問題を神の働きによって魂の内的変化で直接に知覚される人間の自己意識に根拠づけるかどうかです。他方、国教会の神学者たちは人間の内的自覚・意識に直接与えられる信仰を批判し、間接的宗教知識（聖霊は心の中ではなく、人間の行為で働く、それゆえ、心に直接与えられる知識ではなく、行為を通して間接的に与えられる知識）のみを主張し、内的・自覚的な宗教認識、即ち、体験から宗教の本質を理解するウェスレーを熱狂主義と批判したのです。認識論（ウェスレーの固有な宗教理解）と論理学（ウェスレー・国教会の論理学）との間のズレです。

ウェスレーが述べる認識論の特徴は聖霊の神的証で、自分の罪は赦され、神の子とされる特権が全てのキリスト者に期待できることです。ウェスレー神学の、従って、メソジストの中心的特徴が「罪の赦し」と「私は神の子である」との確証体験、聖霊による証であったという点で、アルダスゲイト体験は重要な出来事でした。ウェスレーは国教会が述べる、倫理的生活で理解される宗教知識の重要性を確認し、それを「僕の信仰（愛の働き）」と呼びますが、同時に、倫理生活ではなく心に働く霊的体験で与えられる信仰を「子の信仰（信仰義認に基づく確証理解）」と呼びます。ウェスレーは心で体験され、論証的確かさで与えられる内的意識を伴う宗教知識と間接的な理性的道徳知識の両形態を主張し、前者を宗教本来の固有な宗教知識と重視します。その意味で、論理学はウェスレーや他教派・諸宗教の共通する考え方でしたが、認識論は彼らと全く異なる、ウェスレー独自の宗教理解を示したのです。

ウェスレーが展開した三つの思想体系の内の第一の思想体系は愛によって働く信仰（僕の信仰）、つまり、「聖なる生活」、第二の思想体系は一七三八年の「信仰義認」（宗教改革者の信仰理解）、そして一七四三年に明記した第三の思想体系は信仰義認の根底に確証信仰を訴える「信仰義認に基づく確証理解」（子の信仰、宗教改革者の信仰義認との相違）です。第一の思想体系が論理学の世界（「階層的」タイプ）、第三の思想体系が認識論の世界（「共存性」のタイプ）です。第一の体系がメソジストを含む他教派・諸宗教の共通理解であれば、第三の認識論的体系はウェスレー固有の宗教理解で、ウェスレーがキリスト者の歩む道として僕の信仰から子の信仰に励むように語る時、神学的に認識論が彼の宗教的本来的知識の基盤となります。

ウェスレー固有の宗教理解は同時存在という共存性のタイプでした。もし相異なる二項の同時共存という事態を成立させる「第三項」として、聖霊の現実を存在論的に究明すれば、モラヴィア派の熱狂的な心理学的危険性や、人間の霊の確証より先立つ、聖霊の先行的時間性の問題が、つまり、宗教（認識論）と哲学（論理学）に介在するズレが解明されるでしょう。「第三項」とは二項を同時にあらしめる場、二項の同時共存性が成立する場です。そしてこの二重性とは聖霊の働き（非創造的恵み）が遍満する場です。そのためにも二重性の場、第三項である聖霊論を存在論的に考察することが大切です。この相対立する二項を統合する「第三の選択肢(69)（third alternative）」の確立が新しい時代の緊急課題であるとアウトラーは訴えたのです。

ウェスレーの、そして現代の私たちの問題は、共存するという場合の二つの項の関係、つまり共存性がいかに成立するかです。ウェスレーは固有の宗教理解を同時存在性という共存形態に置いたならば、この知の構造こそがウェスレーが真に追求した宗教思想ではなかったのでしょうか。まさしくウェスレーの認識論の存在論的再吟味が現代における緊急なる課題として私たちに求められています。

注

第一章

（1）拙著で野呂に言及した内容・頁個所は大体次の通り。『宗教思想』、ロック（一五頁）、聖化概念（七一―七六頁）、政治的神の像（八六頁）、高教会主義と福音主義（一〇三―一〇四頁）。『救済論』、方法論（三―四頁）、回心体験（一七、一九頁）、敬虔主義（二五頁）、楕円理解（六一―六二頁）、聖化理解（七七頁）、原罪理解（一〇〇頁）、予知問題（一一二頁）、東方理解（一三六頁）、キリスト論（一五三―一五五頁）、フィリオクエ理解（二一一頁）。『メソジストって何ですか』、回心体験（七二―七三頁）、決断理解（一九四―一九五頁）。『民衆』、『根源的治療法』（一五〇―一五一頁）、決断理解（二一六―二一七頁）、回心体験（二二一―二二二頁）。『ウェスレー』の多くは本論で言及する。

（2）A. M. Allchin, *Participation in God: A Forgotten Strand in Anglican Tradition*（Wilton. CT: Morehouse — Barlow, 1988）。

（3）Maximin Piette, *John Wesley in the Evolution of Protestantism*（New York: Sheed and Ward, 1937）; John M. Todd, *John Wesley and Catholic Church*（London: Hoddard & Stoughton, 1985）.

（4）Donal J. Dorr, "Total Corruption and the Wesleyan Tradition," *Irish Theological Quarterly*, 31［1964］, pp. 312-314.

（5）Daniel J. Luby, "The Perceptibility of Grace in the Theology of John Wesley. A Roman Catholic Consideration"（Pontificia Studiorum Universitas A. S. Thomas Aquin as in Urbe Ph. D., 1884）.

（6）Michael Hurley, "Salvation Today and Wesley Today," *The Place of Wesley in the Christian Tradition*, ed. Kenneth E. Rowe（Metuchen, NJ: Scarecrow, 1976）, pp. 104-106.

（7）マーカートゥによると、義とする神への信仰の応答から生まれる良き働きの主張のみがメソジストの真の精神であり、貧しい人々への良き働きで自分の救いの達成に務めた若きウェスレーの社会倫理は真正なものではないとする（Manfred Marqardt, English trans. John E. Steely and W. Stephen Gunter, *John Wesley's Social Ethic: Praxis and Principles* [Nashville: Abingdon Press, 1990], pp. 26, 98-101 参照)。

(8) Franz Hildebrandt, *From Luther to Wesley* (London: Lutterworth, 1951), pp. 14, 91ff.

(9) セルは『ウェスレーの再発見』の出版意図を、一八八五—一九三五年で支配的であったメソジスト神学のペラギアン的傾向を批判するためであったと述べる (E. Dale Dunlap, "George Crofot Cell's 1935, Rediscovery of John Wesley and Assessment of AmericanMethodist Theology," *Methodist History*, 19 [1981], pp. 238-241)。

(10) William R. Cannon, *The Theology of John Wesley, with Special Reference to the Doctrine of Justification* (New York: Abingdon-Cokesbury, 1946), pp. 14, 115f.

(11) Randy L. Maddox, *Responsible Grace* (Nashville: Kingswood, 1994), p. 91.

(12) たとえば、Colin Williams, *John Wesley's Today* (Nashville: Abingdon Press, 1960), p. 174, Robert C. Monk, *John Wesley — His Puritan Heritage*, (Nashville, TN: Abingdon, 1966), p. 109. なお、セルのこの有名なテーゼは George C. Cell, *The Rediscovery of John Wesley* (New York: Henry Holt; reprint ed., Lanham, MD: University Press of America, 1935), p. 361 参照。

(13) John W. Deschner, *Wesley's Christology: An Interpretation* (Dallas, TX: Southern Methodist University Press, 1960), p. 185.

(14) ここで言及しなかった、広い意味でのプロテスタント枠内で解釈する研究として Harald Lindstrom, *Wesley and Sanctification* (Stockholm: Nya Bokforlags Aktiebolaget, 1946), pp. 93-98; Colin Williams (pp. 57ff.) 参照。これに対し、ウェスレーは信仰義認とのプロテスタントの立場を完全に捨ててしまったと嘆くルター派研究者として George Tavard, *Justification: An Ecumenical Study* (New York: Paulist, 1983), pp. 84-92, 反対に捨ててしまったことを喜ぶカトリック研究者として Carolo J Koerber, *The Theology of Conversion According to John Wesley* (Rom: Neo-Eboraci. Langford, Thomas Anderson, 1967) 等参照。

(15) John W. Deschner, "*Foreword*" *Wesley's Christology: An Interpretation*, reprinted. (Dallas, TX: Southern Methodist University Press, 1985).

(16) George Cell (pp. 306-310), Harald Lindostrom (pp. 55-75), Colin Williams (pp. 74-97), John Deschner (pp. 150-157) 等参照。

（17）John Meyendorff, *Christ in Eastern Thought,*（Crestwood, New York: ST. Vladimir Seminary Press, 1976).

（18）Albert C. Outler, *John Wesley*（New York: Oxford University Press, 1964), 9.

（19）Thomas C. Oden & Leicester R. Longden ed. *Essays of Albert C. Outler: The Wesleyan Theological Heritage*（Zondervan Publishing House, 1991), pp. 31ff, 44, 47, 51ff, 64, 107, 121, 195 等参照。

（20）ウェスレーが特に予定論批判を展開する際、キリストは全被造物のために死なれ、この救いの受容・拒否する自由意志が人間に与えられているとのアルミニウスの考えを、自分の考えにしたということは研究者の間で了解されている。勿論、この人間の自由と普遍的救済の可能性の思想はウェスレーが熟知した初期ギリシアの全ての神学者たちの共通理解でもあった。なお、ペラギウスに対するウェスレーの好意的態度は最近の東方的ペラギウス解釈と一致するとマッドクスは言う（*Responsible Grace*, p. 285 [fn. 2]; K. Steve McCormick, "Theosis in Chrysostom and Wesley: An Eastern Paradigm on Faith and Love," *Wesleyan Theological Journal*, 26（1991）p. 81.

（21）ランニョンは［救済の秩序］を救いのプロセスと捉えたアウトラーを批判する。ランニョンによると、ルター・オーソドックスに起源をもち、ドイツ敬虔主義者たちで継承されたこの考え方は、一つ一つの段階を他の被造物（例えば動物）との連続的な関係ではなく、人間（自分）だけの生き方の追及に向けられ、しかも、個人主義的に意味合いが濃厚な考え方であるとする（Theodore Runyon ed., *Wersleyan Theology today* [Nashville, TN: Kingswood, 1985], p. 11)。

（22）テッドはウェスレーがこの期間中読んだ教父の著作をアウグスティヌスの『告白』と殉教者ユスティノス等の著作に限定する（Ted A. Campbell, *John Wesley and Christian Antiquity: Religious Vision and Cultural Change* [Nashville: Abingdon Press, 1991], p. 26)。これに対し、クリュソストモスの著作も読んでいたとマコーミックは言う（K. Steve McCormick, p. 50)。

（23）テッドによれば、ウェスレーはアルダスゲイト体験以降も初代教会への言及を一五〇回以上なしていたと言う（Ted Campbell, p. 41)。

（24）「コンスタンティヌス帝が自分自身をキリスト者と呼ぶことは……一〇人の迫害者が一緒にされること以上に教会にとって悪いこととウェスレーは言う（*BE*, 3:450)。また、当時のオックスフォード大学のカリキュラムにはほとんど中世研究がなかったこともあって、彼が関心を持った時期は初期ギリシア神学者たちが活躍した四世紀までと、この東方の霊性が再び現れた一六世紀以降の国教会で、その間は空白期間となっている。なお、国教会の神学者たちが初代教会の歴史を何世紀で括っていたかについて、以下参照。John C. English, "John Wesley and some liberal strands in the Anglican Tradition," (*Methodism in its cultural milieu: proceedings of the centenary conference of Historical Society*, edited by T. S. Alexander ― Macquiban: Applied Theology Press, 1994), pp. 24f.

(25) マカリオスはウェスレーが当時の人々と同様に考えていた四世紀エジプトの修道士マカリオス（大マカリオスと呼ばれる）ではなく、五世紀シリアの修道士マカリオス（擬マカリオスと呼ばれる）である。

(26) ウェスレーはある手紙で、真のキリスト教を代表する教父として挙げられている名前は「ローマのクレメンス、イグナティウス、ポリュカルポス、殉教者ユスティノス、エイレナイオス、オリゲネス、アレクサンドリアのクレメンス、キプリアヌス、それに加えてマカリオス、シリアのエフライム」(*Works*, 10:79)、また、ウェスレーはある説教で、初代教会の精神を正しく継承する教父として、二―三世紀では上記の手紙に挙げられた殉教者ユスティノスとエイレナイオスに代わって、テルテゥリアヌスが登場する以外は同じ名前を挙げた。そしてこれに続けて、「四世紀においてさえも、クリュソストモス、大バシレイオス、シリアのエフレイム、そして、マカリオスの著作の内に初代教会の正しい精神が見出される」と語る（*BE*, 3:586）。

(27) 前・中・後期の三段階に分ける時、堕落した人間の神の像の回復と先行の恵みの思想を神学的テーマとする「後期」ウェスレーが彼の思想の最も成熟した時期とされる。

(28) この二つの伝統の最も良い要約は J. Patout Burns, "The Economy of Salvation: Two Patristic Traditions," *Theological Studies*, 37 (1976), pp. 598–619; "Introduction," *Theological Anthropology* (Philadelphia: Fortress, 1981), pp. 1–22.

(29) ウェスレーはシリアのキリスト教に依存していたことを語る書物 Columba Stewart, *Working the Earth of the Heart* (Oxford: Clarendon, 1991) を参照。

(30) ウェスレーはキリスト者生活での悔い改めを強調するエフレイムに多く依存したと語るリーの書物、Hoo-Jung Lee, "The Doctrine of New Creation in the Theology of John Wesley," (Emory University Ph. D. thesis, 1991), pp. 182ff. これに対し、この立場の危険性を語る書物も参照。Sebastian Brock, *The Luminous Eye: The Spiritual World Vision of St. Ephrem the Syrian* (Rome: Cisterican Studies, 1985), p. 118.

(31) K. Steve McCormick (pp. 38–103) 参照。

(32) アウトラーはニュッサのグレゴリオスを五世紀シリアの修道士マカリオスの霊的指導者であったとするイェガー説を受け入れ、ウェスレーは『マカリオスの説教』を通してグレゴリオスの霊性に触れていたとする (Albert Outler, *JW*, pp. 9f., 31, 119)。しかし、このイェガー説には賛否両論がある。たとえば、Major J. G. Meritt, "Dialogue within a Tradition: John Wesley and Gregory of Nyssa Discuss Christian Perfection," *Wesleyan Theological Journal*, 22 (1987), pp. 110f. 参照。

(33) David C. Ford, "Saint Makarios of Egypt and John Wesley: Variations on the Theme of Sanctification," *Greek Orthodox Theological Review*, 33 (1988), p. 288. なおこの論文で、フォードはウェスレーの西方的理解に焦点を当てることで、ウェスレーとマカリオスとの類似点ではなく、相違点を際立させる。

(34) Robert. S. Brightmans, "Gregory of Nyssa and John Wesley in Theological Dialogue on the Christian Life." (Boston University Ph. D. thesis, 1969), pp. 273f., 315f.

(35) Jouko Martikainen, "Man's Salvaion: Deification or Justification?" *Sobornost*, 7 (1976), p. 182.

(36) Hoo-Jung Lee, "The Doctrine of New Creation in the Theology of John Wesley" 参照。一般に、トーリーのウェスレーは政治的に保守的であったとされるが、ヒンソンはこの保守的像は「後期」ウェスレーには妥当しないと言う。成熟した彼の政治思想は神の権威を既成の政治体制よりも人間の自由に与え、さらに、この自由を自然権、契約思想のみならず、神の像に基礎づけ、人間から奪われてはならない固有な権利として捉えていたとする (Leon O. Hynson, "Human Liberty as Divine Right: A Study in the Political Maturation of John Wesley," *Journal of Church and State*, 25 [1983]: pp. 57–85)。

(37) Craig B. Gallaway, "The Presence of Christ with the Worshipping Community, A Study in the Hymns of John and Charles Wesley," (Emory University Ph. D. Thesis, 1988), p. 244, 246. また、ギャラウェーはこのウェスレーの古典的主題から解放の神学との積極的対話を求めている。

(38) Randy L. Maddox, "John Wesley and Eastern Orthodoxy: Influences, Convergences and Differences," *Asbury Theological Journal*, 45 (1990), p. 35.

(39) Thomas Hopko, *The Spirit of God* (Wilton, CT: Morehouse-Barlow, 1976), p. 4.

（40）Ted A. Campbell（p. 66）.

（41）Albert C. Outler, *John Wesley's Sermons: An Introduction*（Nashville: Abingdon Press, 1984）, p. 83.

（42）Howard R. Snyder, "John Wesley and Macarius the Egyptian," *Asbury Theological Journal*, 45（1990）: 55-60.

（43）土井健司『古代キリスト教探訪――キリスト教の春を生きた人々との思索』（新教出版社、二〇〇三年）、一三〇―一四四頁。

（44）原罪論、あるいは、義認論に基づく恵みのみを強調することで、恵みへの人間の応答である悔い改め、聖化を積極的に神学テーマと掲げにくいプロテスタントと、礼典的恵みを仲介することで義認論を聖化論に基礎づけ、功績的要素を払拭し切れないカトリックとの統合の一つの可能性は、非創造的恵み（後述）である先行の恵みのウェスレーの思想にある。また、西方と東方との統合は法的要素と治癒的要素との両者が共生するウェスレーの救済論が参考になる。

（45）ウェスレーが西方的なペラギウス批判に疑いを抱いた点に関し、以下参照。Robert Tuttle, *Mysticism in the Wesleyan Tradition*（Francis Asbury Press, 1989）, p. 140, fn. 115.

（46）Wright David, "Pelagius the Twice-Born," *Churchman*, 86（1972）: pp. 6-15.

（47）Paul Bassett and William Greathouse, "Exploring Christian Holiness," *The Historical Development*（Kansas City: Beacon Hill, 1985）, p. 2, 164, 174 参照。

（48）ウェスレーを西方の伝統内で解釈するのは不充分であると最初に述べた。それはこういうことである。西方の思想である二元論的思考は神と人間、恵みと自由、人間と宇宙等を断絶関係に置き、前者を強調する。一九八〇年代以前、ウェスレーに関心を持つ者にとっての必読書と言えば、セル、リンドシュトローム、キャノン、ウィリアムズ等の著作でした。彼らは皆、この西方的な二元論の視点からウェスレーを解釈する。そこに彼らの貢献と共に、限界が露呈した。マコーミックはこのあたりの状況を次のように説明する（K. Steve McCormick [pp. 40-44]）。

セルはウェスレー神学の独自性をルター的な信仰義認の教理とカトリックの聖化の教理との統合に置いたが、セルはこの統合を神の一方的な働き（monergism）に基礎づけることでこの神の一方的働きとこの神の働きに応答する人間の自由の関係は不明瞭のままに残されたと。また、このセルの立場を批判したキャノンは神の働きと人間の役割のとの統合を積極的に認めるが、プロテスタントのキャノンはこの人間の働きを神の恵みと無関係に置き、その結果、人間の応答を功績と理解することでセミ・ペラギアンのウェスレー解釈を施したと。

(49) ラジミール・ロースキィ、宮本久雄訳『キリスト教東方の神秘思想』（勁草書房、一九九〇年）参照。

(50) なお、恵みと自由の二元論という西方、特にプロテスタント特有の思考形態は神の特別なる啓示と無関係にある知識の全き否定か、あるいは、その反対の、神の恵みを離れた自然的なものの肯定という、相反する立場を生み出す。前者の立場をとるのがリンドシュトローム（Harald Lindostrom, p. 47）、あるいは、ウィリアムズ（Colin Williams, p. 31, 42）であるが、後者の立場に恵みを付加することで救いを語るのがキャノンである。

(51) ルター、石原謙訳『キリスト者の自由』（岩波書店、一九五五年）、三六頁以下。

(52) 後期のウェスレーの視点より、他宗教の真理、他宗教による救いをウェスレーは積極的に捉えたとするマドックスの論文参照。Randy L. Maddox, "Wesley and the question of truth; or, salvation through other religions," *Methodist History*, 26 (1992): 15.

(53) J. A. Vickers, A Dictionary of Methodism in Britain and Ireland, edited by J. A. Vickers (Epworth Press, Peterborough, 2000), p. 11. なお、筆者の研究論文も参照。「ウェスレーの聖書の読み方」『基督教論集』五八（二〇一五年）三九—六九頁。

(54) Theodore W. Jennings, Jr., "John Wesley Against Aldersgate," *Quarterly Review*, 8 (1988), 3:3-22; "John Wesley on the Origin of Methodism," *Methodist History*, 39 (1991), 2:76-86 も参照。

(55) Randy L. Maddox, ed., *Aldersgate Reconsidered* (Nashville: Kingswood Books, 1990), p. 58.

(56) *Methodist History* の誌上でなされた往復論争の内、マッドックスの論文は "Celebrating Wesley–when?," 29. 2 (1991), pp. 63-75; "Continuing the Conversion," 30. 4 (1992), pp. 235-241, コリンズの論文は "Other Thoughts on Aldesgate: Has the Conversionist Paradigm Collapsed?," 30. 1 (1991), pp. 10-21; "Reply to Randy Maddox," 31. 1 (1992), pp. 51-54 に掲載されている。

(57) Richard P. Heizenrater, *The Elusive Mr. Wesley*, 2 vols. (Nashville, TN: Abingdon Press, 1984), I:30f.

(58) 例えば五三の「標準」説教集に入っていない前期の説教数は二〇、後期のそれは七八である。なお、四四の「標準」説教の内、三五の説教（八〇パーセント）は一七三八—一七五〇年の説教である。

(59) イムマヌエル総合伝道団出版局編『ウェスレー標準説教』一—一五巻（日本ウェスレー出版協会、一九八〇—一九九三年）にはウェスレーの一五一説教全体が翻訳されている。

（60）野呂芳男訳『ウェスレー著作集V　説教下』（新教出版社、一九七二年）、四五三頁。

（61）Richard P. Heizenrater, “Great Expectations: Aldersgate and Evidences of Genuine Christianity,” in *Aldesgate Reconsidered*, ed. Randy L. Maddox（pp. 88f.）.

（62）モーアによると、ウェスレーの聖化・完全理解はその実体、形式とも、若き時に彼が心酔したア・ケンピス、ロー等の西方の神秘主義者たちに勝とも劣らず、東方の霊性によって規定されると言う（D. Marselle, Moore, “Development in Wesley's Thought on Sanctification and Perfection,”［*Wesleyan Theological Journal*, 20（1985）: 29–53］）。なお、フォードは聖化・完全理解に関するウェスレーの中期の西方的理解に光を当てることで、マカリオスの理解との相違を際立たせている（Ford, “Saint Makarios of Egypt and John Wesley,” 33:288）。

（63）ウェスレー生涯の貧困者支援は以下参照。M. Douglas Meeks, ed., The Portion of the Poor: Good News to the Poor in the Wesleyan Tradition（Nashiville, Kingswood Books, 1995）; Richard P. Heitzenrater, Wesley and *the People Called Methodists*（Nashville: Abingdon Press, 1995）参照。

（64）英国メソジストの歴史でアルダスゲイト祭を含め、どのような記念祭が行われてきたかは“Continuing the Conversion,”（*Methodist History*, 30, 40, 1992）の論文に、アルダスゲイトの解釈はマドックスの *Aldersgate Reconsidered*（pp. 133–146）に述べられている。

（65）Thomas C. Oden, Doctrinal Standards in the Wesleyan Tradition（Grand Rapids, MI: Zondervan, 1988）pp.114f.

（66）マカリオスの原罪思想は Lee, “The Doctrine of New Creation,” pp. 155, 182ff. 罪責継承の否定は Arthur Voobus, “Theological Reflection on Human Nature in Ancient Syrian Traditions,” in *The Scope of Grace*, ed. P. Hefner（Philadelphia, PA: Fortress, 1964）, pp. 103–111 を参照。

（67）伝達説、創造説の聖書的根拠、利点・弱点、また、ルター派・カルヴァン派でどのように受け取られたかについては Louis Berkof, Systematic Theology, 4th ed.（Grand Rapids, Michigan: Wm. B. Eerdmans Publishing Company, 1949）pp. 196–201 参照。

（68）「気質、言葉、行動」は聖書全体のメッセージで、聖書の権威であるとウェスレーは語る。彼は神聖クラブで聖書を学ぶ若者を「気質、言葉、行動」的思索者と呼び（*BE*, 3:504, cf. *BE*, 3:496; 9:527: *Works*, 11:366）、特に気質は自分の霊的腐敗に気付かせる最も良い手段で、自分の人生の霊的変容に最も頼りになると理解する。一七八九年の説教で「真の宗教とは神と人間に対する正しい気質である。……真の宗教とは心から神を愛すること、自分のように隣人を愛することにある」（*BE*, 4:66f）と言う。習慣化された気質は聖なる気質と呼ばれ、この気質から思想、言葉、行動が由来する。ウェスレーは気質を隣人愛の中核とし、救いの中心である聖化を気質、会話の日常的言語で検討する。一八世紀の英国では、会話は単なる発音化された言語表現だけではなく、人間の外的行動全体を意味したのである。人間の行動は、会話という人間の最も特徴的な性格傾向、すなわち、気質から流れ出るのである。一〇九頁の注の最後の文章を参照。

（69）Barry E. Bryant, "John Wesley's Doctrine of Sin"（Kings College, University of London, Ph. D. thesis, 1992）, pp. 182–184.

（70）たとえば、Williams, *John Wesley's Today*（pp. 39ff.）, Outler, *Theology in the Wesleyan Spirit*（pp. 45–64）等参照。

（71）Lindstrom, *Wesley and Sanctification*（p. 16）.

（72）Kenneth J. Collins, *Wesley on Salvation: A Study in the Standard Sermons*（Grand Rapids, MI: Zondervan, 1989）: pp. 129ff.

（73）Paul Tillich. A History of Christian Thought, ed. Carl E. Braaten（New York: Harper and Row, 1968）, pp. 284, 311f.

（74）John Meyendorf, *Catholicity and Church*（Crestwood, NY: Vladimir Seminary Press, 1983）, p. 70.

（75）Jaroslav Pelikan, *The Christian Tradition: A History of the Development of Doctrine*, 5 vols.（Chicago: The University of Chicago Press, 1988）pp. 5:118–173.

（76）James H. Cone, *Black Theology of Liberation*（Philadelphia, PA: Lippincott, 1970）, p. 72.

（77）Maddox, *Responsible Grace*, p. 247. 〝ミレニアム支持のエイレナイオスに対してアウグステヌスを初めとする正統的西方神学者の千年期説否定の一つの理由に物質的最創造・新創造を神の究極的支配から排除しようとする動機があったという（*Ibid.* pp. 230–235）。

（78）Keith Thomas, *Man and Natural World*（New York: Pantheon, 1983）, pp. 137–140.

（79）Andrew Linzey, *Christianity and the Rights of Animals*（London: SPCK, 1987）, p. 38.

(80) Outler, "Theology in the Wesleyan Spirit,"（p. 73）. 他方、カトリック研究者ピエトはウェスレーの完全理解を歴史的にも、神学的にもカトリックの伝統、つまり、トマスから学んだとする（Piette, *John Wesley in the Evolution of Protestantism*［33:282-285］）。

(81) Craig B. Gallaway, "The Presence Christ with the Worshipping Community," *Ibid.*

(82) Runyon ed., *Wersleyan Theology today*（pp. 7-13）等参照。

(83) Maddox, *Responsible Grace*（p. 157）. なお、ランニョンは救済の秩序をプロセスと捉えるアウトラーを批判する（Runyon ed. *Wesleyan Theology today*［p. 21］）。

(84) Theodore Runyon ed. *Sanctification and Liberation: Liberation Theologies in the Light of the Wesleyan Theology*（Nashville: Abingdon Press, 1981）等参照。

(85) Jose M. Bonino, "Wesley's Doctrine of Sanctification from a Liberationalists Perspective," in *Sanctification and Leberation*（p. 55, cf. p. 24）.

(86) Tore Meistad, "Martin Luther and John Wesley on the Sermon on the Mount," in Context: *Essays in Honour of Peder Borgen*, eds. P.W. Bockmann & R. Kristiansen（Trondheim, Norway: Tapir, 1987）pp. 149f.

(87) Barry E. Bryant, "John Wesley's Doctrine of Sin," pp. 165f. 東方、西方それぞれの伝統の人間論の相違に関する簡潔な要約として、John Meyendorff and Robert Tobias, *Salvation in Christ: A Lutheran-Orthodox Dialogue*, Minneapolis: Augsburg, 1992.

(88) Clarence L. Bence, "John Wesley's Teleological Hermeneutic,"（Emory University Ph. D. thesis, 1983）, pp. 269f.

(89) John Meyendorff, *Christ in Eastern Thought*（Crestwood, NY: ST.Vladimir Seminary Press, 1976）, p. 83.

(90) ギリシア教父はアダムの罪責をほとんど語らないとハラカスは言う（Stanley S. Harakas, *Toward Transfigured Life*［Minneapolis, MN: Light and Life, 1983］p. 83）。

(91) Meyendorff, *Catholicity and the Church*, 72.

(92) 東方のエネルゲイア理解に関し以下参照。John Meyendorff, *Byzantine Theology*（New York: Fordham University Press, 1974）p. 27, 77, 130; Vladimir Lossky, *The Mystical Theology of the Eastern Church*（Crestwood, NY: Vladimir Seminary Press, 1968）pp. 67-90; Lossky, *The Vision of God*（Crestwood, NY: Vladimir Seminary

Press. 1978), pp. 156ff.; Roland D. Zimany, "Grace, Deification, Sanctification," *Diakonia*, 22. 1 (1977): pp. 121-144.

（93）先行の恵みが与えられる以前に自分自身の力で神を求めることができるとのマカリオスの考えが表わされている少なくとも二九ヶ所以上をウェスレーは抜粋から削除しているとテッドは言う（Campbell, *John Wesley and Christian Antiquity*, 63）。

（94）この点に関しウェスレーの先行の恵みとカール・ラーナーの「超自然的実存規定」との比較研究をするマドックス（Maddox, "Karl Rahner's Supernatural Existential: A Wesleyan Paralle?" *Evangelical Journal*, 5 [1987]: pp. 3-14）を参照。

（95）恵みを赦す力と理解したマカリオスにウェスレーは生涯影響されていたという（Robert V. Rackestraw, "The Concept of Grace in the Ethic of John Wesley" [Drew University, Ph. D. thesis, 1985] pp. 98-102）。また、ウェスレーは罪を人間本性の病との関係で理解することに主たる関心があったとする（Lindostrom, *Wesley and Sanctification*, p. 41）。

（96）ウェスレーが独立したアメリカのメソジスト教徒のために『三九箇条』の信仰告白を短縮し『二五箇条』を一七八四年に作成した時、注65でふれた第九条の「欠陥と腐敗」という表現を人間の主体性に関わる「欠陥」という言葉を削除して、ただ「腐敗」という表現に直し、さらにこの後に続く、全ての人間は生まれながらにして神の怒りと呪いを受けているという段落をすべて削除する。しかし第二条の原罪の罪責のためにキリストは死んだという表現は『二五箇条』でもそのまま述べられる。

（97）Robert J. Hilman, "Grace in the Preaching of Calvin and Wesley: A Comparative Study," (Fuller Theological Seminary, Ph. D. thesis, 1978) pp. 27-37. なおヒルマンはウェスレーの説教集に出てくる恵み理解の使用頻度、つまり、赦しの恵み、力としての恵み、そして赦しと力としての恵みの使用頻度を数え上げているのは参考になる（p. 28, fn. 6）。なおボーゲンもウェスレーの礼典の恵はこの二重的恵み理解から成立しており、ウェスレーの聖化の側面を強調するリンドシュトレームは赦しとしての恵み理解を軽視する傾向があると批判する（Ole E. Borgen, *John Wesley on the Sacraments: A Theological Study* [Nashville, TN: Abingdon, 1972] pp. 212f.）。

（98）Geoffrey Wainwright, *Geoffrey Wainwright on Wesley and Calvin: Sources for Theology, Liturgy and Spirituality* (Melbourne: Uniting Church Press, 1987) pp. 10f. ヒルマンもカルヴィンの恵みの強調は予定する神ご自身の強調に

あったとする（Hilman, p. 32)。また神の本性的性格を愛と捉える神理解がウェスレーを予定論批判へと向かわせたとルービーは言う（Luby, *The Perceptibility of Grace*, pp. 96f.)。さらに、神の恵みと神の愛の同一視は東方の特徴であるとロースキーは言う（Lossky, *The Mystical Theology*, pp. 212-216)。

(99) 例えばヨハネ一・九の聖書個所は「ジョン・ウェスレーに先行の恵みの神学を展開すべく直接的な基盤を与えた」とカトリック研究者はいう（Michael Hurley, "Salvation Today and Wesley Today," *The Place of Wesley in the Christian Tradition*, Kenneth E. Row ed.,［Metuchen, New Jersey; The Scarecrow Press, Inc. 1976] pp. 104f.)。この聖書以外にウェスレーは『三九箇条』や『祈禱書』等の国教会の神学的伝統から学び、特に、一六・一七世紀の英国神学者たちからその神学的意義を学び、さらに重要なことは、彼がこの教えを直接に学んだのはシリアの修道士マカリオスであったと既に言及した。

(100) Charles Allen Rogers, "The Concept of Prevenient Grace in the Theology of John Wesley," (Duke University Ph. D. thesis, 1967) p. 92.

(101) Rogers, "The Concept of Prevenient Grace," p. 204.

(102) Umphery Lee, John *Wesley and Modern Religion* (Nashville, Tn: Abingdon-Cokebury, 1936), pp. 110, 124f., 315.

(103) Canon, *The Theology of John Wesley*, pp. 115f.

(104) Williams, *John Wesley's Today*, pp. 41-43.

(105) Robert E. Cushman, "Salvation for All: John Wesley and Calvinism," in *Methodism*, ed. W. K. Anderson (New York: Methodist Publishing House, 1947), pp. 110-115.

(106) スミスは第一の働きを転嫁された恵み（imputed grace）、第二を現実に働く恵み（active grace）と呼び（J. Weldon Smith, "Some Notes on Wesley's doctrine of Prevenient Grace," *Religion in Life*, 34 [1964], pp. 77f.)、ドールは一時的な恵み（transient grace）と持続する恵み（enduring grace）と呼ぶ（Donal J. Dorr, "Total Corruption and the Wesleyan Tradition," *Irish Theological Quarterly*, 31 [1964]: pp. 312-314)。

(107) Blaising, "John Wesley's Doctrine of Original Sin," pp. 242-251.

(108) Luby, *The Perceptibility of Grace*, pp. 59, 67, 118 等参照。またルービーはウェスレーの義認の恵みを非創造的恵み、聖化の恵みを創造的恵みと同論文で解釈する（pp. 130f.)。

(109) Thomas A. Langford, "John Wesley's Doctrine of Justification by Faith," *Bulletine of United Church of Canada Committee on Archives and History*, 29（1980）: 59.

(110) 神と人間、恵みと自由、人間と自然の両者を重視する立場は西方のカトリック、プロテスタントに対する東方、メソジストに共通する特徴であるとフロストは言う（Brian Frost, *Living Tension Between East and West* [London: New World Publications, 1984], p. 45）。当然のこと、マカリオスも恵みを神性・人性の交流という、典型的な東方の恵み理解を保持していたとする（Meyendorff, *Christ in Eastern Thought*, pp. 124f.）。

(111) 東方の人間論に関して多くの研究書があるが、たとえばJohn Meyendorff, Living Tradition（Crestwood, New York: St. Vladimir Press, 1978）, pp. 134ff. 175ff. 参照。ここでメイエンドルフは東方の開放的人間観に対し、西方はこの参与を感情的神秘主義と同一視することで、近代の自律的人間観を用意したとする。

(112) 罪に病んでいる人間の本性を癒す医者としてのキリスト像が「善きサマリア人」の譬えと結びつけて初めて展開した人はオリゲネスであったとロースキーはいう（Vladimir Lossky, *In the Image and Likeness of God*, [New York: St. Vladimir Seminary Press, 1967] p. 100, fn. 9 参照）。

(113) Lossky, *The Mystical Theology of the Eastern Church*, pp. 67ff., 217ff.

(114) 若い時、ウェスレーはフィリピ二・一二—一三に基づき、先行の恵みを下敷きに書いた国教会の司祭ティリーの自由意志に関する説教二編に深い感銘を受け、ティリーのこの説教を原稿に彼自身一七三二年に数回にわたって説教する（Charles A. Rogers, "John Wesley and William Tilly," *Proceedings of the Wesley Historical Society*, 35 [1966]: 137–141 参照）。また、ウェスレーはマカリオスの『霊的講話』にこの聖書箇所に関する言及がある。たとえば *Homily*, p. 41, 95（*CL*, p. 80, 93）。

(115) Iain Murray ed. *George Whitefeld's Journal*（London: Banner of Truth, 1960）, p. 583.

(116) Murray ed., pp. 571–588.

(117) Allan Coopedge, *John Wesley in Theological Debate*（Wilmore, KY: Wesley Heritage Press, 1987）, 24.

(118) 創造者としての神は不可抗、維持者なる神なのか、抵抗可能な神なのかという区別はHeiko Oberman, *The Harvest of Medieval Theology*（Durham, NC: Labyrinth Press, 1983）pp. 34ff. 参照。

(119) ウェスレーと予定論者との論争は神の善と神の主権のいずれを神の第一義的本性と捉えるかにあったという

(Jerry L. Walls, "The Free Will Defence, Calvinism, Wesley, and the Goodness of God," *Christian Scholar's Review*, 13 (1983): pp. 27–29. Coopedge, *John Wesley in Theological Debate*, p. 200 参照。

(120) Theodore Runyon ed. *The New Creation: John Wersley's Theologaical today* (Nashville, TN: Abingdon, 1988), p. 56.

(121) Luby, "The Perceptibility of Grace," pp. 96f.

(122) *Ibid.*, pp. 80–92.

(123) *Ibid.*, pp. 93f.

第二章

(1) J. E. Booty, "Hooker and Anglicanism," in *Studies in Richard Hooker*, ed., W. S. Hill (London: Case Western Reserve University Press, 197), pp. 229f.

(2) J. Locke, *A Second Vindication of the Reasonableness of Christianity*, The Works of John Locke, vols. 7, London, Printed for J. Johnson, 1801, pp. 188ff.(以降、*Reasonablness* と略記).

(3) J. Locke, *An Essay Concerniny Human Understanding*, ed., Peter H. Nidditch (Oxford: Clarendon Press, 1975) IV–18(以降、*Essay* と略記).

(4) 加藤節『ジョン・ロックの思想世界』(東京大学出版会、一九八七年)、九四―一〇六頁。

(5) J. Locke, *Reasonablness*, p. 139.

(6) E. S. de Beer, edit., *The Correspondence of John Locke* (Oxford: Clarendon Press, 1976), p. 205(以降、*Correspondence* と略記)。

(7) Richard I. Aaron, *John Locke*, 3d (Oxford: Clarendon Press, 1971), pp. 332f.

(8) Edward Stillingfleet, *The Works of that Eminent and Most Learned Prelate, Dr. Edw. Stillingfleet, Late Lord Bishop of Worcester* (Printed by Henry and George Mortlock, 1709–10), 4:134(以降、*Works* と略記)。

(9) *Ibid.*

(10) John Tillotson, *The Works of the Most Reverend Dr. John Tillotson, Late Lord Archibishop of Canterbury* (vols.

10, Edinburgh, Printed by Wal. Ruddiman & Company and Murray & J. Cockran, 1772), vols. 3, 134（以降、*Works* と略記）。

（11）*Ibid.*, vol. 6:277.

（12）Stillingfleet, *Works*, 4:14.

（13）William Chillingworth, *The Religion of Protestants: A Safe Way to Salvation*（London: The Wesleyan Office, 1846), vol. 6:7（以降、*Religion* と略記）。

（14）Henry Lee, *Anti-Scepticism: on Notes upon each Chapter of Mr. Locke's Essay Concerning Human Understanding*（London: Printed for R. Clavel and C. Harper, 1702, Reprinted ed., New York: George Olms Verlag, 1973), p. 5（以降、*Anti-Scepticism* と略記）。

（15）*Ibid.*, 89f.

（16）Samuel Clarke, *A Demonstration of the Being and Attributes of God*（London: Printed for James Knapton: reprinted ed., Stuttgart; Friedrich Fromman Verlag, 1964), p. 80（以降、*Demonstration* と略記）。なお、「純粋現実有」とはトマス・アクイナスがアリストテレスの説を用いてなした神の定義である。アリストテレスによると、運動とは可能態が実現されて現実態となること。可能態とはまだ充足されておらず、不完全性を示す。一方、神は完全な存在である以上、そこでは可能態は完全に実現、充足され、本質と実存とは一致し、この不変不動の現実態としての神が「純粋現実有」と定義された。

（17）浜林正夫『イギリス革命の思想構造』（未来社、一九六六年）、二七五—二七八頁。

（18）John Tillotson, *Works*, 1:6.

（19）Edward Stillingfleet, *Works*, 2:240.

（20）William Chillingworth, *Religion*, 4:2, 3, 7.

（21）*Ibid.*, 2:24.

（22）*Ibid.*, 1:8.

（23）村上陽一郎『近代科学と聖俗革命』（新曜社、一九七六年）、一一頁以下。

（24）John Tillotson, *Works*, 6:442.

(25) Edward Stillingfleet, *Works*, 2:145.
(26) 桂寿一『西洋近世哲学史』Ⅰ（岩波書店、一九七〇年）、九二頁。
(27) William Chillingworth, *Nine Sermons: the first before his majesty K. Charles I, The other on special and eminent Occasions* (London, 1704), p. 80.
(28) William Chillingworth, *Religion*, 1:26.
(29) John Tillotson, *Works*, 5:293.
(30) Edward Stillingfleet, *Works*, 2:158.
(31) William Chillingworth, *Religion*, 2:24. なお、国教会穏健派の人々が宗教知識を形而上学的にではなく、倫理的に理解している点で研究者の間で意見の相違はない。Robert R. Orr, *Reason and Authority: the Thought of William Chillingworth* (Oxford: Clarendon Press, 1951), pp. 80-86, 158-163; Henry G. Van Leewen, *The Problem of Certainty in English Thought, 1630-1690* (Hague Nijhoff, 1963), pp. 13-48; Robert T. Carrol, *The Common Sense Philosophy of Religion of Bishop Edward Stillingfleet* (Hague, Nijhoff, 1975), pp. 8-11. 39-70.
(32) John Tillotson, *Works*, 6:262. 以下も参照。Samuel Clarke, *A Discourse Concering the Unchangeable Obligation of Natural Religion* (London: Printed for James Knapton: reprinted, Stuttart: Friedrich Fromman Verlag, 1964).
(33) John C. English, "The Cambridge Platonists in 'Wesleyan Christian Library'" in *Proceeding of the Wesley Historical Society*, 36 (1967-8), pp. 161-168.
(34) Gerald R. Cragg, *From Puritanizm to the Age of Reason* (Cambridge: Cambridge University Press, 1950), p. 59.
(35) V. H. H. Green, *The Young Mr. Wesley* (London: Arnold, 1961), p. 310.
(36) John Norris, *An Essay Towards the Theory of the Ideal or Intelligible World* (London: Printed for S. Manship, 1701-1704, reprinted 2 Vols. (New York: Georg Olmrs Verlag, 1974), Vols. 2:374.
(37) 桂寿一『西洋近世哲学史』Ⅰ、一九二頁。
(38) John Locke, *Reasonabless*, p. 105, 122.
(39) *Ibid.*, pp. 6-7.
(40) John Deschner, *Wesley's Christology*, p. 105, 176.

(41) Edmund Gibson, *The Bishop of London's Second Pastoral Letter to the People of his Diocese; Particularly to those of two cities of London and Westminster, quoted in Norman Sykes, Edmund Gibson Bishop of London*, 1669–1748: *A Studies in Politics & Religion in the Eighteenth Century*（London: Oxford University Press, 1926）, p. 249.

(42) *BE*, 11:337.

(43) Gorge Lavington, *The Enthusiasm of Methodists and Bapists Considered*, ed. R. Polwhele（London: Printed by J. A. Valpy, 1920）, p. 33.

(44) Gerald R. Cragg, *Reason and Authority in the Eighteenth Century*（Cambridge: Cambridge University Press, 1954）, p. 93.

(45) ウェスレーが読んだベーコンの作品を、近代の物質観を確立したボイルが精通し、特に生理学的領域での観察データが集められていた（Richard F. Jones, *Ancient and Moderns: A Study of the Rise of the Scientific Movement in Seventeenth Century England*（St. Louis: Washington University Press, 1961）, p. 169 参照。一章でも述べたように、生理学に対しウェスレーは若い時から生涯の終わりまで、興味を抱いていた。

(46) A. W. Harrison, "Wesley's Science Notebooks," *Proceedings of the Wesley Historical Society* 18（1931–1932）, p. 9.

(47)『*Survey*』5:15f. ウェスレーは『神の創造的知恵——自然哲学的概論』で描かれたこの序文はウェスレー自身の筆によるもので（Richrad Green, *The Works of John and Chares Wesley: A Bibliography*, p. 169）、この叙論は *Works*, 12:482–487 に再録されている。

(48) ロックの『人間知性論』は有名な序文「読者への手紙」（The Epistle to the Reader）に続いて四部から構成されている。第一部は「生得観念について」（Neither Principles nor Ideas are innate）、第二部は「観念について」（Of Ideas）、第三部は「言葉について」（Of Words）、第四部は「真知と臆見について」（Of Knowledge and Probability）である。ウェスレーはこの内第二部のみの抜粋を一七八一年四月二八日に始め、一カ月後に完成させる。この抜粋個所は以下の通りである。Introduction 4–7; VII, 3–5; IX, 11–15; X, 3–9; XI, 2, 3; XIII, 21–24; XV, 10–12; XVI, 5–29, 48–63; XXIII, 12f., 22–32; XXVII, 9; XXXIII, 1–8. なお、これらの個所が抜粋された「アルミニアン誌」は以下の通り。第五巻（一七八二年）、第六巻（一七八三年）、第七巻（一七八四年）。

(49) Patric Romanell, "Locke and Sydenham: A Fragment on Smallpox (1670)," in *Bulletin of the History of Medicine*, 32 (July–August), 1958, p. 316.

(50) Maurice Cranston, *John Locke, A Biography* (London: Longmans, 1968), p. 92.

(51) A. W. Harrison, "Wesley's Science Notebooks," p. 9.

(52) *Primititive Physick*, Beverly Hills, Cal (Woodbridge Press Publishing, 1973), p. 14. リドルはウェスレーとシドナムの治療法の類似性について言及する。W. R. Riddell, "Wesley's System of Medicine," in *New York Medical Journal*, 99 (1914), p. 64–68.

(53) J. O'Higgins, "Archbishop Tillotson and the Religion of Nature," in *Journal of Theological Studies* 24, 1 (April, 1973), p. 124f を参照。

(54) John Tillotson, *Works*, 6:354–367.

(55) *Ibid.*, 1:25.

(56) Robert, T. Carrol, *The Common Sense Philosophy of Religion of Bishop Edward Stillingfleet*, p. 127.

(57) Edward Stillingfleet, *Works*, 2:253.

(58) Henry Lee, *Anti–Scepticism*, p. 5.

(59) *Ibid.*, p. 31.

(60) Colin Williams, *John Wesley's Today*, p. 30–32.

(61) *Ibid.*, p. 31.

(62) Maurice Mandelbaum, *Philosophy, Science and Sense Perception:Historical and Critical Studies* (Baltimore John Hopkins Press, 1964), p. 99 を参照。アリストテレスの物質概念に関しては、Wolfganga Von Leyden, *Seventeenth Century Metaphysics, An Examination of Main Concepts and Theories*, pp. 263f. 参照。

(63) Peter Alexander, "Boyle and Locke on Primary and Secondary Qualities," in *Locke on Human Understanding: Selected Essays*, ed., I. C. Tipton (London: Oxford University Press, 1977), p. 73.

(64) *Ibid.*, p. 70.

(65) John Yolton, *Locke and the Compass of Human Undestanding* (Cambridge: Cambridge University Press, 1970),

p. 37 fn.

(66) Robin Attifield, "Clarke, Collins and Compound," in *Journal of the History of Philosophy* 15 (Journal 1977), p. 46.

(67) Henry Lee, *Anti-Scepticism*, p. 48.

(68) Richard Popkin, *The History of Scepticism from Erasmus to Descarte*s (Humanities New York, 1964), p. 149.

(69) John Tillotson, *Works*, 3:135; Edward Stillingfleet, *Works*, 2:147.

(70) Edward Stillingfleet, *Works*, 2:250.

(71) *Ibid.*, 3:504.

(72) Henry Lee, *Anti-Scepticism*, p. 48.

(73) Samuel Clarke, *Demonstration*, p. 110.

(74) *Ibid.*, p. 167.

(75) *Ibid.*, p. 107. したがって、クラークは魂の不滅性という概念を重要なものと捉える、とミズスロヴィックは語る。B. L. Mizuslovic, *The Achilles of Rational Arguments, the Simplicity, Unity, and Identity of Thought and Soul from Cambridge Platonists to Kant* (Hague, Nijhoff, 1974), pp. 45f.

(76) 物質の第一・第二性質の区別に関する哲学議論（デカルト、マルブランシュ、ロック、バークレー）に関して以下参照。Philip D. Cumminus, "Perceptual Relativity and Ideas in the Mind," in *Philosophy and Phenomenological Research*, 24 (1963), pp. 202–214; Richard H. Popkin, "Berkeley and Phyrhonism," in *The Review of Metaphysics*, 5 (Desember, 1951), pp. 239–246.

(77) グレイはウェスレーを「素朴な実在論者である」とする。Wallace G. Gray, "The Place of Reason in the Theology of John Wesley," Ph. D. dissertation (Vanderbilt University, 1953), p. 47.

(78) 決定的な枠と解釈する学者として、Wolfgang Von Leyden, *Seventeenth Century Metaphysics, An Examination Main Concepts and Theories* (London: Duckworth, 1968), pp. 251–254, 未熟な枠と解釈する学者として、E. W. Strong, "Newton and God" in *Journal of the History of Ideas* 13 (April, 1952), p. 152.

(79) Issac Newton, *A Letter to Bently*, cited in Henry G. Alexander ed. The Leibniz — Clark Correspondence (Manchester, University of Manchester, 1956), p. 19.

（80）Issac Newton, *Opticks*, Query, pp. 8, 31, cited in H. G. Alexander ed. The Leibniz — Clarke Correspondence, pp. 15f.

（81）John Yolton, “On Being Present to the Mind:A Sketch for the History of an Idea,” in *Dialogue* 14, no. 3（1975）, pp. 380-382.

（82）ブレーズ・パスカル、由木康訳『パスカル瞑想録』上（白水社）、一〇五頁。

（83）村上陽一郎『近代科学と聖俗革命』、一七一―一二二頁。

（84）井上洋治・山根道公『風のなかの想い――キリスト教の文化内開花の試み』（日本基督教団出版局、一九八九年）、三九―四〇頁。

（85）John C. Englishi, “John Wesley and Isaac Newton’s System of the World” in *Proceedings of the Wesley Historical Spciety*（1991）, pp. 85f.

（86）村上陽一郎『近代科学と聖俗革命』、三三一頁。

（87）G. A. Rogers, “Locke’s Essay and Newton’s Principia,” in *Journal of the History of Ideas* 39（April-May, 1978）, pp. 217-232; James L. Axtell, “Locke, Newton and the Two Cultures,” in *John Locke, Problems and Perspectives*, ed. John W. Yolton（Cambridge: Cambridge University Press, 1969）, pp. 172-177 等参照。

（88）Randy L. Maddox, “Wesley’s Engagement with the natural sciences,” in *The Cambridge Companion to John Wesley*, ed. Randy L. Maddox and Jason E. Vickers（New York: Cambridge University Press, 2010）, p. 161.

（89）村上陽一郎『動的世界像としての科学』、一一〇頁以下参照。

（90）Henry G. Alexander, ed. The Leibniz-Clarke Corespondence 参照。

（91）Ian S. Ross, *Lord Kames and the Scotland of His Day*（Oxford: Clarendon Press, 1972）, p. 174.

（92）*Ibid.*

（93）John Hutchinson, cited in Leslie Stephen, *History of English Thought in the Eighteenth Century*, 3rd ed., 2 vols（New York: Peter Smith, 1949）, I:391.

（94）ウェスレーはキールの書物をオックスフォードで学び、キングスウッドの上級科、「聖職者への提言」で読書対象とされる。ウェスレーはキールの真空存在の否定に言及する（*Works*, 12:453; *Survey*, 4:6）。

(95) Albert R. Hall, *The Scientific Revolution*, 1500–1800, p. 26.
(96) Henry G. Alexander, ed. The Leibniz–Clarke Corespondence, p. 16.
(97) *Ibid*., p. 84.
(98) 小田垣雅也『知られざる神』(創文社、一九八〇年)、一三〇頁。
(99) 清水光雄「ジョン・ウェスレーの神秘主義――その予備的考察」(基督教論集三七号、一九九四年四月)、一〇三―一一〇頁。
(100) A. Keith Walker, *Wiliam Law: His Life and Thought* (London: SPCK, 1973), p. 106.
(101) G. A. L. Rogers, "Locke, Newton, an the Cambridge Platonists on Innate Ideas," in *Journal of the History of Ideas*, 40 (April–July, 1979), pp. 195–197.
(102) ニュートン、中野猿人訳『プリンシピア』(講談社、一九九〇年)、一三〇頁。
(103) 村上陽一郎『時間の科学』(岩波書店、一九八六年)参照。
(104) Samuel Clarke, *Demonstration*, pp. 87f.
(105) クラークはライプニッツとの論争で、ニュートンの代理人であったことを既に述べたが、パールによると、ニュートンの形而上学はクラークと異なり数学的原理によって規定されていないとする。Margula R. Perl, "Physics and Metaphysics in Newton, Leibniz, and Clarke," in *Journal of the History of Ideas*, 30 (October–December, 1969), p. 511.
(106) 村上陽一郎『新しい科学論』、一〇六頁。
(107) 村上陽一郎『科学・哲学・信仰』、六七頁からの再引用。
(108) Barbara B. Oberg, "David Hartley and Association of Ideas," in *Journal of the History of Ideas*, 37 (July–September, 1976), pp. 441–454.
(109) David Hartley, *Observation on Man* (London, 1749), I:5.
(110) Ronald B. Hatch, "Joseph Priestley:An Addition to Hartley's Observation," in *Journal of the History of Ideas*, 36 (July–September, 1975), pp. 548–550.
(111) P. M. Heiman, "Voluntarism and Immanence," pp. 279f.

第三章

(1) James Gibson, *Locke's Theory of Knowledge and Its Historical Relation* (Cambridge: Cambridge University Press, 1933), p. 28.

(2) John Yolton, "Ideas and Knowledge in Seventeenth Century Philosophy," in *Journal of the History of Philosophy*, 13 (1975), pp. 145-165.

(3) V. H. H. Green, *The Young Mr. Wesley* (London: Arnold, 1961), p. 191, 218, 308. なおウィンについてはJohn Yolton, *John Locke and the Ways of Ideas* (Oxford: Clarendon Press, 1956), p. 4n 参照。

(4) *Ibid*., p. 309.

(5) Wilbur S. Howell, *Eighteenth Century British Logic and Rhetoric* (Princeton University Press, 1971), p. 42.

(6) National Union Catalogue, 8:9.

(7) Rosalie L. Colie, *Light and Enlightment* (Cambridge University Press, 1957), pp. 31-35. 父サムエルは「若き聖職者への提言」でル・クレーに言及する。

(8) V. H. H. Green, *The Young Mr. Wesley*, p. 318. なお、ウェスレーは修士学位取得準備のため、一七二七年に週間スケジュールを立てたが、形而上学研究日と定められた金曜日にはル・クレー等の書物を学んでいた。

(9) Howell, *Eighteenth Century British Logic and Rhetoric*, pp. 299-304, 334-339.

(10) Gibson, *Locke's Theory of Knowledge and Its Historical Relation*, pp. 182-204.

(11) *Ibid*., p. 195.

(12) Yolton, *Locke and the Compass of Human Undestanding*, pp. 27-34.

(13) Henry E. Allison, "Locke's Theory of Personal Identity: A. Re-Examination," in *Journal of the History of Ideas*, 27 (1966): 41-58.

(14) フルーのロック批判とウェスレーのロック批判は類似する。Anthony Flew, "Locke's Theory of Personal Identity," in *Philosophy* 26 (1951): 57f.

(15) Wolfgang Von Leyden, *Seventeenth Century Metaphysics*, p. 134.

(16) 人格同一性の概念を決定的仕方で規定するロックの復活の体に関する理解は以下参照。Yolton, *Locke and the Compass of Human Undestanding*, pp. 154–158.
(17) William Chillingworth, *Religion*, 4:41.
(18) John Tillotson, *Works*, 6:325, 445.
(19) Edward Stillingfleet, *Works*, 3:503.
(20) Edward Stillingfleet, *Works*, 2:251.
(21) Henry Lee, *Anti-Scepticism*, 44.
(22) *Ibid.*, p. 9.
(23) John Tillotson, *Works*, 1:25.
(24) Edward Stillingfleet, *Works*, 2:253.
(25) John Yolton, John Locke and Way of Ideas, p. 195.
(26) Edward Stillingfleet, *Works*, 3:503.
(27) John Locke, *Works*, 4:391.
(28) Henry Lee, *Anti-Scepticism*, p. 41, 43, 49, 88.
(29) ヨルトンはロックの反省観念の性格を「経験論者の説く経験に関する形而上学」と特徴づける。John Yolton, "The Concept of Experience in Locke and Hume," in *Journal of the History of Philosophy* (October, 1963), 1:53–60.
(30) John Locke, *Works*, 4:233.
(31) *Ibid.*, 4:385f.
(32) John Yolton, *John Locke and Way of Ideas*, p. 118.
(33) Richard I. Aaron, *John Locke*, 3d. ed. (Oxford: Clarendon Press, 1971), pp. 332f.
(34) Roland N. Stromberg, *Religious Liberalism in Eighteenth Century England* (London: Oxford University Press, 1954), p. 18. ロックの合理的信仰理解に関し以下参照。John T. Moore, "Locke's Concept of Faith," (Ph. D. dessertation, University of Kansas, 1970).

(35) Douglas Greenlee, "Locke and Controversy over Innate Ideas," in *Journal of the History of Ideas*, 33 (April–June, 1972), pp. 202f.
(36) Grenville Wall, "Locke's Attack on Innate Knowledge," in *Philosophy*, 49 (1974), p. 414.
(37) John Yolton, *John Locke and Way of Ideas*, p. 86.
(38) John C. English, "The Cambridge Platonists in 'Wesleyan Christian Library'" in *Proceeding of the Wesley Historical Society*, 36 (1967–8), p. 164.
(39) William Chillingworth, *Religion*, 6:7.
(40) 浜林正夫『イギリス革命の思想構造』、八六頁。
(41) ポール・ティリッヒ『宗教哲学の二つの道』(『ティリッヒ著作集』第四巻〔一九七九年〕、野呂芳男訳)。
(42) J. O'Higgins, "Browne and King, Collins and Berkeley: Agosticism or Anthropomorphism?" in *Journal of Theological Studies*, 27 (April, 1976) p. 102; Don Cupitt, "Mansel and Maurice on our Knowledge of God," in *Theology* 73, 1970, p. 307.
(43) Arthur R. Winnet, *Peter Browne* (London: SPCK, 1975), p. 239.
(44) Don Cupitt, "The Doctrine of Analogy in the Age of Locke," in *Journal of Theological Studies* 19, 1 (April, 1968): 187n.
(45) John Hunt, *Religious Thought in England* (London: Straham, 1870–1873), 3:245.
(46) John Yolton, *John Locke and Way of Ideas*, p. 196 参照。
(47) Arthur R. Winnet, *Peter Browne*, p. 108.
(48) John Locke, *Works*, 9:211–255.
(49) Charllote Johnston, "Locke's Examination of Malebranche and John Norris," in *Journal of the History of Ideas*, 19. 4 (October–December, 1958), p. 553.
(50) バークレーに対するマルブランシュの影響については以下参照。Arthur Luse, *Berkeley and Malebranche: A Study in the Origins of Berkeley's Thought* (Oxford: Clarendon Press, 1967). なお、マッククラーケンによると、『真理の探究』以外のマルブランシュの作品は一六九四年から一六九九年にかけて英訳され、出版されたが、一七〇〇年以降のマルブランシュの新しい著作は英訳されることはなかった。

（51）Wolfgang Von Leyden, *Seventeenth Century Metaphysics*, pp. 220–223.

（52）Anita D. Fritz, “Berkeley’s Self — Its Origin in Malebranche,” in *Journal of the History of Ideas*, 15. 4（October, 1954）p. 555 参照。

（53）Donald A. Cress, “The Immediate Object of Consciousness in Malebranche,” in *The Modern Schoolman* 48（May, 1971）, p. 368 参照。

（54）Crag Walton, *De La Recherche Du Bien*（Hague, Nijhoff, 1972）, pp. 40f. またワトソンによると、神の内に居住する観念をエンティティと捉えることで、実体—属性の思想枠に収まらない新しい世界観がマルブランシュによって主張された。Richard S. Watson, *The Dawnfull of Cartesianism, 1673–1712: A Study of Epistemogical Issues in Late 17th Century Cartesianism*（Hague, Nijhoff, 1966）, p. 103.

（55）武藤一雄『神学的、宗教哲学的論集』Ⅱ、創文社、一九八六年、一〇六頁。

（56）二ペトロ一・四が神化思想を根拠づける聖書の言葉として東方で強調されていた件に関して Robert G. Stephanopoulos, “The Orthodox Doctrine of Theosis,” in *The New Man*, edited by J. Meyendorff and J. McLelland（New York: Agora Books, 1973）p. 150; D. Zimany, *Ibid.*, p. 127.

（57）Wesley. ed., *The Life of God in the Soul of Man: or the Nature and Excellency of the Christian Religion*（London, 1756）p. 4.

（58）Clarence L. Bence, “John Wesley’s Theological Hermeneutic,”（Ph. D. Dessertation, Emory University, 1983）, pp. 42–50 参照。

（59）Rex D. Matthews, “‘Religion and Reason Joined’: A Study in the Theology of John Wesley,”（Th .D. thesis, Harvard University, 1986）.

（60）パラマスの神学思想については大森正樹『エネルゲイアと光の神学』（創文社、二〇〇〇年）を参照。エネルゲイアの考えがパラマス以前にあった点に関して一五九—一六三頁参照。

（61）Robert V. Rackestraw, “The Concept of Grace in the Ethic John Wesley,”（Drew University, Ph. thesis, 1985）pp. 98–102.

(62) Harakas, *Ibid*., p. 28; Charles Ashanin, *Essays on Orthodox Christianity and Church History* (Indianapolis: Broad Ripple, 1990) p. 90.

(63) A. M. Allchin, "Our Life in Christ:in John Wesley and the Eastern Fathers," in *We Belong to One Another: Methodist Anglican and Orthodox*, edited by A. M. Allchin (London: Epworth, 1965) pp. 68-74.

(64) Craig A. Blaising, "John Wesley's Doctrine of Original Sin," pp. 242-251, 259.

(65) ウェスレー研究者イェイツによると、スミスとの往復書簡にみられるウェスレーの表現、「私は魂の内の変化を知覚するに違いない」(I must perceive what passes in my soul) は「われ思う。故に、われあり」のデカルトの影響が見られるのでは、と指摘する(Arthur S. Yates, *The Doctrine of Assurance with the Special Reference to John Wesley* [London: Epworth Press, 1952], p. 67 fn. しかし私たちはデカルトではなくマルブランシュの影響をここに見る。

(66) 信仰の概念がエレグコスとして定義されている個所はたとえば下記参照。*BE*, 1:161, 304; 2: 167, 184, 206, 234, 313; 3:496, 498; 4:52, 188; *Works*, 8:276, 305, 352, 363, 388f., 501; 9:496; 10:300, 333; 12:237, 496; *Letters*, 2:387f.; 3:222; 4:116.

(67) 山折哲雄『デクノボーになりたい――私の宮沢賢治』(小学館、二〇〇五年)、三二―四七頁。

(68) John C. English, "John Wesley's Scientific Education," *Methodist History* 30:1(October, 1991): pp. 42-51. なお、「バソリン (Bartholin)」という名称は前著で「バルソリン」と呼んだ(『ウェスレー』一六五、二八三頁、注14)。

(69) プロテスタントかカトリックか、あるいは、西方か東方かといった二者択一ではなく、両者の共存を模索するアウトラーの「第三者の選択肢」という言葉はウェスレー研究者を引き付けている。この表現については以下参照。Thomas C. Oden & Leicester R. Longden ed., *Essays of Albert C. Outler*, p. 54, 58, 61, 64, 68, 120, 124.

あとがき

今年（二〇一六年）七月二六日未明に、相模原市の施設で一九人の障碍者が刺殺、二六人が重軽傷を負うという悲惨な事件がありました。

「障碍者が生きているのは無駄だ」「障碍者は殺した方がいい。それで世界は平和になる」と容疑者は繰り返し語ったと伝えられ、ネット上でもこの考えに賛同する者が現れました。

容疑者がなぜこのような行動に走ったかは定かではありませんが、「優生思想」のヒトラー思想が下りてきたと関係者に話したことと関係があるのかもしれません。

ヒトラーはユダヤ人をガス室で虐殺する以前に、その準備として障碍者二〇万人をガス室で殺害しました。働けず治療効果が望めない障碍者であると医師が判断すると、生きる権利のない人々だと決めつけ、強制的にガス室のある施設に移動させ、医務室で名前と病歴・写真を撮り、その後ガス室に連れて行かれたということです。

相模原市の施設で起きた事件で、神奈川県警は死亡した一九人の性別と年齢は発表しましたが、氏名は公表しませんでした。遺族からの強い要望があったためとされています。これは「社会的目」つまり市井の人々の障碍者への偏見に起因したもので、遺族が亡くなった方々の存在を抹消するためのものではなかったということです。

さて私たちが日常生活のなかで障碍者に出会ったとき、己の目はどのようなものでしょうか。大変な生活を送っているなあと思う客観的（理性的認識）な目か、彼らの葛藤や辛さをわが身に感じ共感する（体験的認識）目でしょうか。


筆者が脳卒中で倒れたとき、東京の某大学の教員採用内定の時期と重なりました。そして後遺症が残ったことから採用取り消しとなりました。このとき障碍者には教員に応募する資格がないことを痛感させられました。しかし何年か後、たまたま静岡での教員応募のチラシを目にしたとき、思い切って「私は障碍者ですが、教員に応募できますか」と問い合わせたところ、「自分で自分のことができるのなら応募してください」と、当時の学長が答えてくださったのです。閉ざされていた扉が開かれ、光が差した思いでした。

筆者は左半身麻痺のため、道を歩いていても一目でそれと分かります。そのため人々の視線を集めやすく、立ちどまって凝視されたり、子供には歩き方を真似されたりすることがあります。しかし翻って己を顧みると、自身もまた同じようなことをしていることに気づかされるのです。これらはすべて理性的認識といえるでしょう。


ナチス政権下で制定された法律の一つに人間の生殖能力をなくす断種法があり、四〇万人もの障碍者に行われましたが、ドイツ国民は断種法を批判しませんでした。日本でもハンセン病患者とその配偶者への断種手術は「優生保護法」で「合法」でした（一九四九―九六年）。

そのハンセン病は一九四三年にプロミンが発見され治る病になり、世界は「隔離政策」廃止へと進みました。我国では一九〇七年「らい予防に関する件」で国家の隔離政策が始まり、一九二九年に起こった愛知県無らい県運動が全国的に展開されました。プロミンが発見された後の一九五一年も、らい病を「国民に理解してもらうのは時期尚早」と判断、三人の診療所園長が隔離強化を強調し、一九五三年「らい予防法」が制定され、強制隔離の徹底化がすすめられました。こうして強制隔離の全面廃棄を勧告する国際会議（一九五六―六三年に三回開催）があったにもかかわらず、一九九六年まで「らい予防法」が堅持されたのです（なお、以降、「らい予防法」の対象になった人々や、「らい予防法」廃止以前の聖書の言葉に言及するため、あえて「らい病〈人〉」という呼称を用いることを許していただきたい）。

二〇〇一年に熊本地裁判決で、国家は一九六〇年以降らい病患者の人権を侵害し、彼らのなした強制隔離を憲法違反と捉え、原告勝訴が決定しました。しかしその二年後、熊本県黒川温泉のホテルで元患者の宿泊を拒否する出来事がおこりました。熊本県知事がホテルの名前を公表し、ホテルが謝罪会見をしましたが総支配人が会社の問題ではなく自分個人の責任だと説明したため、謝罪を受け入れることを決めていた元患者が反発、謝罪会見の内容を受け入れられないと伝えました。すると当日約五〇件の抗議電話、翌日からは匿名での差別的手紙が殺到したと言います。

私たちは社会的弱者と言われる障碍者・病者・高齢者などが「お世話になります」「すみません」「ありがとう」と言っているあいだは、可愛そうにと同情し、何とか助けてあげようと考えますが、「それはおかしいのでは？」「私はこうしたいのだ」「それは嫌だ」と主張し始めると、反発を覚えてしまう現実があります。真の同情や善意は上から下に向かって何かを差し出すことではなく、相手と共に苦しみ、悲しみ・喜びを共有することで、初めて成り立つものではないでしょうか。

心の認識（目）を置き去りにし、理性的認識（社会的概念の視点）に偏ると障碍者をはじめ病者など、社会的弱者と言われる人々の人権が粗末に扱われてしまいます。

聖書の言葉を聞くと、らい病人に「イエスが深く憐れんで、手を差し伸べてその人に触れ」（マルコ一・四一）と書かれています。「深く憐れんで」（スプラングニゾマイ）は「腸がちぎれる想いに駆られて」「断腸の思い」という意味です。つまり、らい病人の苦しみを我が苦しみとしたとき、イエスは「手を差し伸べてその人に触れ」ずにはいられなかったということでしょう。社会から隔離されているらい病者に対するイエスのメッセージを読みとることができるのではないでしょうか。

イエスに、私たちを憐れみ、手を差し伸べてくださいと切に祈る私たちですが、「父が憐れみ深いように、私たちも憐れみ深い者となりなさい」（ルカ六・三六）と語られると、家族や親しい友人のためならばともかく、見ず知らずの隣人となると身を引いてしまい、あるいはそのような隣人の存在に気づくことさえ難しいのではないでしょうか。

ウェスレーは人間の精神的・肉体的健康を神が祝福されることを確信し、この二つの健康を宣教の中心として、全生涯を過ごしました。

一七四三年に創設され、選抜された会の指導者として、ウェスレーは富豪家の婦人マーチを選びました。彼女は一七六〇年頃のメソジスト復興で指導的立場に立った、教養ある女性でした。

ウェスレーとマーチとの往復書簡は一七年間続き、その数は三七通にも及びました。その手紙の中でマーチは、多くの病人や貧困者と出会い、彼らにキリストの恵みを霊的・肉体的に伝え、あなたのすべての言動・思想が愛に満ち、生きた完全の証を得てほしいと語るウェスレーの願いを拒み続けました。

ウェスレーはマーチの手紙で、聖書の学びという知的活動が魂を聖化する最良の方法だと捉え、聖化・完全へ熱心であることを称賛しますが、体験的認識にも優れてほしいと告げています。

マーチは聖書を学ぶことに熱心で、知的に聖化・完全を追い求めましたが、「性格が粗暴で」洗練されていない貧困者や病人とは関わりたくないと言うのです。これに対してウェスレーは「主や弟子たちの生活に、優雅な人々との交わりへの優先権を発見できない。私の親愛なる友よ、主が歩いたように、あなたも私も歩いていきたい」（*Letters*, 6:206f.）と記しています。

ウェスレーが貧困者や病人と共に生きたのは、イエスの生き方に倣うためだけではありませんでした。彼らを訪問することで形成される共感・優しさから、イエスの中の弱者への共感・優しさを見出し、それを自分の身に着けることを大切にしたのです。

主イエス・キリストの生命をかけた隣人愛の奨励や、パウロが語る「弱い時にこそ強い」などの言葉から、弱者の立場（人権）を現実的に守ることがキリスト教最大のメッセージだと受け取ることもできるのではないでしょうか。

社会的強者に価値基準を置き、弱者を排除する社会ではなく、それぞれが置かれている状況を尊重しつつ、お互いが自立し安心して生きていける社会を形成していきたいものです。

今までの出版同様、教文館の社長渡部満氏と編集の髙木誠一氏に感謝します。そして今回加わってくださった出版部の福永花菜氏には筆者の悪文原稿を読み通してくださり、丁寧な校正をして頂きました。本当にありがとうございます。

最後に脳梗塞の後遺症を抱えた筆者を、気持ちよく迎え入れてくださった静岡英和学院大学・短期大学に本書を捧げます。

二〇一七年一月

清水光雄

《著者紹介》

清水光雄（しみず・みつお）

1943年、東京生まれ。1963年、東京農工大学（工学科）中退。1973年、青山学院大学博士課程修了退学。1980年、ドルー大学大学院卒業（Ph. D.）。元静岡英和学院大学教授。元桜美林大学非常勤講師。

著書　『ジョン・ウェスレーの宗教思想』（日本基督教団出版局）、『ウェスレーの救済論』『メソジストって何ですか』『民衆と歩んだウェスレー』『ウェスレーをめぐって』（以上、教文館）。

訳書　L.M. スターキー『ウェスレーの聖霊の神学』（共訳、新教出版社）、H. リントシュトレーム『ウェスレーと聖化』（共訳、新教出版社）。

ウェスレー思想と近代――神学・科学・哲学に問う

2017年3月30日　初版発行

著　者　清水光雄
発行者　渡部　満
発行所　株式会社　教文館
〒104-0061 東京都中央区銀座4-5-1　電話03(3561)5549　FAX 03(5250)5107
URL　http://www.kyobunkwan.co.jp/publishing/
印刷所　モリモト印刷株式会社

配給元　日キ販　〒162-0814　東京都新宿区新小川町9-1
電話03(3260)5670　FAX 03(3260)5637

ISBN978-4-7642-9972-6　Printed in Japan